《2018—2019中国区域经济发展报告》

学术委员会

上海财经大学创新基地建设项目
上海财经大学创新团队项目　资助

2018-2019 中国区域经济发展报告

——长三角高质量一体化发展

2018-2019 ZHONGGUO QUYU JINGJI FAZHAN BAOGAO

上海财经大学城市与区域科学学院
上海财经大学长三角与长江经济带发展研究院
许涛　张学良　刘乃全　主编

人民出版社

前　　言

2003 年以来，上海财经大学根据我国区域经济发展的重大命题，邀请国内相关学者共同参与进行专题研究，每年编写并出版《中国区域经济发展报告》，针对中国区域经济发展中的重大理论及现实问题进行专题研究，2003 年的主题是“国内及国际区域合作”，2004 年的主题是“东北老工业基地振兴”，2005 年的主题是“长江三角洲区域规划及统筹发展”，2006 年的主题是“长江经济带区域统筹发展及‘黄金水道’建设”，2007 年的主题是“中部塌陷与中部崛起”，2008 年的主题是“西部大开发区域政策效应评估”，2009 年的主题是“长江三角洲与珠江三角洲区域经济发展比较”，2010 年的主题是“长三角区域一体化研究”，2011 年的主题是“从长三角到泛长三角：区域产业梯度转移的理论与实证研究”，2012 年的主题是“同城化趋势下长三角城市群区域协调发展”，2013 年的主题是“中国城市群的崛起与协调发展”，2014 年的主题是“中国城市群资源环境承载力”，2015 年的主题是“中国城市群可持续发展”，2016 年的主题是“长江经济带建设与城市群发展”，2017 年的主题是“‘一带一路’建设与城市群建设”，2007 年还以“区域发展总体战略与城市群规划”为专题撰写了《2007 年中国区域经济发展报告特刊》。2003 年至今这一系列报告已连续出版了 15 年共 16 本，在社会上形成了很好的口碑，成为上海财经大学的一大品牌。

从 2013 年开始，我们在听取国内外区域经济研究专家学者建议的基础上，将研究方向进一步聚焦，重点关注中国城市群，编写体例也更为成熟，形成了“总论”“专题报告”与“数据分析”这三部分的编写体例。从 2018 年开始，我们又在城市群的研究主题基础上进一步聚焦长三角城市群发展，将 2018 年的年度主题确定为“长三角高质量一体化发展”，继续进行深入研究。党的十八大以来，习近平总书记亲自关心、指导长三角一体化持续深化，特别是 2018 年以来，长三角一体化进入全面提速的新阶段。这当中有三个具有里程碑意义的重要时点：第一个是 2018 年 4 月 26 日，习近平总书记对长三角高质量发展一体化作出重要批示，明确提出实现更高质量长三角一体化发展的新要求。第二个是 2018 年 11 月 5 日，习近平总书记在首届中国国际进口博览会上宣布，支持长三角区域一体化发展并上升为国家战略。第三个重要时点就是 2019 年 5 月 13 日，中共中央政治局会议审议通过长三角一体化发展的规划纲要，赋予长三角地区新的历史使命，描述了长三角更高质量一体化的宏伟蓝图。长三角江苏、浙江、安徽、上海三省一市的地域面积 35.9 万平方公里、常住人口 2.2 亿，分别占全国的 1/26 和 1/6，它也是国家经济的核心区域，经济总量 21 万亿元，占到全国的近 1/4，承担着在国内率先推动高质量发展与一体化发展的历史责任，也承担着代表中国参与全球合作与竞争的重要使命。

本报告的研究思路和整体框架如下：第一部分为总论部分，包括第 1 章、第 2 章与第 3 章。第 1 章分析了 2017 年中国区域经济与城市群发展的总趋势与新特征；第 2 章结合本报告的主题，重点介绍了长三角一体化发展国家战略；第 3 章介绍了长三角一体化的内涵与区域协调发展。第二部分为专题研究部分，是本报告的主体部分，包括第 4 章到第 9 章的内容。第 4 章重点分析了长三角高质量一体化与产业发展，第 5 章重点分析了长三角高质量一体化与交通发展，第 6 章重点分析了长三角高质量一体化与社会发展，第 7 章重点分析了长三角高质量一体化与环境治理，第 8 章重点分析了长三角可持续发展竞争力，第 9 章给出了长三角高质量一体化发展的政策建议。第三部分为数据分析部分，包括第 10 章，重点整理了中国城市群的主要统计资料。需要说明的是，本研究报告参考了许多文献资料，在此表示感谢，没有一一列出的，敬请读者谅解。此外，本书的研究样本也未包括“港澳台地区”，书中所有“全国”指标都未包括“港澳台地区”数据，在此一并说明。

本研究报告的主题设计、框架确定、观点整合、课题组织由许涛、刘乃全、张学良负责。各章撰写工作如下：第1章，刘乃全、邓敏；第2章，豆建民、陶志鹏、韩旭、许文学；第3章，胡彬；第4章，黄赜琳、姚婷婷、邱志萍；第5章，邓涛涛、胡玉坤、崔夏龄；第6章，张祥建、蔡祥雨、刘潇、彭娜；第7章，刘江华、李梦旭；第8章，计小青、赵景艳；第9章，刘乃全、邓凯文；第10章，洪旭东、张学良。

许涛　刘乃全　张学良

2019年5月

目　录

第一部分　总　论

第二部分　专题报告

第三部分　数据分析

第一部分　总　论

1

中国区域经济及城市群发展的总体态势

1.1 中国区域经济发展总体趋势

改革开放40年来，受到自然环境、经济发展、人口分布以及区域发展战略的影响，我国区域经济发展总体格局产生了深刻的变化。党的十九大首次将区域协调发展上升到国家战略，明确提出坚定实施区域协调发展的战略，这既是对原有区域发展总体战略的完善和提升，也是对步入新时代我国区域发展的新部署。总的来看，我国区域经济增长格局呈现出多维分化态势，延续了“西快东慢”“南升北降”的格局，区域内部分化加剧。区域经济总量基本呈现东部和东北比重略降，而中西部比重持续上升的态势。东部省份多以发展外向型经济为主，受到全球经济发展低迷的影响，经济增速有所下降，但东部地区依然是我国经济增长的主要引擎；西部地区经济增长速度在2013年之前一直保持两位数增长，虽然2016年上半年降为8.0%，但生产总值增速继续处于“四大板块”首位；战略性新兴产业成为区域经济增长重要支撑；区域供给侧结构性改革深入推进，东部地区供给侧改革以新兴产业培育与创新驱动为要点，中西部地区以“去产能”为突破口，均取得相应成效；在国家“双创”政策的引导下，区域创新能力建设步伐加快，新产业新业态蓬勃发展，成为区域经济转型的新动力。随着区域一体化进程不断加快，一批新兴经济增长极加速形成，中国区域经济发展也出现了新的格局，全国经济结构呈现出从西向东、由点及面的逐步优化格局，区域发展多头并进，成为近年来我国区域发展的一个重大而积极的转变。

1.1.1 中国区域经济发展态势

（1）区域经济发展呈现出多维分化态势

从整体来看，我国区域经济增长速度延续了“西快东慢”“南升北降”的格局，区域内部分化加剧。2017年，国内生产总值为827122亿元，中国 GDP 总量站上 80 万亿台阶，增速达 6.9%，同比回升 0.2 个百分点。全国经济增长格局总体上呈现“西南领跑、中部趋好、东部平稳、东北回暖”态势，国民经济保持了稳中向好，区域经济格局呈现出了多维分化的态势。分省份来看，全国 22 个省份经济增速跑赢全国平均水平，26 个省份 GDP 总值均逾万亿元。与 2016 年同期相比，9 个省份经济增速实现同比加快，5 个省份同比持平，其余 17 个省份均有不同程度下降。

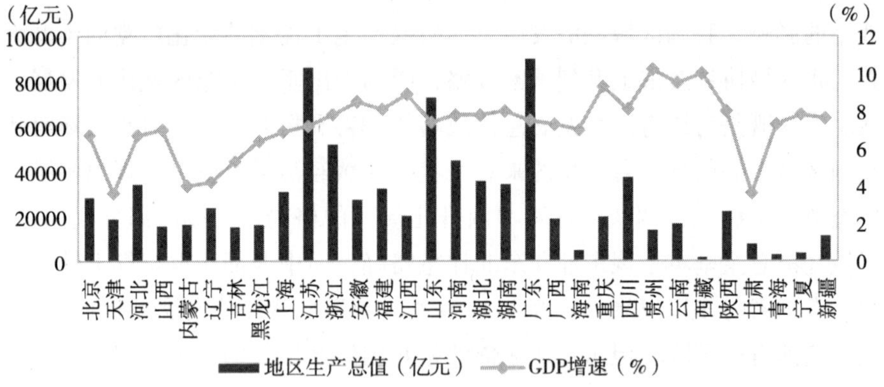

图 1-1　2017 年各省份 GDP 总量及增速情况

图 1-1 是 2017 年我国各省份 GDP 总量及增速情况。从 31 个省份 GDP 增速排名来看，包括贵州、西藏、云南、重庆、江西、安徽、福建、四川、陕西、湖南、宁夏等在内的 22 个省份 GDP 增幅超过了全国水平，其中有 20 个省份增速超过了 7%，山西和海南增速为 7%。与 2016 年增速相比，全国 31 个省份中仅有云南、四川、陕西、湖南、浙江、山西、上海、黑龙江、辽宁 9 个省份 GDP 增速高于 2016 年 GDP 增速。另外，上海 GDP 增速与全国 6.9%的增速持平，京津冀、内蒙古、甘肃、东北三省的 GDP 增速均低于全国水平，其中天津和甘肃以 GDP 增速 3.6%垫底，而贵州、西藏、云南三省表现最佳，贵州增速高达 10.2%，较全国水平高 3.3 个百分点。从 31 个省份 GDP 总量排名来看，前三名全部为东部沿海省份，分别是广东、江苏、山东，2017 年 GDP 总额分别为 89705.23 亿元、85869.76 亿元、72634.15 亿元。广东连续 29 年居全国首位，GDP 总量逼近 9 万亿元大关，江苏省首次迈进 8 万亿元。位列第三的山东则首次突破

7万亿元。除此之外，多个省份在GDP总量上有所突破，例如，浙江首次突破5万亿元大关，福建、上海迈进3万亿元，陕西、江西、广西3个省份，突破2万亿元以及新疆首次突破1万亿元等。

2017年中国各省份GDP增速榜单发生了较大变化。首先，西南省份增速抢眼。贵州增速跃居第一，云南反超重庆排在了全国前三。贵州和云南经济能够实现持续快速健康发展得益于“西部大开发”“一带一路”等国家政策倾斜以及多年来承接了大量产业转移，这些因素都会促进西部经济的发展。其次，中部崛起势头强劲。2017年，中部6个省份都有相对较好的表现，增长速度全都超过全国平均水平。江西最高为8.9%，其次是安徽8.5%，湖南8.0%，湖北和河南同为7.8%，山西7.0%。山西经济增速前几年一直是全国倒数后三位，随着工业转型向纵深推进，非煤产业成为山西新的经济增长点，经济结构呈现积极变化，这是山西经济走出困境的重要原因。安徽的表现也是可圈可点，近几年全省经济发展增速加快，这与安徽积极融入以上海为龙头的长三角一体化有着密切关联。再次，东北三省GDP增速回暖，津蒙甘三地增速大幅下滑。据统计，2017年第一季度，辽宁GDP增速恢复了正增长，增速达4.2%，较2016年的增速提高了6.7个百分点，自2011年以来经济增速单向回落的状况发生了趋势性改变。天津、内蒙古受到GDP“挤水分”影响，2017年天津GDP增速由2016年的9%下降到3.6%，下降了5.4个百分点。内蒙古也由2016年的7.2%下降到2017年4%。最后，东部沿海地区经济GDP总量保持领先，广东连续29年居全国首位。东部地区对外开放水平较高，加之雄厚的经济基础，经济依然保持较好增长，广东庞大的经济体量，也使得广东省第28次“卫冕”全国经济最大省份。2017年多地突破了新层级，各地在两会中对于2018年经济工作的重点也都从高速向高质量发展转变，多地对于2018年GDP增长目标都持保守态度，大多下调和持平，可见各地对于经济发展都有了更清醒的认识，不再一味追求速度，而是注重经济发展的质量。

（2）区域经济增长模式继续呈现出多样化态势

图1-2为2017年我国各省份三次产业占比情况。从区域之间三次产业构成来看，东部地区二、三产业同步协调发展，制造业与服务业仍然是推动区域经济增长的主要力量；对于西部地区和东北地区，第二产业是驱

动地方经济增长的重要引擎，农业在国民经济中的比重将持续下降，但其重要性和基础地位不会改变。第三产业产值和比重是衡量区域经济结构优劣和自身竞争力强弱的重要指标，通过对我国 31 个省份三次产业统计发现，达到国际水平的为北京和上海两大直辖市，分别以 80.5%和 68.97%的第三产业高占比，位居 2017 年全国各省份第三产业占比的前两位。共计有 12 个省份第三产业占比超过 50%，依次为北京、上海、天津、海南、黑龙江、山西、广东、甘肃、浙江、辽宁、西藏和江苏。近年来，我国第三产业占比持续提高，占 GDP 的比重已经超过第二产业，这种趋势将对中国经济增长、就业以及各个方面带来深远而持久的影响，成为我国当前及下一阶段经济增长的新潜力和新空间。

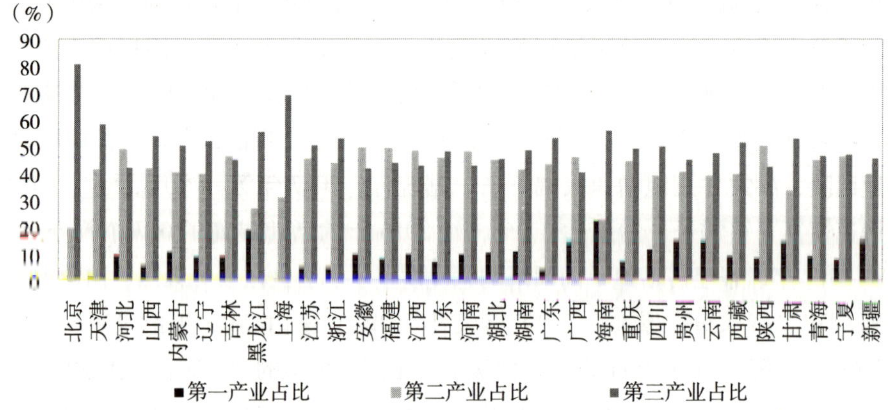

图 1-2　2017 年各省份三次产业占比情况

图 1-3 为 2017 年我国各省份人口情况。据统计，2017 年年末中国大陆总人口 139008 万人，比上年末增加 737 万人，其中城镇常住人口 81347 万人，占总人口比重（常住人口城镇化率）为 58.52%，比上年末提高 1.17 个百分点。具体来看，广东总人口最多，共计 11169 万人。山东总人口突破 1 亿，共计 10006 万人，河南排名第三，总人口 9559 万人。总人口数量排名前十的省份还有：四川、江苏、河北、湖南、安徽、湖北、浙江。海南、宁夏、青海、西藏总人口不足千万，其中西藏总人口最少，共计 337 万人。与 2016 年相比，大部分省份常住人口均出现增加，其中，广东、浙江、安徽、山东、河北总人口增量超 50 万人。广东增量最大，共计

170 万人。从城乡结构来看，2017 年城镇人口占比（城镇化率）排名前五的是上海、北京、天津、广东和江苏，分别为 87.72%、86.50%、82.92%、69.85%和 68.76%。城镇化水平是衡量一个地区社会经济发展水平的重要标志，在 2013—2017 年间，城镇化进程最快的省份为贵州，城镇化率由 2013 年的 37.83%提升至 2017 年的 46.03%。农村人口占比排名前五的是西藏、贵州、甘肃、云南和广西，分别为 69.14%、53.97%、53.62%、53.30%和 50.63%，农村人口占比过高表示地区城镇化水平较低。

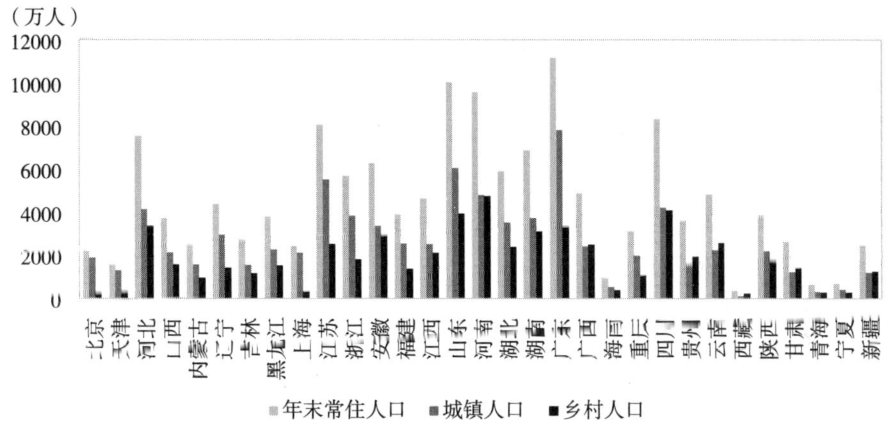

图 1-3　2017 年各省份人口情况

值得关注的是，上海、北京、天津、辽宁、黑龙江、吉林 6 省市总人口出现了负增长，其中北京和上海是近 40 年来同时出现负增长，常住人口分别减少 2.2 万人和 1.37 万人。最近几年，北京、上海加快一般产业疏解，同时清理了违章建筑，加强群租房的管理，这会疏解部分人口。再加上高房价等因素叠加，北京、上海人口出现负增长。但是北京人口降幅比上海大，主要原因是雄安新区疏散了北京人口。天津同北京、上海境遇一样，常住人口减少 5.25 万人。辽宁省已经连续三年出现人口负增长情况，且目前依旧没有看到扭转的迹象。吉林、黑龙江的情况与辽宁十分相似，东北三省人口持续流失，情况不容乐观。

广东、浙江依旧名列省域人口吸引力的前两位，安徽表现也较为突出。2017 年广东常住人口 11169 万人，比上年增加 170 万人，遥遥领先其他省份。近几年，珠三角多城市降低入户门槛吸引人才，深圳、广州、东莞功不可没。2017 年深圳常住人口 1252. 83 万人，比 2016 年增加了近 62 万人。广州市常住人口 1449. 84 万人，比 2016 年年末增加了 45. 49 万人。2017 年安徽常住人口 6254. 8 万人，比上年增加 59. 3 万人。

图 1-4 为 2017 年我国各省份城镇单位就业人员和工资情况。据统计，2017 年城镇新增就业人数整体情况趋好发展，城镇新增就业人数达到了 1351 万人，同比增加了 37 万人，创历史的新高。一直以来，政府高度重视就业情况，提供更多工作岗位，提高就业机会。另外，2017 年全国城镇非私营单位就业人员年平均工资 74318 元。分省份来看，超过全国水平的有北京、上海、西藏、天津、浙江、广东、江苏和青海。黑龙江和河南城镇非私营单位就业人员平均工资垫底，低于 6 万元。分四大区域看，2017 年城镇非私营单位就业人员年平均工资由高到低依次是东部、西部、中部和东北地区，分别为 84809 元、68323 元、61193 元和 59514 元，同比名义增长率由高到低依次为中部 10. 7%、东部 10. 1%、西部 9. 4%和东北地区 8. 5%。最高和最低区域的平均工资之比为 1 ∶ 4，与上年持平。

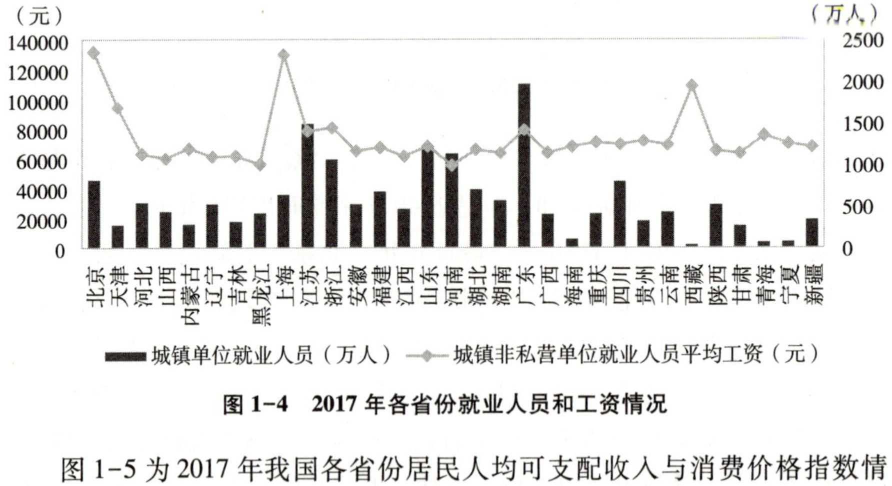

图 1-4　2017 年各省份就业人员和工资情况

图 1-5 为 2017 年我国各省份居民人均可支配收入与消费价格指数情况。据统计，2017 年，全国居民人均可支配收入 25974 元，增长 7. 3%。其中城镇居民人均可支配收入 36396 元，增长 6. 5%；农村居民人均可支配

收入13432元，实际增长7.3%。由于我国区域经济发展差距较大，各省份人均可支配收入同样差距较大。从各省份居民平均可支配收入来看，超过全国平均水平的省份有上海、北京、浙江、天津、江苏、广东、福建、辽宁、山东和内蒙古等10个省份，其中8个为东部沿海省份。其中上海、北京和浙江分别以58988元、57230元和42046元位列大陆省份前三名；后三名分别是西藏、甘肃和贵州。从各省份城镇居民可支配收入来看，超过全国平均水平的省份有：上海、北京、浙江、江苏、广东、天津、福建和山东，除了北京全部为东部沿海省份。其中超过5万元的省份分别为上海、北京和浙江；后三名分别为黑龙江、甘肃和吉林。从各省份农村居民可支配收入来看，超过全国平均水平的省份有：上海、浙江、北京、天津、江苏、福建、广东、山东、湖北和辽宁，其中有8个为东部沿海省份。其中农村居民可支配收入超过2万元的省份有上海、浙江和北京；低于1万元的是甘肃、贵州、青海和云南。

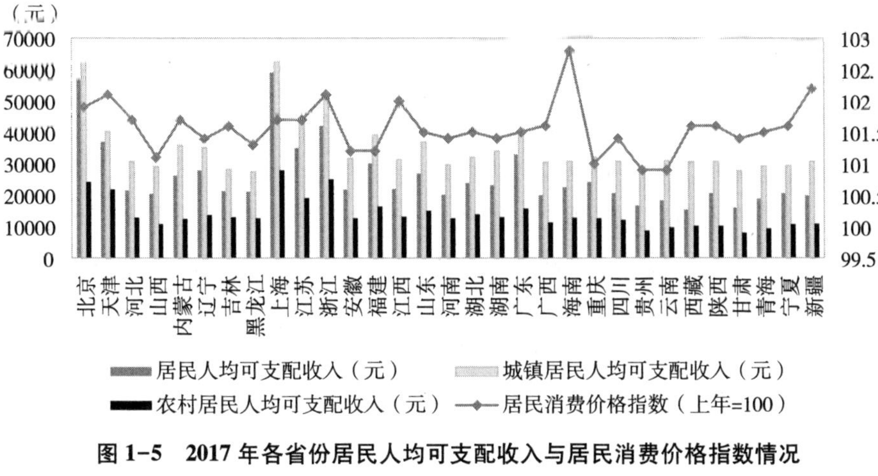

图1-5　2017年各省份居民人均可支配收入与居民消费价格指数情况

另外，城乡收入比反映出城市和农村经济发展的差距，我国各省份之间的平均居民可支配收入差距较大，同时各省份的城乡收入差距同样较大。其中城乡差距最小的三个省份分别为浙江2.05、黑龙江2.17和吉林2.19；城乡收入比在3倍以上的省份为甘肃3.44、贵州3.28、云南3.14、青海3.08和山西3.00，全部为西部省份。全国平均水平为2.71，高于全国平均水平的有 9 个省份，全部为西部省份。

图 1-5 还列示了我国各省份居民消费价格指数（CPI）情况。该指数反映了与居民生活有关的消费品及服务价格水平的变动情况，是宏观经济分析与决策以及国民经济核算的重要指标。从全国来看，2017 年居民消费价格指数上涨 1.6%，涨幅比上年回落了 0.4 个百分点，总体呈平稳态势。从各省份来看，多数省份的物价涨幅都停留在“1”时代，仅海南、新疆、浙江、天津和江西的涨幅在 2%及以上，分别为 2.8%、2.2%、2.1%、2.1%和 2%，CPI 涨幅低于 1%的为云南和贵州。

2017 年，我国科技经费投入力度加大，规模以上工业企业 R&D 经费、R&D 人员和 R&D 项目数增速加快。据统计，2017 年全国共投入研究与试验发展（R&D）经费 17606.1 亿元，比上年增加 1929.4 亿元，增长 12.3%，增速较上年提高 1.7 个百分点。图 1-6 反映了我国各省份规模以上工业企业 R&D 情况。分地区来看，广东、江苏、山东、浙江规模以上工业企业 R&D 投入超千亿元，其中广东规模以上工业企业投入 R&D 经费最多，共计 1865 亿元，而广西、云南、黑龙江、吉林、贵州、甘肃、新疆、宁夏、海南、青海、西藏 11 个省份规模以上工业企业投入 R&D 经费不足百亿元。从 R&D 经费投入力度来看，北京、上海、江苏、广东、天津、浙江、山东 7 省市研发投入力度超全国平均水平。总体来看，东部沿海地区科技投入力度遥遥领先，经济萎靡的东北则科研投入乏力，东部沿海和西部内陆科研投入力度的差距还在扩大，科研创新力度不足将会成为西部各省份经济转型的重要瓶颈。

据统计，2017 年我国国内（不含港澳台）发明专利拥有量共计 135.6 万件，每万人口发明专利拥有量达到 9.8 件。在我国国内发明专利申请量和拥有量中，企业所占比重分别达到 63.3%和 66.4%，企业对国内发明专利申请增长的贡献率达到 73.5%。图 1-7 为 2017 年我国各省份规模以上工业企业专利发明情况。从有效专利发明情况看，有效发明专利数排名前十位的依次为：广东、江苏、山东、安徽、浙江、上海、北京、四川、湖南和湖北。广东是随着改革开放和外向型经济的发展成长起来的创新中心，在一批龙头企业的带领下，有效发明专利主要集中于电气工程类各领域，该领域在全国遥遥领先。江苏和浙江由于当地经济发达，地方创新型

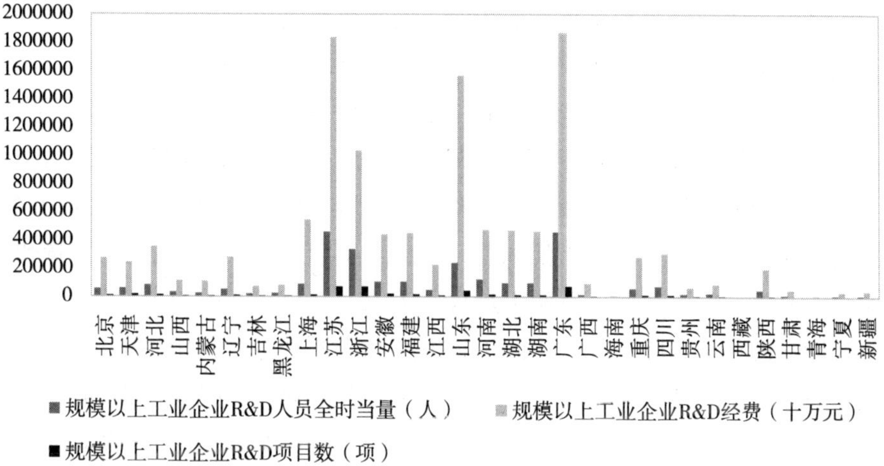

图 1-6　2017 年各省份规模以上工业企业 R&D 情况

企业较多，再加上民营经济活跃，所以在发明专利方面取得了不错的成绩。总体来看，目前国内专利发明数量大致呈现由东部向中西部递减的阶梯状分布特征，区域分化明显，与我国区域经济发展的空间格局基本一致。

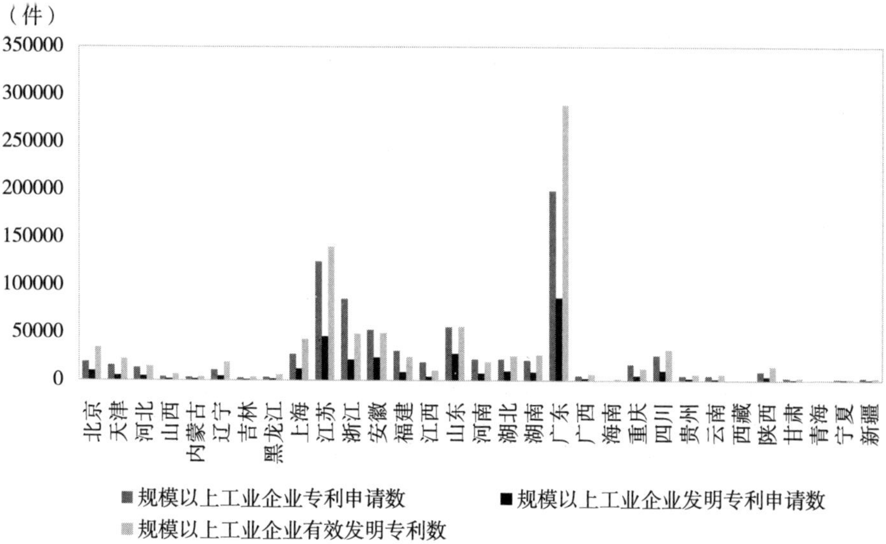

图 1-7　2017 年各省份规模以上工业企业专利发明情况

随着世界经济复苏基础趋于稳固，国际市场需求总体回升，我国外贸发展面临的外部环境有所改善。据统计，2017 年，我国货物贸易进出口总值 27.79 万亿元人民币，全国进出口总额增速 14.2%，同比回升 15.1 个百分点，扭转了此前连续两年下降的局面。图 1-8 反映了 2017 年我国各省份经营单位所在地进出口额情况，经营单位所在地进出口总额排在前五名的是广东、江苏、上海、浙江和北京，总额都超过 3000 亿美元，而贵州、宁夏、甘肃和西藏垫底，总额不足百亿美元。从外贸总量上看，东部地区具有明显的优势，除了辽宁、四川、重庆和广西外，其他中西部地区对外贸易总量与东部地区差距较大。从外贸增速上来看，2017 年中西部省份和东北三省进出口增速高于全国整体。其中，西部 12 省份外贸增速为 23.4%，超过全国增速 9.2 个百分点；中部 6 省份外贸增速为 18.4%，超过全国增速 4.2 个百分点；东北三省外贸增速为 15.6%，超过全国增速 1.4 个百分点；东部 10 省份外贸增速为 13%。从数据上可以反映出，在推进“一带一路”建设的背景下，各地积极培育贸易新业态、新模式，着力提升高附加值产品和服务对贸易的支撑力，外贸发展新动能不断增强，东中西部区域发展协调性增强。

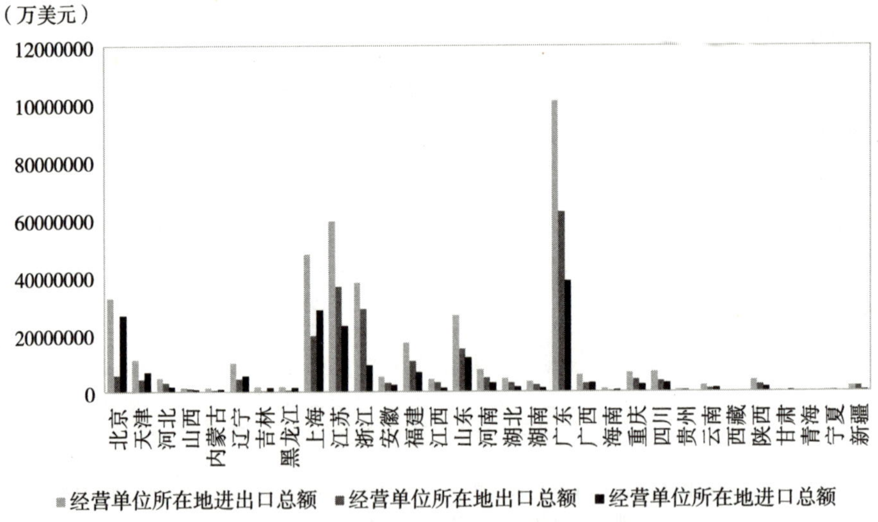

图 1-8　2017 年各省份经营单位所在地进出口额情况

从数据上来看，我国区域发展出现了新态势新格局，区域发展呈现梯度式和多维分化态势。改革开放40年来，随着国家区域发展战略的深入实施，东部、中部和西部皆取得了显著的发展成效。东部地区凭借良好的地缘优势和较好的经济基础，无论是在经济总量、人口、收入、贸易还是科技创新方面都领跑于中西部地区，承担着为全国引路、试验的任务，能够强有力地支持推动西部开发、中部崛起和东北振兴，促进、形成东中西互动和全国经济协调发展良好局面。中部地区历史厚重，资源丰富，拥有长江中游城市群和中原城市群，是我国的人口大区、交通枢纽、经济腹地和重要市场，在中国区域分工中同样扮演着重要的角色。在中国区域发展总体战略中，中部省份具有“承东启西”和“连南接北”战略枢纽作用，有效激发中部地区内需潜能，拓展发展空间，是支撑全国经济长期平稳较快发展的重大举措和实现全面建成小康社会目标的迫切要求。由于受到交通闭塞和人力资本匮乏等方面的影响，西部地区经济相对落后。随着西部大开发和“一带一路”建设的持续推进，西部地区经济得到了一定发展，近五年年均增长8.8%，基础设施保障能力也全面增强，尤其是成渝地区，是西部经济基础最好、经济实力最强的区域，具有较强的国际国内影响力，未来发展空间和潜力巨大。当然，同时也要看到中国区域经济发展的不平衡和差距的存在，区域间的发展差距似有拉大的趋势，其中最明显的还是东部沿海地区和西部民族地区的经济发展差距。区域发展差距拉大是我国经济社会发展中的一个突出矛盾，推动区域协调发展是国家发展的大局，也是推进供给侧改革的一个重要方面，是我国经济社会发展中具有重大战略意义的问题。

1.1.2　中国区域经济五大发展战略与新趋势

(1)“一带一路”倡议推动形成区域开放新格局

2013年，习近平总书记从实现中华民族伟大复兴中国梦出发，着眼人类前途命运和建设更加美好的世界，提出了共建“一带一路”倡议，得到了国际社会的广泛关注。“一带一路”倡议提出五年来中国与沿线国家把理念化为行动，把愿景变为现实，取得了一系列丰硕的成果，一大批重大互联互通经贸合作项目落地，中国的高铁、桥梁、码头、核电、电商等产品技术和服务都已成为“一带一路”沿线国家了解中国的一张张名片。2013—2017 年，中国与“一带一路”沿线国家贸易总额累计超过 5 万亿美元。2017 年贸易总额增长 14.2%，增幅创 6 年新高，再次成为世界第一贸易大国，市场开放不断扩大。中国已和韩国、巴基斯坦、东盟、秘鲁、智利等 24 个国家和地区签署 16 个自由贸易协定，同 38 个国家建立了产能合作机制，与 10 个发达国家开展第三方市场合作，与东盟等区域组织开展多边产能合作。中欧班列目前累计开行数量突破 7600 列，到达欧洲 13 个国家 41 个城市，有力推动沿线各国贸易自由化水平提高。

截至 2017 年年末，中国企业共在 44 个沿线国家建设了 99 个境外经贸合作区，累计投资 307 亿美元，为东道国创造了超过 24.2 亿美元的税收和 25.8 万个就业岗位。国家开发银行、中国进出口银行在“一带一路”沿线国家发放贷款超过 1100 亿美元，丝路基金已签约 17 个项目，承诺投资额达 70 亿美元，中信保承保沿线国家出口和投资超过 3200 亿美元，金融支撑作用进一步强化。亚投行成员增至 84 个，项目贷款总额 42 亿美元，撬动了 200 多亿美元的公共和私营部门资金；已经设立的中非、中拉、中哈、中巴等中外产能合作基金规模超过 1200 亿美元，为企业参与国际产能合作提供了融资支撑，金融合作进一步深化。

目前，中国已与 86 个国家和国际组织签署了 101 份共建“一带一路”合作协议，涵盖基础设施、产能、投资、经贸、金融、科技、社会等合作领域。从政府层面到民间层面，高层引领战略对接、多层次的多双边合作、民间对话与交流等“一带一路”合作机制有力推动了沿线国家合作平台的搭建，扩大了总体市场规模和沿线各国优势资源更为密切的整合，推动经济全球化向更为普惠平衡、公正共赢的方向发展，赢得了国际社会普遍赞赏和支持。“一带一路”建设不仅联通中国与“一带一路”沿线国家，也为中西部与沿边地区的对外开放提供了联通的物质条件与政策条件，为我国沿海地区与中西部地区更为协调的区域发展提供重大机遇，推动形成区域开放新格局。

（2）京津冀协同发展有效疏解和调整区域经济结构与空间结构

2014 年 2 月 26 日，习近平总书记主持召开座谈会并发表重要讲话，将京津冀协同发展提升到重大国家战略的高度。2015 年 4 月 30 日，中共中央政治局会议审议通过《京津冀协同发展规划纲要》，明确了京津冀的功能定位、协同发展目标、空间布局、重点领域和重大措施，为推动京津冀协同发展提供了行动纲领和基本遵循。这一战略，始于一域、意在全局，既解近忧、更谋长远，是疏解北京非首都功能、实现京津冀一体化发展、打造新的经济增长极的关键一招；2016年，“十三五”规划中提到，京津冀协同发展与“一带一路”“长江经济带协同发展”共同组成我国区域经济协调发展三大战略，对优化我国经济发展空间、构建全方位对外开放新格局具有重要意义。党的十八大以来，在三大战略的引领下，我国区域协调发展不断向纵深推进，经济版图也随之发生了深刻的变化。

三大战略中，京津冀协同发展是以优化三省市分工协作格局为目标的重点区域发展战略，其核心是有序疏解北京非首都功能，探索人口经济密集地区优化开发新模式，并为全国类似地区提供借鉴和示范。2016年2月18日最高人民法院发布《最高人民法院关于为京津冀协同发展提供司法服务和保障的意见》，围绕“创新、协调、绿色、开放、共享”五大发展理念，就服务和保障京津冀发展提出了18条举措；2017年4月，中共中央、国务院印发通知，决定设立河北雄安新区，这是以习近平同志为核心的党中央作出的一项重大的历史性战略选择，是继深圳经济特区和上海浦东新区之后又一具有全国意义的新区，是千年大计、国家大事。从谋划京津冀协同发展战略到雄安新区横空出世，京津冀正朝着协同发展的目标有力迈进；2017年8月17日，北京市人民政府与河北省人民政府签署了《关于共同推进河北雄安新区规划建设战略合作协议》。基于此合作协议，北京为雄安推出一批交钥匙工程在雄安布局落地。北京还受雄安委托为其代管这批教育医疗机构，帮助雄安新区建设高起点的公共服务设施。

这几年来，京津冀三地全面贯彻落实创新、协调、绿色、开放、共享五大发展理念，以推动京津冀全面深化改革试验区建设为契机，积极推动一批重大改革创新和试点示范事项在京津冀相继落地，协同发展成效显著，无论是非首都功能的大力疏解、北京“大城市病”的着眼破解，还是通州副中心和雄安新区这“两翼”的规划建设，都向世人展示了三地的巨变，让人们看到了三地潜在的巨大发展空间。京津冀，正肩负着打造中国经济发展新高地的新使命。在京津冀这片土地上，一场深刻的变革正在拉开大幕。站在新的发展起点上，区域产业拥抱京津冀协同发展战略的历史机遇，从探索走向深入，产业升级之路正走得越来越宽。

（3）长江经济带发展取得明显成效

2014 年 9 月，国务院《关于依托黄金水道推动长江经济带发展的指导意见》正式发布。2016 年 1 月 5 日，习近平同志在重庆主持召开的推动长江经济带发展座谈会上强调，“推动长江经济带发展必须从中华民族长远利益考虑”，“要把修复长江生态环境摆在压倒性位置，共抓大保护，不搞大开发”，确定了长江经济带发展的正确航向。2016 年 3 月 25 日，《长江经济带发展规划纲要》由中共中央政治局会议审议通过，《长江经济带发展规划纲要》确立了长江经济带“一轴、两翼、三极、多点”的发展新格局，包含了上海、武汉、重庆、成都，九大国家中心城市中的四座，二十大城市中的十座，拥有长三角、长江中游和成渝三大国家级增长极。长江经济带横跨东中西，位于南北分界线，坐拥长江三角洲城市群、皖江城市带、鄱阳湖经济带、武汉城市圈、长株潭城市圈、成渝城市圈，拥有国内最丰富的水资源和优越的自然地理条件，且科教发达，在校大学生人数超过千万，是中国总量最大、腹地最广阔的经济区。

目前长江经济带如何处理好经济发展与生态环境保护的关系是关键难题。2016 年以来，长江经济带积极推进水环境治理、水生态修复、水资源保护三大工程，稳步推动综合立体交通走廊建设，实现了经济发展与生态文明的双赢。长江经济带横贯我国东中西部，覆盖 11 个省市，以占全国 21%的区域面积承载着全国 40%的人口和 45%的经济总量，在我国发展总体格局中具有举足轻重的地位。2017 年，长江经济带国内生产总值增速总体高于全国增速，中国经济增速最高的十个省份，长江经济带占了七个，最高为贵州的 10.2%，云南 9.5%，重庆 9.3%，对全国经济增长的贡献率、规模以上工业利润、固定资产投资、进出口总额在全国总量中占比均高出平均水平，沿江省市经济社会发展质量和效益不断提升，成为我国经济发展全局中的重要支撑带，以上海带动长江全流域发展、以武汉带动中游、以重庆带动上游的双向开放大格局初步形成。

（4）粤港澳大湾区瞄准打造世界一流湾区

粤港澳大湾区包括香港特别行政区、澳门特别行政区和广东省广州市、深圳市、珠海市、佛山市、惠州市、东莞市、中山市、江门市、肇庆市（以下称珠三角九市），总面积 5.6 万平方公里，2017 年年末总人口约 7000 万人，是我国开放程度最高、经济活力最强的区域之一，在国家发展大局中具有重要战略地位。

粤港澳大湾区地处我国沿海开放前沿，以泛珠三角区域为广阔发展腹地，在“一带一路”建设中具有重要地位。交通条件便利，拥有香港国际航运中心和吞吐量位居世界前列的广州、深圳等重要港口，以及香港、广州、深圳等具有国际影响力的航空枢纽，便捷高效的现代综合交通运输体系正在加速形成。经济发展水平全国领先，产业体系完备，集群优势明显，经济互补性强，香港、澳门服务业高度发达，珠三角九市已初步形成以战略性新兴产业为先导、先进制造业和现代服务业为主体的产业结构，2017 年大湾区经济总量约 10 万亿元。近年来，粤港澳合作不断深化，基础设施、投资贸易、金融服务、科技教育、休闲旅游、生态环保、社会服务等领域合作成效显著，已经形成了多层次、全方位的合作格局。

“粤港澳大湾区”从学术界的讨论到地方政策的考量，再到国家战略的提出，历时 20 余年。1994 年，时任香港科技大学校长吴家玮提出，对标旧金山，建设深港湾区。21 世纪初，广州率先提出依托南沙港，对标东京湾区。2009 年 10 月 28 日，粤港澳三地政府有关部门在澳门联合发布《大珠江三角洲城镇群协调发展规划研究》，提出构建珠江口湾区，粤港澳共建世界级城镇群。2014 年，深圳市政府工作报告提出“打造湾区经济”。2015 年 3 月国家发改委、外交部、商务部发布《推动共建丝绸之路经济带和 21 世纪海上丝绸之路的愿景与行动》，首次提出要深化与港澳台合作，打造粤港澳大湾区。

2016 年 3 月，《中华人民共和国国民经济和社会发展第十三个五年规划纲要》正式发布，明确提出“支持港澳在泛珠三角区域合作中发挥重要作用，推动粤港澳大湾区和跨省区重大合作平台建设”；同月，国务院印发《关于深化泛珠三角区域合作的指导意见》，明确要求广州、深圳携手港澳，共同打造粤港澳大湾区，建设世界级城市群。2017 年 7 月 1 日，《深化粤港澳合作推进大湾区建设框架协议》在香港签署，国家主席习近平出席签署仪式。2017 年 10 月 18 日，习近平在中国共产党第十九次全国代表大会上作报告，明确提出“要支持香港、澳门融入国家发展大局，以粤港澳大湾区建设、粤港澳合作、泛珠三角区域合作等为重点，全面推进内地同香港、澳门互利合作，制定完善便利香港、澳门居民在内地发展的政策措施”。2017 年 12 月 18 日，习近平总书记在中央经济工作会议上指出，粤港澳大湾区建设要科学规划，加快建立协调机制。

2018 年 3 月 7 日，习近平总书记在全国两会期间参加广东代表团审议时指出，要抓住建设粤港澳大湾区重大机遇，携手港澳加快推进相关工作，打造国际一流湾区和世界级城市群；同月，国家发展改革委主任何立峰表示，粤港澳大湾区发展规划纲要的编制工作已基本完成，下一步将加快编制产业发展、交通、生态环境等方面的专项规划。2018 年 11 月，《中共中央国务院关于建立更加有效的区域协调发展新机制的意见》明确指出，以香港、澳门、广州、深圳为中心引领粤港澳大湾区建设，带动珠江—西江经济带创新绿色发展。

2019 年 2 月 18 日，中共中央、国务院印发了《粤港澳大湾区发展规划纲要》，并发出通知，要求各地区各部门结合实际认真贯彻落实。

目前，粤港澳大湾区的格局是“一个国家、两种制度、三个关税区、四个核心城市”，在不同的制度与城市之间，如何融合起来，如何让人流、物流、资金流、信息流真正高效便捷地流通，让各方面效率和效益最大化，这是摆在决策者们面前的问题和挑战。

（5）长三角区域一体化上升为国家战略

长三角一体化上升至国家战略，将与“一带一路”建设、京津冀协同发展、长江经济带发展、粤港澳大湾区建设一同成为中国区域经济发展核心战略，共同完善中国区域经济空间新格局。长三角地区是我国经济最具活力、开放程度最高、创新能力最强的区域之一，是“一带一路”和长江经济带的重要交汇点。长三角地区包括上海、江苏、浙江、安徽三省一市，地域面积 35.9 万平方公里、常住人口 2.2 亿，分别占全国的 1/26 和 1/6，截止到 2017 年经济总量约为 20 万亿元，占到全国的近 1/4，是我国经济增长的重要引擎，在我国经济社会发展建设中具有举足轻重的影响和地位。党的十八大以来，中国区域发展的战略格局与以往相比有更大的调整、优化和升级，比较注重重点板块和流域性的带动。这次把长三角板块放在更加突出的位置，上升到国家战略地位，是战略的必然性，是要在当前形势下更好地发挥长三角积极、特殊的作用。

长三角区域合作机制由来已久，从1992年建立长三角15个城市经济协作办主任联席会议制度算起，已走过26年。1997年，联席会议升格为长三角城市经济协调会；到2001年，沪苏浙三省市发起成立了由常务副省（市）长参加的“沪苏浙经济合作与发展座谈会”制度，长三角区域合作进入了一个着眼于建立长期性、战略性、整体性区域合作框架的新阶段；2004年，启动了沪苏浙三省市主要领导座谈会制度；2008年起，长三角政府层面实行决策层、协调层和执行层“三级运作”的区域合作机制，确立了“主要领导座谈会明确任务方向、联席会议协调推进、联席会议办公室和重点专题组具体落实”的机制框架，长三角区域合作采取轮值制度，每年由一个省（市）作为轮值方；2009年，沪苏浙三省吸纳安徽作为正式成员出席长三角地区主要领导座谈会和长三角地区合作与发展联席会议；2011年，安徽省首次作为轮值方成功举办了长三角地区主要领导座谈会和长三角地区合作与发展联席会议；2016年国务院批复《长江三角洲城市群发展规划》。多年来，在三省一市共同努力下，长三角一体化发展在加强省级统筹、协同创新、互联互通、联防联控、改善区域环境质量、市场和公共服务融合等方面不断取得新成效。

新时代长三角一体化发展需要更开放的发展视野、更大的改革创新勇气。2018年3月6日，由上海、浙江、江苏、安徽三省一市联合组建的长三角区域合作办公室在上海正式挂牌成立。三省一市抽调了精兵强将，组建长三角区域合作办公室，负责收集整理各地合作意向和需求，跟踪落实议定事项，取得了机制上的重大创新，做实一体化推进力量；同年6月，在上海举行的2018年度长三角地区主要领导座谈会，审议并原则同意《长三角地区一体化发展三年行动计划（2018—2020年）》（以下简称《三年行动计划》），进一步明确了长三角一体化发展的任务书、时间表和路线图，沪苏浙皖对长三角更高质量一体化发展进行了再谋划、再深化。2018年7月，《三年行动计划》正式下发，《三年行动计划》明确指出，到2020年，长三角地区要基本形成世界级城市群框架，建成枢纽型、功能性、网络化的基础设施体系，基本形成创新引领的区域产业体系和协同创新体系，绿色美丽长三角建设取得重大进展，区域公共服务供给便利化程度明显提升；2018 年 11 月 5 日，习近平总书记在首届中国国际进口博览会开幕式上发表主旨演讲时指出，为了更好发挥上海等地区在对外开放中的重要作用，支持长江三角洲区域一体化发展并上升为国家战略。从“雏形”到最终“成形”，再到最后完成“升级”，长三角一体化上升为国家战略前后耗时了 36 年。

2019 年 5 月 23 日，中共中央政治局会议审议了《长江三角洲区域一体化发展规划纲要》，这是国家层面对长三角一体化发展国家战略的顶层设计，为长三角一体化发展绘就了宏伟蓝图，是当前和今后一个时期长三角一体化发展的根本遵循。当前，长三角一些地方政府已把全面融入长三角一体化发展作为首位战略，积极探索和推动更深层次、更广领域对接区域顶层规划体系。一系列纵横联动的整体设计与统筹谋划表明，长三角一体化以往长时间停留在战略构想层面的议题，开始加速进入现实操作层面和实质性推进阶段。

1.2 中国城市群发展总体趋势

全球化和信息化的快速发展，推动了生产要素在区域乃至全球尺度上加速流动，促进了城市化进程、城市空间形态和区域城镇体系的变化。城市群作为国家参与全球竞争和国际分工的全新地域单元，是我国新型工业化和新型城镇化发展到较高阶段的产物。同时，大城市群正在成为城市化空间组织的主要形态，构成国家经济发展的重心。改革开放以来，中国重新纳入世界经济体系之中，工业化与城镇化加速发展推动了城市群规模壮大与能级提升。此外，经过四十年的快速发展，中国的城镇化率已超过 55%。由于人口过度向要素、市场发达的大城市集中，“城市病”显现，交通拥堵、环境污染、城市管理成本升高。起源于发达国家 20 世纪 50 年代的城市带、城市群、城市连绵区发展模式成为化解“城市病”的未来有效措施。因此，城市群在推进我国新型城镇化和经济社会发展中具有举足轻重的战略地位，是21世纪中国发展新的增长极。

1.2.1 中国城市群发展重塑区域空间新格局

改革开放40年来，低级别演化到高级别的地域空间组织形态，中国的区域经济也从传统的省域行政经济向城市群经济发展转变。国家"十一五"规划纲要明确提出将城市群作为推进国家城镇化的主体形态，推动形成高效协调可持续发展的城镇化空间格局。国家"十二五"规划纲要又进一步指出要遵循城市发展规律，以大城市为依托、中小城市为重点，逐步形成辐射作用大的城市群，以促进大中小城市和小城镇协调可持续发展。国家"十三五"规划纲要提出将在此期间建设19个城市群，划分为"5+8+6"的城市群等级，城市群建设进一步加快步伐。国家三个五年规划，连续十五年都将城市群作为推进新型城镇化发展的主体形态，彰显出城市群发展对于我国建设中国特色城镇化道路、形成中国区域经济发展新格局的重要作用。2010年，《全国主体功能区规划》提出构建全国"两横三纵"的城镇化战略格局，并将城市群作为国家重点开发区和优化开发区。2014年，《国家新型城镇化规划（2014—2010年）》进一步明确指出将城市群作为推进国家新型城镇化的主体，推动大中小城市和小城镇协调发展，并发布了"5+9+6"中国城市群发展规划，重点建设5个国家级城市群、积极建设9个区域性城市群和引导培育6个地区性城市群，形成了中国城市群空间发展新格局。党的十九大报告指出以城市群为主题构建大中小城市和小城镇协调发展的城镇格局，加快农业转移人口市民化。可见，城市群的发展被我国提升到前所未有的高度，以城市群为主的区域空间组织形式已经成为我国经济发展格局中的重要一环，是我国人口与产业集聚的重要载体和区域经济发展的核心增长极。

1.2.2 中国主要城市群发展呈现加速态势

当前，中国经济发展新常态以速度变化、结构优化和动力转换为特点，城市群发展是中国经济向形态更高级、分工更优化、结构更合理的阶段演进的必经过程。随着国家相继提出城市群发展规划，城市群的发展也进入加速期，未来中国核心城市群的空间格局也逐渐明晰。随着国家重点推进“一带一路”建设、京津冀协同发展、长江经济带发展和长三角一体化的区域经济总体发展战略，京津冀城市群、长三角城市群、珠三角城市群、山东半岛城市群、长江中游城市群、成渝城市群和中原城市群这七大城市群无疑将会成为未来中国城市群经济发展的主要力量和最具发展潜力的地区。其中，长三角、京津冀与珠三角三大城市群无论是经济总量还是人均效益，都处于领先水平，仍将是未来中国经济发展的领头羊；山东半岛城市群是中国黄河经济带与环黄海经济区的日韩等发达国家经济交流的桥头堡之一，具有较强的区域竞争力，尤其是在人口发展水平、经济发展综合水平以及居民生活水平这三个方面积累了较为突出的优势，城市群整体发展前景大；长江中游城市群、成渝城市群和中原城市群虽然人均效益仍与发达城市群相差较远，但其依然是国内产业转移的主要承接地，也是带动整个中西部崛起的核心，未来增长空间较大。2017 年，这七大城市群总面积超 141 万平方公里，占全国面积的 14.7%，人口规模达到 7.75 亿人，占全国总人口的 55.7%，GDP 总量约为 59.05 万亿元，约占全国 GDP 总量比重的 71.9%。从世界经济发展看，区域合作是大势所趋，在中国，我国主要城市群也正成为推动经济转型发展的重要力量。以下列示我国七大城市群的基本情况，见表 1-1。

表 1-1　2017 年中国七大城市群基本情况

城市群名称	城市数量（个）	人口总量（亿）	总面积（万平方公里）	GDP 总量（万亿元）	占全国人口比重（%）	占全国面积比重（%）	占全国经济总量比重（%）
京津冀城市群	14	1.0	21.8	8.2	7.24	2.26	10
长三角城市群	26	1.6	21.17	17.6	11.5	2.2	21.4
珠三角城市群	14	0.85	12.1	8.7	6.1	1.3	10.6
山东半岛城市群	8	0.46	7.44	4.55	3.3	0.77	5.5

续表

城市群名称	城市数量（个）	人口总量（亿）	总面积（万平方公里）	GDP总量（万亿元）	占全国人口比重（%）	占全国面积比重（%）	占全国经济总量比重（%）
长江中游城市群	22	1.25	31.7	7.9	9.0	3.3	9.6
成渝城市群	16	0.95	18.5	5.3	6.8	1.9	6.5
中原城市群	30	1.64	28.7	6.8	11.8	2.9	8.3

（1）中国三大核心城市群继续发挥国民经济领头羊作用

京津冀城市群、长三角城市群和珠三角城市群是我国最为发达的三大城市群，经济实力雄厚，区域辐射效应强。这三大核心城市群不仅是我国经济社会发展的重要引擎，而且也是中国参与国际竞争的重要平台，其发展目标是建设具有重要世界影响和全球竞争力的世界级城市群。2017 年，这三大核心城市群总面积超 55 万平方公里，人口规模接近 3.5 亿人，占全国总人口的 24.8%，GDP 总量约为 34.5 万亿元，以仅占全国 5.7%的国土面积和 24.8%的人口，创造了全国 42%的经济总量，成为我国国民经济重要的支撑力量，并带动了我国其他地区的发展。以下是三大核心城市群的基本情况：

京津冀城市群作为我国北方最大的城市群和国家核心增长极，正在成为全球性资源交汇地、国与国间政治经济联系节点和控制中心。自从京津冀协同发展上升为国家战略以来，在中央和京津冀三地的共同推动下，区域的协同进程取得了一定的进展，不仅在交通一体化、产业升级转型和生态环境保护方面取得了实际性突破，而且在教育、医疗、文化等方面的改革试点也取得了积极进展，对于全国城市群地区可持续发展具有重要示范意义。2017 年，京津冀城市群包括北京、天津、河北在内共 14 个城市，国土面积为 21.8 万平方公里，常住人口约为 1 亿人，创造地区生产总值 8.2 万亿元，以仅占全国 2.26%的国土面积和 7.24%的人口，创造了全国 10%的经济总量。在京津冀协同发展每一个重要阶段和关键环节，习近平总书记都亲自把脉定向，为京津冀协同发展工作指明方向，他多次强调，京津冀协同发展是个大思路、大战略，要通过疏解北京非首都功能，调整经济结构和空间结构，走出一条内涵集约发展的新路子；为解决区域发展不平衡、实现高质量发展探索出一种人口经济密集地区优化开发的模式，促进区域协调发展，形成新增长极。

长三角城市群是“一带一路”与长江经济带的重要交汇地带，区位优势突出，自然禀赋优良，综合经济实力强劲，是我国经济发展格局中最具活力、开放程度最高、创新能力最强、吸纳外来人口最多的核心区域之一，是当前我国最具国际竞争力和影响力的城市群。2016 年 5 月，国务院批准《长江三角洲城市群发展规划》，长三角城市群从原来的 16 个城市扩容到包括上海、江苏、浙江和安徽省在内的 26 个城市。2017 年，长三角城市群常住人口约为 1.6 亿人，创造地区生产总值近 17.5 万亿元，以仅占全国 2.2%的国土面积和 11.5%的人口，创造了全国 21.4%的经济总量，在中国区域经济版图上，长三角城市群综合实力当之无愧地居首。目前，长三角地区在世界经济版图中也占据一席之地，长三角城市群已跻身国际公认的六大世界级城市群。随着长三角一体化上升为国家战略，顶层设计与地方实践相呼应，在更大范围、更高层面凝聚共识，推动着一体化发展的动力变革、效率变革和质量变革，长三角正迎来一体化最好的时机，既是大势所趋，也是内在要求。

珠三角城市群是中国南方地区对外开放的门户，是我国人口集聚最多、创新能力最强、综合实力最强的三大区域之一，是具有全球影响力的先进制造业基地和现代服务业基地。2017 年，珠江三角洲城市群包括广东省内 14 个城市，国土面积为 12.1 万平方公里，常住人口约为 8500 万人，创造地区生产总值 8.7 万亿元，以仅占全国 1.3%的国土面积和 6.1%的人口，创造了全国 10.6%的经济总量，是我国乃至亚太地区最具活力的经济区域之一，经济可持续发展能力处于国内领先地位。2017 年年初，粤港澳大湾区被提出，将规划由区域合作的省级战略上升至对外开放的国家战略层面，并对中心城市重新定位。在粤港澳大湾区规划发布之后，珠三角城市群与香港、澳门将一体化发展，这不仅是新时代推动形成全面开放新格局的新举措，也是推动“一国两制”事业发展的新实践，它也将开启中国最南部的一个大经济圈发展的新局面。推进建设粤港澳大湾区，有利于深化内地和港澳交流合作，对港澳参与国家发展战略，提升竞争力，保持长期繁荣稳定具有重要意义。

（2）中西部主要城市群加速发展筑起内陆开放高地

随着中部崛起和西部大开发战略的深入推进，中西部主要城市群加速发展，其中长江中游城市群、成渝城市群和中原城市群逐渐成为引领中西部地区经济发展的重要力量。从区位上看，长江中游城市群是联系中国西部与沿海地区的重要枢纽，成渝城市群是西部大开发的重要平台和长江经济带的战略支撑，中原城市群是全国"两横三纵"城镇化战略格局陆桥通道与京广通道交汇区域，这三大主要的中西部城市群迅速发展将有效推动中西部地区经济增长，筑起内陆开放新高地，并且在国家开放战略的关键节点和与"一带一路"衔接联动等重要方面，进一步重塑和优化我国经济地理格局。以下是中西部主要城市群的基本情况：

长江中游城市群是以武汉城市群、环长株潭城市群、环鄱阳湖城市群为主体形成的特大型城市群。长江中游城市群承东启西、连南接北，是长江经济带的重要组成部分，也是实施促进中部地区崛起战略、全方位深化改革开放和推进新型城镇化的重点区域，在我国区域发展格局中占有重要地位。2017 年，长江中游城市群土地面积约 31.7 万平方公里，总人口 1.25 亿人，地区生产总值 7.9 万亿元。长江中游城市群以全国 3.3%的土地面积和 9.0%的人口数量创造了 9.6%的经济总量。推动长江中游城市群发展，对于依托黄金水道推动长江经济带发展、加快中部地区全面崛起、探索新型城镇化道路、促进区域一体化发展具有重大意义。

成渝城市群位于成渝地区，立足西南、辐射西北、面向欧亚，是西部大开发的重要平台，是长江经济带的战略支撑，也是国家推进新型城镇化的重要示范区。成渝城市群的中心城市是成都和重庆，覆盖范围为周边 16 个城市，总面积达到 18.5 万平方公里，常住人口接近 1000 万。2017 年成渝城市群的区域生产总值达到 5.3 万亿元，以全国 1.9%的土地面积和 6.8%的人口数量创造了 6.5%的经济总量，位居西部第一位。

中原城市群包括河南、山西、河北、山东、安徽 5 省 30 个城市，国土面积为 28.7 万平方公里，常住人口约为 1.64 亿人，创造地区生产总值

6.8 万亿元，以仅占全国 2.9%的国土面积和 11.8%的人口，创造了全国 8.3%的经济总量。中原城市群是中部地区的主要城市群之一，中原城市群的发展与崛起能够有效带动中部地区社会与经济的发展，进而推动中国区域经济的增长。

1.2.3 三大类型城市群发展呈阶梯式且差距明显

中国幅员辽阔，各地条件差距大，地区发展基础和特色很不相同，区域经济发展不平衡，这是中国特殊的基本国情，区域经济合理布局和协调发展是我国经济社会发展中具有重大战略意义的问题。进入新世纪以来，我国区域经济发展作出了一系列部署，在推出西部大开发、东北振兴、中部崛起、东部率先转型发展的基础上，着眼于国际国内两个大局，提出了“一带一路”倡议、京津冀协同发展、长江经济带建设等重大战略，区域发展战略的内涵不断丰富，各具特色的区域发展格局正在形成。经过多年的调整，我国区域结构的协调性有了一定程度的提升。但从现实情况看，区域发展差距拉大仍是我国经济社会发展中的一个突出矛盾，推动区域协调发展是国家发展的大局，也是推进供给侧改革的一个重要方面。

由于中国自然条件、经济发展以及人力资本等要素的空间分布不均衡，导致中国城市群在发展的过程中存在明显的差距。这种不平衡主要表现在我国成熟型城市群、发展型城市群和形成型城市群之间的区域发展差距。这三类城市群发展水平差异较大，大致呈阶梯式发展态势。从经济总量上看，我国东部的成熟型城市群的经济实力远远领先于中西部地区的城市群。中西部主要城市群包括长江中游城市群、成渝城市群和中原城市群，总体规模相对较大，城市群发育程度相对较高，与成熟型城市群的差距也在进一步缩小。而对于像北部湾城市群、兰州—西宁城市群、滇中城市群、黔中城市群等形成型城市群来说，由于其“地广人稀”的地域特点，以及本身经济发展基础薄弱等原因，造成了该地区整体实力较为落后，在经济发展、基础设施、人力资本、生态环境等方面远远落后于发达的成熟型城市群。因此，如何提升形成型城市群自身经济发展实力，加快培育形成真正意义上的城市群，是该地区当前亟待解决的问题。不同类型城市群发展程度的巨大差异表明，不可能存在所有城市群优化发展的统一路径，各城市群应根据自身的发展水平、比较优势和发展条件，寻找符合自身实际的、各具特色的发展提升路径。

1.3 中国区域经济与城市群高质量发展面临的挑战

在经济全球化和区域经济一体化加速发展、我国发展进入新常态、改革进入攻坚期和深水区的大背景下，推进城市群发展，有利于跨区域整合优化资源要素，探索城市群合作发展的新路径和新模式，培育形成全国重要的经济增长极，引领和带动周边地区发展；有利于深化经济合作和开放开发，形成良性互动、合作共赢的发展格局，协同打造中国经济新支撑带；有利于共同保护资源环境，促进绿色发展，引领全国资源节约型和环境友好型社会建设；有利于推进城乡区域协调发展与社会和谐进步，使城乡居民共享现代化建设成果。所谓高质量发展，从微观层面来看，通常指产品和服务的质量。中观层面来看是产业和区域发展质量。宏观层面主要指国民经济的整体质量和效益，通常也可以用全要素生产率去衡量。从投入产出关系来看，高质量是投入少、产出多、效益好的发展模式。

1.3.1 中国区域经济与城市群高质量发展面临的主要问题

在经济全球化和区域经济一体化加速发展、我国发展进入新常态、改革进入攻坚期和深水区的大背景下，推进中国区域经济与城市群高质量发展有利于跨区域整合优化资源要素，促进区域和城乡平衡、补齐中小城市和小城镇发展不充分短板，为中国经济发展寻求经济增长转型升级的重要驱动力。中国城市群在转向高质量发展的同时，也面临着一系列问题：

（1）城市群的中心城市辐射能力和带动能力不足

区域或城市群中心城市对周边城市辐射力较弱是大部分中西部城市群所面临的问题。如黔中城市群，贵阳作为省会城市和该城市群的核心，城市综合实力不强，尚处于聚集为主的城镇化发展阶段，辐射效应不明显。市（州）中心城市规模普遍较小，中等城市数量较少。小城市和小城镇规模普遍偏小，基础设施和公共服务配套欠佳，人口和产业集聚能力较弱。贵阳与其他地州中心城市之间的联系较弱，与周边小城市和小城镇的合作层次不高。而长江中游城市群一体化发展机制还有待完善，中心城市辐射带动能力不强。对北部湾城市群而言，区域内缺乏辐射带动作用强的特大城市，南宁等中心城市集聚和辐射效应不足，对高端生产要素吸引力不强。南昌作为环鄱阳湖城市群内最大城市，城镇人口仅 280 余万，占全省城镇人口的 12%，首位度低，对环鄱阳湖城市群内的辐射带动作用也不明显。此外，兰州—西宁城市群、呼包鄂榆城市群、哈长城市群等同样存在以上的问题。

（2）城市群的基础设施网络欠完善且支撑面不足

大部分城市群的基础设施在互通互联方面还存在不足。如呼包鄂榆城市群、北部湾城市群由于基础设施投入不足、欠账较多，高等级运输通道较少，机场航线设置偏少，与国内外联系通道不畅，城际交通网络不健全，互联互通和运输服务水平普遍较低。黔中城市群中部分城市干道与高速公路、国省干线的快速连接通道不畅，交通枢纽与产业园区、景区之间衔接存在障碍，城际交通网络建设仍待加强。成渝城市群的对外运输通道还有待完善，城市群中重庆、成都与其他城市间的快速轨道交通目前仍在建设中，城际高速网络尚未形成。而兰州—西宁城市群交通、信息、水利等基础设施建设滞后，骨干路网等级低，城际网络不健全，内通外联能力弱，路网密度远低于全国水平。

（3）城市群区域协调机制不健全不完善

目前，各区域和城市群中行政壁垒和地方保护依然存在，要素流动不畅，低水平市场竞争、招商引资各自为政和产业发展同质化现象普遍，要素市场体系建设滞后，基本公共服务供给不均等，区域内统一市场和信用体系建设滞后，城市群一体化发展的成本共担、风险共承、利益共享等协作协商机制尚未建立。该问题在中西部城市群中尤为突出，如成渝城市群中重庆、成都两个核心城市协调合作机制欠缺，空间发展战略缺乏充分对接，高端发展平台的谋划和建设竞争大于合作，产业分工协作不够充分，经济尚未形成紧密的有机联系，基础设施建设不尽协调。

（4）城市群生态系统功能恶化且资源环境约束日益加剧

绝大部分城市群均存在资源环境约束等问题，如长三角城市群面临生态系统功能退化，环境质量趋于恶化。生态空间被大量蚕食，区域碳收支平衡能力日益下降。湿地破坏严重，外来有害生物威胁加剧，太湖、巢湖等主要湖泊富营养化问题严峻，内陆河湖水质恶化，约半数河流监测断面水质低于III类标准；近岸海域水质呈下降趋势，海域水体呈中度富营养化状态。区域性灰霾天气日益严重，江浙沪地区全年空气质量达标天数少于250天。城市生活垃圾和工业固体废弃物急剧增加，土壤复合污染加剧，部分农田土壤多环芳烃或重金属污染严重。成渝城市群的部分区域开发强度过大，城市建设用地扩展与耕地保护矛盾加剧，水土能矿资源利用效率较低。部分城市大气污染严重，部分支流水环境恶化，整体环境质量不容乐观。生态系统退化趋势尚未得到根本遏制，自然灾害易发频发。黔中城市群的水资源丰富与工程性缺水并存，可开发建设用地少与城镇土地利用效率低并存，能矿资源开发粗放与新能源开发利用不足并存。贵阳等城市大气污染防治压力加大，水污染防治任务重，局部地区水土流失和石漠化等生态问题突出，生态系统退化和自然灾害风险大。兰州—西宁城市群生态环境本底脆弱，水资源时空分布不均，土地沙化、荒漠化和水土流失严重，滑坡、泥石流等地质灾害隐患突出。城市大气污染治理难度大，黄河、湟水等流域水环境污染亟待解决，土壤重金属污染问题明显。

（5）部分中西部城市群自身发展实力不足难以承担东部产业转移契机

中西部城市群中如滇中、兰州—西宁、黔中、北部湾等城市群的人均地区生产总值普遍低于全国平均水平，人口密度和经济密度低于毗邻国家的一些地区，传统产业发展转型面临突出困难，先进制造业和现代服务业发展相对滞后，新旧动能转换仍需进一步加速。具体来看，兰州—西宁城市群经济总量偏小，人均水平偏低；城镇间发展差距大，城乡二元结构特征明显；传统产业比重高，产业链条短，产品层次低，市场竞争力不强，人才支撑不足，自我发展能力弱。黔中城市群则发展方式较为粗放，增长质量和效益不高，经济总量小，人均水平低，人均地区生产总值仅相当于全国平均水平的89.50%；产业结构层次偏低，传统产业比重较大，去库存、去产能任务较重；新兴产业规模较小，对经济增长的贡献有限，吸纳就业能力不强；科技投入相对不足，人才结构不合理；城乡发展差距明显，二元结构矛盾突出。

1.3.2 实现中国区域经济与城市群高质量发展的战略与对策

（1）增强城市群中心城市辐射力并以多元化的辐射渠道助推一体化发展

首先，以完善服务为保障，构建高质量发展新格局。中西部城市群缺乏均等化的公共服务，阻碍了人才、技术、资本等创新要素进入。中心城市不仅要加强一般性要素的输出，更要加强企业服务、科技服务、公共服务等输出，为其他区域完善服务、增强吸引力提供保障，形成“创新—引领—示范—辐射—带动—协调”的高质量发展新格局。要制定中心城市辐射带动的相关服务政策，构建区域性公共服务机构与协作组织，强化组织领导、规划引领和考核落实，提升跨部门服务协调能力，建立科学的服务绩效评价体系和激励机制。要强化中心城市名校、三甲医院与其他区域薄弱学校、医院等的“一对一”帮扶，推动统筹社保、养老、医疗等服务无缝对接，实现公共服务均等化供给。增强中心城市辐射带动力，要帮扶其他区域提升服务能力和水平，为创新人才进入消除后顾之忧，也切实提升公共服务质量，提振发展信心，保持经济持续健康发展和社会大局稳定，谱写高质量发展新篇章。

其次，以要素流动为支撑，加快要素流动与资源共享。武汉、长沙、合肥、南昌等中心城市应制定人才流动合作协议，推进技术人才资格互认，互派优秀干部和高层次人才挂职锻炼，建立人才需求数据库，消除限制人才流动的身份、户籍、社保等体制性障碍，实现人才无障碍自由流动。要以供给侧结构性改革为主线，以要素自由流动为强大支撑，加强跨区域发展的政策供给与制度创新，强化人才输出与技术辐射，鼓励高校、科研机构进入中西部城市群建立人才创新园，引导高科技人才开展跨区域创业、联合承担科技项目和关键技术联合攻关，以人才引进、挂职锻炼、柔性引进、院士工作站等多种形式打造跨区域人才服务网络，加快科技成果转化，释放创新活力。要将传统行政区划经济转向区域经济，建立跨区域联席会议制度，在招商引资、土地批租、技术开发等方面构建统一规划、统一政策、统一服务、资质互认等机制，构建要素流动大通道，加强跨区域交通、信息等基础设施互联互通，吸引中心城市创新资源要素进入，提高供给体系质量和效益，以多元化的辐射渠道助推高质量发展。

（2）加大区域公共交通建设与保障力度以互联互通的基建网络助推一体化发展

统筹推进交通、信息、能源、水利等基础设施建设，推进军地资源优化配置、功能兼容、合理共享，构建布局合理、设施配套、功能完善、安全高效的现代基础设施网络，提升基础设施互联互通和服务水平。尤其推进综合交通运输与城市交通发展改革创新。建立适应综合交通运输发展的管理体制和协调机制，探索对各种交通运输方式实施高效统一规划管理，促进城市群交通联动共享，尤其是强化中心城市之间点对点高速客运服务、中心城市与节点城市及节点城市之间快速客运服务、中心城区与郊区之间通勤客运服务。推进交通综合枢纽建设和客货运枢纽建设，推进客票一体联程、货物多式联运以及不同城市一卡互通方式，开通国际货运班列，加强多种交通方式有机衔接。探索物流管理体制改革，打破城市群物流业务条块分割和地区封锁，降低物流企业成本。落实减征大宗商品仓储设施用地的城镇土地使用税政策。健全高速公路联网收费和电子不停车收费系统（ETC），加快建立统一的 ETC 结算清分制度和体系，建立城市群甩挂运输联盟。开展铁路、公路、港口投融资和收费价格改革，建立跨省区域铁路、公路共同投资建设及经营管理模式，吸引社会资本参与建设。有关方面继续加大对普通公路、内河高等级航道和支线机场延伸发展的支持。建立高效快速的邮电运输网络和高效安全的管道运输网络。推进综合交通运输信息化、智能化建设，实现综合交通运输信息资源互通共享。进一步加大城市公共交通建设与保障力度，科学引导个体机动化出行，充分改善步行和自行车出行条件，推进城市道路交通管理智慧化和精细化发展。

（3）建立完善区域协调机制和管理制度以有效的系统保障机制助推一体化发展

首先，建立完善协调共进机制。在全国层面建立国家跨区域城市协调发展管理机构，专职负责全国跨区域城市协调发展的相关政策制定、法律法规出台等工作；对于跨省域的城市协调发展，在各省级层面建立协调机构，负责跨省域城市协调发展问题；对于省域范围内的城市协调发展，在省级层面建立协调机构。同时，探索建立跨区域城市间的沟通协调、规划对接、技术支撑、产业分工协作等相关机制，促进城市间在基础设施建设、公共事业发展、产业分工协作、社会保障、生态环境治理等方面展开务实合作。

其次，建立完善市场开放机制。促进跨区域城市协调发展，要建立健全市场开放机制，着力打破市场分割，清除市场壁垒，形成统一、开放、有序的市场体系。要着力优化市场准入机制，建立统一的市场准入制度，打破行业垄断和地区封锁，促进商品和各种要素的自由流动和有序竞争，营造市场准入、交易、竞争、消费的良好环境。要改革区域市场监管体系，实行统一的区域市场监管制度，清理和废除妨碍区域统一市场和公平竞争的各种规定和做法，着力推进区域市场一体化进程。

最后，建立完善利益协调机制。跨区域城市协调发展，最重要的是正确处理城市间的利益关系，找到城市间的利益平衡点。当前，一方面要探索建立跨区域城市协调发展的利益分享机制，对于跨区域的项目建设、产业转移、投资活动等，通过采取联合共建、股份化运作等方式和途径，进行利益分成和利益共享；另一方面要探索建立跨区域城市协调发展的利益补偿机制，通过规范财政转移支付制度、建立城市间补偿制度和城市协调发展专项资金等方式，对周边城市在协调发展过程中的利益损失予以补偿。

（4）共建生态环境和可持续发展的城市群以绿色为底色助推一体化发展

要深刻汲取发展中付出的过多环境成本和沉重生态代价的教训，坚持绿色发展方向，树立和践行“绿水青山就是金山银山”“保护生态环境就是保护生产力、改善生态环境就是发展生产力”的理念，努力构筑“绿色治监、绿色产业、绿色生活”的“三位一体”体系。其中强化“绿色治监”，就是打出环境综合治理、生态监管、生态修复与资源节约利用等方面的“组合拳”，齐抓共治、齐头并进，充分发挥有效市场与有为政府的作用，强化绿色考核评价制度建设，建立市场化、多元化生态补偿机制，为保护生产力提供有力保障；做大“绿色产业”，充分借助财政、税收、金融等政策手段，全面引入绿色理念，加快构建绿色技术成果转化应用推广机制，尤其是通过大力发展绿色金融、壮大节能环保产业等绿色产业，带动相关绿色产业链和绿色产业群，不断引领产业结构的绿色化、集约化、规模化；倡导“绿色生活”，大力开展创建绿色企事业、绿色社区、绿色消费、绿色出行等活动，以简约适度、绿色低碳的生产生活方式，不断推进资源节约和循环利用。

参考文献

［1］陈建军：《要素流动、产业转移和区域经济一体化》，浙江大学出版社 2009 年版。

［2］范恒山：《把握战略机遇　推动高质量发展》，《区域经济评论》2018 年第 3 期。

［3］范剑勇：《产业集聚与区域经济协调发展》，人民出版社 2013 年版。

［4］方创琳、宋吉涛、张蔷、李铭：《中国城市群结构体系的组成与空间分异格局》，《地理学报》2005 年第 5 期。

［5］金碚：《全球化新时代的中国区域经济发展新趋势》，《区域经济评论》2017 年第 1 期。

［6］刘乃全、刘学华、赵丽岗：《中国区域经济发展与空间结构的演变——基于改革开放 30 年时序变动的特征分析》，《财经研究》2008 年第 11 期。

［7］刘志彪：《长三角区域经济一体化》，中国人民大学出版社 2010 年版。

［8］沈坤荣、付文林：《政府职能转变与长三角经济一体化》，《中国城市经济》2010 年第 2 期。

［9］沈坤荣：《以城市群经济推进高质量发展》，《人民日报》2018 年 8 月 6 日。

[10] 孙久文、李恒森：《我国区域经济演进轨迹及其总体趋势》，《改革》2017 年第 7 期。

[11] 孙久文、张可云、安虎森等：《“建立更加有效的区域协调发展新机制”笔谈》，《中国工业经济》2017 年第 11 期。

[12] 王一鸣：《大力推动我国经济高质量发展》，《人民论坛》2018 年第 9 期。

[13] 张可云：《区域经济一体化：追求理想的共赢格局》，《区域经济评论》2015 年第 6 期。

[14] 张学良：《2014 中国区域经济发展报告：中国城市群资源环境承载力》，人民出版社 2014 年版。

[15] 张学良：《中国区域经济转变与城市群经济发展》，《学术月刊》2013 年第 7 期。

[16] 张志昂、沈彬彬：《长三角一体化——让税收分成和经济统计走在前面》，《文汇报》2019 年 5 月 30 日。

[17] 赵弘：《中国区域经济发展报告 2017—2018》，社会科学文献出版社 2017 年版。

2

长三角高质量一体化发展战略

2.1 区域一体化的理论与现实背景

2.1.1 区域一体化的理论背景

对区域一体化的研究最早出现在丁伯根（1954）的著作《国际经济一体化》中，他认为区域一体化是不同国家或区域之间通过合作与统一，消除阻碍经济有效运动的人为因素，从而创造出的最优国际经济结构。他认为经济一体化可以分为“积极的一体化”和“消极的一体化”两部分，其中消极一体化是将参与方间的歧视和管制制度消除；而积极一体化则是通过建立新的自由化政策和制度区来纠正自由市场的错误信号。在此基础上，美国经济学家巴拉萨（1961）提出的区域一体化定义更为普遍接受，即区域经济一体化包含“过程”与“状态”两部分，既是采取措施消除各国之间差别待遇的过程，又是上述差别待遇消失的一种状态，最终各经济主体之间不存在经济歧视。

关税同盟理论在区域一体化理论中具有很重要的地位，维纳出版于1950年的《关税同盟问题》被公认为关税同盟理论的代表作，书中对贸易创造和贸易转移的两种静态效应的研究奠定了一体化效应的研究基石。此后，学者们对区域一体化进行了综合性的效果分析，如区域一体化的生产效应、消费效应、公共产品效应等，以及规模经济效应、贸易条件效应等一体化的动态效应。随着一体化进程的不断深入，关于发展中国家参与经济一体化的讨论不断增多，出现了探讨发展中国家如何实践经济一体化的中心—外围理论和国际依附理论。20世纪90年代以后，新兴的区域一体化不断涌现，出现了南—北合作型的区域经济一体化组织，呈现出越来越多的新特征。区域一体化的理论研究也不再仅局限于国际贸易和政治关系的范畴之内，出现了新区域主义、新经济地理学、新制度经济学等各具特色和侧重的分析范式，一些学者从制度构建和文化认同视角分析区域一体化，多元的理论观点和分析框架反映了对于全球范围的区域一体化的丰富认识。

尽管各种理论对于区域一体化的定义有区别，但区域一体化的基本理念是相同的，即在同一区域的两个或以上的经济主体间取消贸易壁垒，实现生产要素的自由流动，以便实现在区域之间分工协作，使区域每一个经济主体获得比一体化之前更大的经济利益。

对于区域一体化的分类，根据不同的划分标准可以有不同的分类方法。根据市场结合的方式，可以将区域一体化划分为自由贸易区、关税同盟、共同市场、经济联盟、完全经济一体化五种形式。根据成员的经济结构，可将区域一体化划分为互补型经济结构一体化和竞争型经济结构一体化。根据一体化的动力机制，可将区域一体化划分为以政府为主导的制度性区域一体化和以跨国公司为主导的功能性区域一体化。根据对外联系程度，可将区域一体化划分为封闭型区域一体化和开放型区域一体化。根据区域一体化的领域和发展目标，可将区域一体化划分为区域空间形态一体化、区域市场一体化、区域产业一体化、区域交通设施一体化、区域信息一体化、区域公共服务一体化、区域生态环保一体化、区域制度政策一体化等。

2.1.2 区域一体化的现实背景

区域经济一体化已经成为当今世界经济发展最重要的趋势之一。区域经济合作出现过三次发展浪潮，第一次以 1956 年成立的欧洲经济共同体为标志，第二次以 20 世纪 90 年代初期欧洲统一市场的形成、北美自由贸易区和亚太经合组织的诞生为标志，第三次从 20 世纪 90 年代末期一直延续至今，区域贸易协定特别是双边自由贸易协定（FTA）在全球各地涌现。

20 世纪 90 年代以来，中国市场化改革不断深化，中国各区域之间的经济联系越来越紧密，合作的范围和深度也在不断拓展，合作规模不断增大，形成了像长江三角洲、珠江三角洲、京津冀等重要的经济区域，我国国内区域一体化的程度也在不断深化。

（1）当前我国城市群的快速发展和同城化趋势促进了区域空间一体化

城市群是区域一体化在城市空间形态上的表现形式。从城市群的形成过程和相互联系，可以看到位于同一区域的城市优势更为集中，有发达的交通干线联通各个城市区域，形成一个或两个以上的核心城市，最终这些城市组成一个城市区域群体。这一动态过程可以概括为，在经济主体区位选择的基础上，经过产业部门结构和空间结构的演化，最终实现区域空间一体化和城市功能一体化，形成区域协同化发展。当区域间开始出现一体化倾向，城市群内各类交通基础设施建设也会不断地稳步推进，各城市间的联系会日益频繁。中国目前已经先后有 9 个国家级城市群得到批复，包括长江中游城市群、哈长城市群、成渝城市群、长江三角洲城市群、中原城市群、北部湾城市群、关中平原城市群、呼包鄂榆城市群、兰州—西宁城市群，这些城市群将推动国家重大区域战略融合发展，推动区域板块之间融合互动发展。

区域一体化在空间上的突出表现形式就是同城化，它表现为相邻城市的资源共享程度和功能关联程度的不断提升，相邻城市会由空间上的“群散”状况逐步趋向功能上的“群合”。同城化是相近的城市在经济、社会、环境、空间等方面协同发展，共同构建大都市区的过程。相邻城市间行政边界逐步淡化，相邻城市的居民借助发达的交通系统和信息系统，其就业、出行、生活，如同处在同一个城市。同城化的动力机制来源于城市之间的外部效应。目前我国的同城化主要分为两类，一是局域或次区域范围内（主要是同一省份）的同城化，如湖南的长株潭，安徽的合淮等；二是跨省市间的区域同城化，如长三角、京津冀等。同城共聚的过程中，中心城市一方面强化和提升自己的区域核心地位，另一方面也在带动周边城市发展，与其形成“同质”的局面。同城化主要是城市群共聚过程中的一个特殊形式，其实质依然是城与城之间的紧密合作。同城化和城市群的快速发展，使得城市空间逐步向区域空间转化，城市群内部行政边界的约束被打破，促进了区域空间一体化的进程。

（2）产业集聚和产业转移促进了城市之间的产业分工以及区域产业一体化和市场一体化

贸易成本包括有形的运输成本和某些地方保护主义引起的贸易壁垒等无形成本的下降，促进了产业集聚，产业集聚和产业扩散的过程又表现为产业的区域间转移。在城市群中的各城市由于交通联通性更强，信息交流的便利性、更加靠近核心市场，区域内不发达地区更容易承接区域内发达地区的产业，例如近年来，随着北京市的地价、房价和工资等不断上升，显示出北京市的集聚程度达到或者接近饱和状态，北京市将一部分劳动密集型或者在产业链中低端的产业转移出去，主要的承接地就是天津和河北。2007 年至 2011 年，北京市绝大多数行业进一步转移出去，河北省的产业在承接北京市和其他地方转移出去的产业中得到快速发展。安徽省也在承接长三角产业转移的过程中，吸纳一些种子企业和核心产业环节的进入，从而提升了产业集群。研究表明（黄新飞等，2010），珠江三角洲 9 个城市的制造业行业空间集中度以及地区专业化水平对区域一体化具有显著影响，不论是产业集聚还是扩散，都能对区域经济一体化产生积极作用，使城市之间的制造业结构产生差异，从而促进地区专业化水平。企业在产业集聚和产业转移的进程中，逐渐形成地域上的接近性，使得企业之间在降低各种交易成本上有了较大的优势。一方面企业间的信息交易成本减少；另一方面由于相关产业在地理上集聚，企业间的交通运输费用也大幅度降低。随着城市的产业分工深化与专业化的发展，城市群内各城市功能会不断地转化，相互之间形成互补性质的城市主导产业，形成城市群的产业一体化。生产性服务业主要在大都市，二级城市则以加工制造业为主要产业，城市群整体开始出现产业一体化。在这一阶段，生产要素流动和产业集聚扩散速度也在不断加快，城市之间的市场逐渐融合并最终实现区域市场一体化。

（3）企业价值链的空间结构变化促进了城市之间的功能分工和区域功能一体化

改革开放 40 年来，中国经济与世界经济的联系更加紧密，经济全球化和区域经济一体化使得跨国企业和国内企业的总部管理、生产、设计、售后环节更加分散化，跨国公司和国内的大企业的分支机构出现了垂直分散化和地理分割特征。为了使公司整体价值最大化，公司将其价值链各环节的分支机构根据其特点选择不同的区位，从而尽享不同区位与特定价值环节相匹配的比较优势。价值链高端的机构将处于能级较高的城市，而生产制造则选择劳动力、土地、商务成本较低的城市或城镇，由此实现了企业价值链的空间结构变化，特别是随着中国大型企业的不断壮大，中国企业也将与跨国企业同时参与企业价值链的空间结构重构。目前，从长三角和珠三角发展来看，区域一体化程度的高低，是企业基于价值链的空间分工与合作而形成的。不同功能在地理分布上呈现差异性，但功能之间共聚趋势却较为明显：区域性总部聚集在一线城市，生产功能则分布于省会和一线城市周边，不同价值链环节总是会布局在拥有与其相匹配的资源禀赋的地区，并且进一步强化了这些区域之间的功能分工。在一定程度上，企业价值链的空间结构变化促进了区域功能一体化的深入发展。

（4）城市之间的区域合作组织和合作协议促进了区域制度政策一体化

我国各地政府为了使经济合作长期化，自发地成立区域经济合作组织，其基本类型有省际的经济协作组织、省毗邻地区经济协作组织、省内经济协作组织和城市间经济协作组织四种类型。例如长江三角洲城市经济协调会就是城市间以经济为纽带的区域性经济合作组织，长三角协调会成员单位目前已包括上海、江苏、浙江、安徽的34个城市。自1997年以来，长江三角洲城市经济协调会已经召开了18次会议，成员城市在每次会议上都聚焦某些合作主题，共同签署《长江三角洲地区城市合作协议》。这些政府间的区域经济合作组织和合作协议，不仅突破了行政区划的刚性束缚，而且他们往往通过这类组织和协议，从区域整体出发，协商制定有利于区域间各城市共同发展的政策，从制度层面推动了区域一体化的深入发展。

（5）我国区域发展战略规划助推了区域一体化的发展

国家“十一五”规划明确提出了我国区域发展的总体战略，就是继续推进西部大开发，振兴东北地区等老工业基地，促进中部地区崛起，鼓励东部地区率先发展，形成东中西互动、优势互补、相互促进、共同发展的新格局。与此相对应，国家先后制定颁布了战略规划和政策措施。例如，国务院于2000年10月颁发了《国务院关于实施西部大开发若干政策措施的通知》。2002年，国家发展计划委员会和国务院西部地区开发领导小组办公室等部门研究编制了《“十五”西部开发总体规划》。2003年，中央颁发了《中共中央国务院关于实施东北地区等老工业基地振兴战略的若干意见》。从2004年开始，国家发展和改革委员会牵头，着手编制《京津冀都市圈的区域规划》和《长江三角洲地区区域规划》。2006年4月，《中共中央国务院关于促进中部地区崛起的若干意见》正式出台。

区域发展总体战略是从全局出发，给各“板块”和各类区域明确的功能定位并且确定发展的重点。如西部地区发展的重点依然是基础设施建设、生态环境建设和教育科技的发展；东北地区则需要依托丰富的自然资源和完备的基础设施，突出体制机制创新，加快产业结构调整和国有企业改革改组改造，大力发展现代农业，加强生态建设和环境保护，在改革开放中实现振兴；而中部地区的崛起，既需要依托现有产业基础，更重要的是进一步扩大开放，做好承接海外和沿海的产业梯度转移的准备，加强综合协调，在发挥承东启西和产业发展优势中崛起；鼓励东部地区率先发展，提高自主创新能力，在率先发展和改革中带动帮助中西部地区发展，发展的重点是加快培育以珠三角、长三角、京津冀等为中心的都市经济圈和城市群，整体提高区域的综合实力和国际竞争力。

我国“十一五”规划还明确指出，在落实区域协调发展战略中强调城镇化和城市群的作用，要把城市群作为推进城镇化的主体形态，依托特大城市和大城市建设城市群，形成合理的城镇空间格局，已形成城市群发展格局的京津冀、长江三角洲、珠江三角洲等区域要继续发挥带动和辐射作用。在这一宏观背景下，国家相关部门和省份先后编制了长江三角洲城市群、中原城市群、南北钦防城市群等城市群总体规划，各地区的城市群相继开始发育。2014 年 3 月，中共中央、国务院印发了《国家新型城镇化规划（2014—2020 年）》，指出规划是推动区域协调发展的有力支撑，并再次强调以城市群为主体形态。

党的十八大以来，在继续实施“四大板块”战略的基础上，国家进一步提出了“一带一路”建设、京津冀协同发展、长江经济带发展、粤港澳大湾区建设等战略。2016 年 8 月，国家发展和改革委员会印发的《关于贯彻落实区域发展战略促进区域协调发展的指导意见》在指导思想中明确提出要“深入实施‘一带一路’建设、京津冀协同发展、长江经济带发展三大战略”。“一带一路”建设是加强东中西互动合作、提升各区域开放型经济水平的重大顶层设计。“一带一路”建设对推动中国区域协调发展起到了重要作用。31 个省（区、市）积极参与“一带一路”建设，助推对外贸易和对外投资水平提升，拉动了地区经济增长。2015 年 6 月，《京津冀协同发展规划纲要》印发实施，明确了推动京津冀协同发展的指导思想、基本原则、主要目标和重点任务，成为推进京津冀协同发展的纲领性文件。2016 年 2 月，《“十三五”时期京津冀国民经济和社会发展规划》印发实施。京津冀协同发展是探索解决区域协同发展体制机制问题的重大战略，也是有序疏解北京非首都功能、解决“大城市病”问题的重大战略。2014 年 9 月，国务院发布《关于依托黄金水道推动长江经济带发展的指导意见》。2016年9月，《长江经济带发展规划纲要》正式印发。长江经济带在新时期中国区域发展总体格局中具有重要战略地位，对于推动东中西互动合作、缩小区域差距、推进区域一体化发展具有重要的现实价值。2017年7月，《深化粤港澳合作推进大湾区建设框架协议》正式签署，粤港澳大湾区建设拉开帷幕。2019年2月，《粤港澳大湾区发展规划纲要》正式印发，成为指导粤港澳大湾区发展的纲领性文件。打造粤港澳大湾区将进一步密切内地与港澳交流合作，保持港澳长期繁荣稳定，有利于进一步深化改革、扩大开放，建立与国际接轨的开放型经济新体制，建设高水平参与国际经济合作的新平台。

2.2 长三角高质量一体化发展国家战略的提出及其国家战略意义

2.2.1 长三角高质量一体化发展国家战略的提出

2.2.1.1 长三角区域一体化的现状

改革开放40年来，长三角区域经济快速发展，目前已成为我国经济最具活力、开放程度最高、创新能力最强、吸纳外来人口最多的区域之一，在国家现代化建设大局和全方位开放格局中具有举足轻重的战略地位，对全国经济社会发展发挥着重要的支撑和引领作用。在经济发展的同时，长三角一体化进程也稳步推进，取得了很多成就，目前已经成为我国同城化程度最高、一体化程度最高的区域。以下将从组织制度一体化、城市间经济发展差距、城乡发展一体化和城市协同发展四个层面，对长三角区域一体化的现状进行描述。

（1）组织制度一体化建设稳步开展

长三角区域在制度一体化方面进行了很多的探索和尝试，制度一体化建设稳步开展，主要表现在以下三个方面：其一是长三角城市经济协调会制度化，自 1992 年成立以来，至今已成功举办了 18 届市长联席会议。依托城市经济协调会和市长联席会议，长三角各个城市签署了多项协议，先后组织实施了商贸网点发展、旅游协作、国企重组、世博经济、物流信息一体化、交通规划衔接等多个专题项目，取得了较大成果。其二是区域发展规划一体化，规划是区域发展的蓝图，至 2016 年已发布了两份长三角区域发展规划，明确长三角一体化的蓝图。其三是长三角飞地经济的发展，例如平湖张江长三角科技城、南通中央创新区，以及拥有上海最大的“域外飞地”的盐城沪苏大丰产业联动集聚区的建立，正成为长三角城市群与上海联动发展的重要载体，对于打破行政区划界限，创新跨区域合作模式，推动制度一体化有极大的促进作用。

（2）城市间经济差距日益缩小

近年来，长三角区域经济发展水平显著的收敛，区域内城市间经济发展差距日益缩小，这里用长三角 26 市人均 GDP 变异系数衡量城市间差距，变异系数从 2000 年的 0.56 下降到 2016 年的 0.38，且具有进一步缩小的趋势（见图 2-1）。将变异系数与时间进行拟合，发现变异系数逐年下降 1.49%，其回归系数显著。

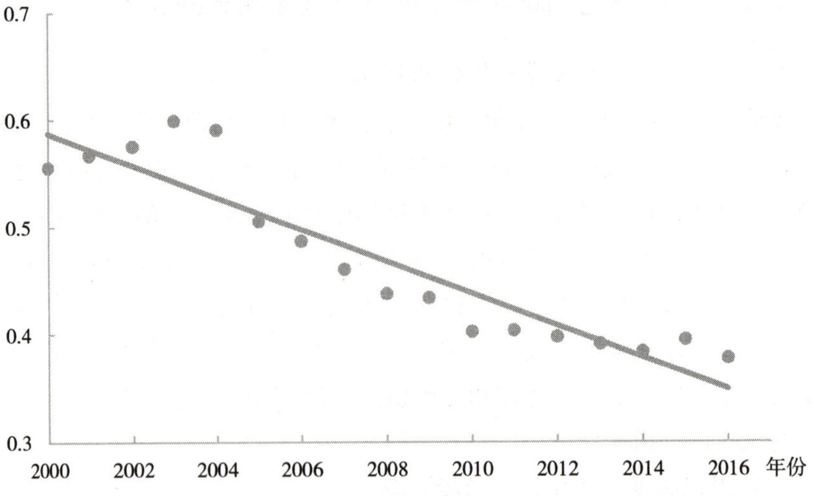

图 2-1　2000—2016 年长三角城市群 26 市人均 GDP 变异系数散点图

资料来源：根据《上海统计年鉴》《江苏统计年鉴》《浙江统计年鉴》《安徽统计年鉴》提供的各年数据计算。

（3）城乡发展一体化持续推进

城乡一体化是解决城乡二元结构的根本途径，在长三角一体化中，城乡一体化也是最重要的问题之一。这里我们借鉴朱钢等所著的《中国城乡发展一体化指数（2018）》，从经济发展一体化、社会发展一体化、生活水平一体化和生态环境一体化四个方面构建城乡发展一体化指数。通过该指数，可以看出长三角三省一市的城乡发展一体化水平不断提高，且上海市、江苏省和浙江省都远高于国家平均水平，安徽省虽低于全国平均水平，但年复合增长高达19.6%，高于全国平均水平，追赶效应明显（见图2-2）。

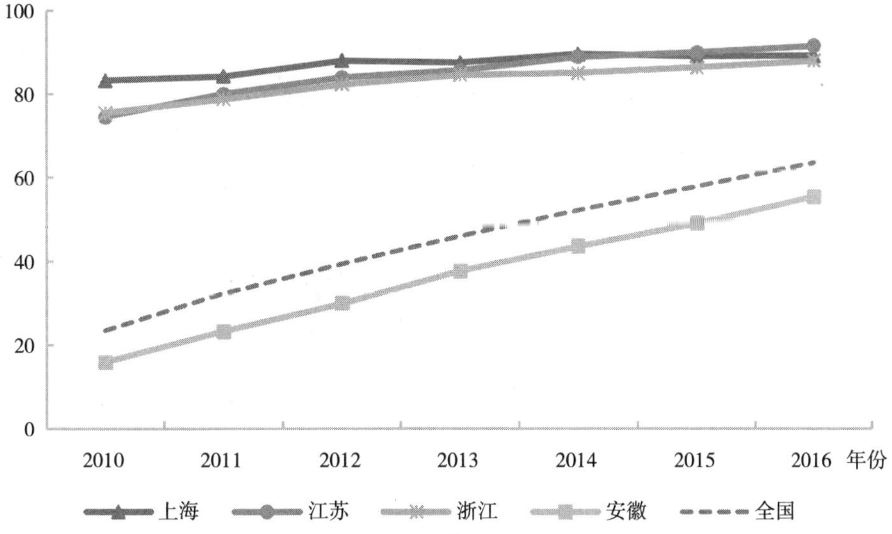

图2-2 2010—2016年长三角三省一市城乡发展一体化指数

资料来源：朱钢、张海鹏、陈方：《中国城乡发展一体化指数（2018）》，社会科学文献出版社年版。

（4）城市协同发展格局初步形成

在经济全球化的今天，区域协同发展已成为区域参与竞争的基本形式，也是长三角城市群发展的内在需求，是长三角一体化程度的重要体现。曾刚等所著的《长江经济带城市协同发展能力指数（2017）研究报告》，通过借鉴城市互助合作理论和现有城市竞争力评估方法的基础上，构建了涉及经济发展、科技创新、交流服务和生态环保四个方面内容的城市协同发展能力指数。通过该评价指数可以看出，已经初步形成长三角城市群“龙头+节点+外围”的协同发展格局。其中上海市是长三角区域协同的龙头，引领带动区域协同发展；苏州、南京、杭州、合肥作为区域节点城市，辐射带动周边城市协同发展；21 个外围城市，主要靠内生服务功能支撑，协同发展能力相对薄弱（见图 2-3）。

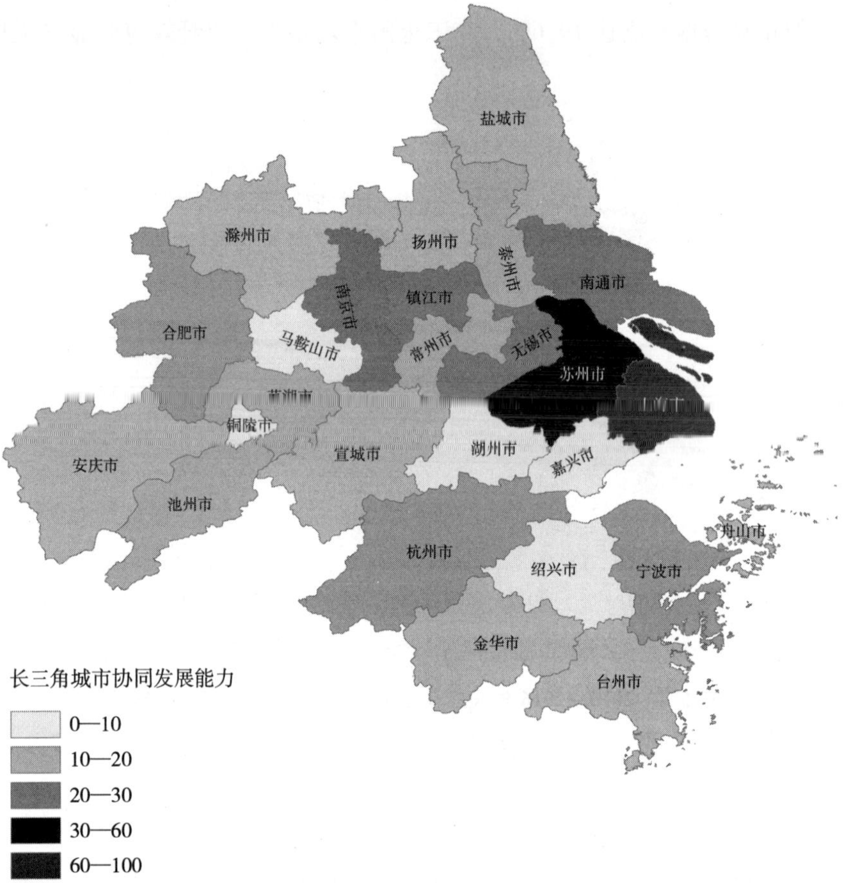

图 2-3　长三角城市群 26 市协同发展能力指数

资料来源：曾刚、王丰龙等：《长江经济带城市协同发展能力指数（2017）研究报告》，中国社会科学出版社 2018 年版。

2.2.1.2 长三角一体化发展存在的问题

尽管长三角一体化程度不断提升，但仍然存在进一步改善提高的空间，具体如下。

(1) 长三角一体化发展协调程度有待提高

当前，长三角一体化发展协调程度方面，仍存在一些潜在问题，主要表现在以下几个方面：

其一，城市群内产业协同不足，产业同构化明显。若要最大化城市群经济发展效益，各城市间有效分工是决定性因素。但由于经济社会发展水平的差异，与其他世界级城市群相比，长三角城市群虽从表面看有类似的“金字塔”结构，但各城市产业发展自成体系，产业协同不足，同构化明显，存在重复建设、产能过剩问题。省级政府的经济发展战略大多还限于一省之内，重点发展产业存在同质化现象。各城市受限于省级战略，经常出现“各自为政、恶性竞争”的现象。例如浙江省的杭州市、宁波市，江苏省的南京市、苏州市，安徽省的合肥市，都提出要建设区域金融中心，这必然导致这些城市之间对优质资源的竞争日益加剧。这些负面效应严重影响了长三角城市群整体综合竞争力的提升，同时还会降低经济资源在城市间的配置效率。

其二，一体化进程中市场机制的作用有待进一步强化。目前长三角城市群一体化建设大多是政府推动为主导，没有充分运用经济手段，市场机制的作用也没有得到很好的发挥。例如由于长三角区域尚未建立有序竞争的人才一体化市场，长三角各城市间纷纷出现无序的“人才争夺战”。

其三，政策方面还存在不同程度的不协调和不统一。各项社会保障政策的资金标准、对象范围等存在地区级差，导致社会事业、公共服务资源未能实现更好的共享，环境保护方面也有标准不统一的现象。

(2) 长三角一体化发展质量有待提升

目前长三角城市群一体化发展质量有待提升，其面临的核心问题是进一步提高城镇化发展质量，进一步推进长三角城市群新型城镇化建设。

长三角区域作为中国经济发展最为迅速的区域之一，自改革开放以来，城市建设得到了扩张，城镇化率目前已达到较高水平。长三角三省一市中，除了安徽省外城镇化率均高于全国平均水平，其中上海市 2017 年城镇化率已经达到 87.7%，超过了美国平均水平。安徽省城镇化率虽起点低，但近年增长最为迅速，目前已从 2005 年的 35.50%，上升到 2017 年的 53.49%，年复合增长率为 3.20%，超过同期全国平均水平 2.40%（见图 2-4）。

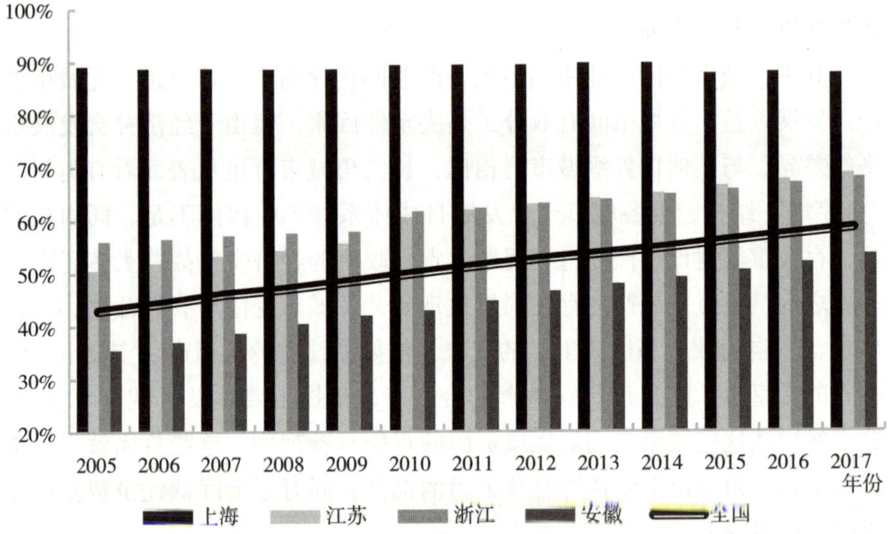

图 2-4　2005—2017 年长三角三省一市城镇化率

资料来源：根据《中国统计年鉴》《上海统计年鉴》《江苏统计年鉴》《浙江统计年鉴》《安徽统计年鉴》各年数据整理。

随着人口的城镇化进程，带来了一系列发展不协调问题。首当其冲的是外来人口市民化滞后和生态环境恶化问题。

国家统计局对于城镇化的统计指标是基于常住人口的，但对于长三角城市群而言，其作为中国最大的外来人口聚集区，目前有超过 2500 万外来人口没有在其常住地落户。虽然各地区政府在解决非户籍常住人口的社会福利方面进行了很多工作，但在教育、医疗、就业、养老、保障性住房等一系列关系到切身福利和生活质量方面，无法和户籍人口享受同等公共服务。而通过计算户籍人口城镇化率，可以看出除南京外，长三角城市群其他主要城市的城镇化率均在 60%以下（见表 2-1）。

表 2-1 长三角主要城市常住人口城镇化率与户籍人口城镇化率

指标	上海	南京	杭州	合肥	苏州	宁波
常住人口城镇化率	89%	81%	75%	69%	73%	70%
户籍人口城镇化率	53%	72%	57%	38%	34%	37%

资料来源：《长江三角洲城市群发展规划 2016—2020》。

在长三角城市群快速城镇化，生态环境质量也趋于恶化。这里采用一些环境指标进行说明。自 2003 年以来，长三角城市群主要城市中仅有上海的 PM10 在 0.1 毫克/立方米以下，尽管近年来 PM10 有所下降，但依旧维持在一个较高的水平（见图 2-5）。

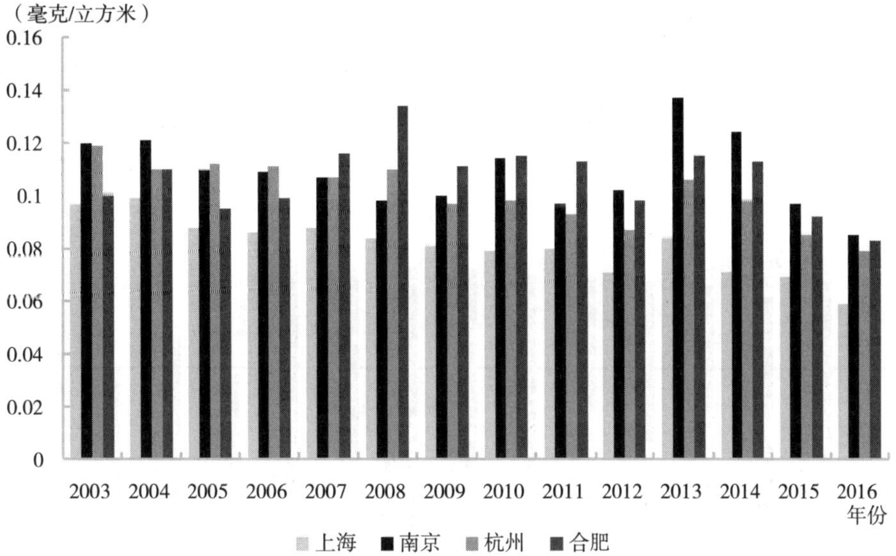

图 2-5 2003—2016 年长三角主要城市空气中 PM10 含量

资料来源：根据中国环保部提供的各年数据整理。

从空气中二氧化硫量的数据来看，2008 年前，除合肥外，上海、南京、杭州三市空气中二氧化硫含量远高于大气环境质量 2 级标准（居民区标准），甚至高于 3 级标准（工业区标准）。虽然自 2008 年以来，长三角城市群主要城市中二氧化硫含量持续下降，截至 2016 年已经达到 0.12—0.18 毫克/立方米，但除杭州外，仍高于大气环境质量 2 级标准（见图 2-6）。

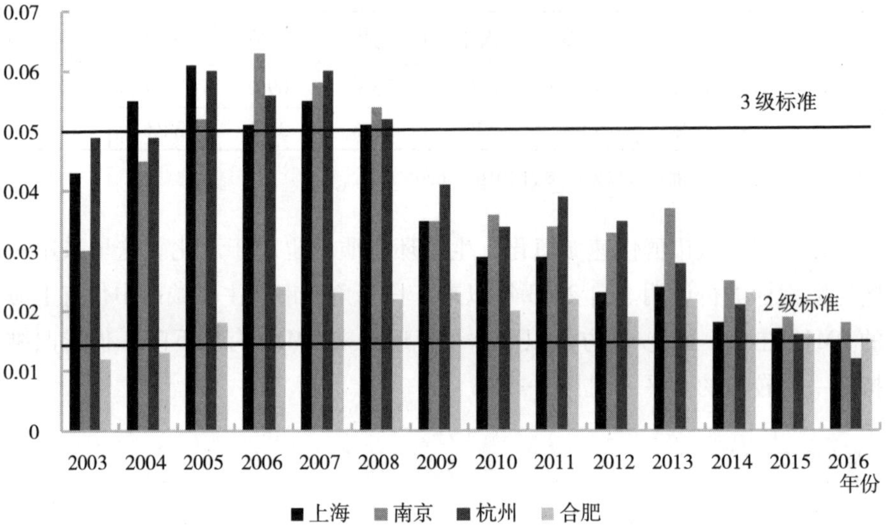

图 2-6　2003—2016 年长三角主要城市空气中二氧化硫含量

资料来源：根据中国环保部提供的各年数据整理。

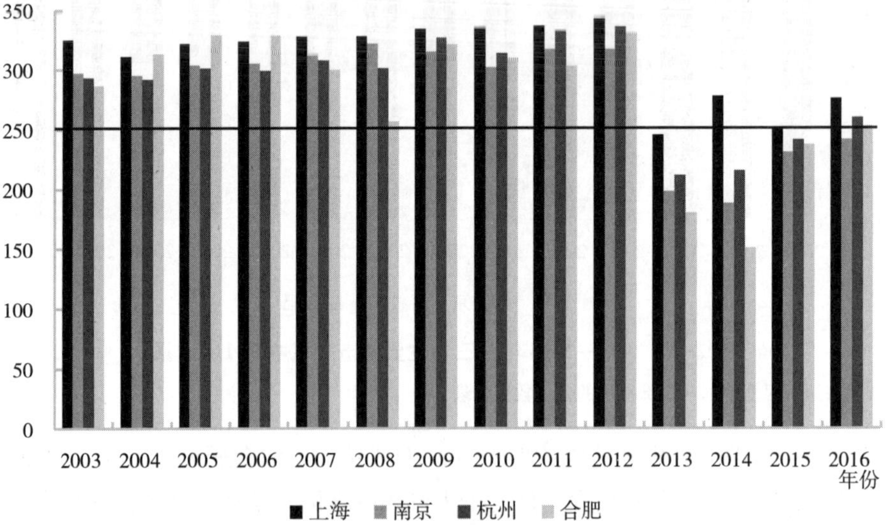

图 2-7　2003—2016 年长三角主要城市空气质量达到 2 级以上的天数

资料来源：根据中国环保部提供的各年数据整理。

而从一年中空气质量达到2级标准的天数统计看，2012年之前，长三角城市群四个主要城市一年中空气质量达到2级的天数基本在300天左右，但2013年以来，该指标出现明显下降，大致维持在250天左右，甚至低于250天（见图2-7）。

2.2.1.3 长三角高质量一体化发展国家战略的提出

针对长三角一体化发展的现状和存在的问题，如何进一步推进长三角高质量一体化发展迫在眉睫。2018年4月26日，习近平总书记在上海市委提交的《关于推动长三角地区一体化发展有关情况的报告》上作出重要批示，明确提出“实现更高质量一体化发展”的目标，要求上海发挥“龙头带动作用”、苏浙皖“各扬其长”，更好引领长江经济带发展，更好服务国家发展大局。2018年11月5日，习近平主席在出席首届中国国际进口博览会开幕式并发表主旨演讲时指出，将支持长江三角洲区域一体化发展并上升为国家战略，着力落实新发展理念，构建现代化经济体系，推进更高起点的深化改革和更高层次的对外开放，同“一带一路”建设、京津冀协同发展、长江经济带发展、粤港澳大湾区建设相互配合，完善中国改革开放空间布局。

随着长三角高质量一体化号角吹响，2018年以来长三角高质量一体化进程进入“快车道”。2018年初，由来自上海、浙江、江苏、安徽三省一市工作人员组成的长三角区域合作办公室正式成立，长三角区域合作正式实现合署办公。2018年6月，在长三角地区主要领导座谈会上，《长三角地区一体化发展三年行动计划（2018—2020）》通过审议并得以发布，进一步明确了长三角一体化发展的任务书、时间表和路线图。“三年行动计划”指出，到2020年，长三角地区要基本形成世界级城市群框架，建成枢纽型、功能性、网络化的基础设施体系，基本形成创新引领的区域产业体系和协同创新体系，绿色美丽长三角建设取得重大进展，区域公共服务供给便利化程度明显提升。2018年7月，沪苏浙皖人大常委会主任座谈会在浙江杭州召开，签署《关于深化长三角地区人大工作协作机制的协议》和《关于深化长三角地区人大常委会地方立法工作协同的协议》，进一步有效服务保障长三角更高质量一体化发展。2018年11月，三省一市的人大常委会会议首次同步立法，分别表决通过各自省份的《关于支持和保障长三角地区更高质量一体化发展的决定》，要求抓住重大历史机遇，凝心聚力支持和保障长三角区域一体化发展。

2019 年 3 月，国务院政府工作报告明确提出了将长三角区域一体化发展上升为国家战略，并编制实施发展规划纲要。上海市政府工作报告也指出，要全力实施长江三角洲区域一体化发展国家战略，合力推进长三角一体化发展示范区建设，积极推动并认真落实长三角一体化发展规划纲要，发挥龙头带动作用，首次提出长三角一体化发展示范区的概念。2019 年 3 月，位于沪苏浙三省市交界区域的长三角一体化发展示范区正式成立，示范区包括三省市交界处的上海市青浦区、江苏省苏州市吴江区、浙江省嘉兴市嘉善县共 2300 平方公里的区域。示范区将通过制度创新推进一体化发展，探索建立统一的空间规划管理体系，统一的生态环境标准、监测体系、监管执法制度，统一的产业准入清单，统一的企业登记标准和流程，统一的区域公共信用评价体系和信用联合奖惩机制，跨区域统筹土地指标、盘活存量土地资源的管理机制，加强基本公共服务标准和制度的衔接等方面的制度创新。示范区将打造成为贯彻新发展理念的新标杆、一体化体制机制的试验田、引领长三角更高质量一体化发展的新引擎。2019 年 5 月 13 日，中共中央政治局会议审议了《长江三角洲区域一体化发展规划纲要》，会议指出，长三角一体化发展具有极大的区域带动和示范作用，要紧扣“一体化”和“高质量”两个关键，带动整个长江经济带和华东地区发展，形成高质量发展的区域集群。作为长三角一体化发展国家战略的顶层设计，《规划纲要》是当前和今后一个时期长三角一体化发展的根本遵循。2019 年 5 月 22 日，长三角地区主要领导座谈会在安徽芜湖召开，这是长三角区域一体化发展上升为国家战略后，召开的首次长三角地区主要领导座谈会，会议审定了《长三角一体化发展 2019 年工作计划》，部署落实《长江三角洲区域一体化发展规划纲要》的重大事项，多项重磅政策和项目在本次会上发布，包括深化长三角城市交通融合，上海、杭州、宁波、温州、合肥、南京、苏州 7 座城市轨道交通实行“一码通行”，以及“长三角一体化 ETF”项目也在本次会议上正式签约。

2019 年以来，长三角高质量一体化发展进一步加速推进。2019 年 1 月，三省一市在沪签署《长三角地区市场体系一体化建设合作备忘录》及工商行政管理合作、食品安全区域合作、药品安全区域合作、质量发展一体化和市场创新发展等五个行动计划，推动建立统一开放、竞争有序的市场体系。2019 年 4 月，长三角地区异地就医门诊费用直接结算试点在 2018 年“1+8”的基础上扩大至“1+17”，又新增江苏省南京市、泰州市、连云港市、常州市，浙江省杭州市、温州市、湖州市、舟山市，安徽省六安市等 9 个新试点统筹区。另外，一批区域合作平台被搭建，长三角开发区协同发展联盟等合作组织成立，G60 科创走廊建设进展顺利。

2.2.2　长三角高质量一体化发展国家战略的意义

（1）完善全面建设现代化强国的空间布局

改革开放 40 年来，中国经济快速腾飞，目前中国特色社会主义建设已经进入全面建设现代化强国的新时代。“一带一路”建设、长江经济带发展、京津冀协同发展、粤港澳大湾区建设等发展战略形成了新时代建设现代化强国的战略空间布局，而将长三角高质量一体化发展上升到国家战略，可以进一步完善我国全面建设现代化强国的空间布局。长三角城市群作为长江经济带的龙头，又是“一带一路”的交汇点，将长三角高质量一体化上升到国家战略的高度，是我国全面深化改革开放的关键一步，对于完善全面建设现代化强国空间布局具有重要意义。

（2）形成国际竞争新优势

随着经济全球化，国际竞争已经由原来的国与国之间的竞争延伸到不同国家以城市群为平台的竞争。长三角城市群是我国参与国际竞争的重要平台，将长三角高质量一体化发展上升为国家战略，有利于形成符合国际通行规则的贸易和投资机制，形成具有国际影响力的科研创新高地，从而提升国内和国际要素的配置效率，提升新的国际竞争力。主要表现在以下两个方面：

其一，推动形成创新驱动的经济结构。将长三角一体化上升为国家战略后，长三角城市群将更加增强创新要素的集聚力，从而更好地以落实 G60 科创走廊总体发展规划为契机，强化张江高新技术园、合肥综合性国家科技中心等高新技术园区的科技原创能力，并在城市群内部形成一条从创新孵化到产品生产再到商务推广的完整链条。同时在创新链和产业链深度融合的基础上，瞄准世界科研创新前沿，形成以产业分工为基础、创新人才培养为核心、产业链关键领域创新为重点、依托优势创新链培养新兴产业为目标、梯度有序的创新体系，提高长三角城市群在全球创新体系中的地位，在带动全国乃至全球创新要素以及其他生产要素的配置效率等方面具有重要意义。

其二，推动形成世界级产业集群。国际竞争优势的形成依赖于世界级产业集群。在高质量一体化国家战略的引导下，长三角城市群能够更好地以产业升级和消费升级的需求为导向，更好地凭借推进上海建设全球科技创新中心、上海自由贸易试验区、浙江自由贸易试验区等优势，加强商业模式的创新，打造功能互补、协调联动的产业共同体，推动形成世界级产业集群，更好地将创新优势转化为产业优势和国际竞争优势，在推动长三角城市群乃至全国改变要素驱动的增长方式，转向形成创新驱动的经济发展新方式等方面具有重要意义。

（3）推动区域协调发展

党的十九大指出，我国现阶段社会的主要矛盾已经转化为“人民日益增长的美好生活需求和不平衡不充分的发展之间的矛盾”。而区域发展不平衡则是不平衡不充分发展的重要体现。虽然长三角城市群是我国同城化程度最高的区域，仍存在区域发展不协调问题。长三角区域的城镇化过分依赖大中城市，却忽视广大农村地区，虽然近年来情况有所改善，但长三角区域城镇化落后于工业化现象明显，这严重阻碍了城乡之间、工业化和城镇化之间的协调发展。随着长三角高质量一体化上升为国家战略，将有利于从战略的高度出发，使人口经济布局更加合理，在有力推动区域协调发展等方面具有重要意义。

一是有利于从国际层面推动规划协同，共绘长三角地区家园建设一张蓝图。并有助于长三角城市群各个城市将国家层面的规划落实到本区域经济发展。二是有利于推动交通、信息等基础设施的协同发展，推动建立高效快捷的立体交通网，建立普惠安全的综合信息基础网。建立开放共享的科技基础设施网。三是有利于推动产业协同发展，产业转移流畅合理，构建梯度化产业战略格局。四是有利于推动社会公共事业协同发展，解决外来人口市民化滞后的问题，推进基本公共服务一体化，进而增加“长三角人”的文化认同。五是有利于推动生态环境协同保护，长三角区域对于污染问题联防联治，共建长三角绿色家园。六是有利于大中小城市和小城镇的协调发展，更加有序推进农业转移人口市民化，优化城市群空间布局，提高城市品质和居民生活质量。七是带动长江经济带整体协调发展，辐射中西部地区，有利于我国东中西部地区协调发展，并且为我国其他区域的协调发展提供经验借鉴和启示。

2.3 长三角高质量一体化发展在国家战略中的地位

2.3.1 长三角高质量一体化发展与参与国际竞争

近年来，全球经济增长趋缓，在国家之间的竞争正逐渐演变为主要城市群经济实力和创新能力的竞争。这种趋势下有必要进一步推动长三角高质量一体化的发展，代表中国参与国际竞争。

（1）加快世界级城市群建设，增强国际竞争力

2018 年 11 月 5 日，习近平总书记在首届中国国际进口博览会开幕式上发表主旨演讲时提出，支持长江三角洲区域一体化发展并上升为国家战略。长江三角洲区域一体化发展由此迎来历史性机遇。因此，推动长三角城市群对标世界级城市群，加快高质量一体化发展进程对中国经济转型升级，提高整体竞争力具有重要意义。城市群是在一定空间范围内，以城市为空间单元依托交通、通信等基础设施网络所形成的地理紧邻、关系紧密、分工明确的成熟的空间组织形态。《2010 中国城市群发展报告》中显示长三角城市群成为继美国东北部大西洋沿岸城市群、北美五大湖城市群、日本太平洋沿岸城市群、英国中南部城市群、欧洲西北部城市群之后全球第六大世界级城市群。作为中国参与国际竞争的重要平台，长三角城市群在改革开放 40 年来经历了快速发展，但人均 GDP 和地均 GDP 与其他

世界级城市群相比还存在很大差距（见表 2-2），必须进一步加快长三角世界级城市群建设。

表 2-2　长三角城市群与其他世界级城市群比较

指标	长三角城市群	美国东北部大西洋沿岸城市群	北美五大湖城市群	日本太平洋沿岸城市群	欧洲西北部城市群	英国中南部城市群
面积（万平方公里）	15.29	13.8	24.5	3.5	14.5	4.5
人口（万人）	10932	6500	5000	7000	4600	3650
GDP（万亿美元）	2.14	4.03	3.36	3.38	2.10	2.02
人均 GDP（万美元/人）	1.96	6.20	6.72	4.83	4.57	5.53
地均 GDP（万美元/平方公里）	1400	2920	1370	9662	1448	4485

资料来源：长三角城市群数据来源于 2016 年长三角 26 市统计年鉴，其他城市群数据来源于《长江三角洲城市群发展规划 2016—2020》。

根据国家统计局 2017 年长三角地区城市经济发展数据来看，长三角城市群以占全国 2.2%土地面积和 11%左右的人口，创造了占全国 20%的国内生产总值，在我国现代化建设大局和全方位开放格局中具有举足轻重的战略地位，是中国经济社会发展的重要引擎，有能力代表中国参与国际竞争。首先，长三角城市群内的交通网络逐步完善，各城市间的交流更加频繁。方便快捷的交通网络是推动城市群一体化发展的基础要件。截止到 2017 年年底，长三角地区铁路营业里程突破 1 万公里，其中高铁 3667.8 公里，位居全国铁路网第一，长三角“三省一市”内开通高铁的地级市占 85%，极大地推动了长三角区域经济一体化发展。其次，长三角城市群已进入了差异化竞争的崭新阶段，各城市的产业特色十分明显，部分城市的产业实力较为雄厚，形成各具特色的产业体系。比如，上海以金融、批发和零售、汽车制造等产业为主；南京主打文化产业、特色旅游和相关服务业，同时注重节能环保等绿色产业的发展，打造南京的新名片；杭州大力扶持以阿里巴巴为代表的电子商务产业、新兴的文创产业和高端信息服务业的发展；合肥则在技术密集型的制造业领域进行产业结构升级，汽车及零部件、装备制造、家用电器和电子信息等产业具有巨大的发展前景。一体化的城市职能分工体系，是实现城市群融合发展和高质量发展的根本所在。郭倩倩（2017）的研究认为长三角城市群城市职能的互补性呈不断上升的趋势，长三角城市群内各核心城市及都市圈的职能专业化程度得到提高。最后，随着先进制造业和现代服务业快速发展，长三角城市群的城镇居民生活方式日益智能化与现代化，绿色低碳的能源、交通、市政基础设施和公共服务等民生领域智慧化程度快速提高，不断满足城镇居民个性化需求的定制化服务也应运而生，极大提高了人民群众的生活质量。吴晶（2017）研究发现，长三角城市群内的多数城市基本公共服务水平呈上升趋势，基本公共服务的空间正相关性逐渐增强，这反映了长三角正在逐渐形成空间集聚效应一体化的公共服务体系，这将有助于城市群实现充分、平衡的发展。

（2）优化“一核五圈四带”空间网络格局，打造世界级城市群

2016年6月，《长江三角洲城市群发展规划》提出要构建“一核五圈四带”的长三角城市群的网络化空间格局。“一核”是指上海，“五圈”是南京都市圈、杭州都市圈、合肥都市圈、苏锡常都市圈和宁波都市圈，“四带”是沿海发展带、沿江发展带、沪宁合杭甬发展带以及沪杭金发展带。优化长三角城市群的空间结构是促进城市群一体化发展的重要支撑。NOAA① 发布的2008年至2017年长三角灯光亮度图显示，长三角城市群“一核五圈四带”的空间结构日益清晰。合肥、南京、上海、杭州和宁波组成的“Z”字形轮廓愈发清晰，南京都市圈、杭州都市圈、苏锡常都市圈和宁波都市圈均已由点串联成面，形成一个超大规模的城市群。以“一核五圈四带”的网络格局为依托，一方面，有利于长三角城市群内的航运中心和物流中心合作发展，不断深化与上海自贸试验区和浙江自贸试验区建设互动。另一方面，有利于长三角城市群空间布局的优化和调整，促进“五圈”的同城化进程和加快建设南京江北新区、浙江舟山群岛新区等国

① National Oceanic and Atmospheric Administration（NOAA），美国国家海洋和大气管理局，是隶属于美国商业部下属的科技部门，主要关注地球的大气和海洋变化，提供对灾害天气的预警，提供海图和空图，管理对海洋和沿海资源的利用和保护，研究如何改善对环境的了解和防护。

家级新区，打造生态绿色发展的新空间。空间网络的优化对地区资源的配置效率，尤其是对协同创新能力的孕育和发展具有重要的促进作用。唐建荣、李晨瑞和倪攀（2018）研究认为长三角城市群创新势头正猛，创新网络的紧密度持续增强。已形成以上海为中心，杭州、南京、苏州为依托，其余城市不均衡散布外围的网络格局。徐宜青、曾刚和王秋玉（2018）利用 2001—2015 年合作专利数据对长三角城市群的协同创新能力进行研究。研究发现，长三角城市协同创新能力总体上呈上升态势，以上海为辐射中心城市，南京、杭州为次级节点城市，宁波、杭州、上海、南京为节点的快速交通干道沿线城市构成了长三角城市协同创新能力最高的主轴。因此，进一步发挥中心城市、节点城市的辐射带动作用，成为提升长三角城市群协同创新能力的重要战略选择。

（3）高质量一体化提升长三角科技创新国际竞争力

长三角地区是我国科技创新合作活力最强、频率最高、交流最密切的地区之一。以高速交通网络为纽带，人才、资金、装置、项目等科创要素在长三角城市群内实现更优配置，促进长三角成为全国科创高地。首先，江浙皖有各具特色的庞大产业集群，任何一个产业链在长三角单个省市内都是不完全的，需要产业上下游合作，这就对长三角一体化提出了迫切需求。上海在全国乃至全球领先的技术和管理流程与长三角其他城市的产业优势结合，有助于实现科技成果转化的附加值提高，从而为中国制造业提供良好的发展机遇，孕育出代表未来科技发展方向和具有全球竞争力的企业。其次，为充分利用长三角地区丰富的科技创新资源，更好地打破区域“壁垒”，促进资源共享利用，长三角创造性地提出并实践了“创新券”通用通兑。通过政府免费向中小微企业或创业团队发放的“权益凭证”，来降低中小微企业的研发成本。从 2016 年开始试点期，上海已先后与长三角内的五市一县展开合作，探索“创新券”区域内通用通兑机制，使长三角城市群内的科学技术、人力资源和创新要素流动起来，促进资源的合理配置发挥出更大的创新的外溢效应。以苏州为例，截止到 2017 年，共有 164 家上海实验室为 1827 家苏州企业提供 2.9 万次服务，服务总额为 2980 万元①。最后，长三角区域是我国基

① 沈湫莎：《长三角四地协同共建“国际创新带”》，《文汇报》2018 年 5 月 31 日。

础研究资源和投入最丰富的地区之一，长三角城市群的一体化显著促进了各地科研资源流动和科技人才交流。为了更好地整合资源联合攻关，长三角于2004年开始实施科技联合攻关计划，针对长三角三省一市的区域战略性新兴产业及社会公共领域共性关键技术联合攻关，共立项98项，成效明显。在大气污染联防联控领域，2014年12月长三角区域空气质量预报工作正式启动，每日对外发布未来五天长三角区域空气质量预报，并在三年间完成长三角“三省一市”90余次可视化预报会商，为2015年苏州世乒赛、2016年杭州G20峰会等系列重大活动顺利开展提供了有力的技术支撑。长三角城市群以上海作为研发公共服务的交流平台，在区内共建共享国家实验室，推进科技基础设施集群的发展。截止到2018年，“长三角大仪网”集聚了27479台大型科学仪器设施，总价值超过298.61亿元人民币。其中，价值在50万元以上的仪器设施达17202台（套），仪器总量年平均增幅约5.5%①。

2.3.2 长三角高质量一体化发展与新一轮改革开放

（1）长三角高质量一体化为市场一体化改革提供内在动力

长三角发展进入了经济、社会、文化、公共服务和治理等更高质量一体化发展的时代，长三角市场一体化改革是长三角区域经济一体化主要内容。长三角市场一体化是指长三角地区市场发育达到能够形成各地经济在社会大分工基础上融为一体的市场，包括关联商品的市场一体化和关联要素的市场一体化。虽然，在国家区域协调战略的推动下，长三角城市群的合作日益紧密，在市场一体化改革的进程中走在国内城市群前列（彭宇光，2017；谈肸，2017），但长三角地区仍然存在改革程度较浅、水平不高的问题。在资本市场，吴佩、姚亚伟和赵海鹏（2018）通过对长三角三省一市的资本市场的储蓄转化能力、资本流动、资本逐利三个方面综合分析，发现长三角的资本流入和流出呈现不平衡，表明地区之间的金融发展程度仍存在差异。需要上海积极推进金融软实力的资源整合和输出以促进长三角资本市场的一体化。其次，从消费市场上来看，长三角城市群内的

① 郭颖：《探索“创新券”区域内通用通兑机制》，《青年报》2018年5月31日。

商品价格一体化方面也存在着较大的差异。长三角高质量一体化有助于打破省市行政区域藩篱，解决跨省区域之间往往从自己角度出发，考虑到各自财政、税收等指标任务，限制不同区域生产要素流动的问题。在长三角高质量一体化的推动下，嘉兴经开区与苏州工业园区共同探索一种“共建共享”的新模式，嘉兴经开区在招大引强、城市规划、平台建设、高端人才引进、信息电子和高端装备制造产业培育打造等方面向苏州工业园区深入学习，弥补发展中的短板，同时整合双方区域综合资源，形成优势互补。目前这种“共建共享”的新模式应用于跨省产业合作园、基础设施、公共服务和生态环保等多个方面。长三角高质量一体化有助于打造产业集群，加速产业融合。2018 年年底，长三角协同优势产业基金正式成立，旨在促进长三角生产要素在区域内自由流动，能够使资源通过市场选择，实现产业合理布局，提升产业集群竞争力，同时保证各地比较优势发挥，引导产业专业化发展和跨区域合作，杜绝盲目竞争、过度竞争。长三角高质量一体化有助于制度创新。长三角一体化推动了区域间的数据的互通互联，有效地促进了要素资源的跨省域流动与协同。长三角各地正在打造审批事项少、办事效率高、投资环境优、企业获得感强的最优营商环境，例如浙江“最多跑一次”、上海“一网通办”、江苏“不见面审批”、安徽“一张网一扇门”。长三角承担了大量的国家级改革试点任务，在长三角一体化实践过程中形成的创新性制度成果，可以在全国范围内复制推广，推动全国改革进程。

（2）长三角高质量一体化为对外开放提供新机遇

一个国家对外开放的窗口，要具备五个基本条件：一是具有规模较大、结构等级完备的城市群体系；二是具有联通全球的海陆空交通枢纽；三是要兼备海关商检、保税区和自贸区于一体，具有优越营商环境；四是具有与国际市场融合的全球化特色产业体系；五是集聚了与国际接轨的具有全球视野和领导能力的经营人才和技术人员。长三角地区的“三省一市”就是我国具有这五大条件的开放高地。长三角占全国六分之一的人口（2.2 亿），产出了全国四分之一的 GDP，进出口贸易占全国的三分之一，实际利用外资占全国的 23%，是我国区域经济最发达、经济体量最大、综合竞争力最强的重要经济、贸易、金融中心，是全球重要的制造业基地。

长三角在对外开放方面走在全国前列。长三角企业“走出去”增长迅猛，布局遍及“一带一路”主要区域。截止到2016年，江苏赴“一带一路”国家投资项目超过400个，累计协议投资额约60亿美元，国别市场覆盖64个国家中的50多个；浙江在“一带一路”国家投资项目144个，对外直接投资备案额为74.70亿美元，同比增长约70%，在沿线国家的实际投资约为48.36亿美元，占全国的比重约为30%①。而长三角“引进来”增长受阻。图2-8反映了2006—2016年我国当年实际利用外资额和长三角地区实际利用外资额的变动。我们可以发现，近十年来我国实际利用外资的总额不断攀升，2014年之后趋于稳定，从长二角的数据来看，长三角地区实际利用外资的金额也在不断上涨，但2014年之后呈现出下降趋势，就其全国占比来看，比重明显下降。图2-9反映了长三角地区的外商直接投资和使用外资的情况，我们可以发现，长三角外资企业数量占全国比重接近40%，外资工业总产出占比接近35%，实际利用外资占比约为25%，可见

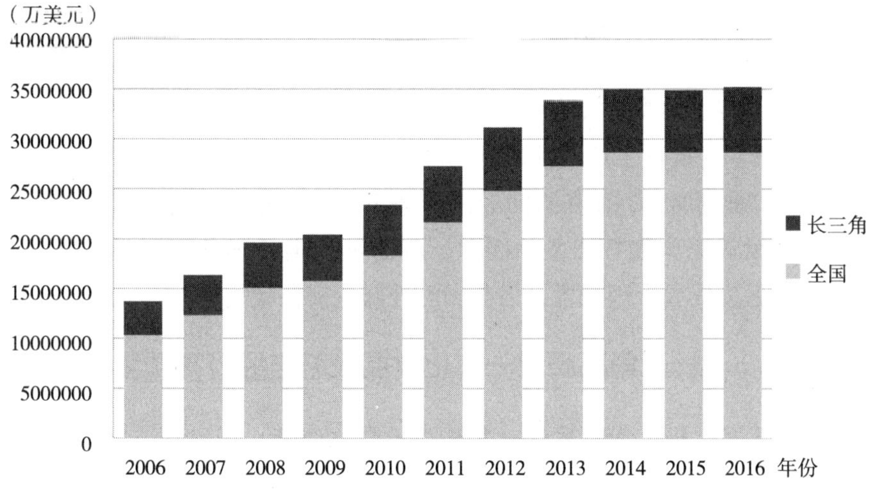

图2-8 2006—2016年长三角和全国当年实际使用外资金额

资料来源：国家统计局、国家发展和改革委员会。

① 屈凌燕、刘巍巍、有之炘：《昔日全球资源配置地，今日配置全球资源》，《新华每日电讯》2017年10月9日。

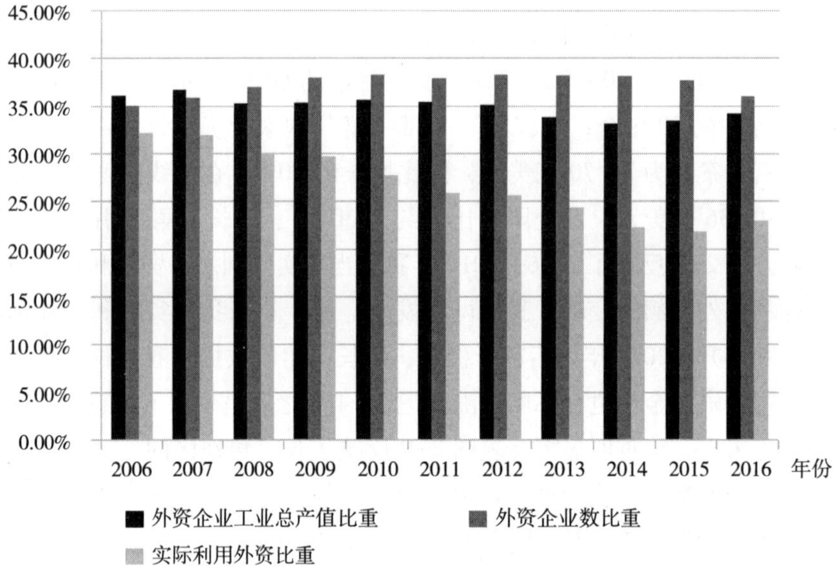

图 2-9　2006—2016 年长三角对外开放程度变化

资料来源：国家统计局、国家发展和改革委员会。

长三角仍是我国最为重要的外商投资的地区，但这一比重的变化呈现出“稳中有降”的特点。这说明在国际竞争加剧，经济增速放缓的背景下，“引进来”难度加大，而在新的经济形势下，长三角作为对外开放的高地的作用并没有完全发挥出来。因此，应通过推进长三角高质量一体化发展，促进区内资源合理配置，为我国对外开放提供新的动力。

2.3.3　长三角高质量一体化发展战略与经济高质量发展

2.3.3.1　长三角高质量一体化促进科技创新

“十二五”以来，长三角城市群各个城市普遍进入了创新驱动发展的新阶段。以上海、南京、杭州、合肥、苏州等为代表的各个大城市高度聚焦科技创新，在增强自主创新能力、培育壮大新动能，力争抢占创新驱动发展的制高点。其他中小城市也紧随其后，有力改善产业创新环境，积极参与区域协同创新，加快产业转型升级。学术界对长三角地区创新驱动发展的实践也开展了积极的实证研究，认为长三角一体化进程的推进使区域内的企业创新活动更加活跃，有效促进了科技的进步。王振和卢晓菲（2018）以长三角城市群 26 市城市为研究对象，采用指标评价方法对长三角城市群各个城市的科技创新驱动力进行全面量化与比较。这一研究发现，长三角城市群 26 个城市在 2010—2016 年间科创能力呈现出动态收敛趋势。作为中心城市的上海，科创指数的增速相对平缓；核心城市中，南京、苏州、合肥、无锡、宁波，指数增速略好于上海，其中杭州表现较为突出；常州、南通、绍兴、盐城、泰州、台州、金华、芜湖、池州等这些节点城市和一般城市也表现出较快的科技进步趋势。这一结果显著表明了长三角城市群一体化具有带动城市群内城市进行创新并促进科技进步的效果，整体上表现出在科技创新投入、载体、产出和绩效层面的动态收敛趋势。

表 2-3　2012—2016 年长三角主要创新指标年均增长率

	全国	长三角	上海	江苏	浙江	安徽
规模以上工业利润总额	16.14%	40.43%	35.57%	45.85%	43.59%	19.79%
规模以上工业 R&D 人员全时当量	20.31%	33.76%	19.81%	32.03%	40.78%	35.57%
规模以上工业企业 R&D 经费总支出	51.60%	52.31%	31.82%	53.33%	57.07%	71.21%
单位规模以上工业 R&D 人员全时当量创造利润	0.69%	1.00%	2.63%	2.09%	0.40%	-2.33%
单位规模以上工业 R&D 经费支出创造利润	-4.68%	-1.56%	0.57%	-0.98%	-1.72%	-6.01%
高新技术产业利润	66.53%	61.53%	55.25%	60.68%	66.24%	66.43%
高新技术产业 R&D 人员全时当量	17.24%	36.41%	25.11%	29.44%	42.77%	93.10%
高新技术产业 R&D 项目经费	77.95%	78.58%	88.73%	58.46%	92.01%	207.96%
高新技术产业新产品开发经费支出	67.23%	40.20%	37.73%	18.50%	95.65%	110.40%
高新技术产业有效发明专利数	173.49%	180.80%	181.24%	187.66%	117.57%	366.42%

资料来源：科技部、国家统计局、国家发展和改革委员会。

从表 2-3 中我们可以发现，在大部分指标中长三角城市群的平均增长率均高于全国平均增长率。尤其是对规模以上工业企业而言，不管是利润总额还是研发投入和研发绩效，长三角地区均显著优于全国水平，以创新促发展，走在了全国前列。随着一体化程度的加深，安徽作为长三角最具潜力的腹地获得了巨大的技术外溢效应，尤其在高新技术产业领域取得了突出的进步。在 2012—2016 年这五年间安徽高新技术产业利润的年平均增长率达到 66.43%，接近全国平均水平，高新技术产业 R&D 项目经费年平均增长 2 倍，高新技术产业新产品开发经费支出年平均增长率为 110.40%，高新技术产业有效发明专利数年平均增长率为 366.42%。

2.3.3.2　长三角高质量一体化促进产业升级

长三角城市群是我国经济最具活力、开放程度最高、创新能力最强的区域之一，在国家现代化建设大局和全方位开放格局中具有战略地位。经过多年快速发展，长三角城市群产业体系逐步完备，产业集群优势逐渐明显。2016 年 6 月《长江三角洲城市群发展规划》提出，要充分发挥要素集聚和空间集中效应，促进长三角产业结构升级。表 2-4 中对长三角规划中的 26 个城市近 10 年来的第三产业比重进行了整理，可以发现各个城市的第三产业比重均逐年上升。其中，2016 年上海和杭州的第三产业比重超过 60%。

表 2-4　2007—2016 年长三角城市群 26 市第三产业占比

单位:%

	2007 年	2008 年	2009 年	2010 年	2011 年	2012 年	2013 年	2014 年	2015 年	2016 年
全国	42.9	42.9	44.4	44.2	44.3	45.5	46.9	48.0	50.5	51.8
上海	52.58	53.66	59.36	57.28	58.05	60.45	62.24	64.82	67.76	69.78
南京	48.42	49.99	51.31	51.85	52.4	53.4	54.38	56.49	57.32	58.39
无锡	40.1	40.95	41.3	42.8	44.03	45.17	46.02	48.4	49.11	51.34
常州	36.96	37.98	39.62	41.43	42.4	43.9	45.22	48.05	49.51	50.9
苏州	34.56	36.36	39.41	41.38	42.75	44.24	45.73	48.43	49.94	51.54
南通	35.09	35.06	35.81	37.25	38.52	40.04	41.08	44.24	45.8	47.74
盐城	34.07	34.28	34.58	36.95	37.82	38.17	38.85	40.77	42.08	43.53

续表

	2007 年	2008 年	2009 年	2010 年	2011 年	2012 年	2013 年	2014 年	2015 年	2016 年
扬州	35.28	35.47	36.06	37.62	38.7	40.01	41.02	42.86	43.89	44.96
镇江	36.39	36.48	37.32	39.52	40.59	41.63	42.66	46.12	46.9	47.62
泰州	33.19	34.17	35.17	37.64	38.77	39.8	40.8	43.44	44.96	47
宿迁	32.01	32.99	34.39	37.39	37.6	38	38.43	38.9	39.35	39.81
杭州	45.85	46.29	49.33	48.69	49.27	50.94	52.93	55.25	58.24	60.89
嘉兴	33.97	34.4	36.39	36.24	37.24	39.3	40.2	41.58	43.44	44.4
湖州	34.94	34.66	36.77	37.07	38.56	39.37	40.17	42.77	44.87	46.29
舟山	45.26	43.78	44.9	44.85	44.98	45.38	45.5	48.17	48.7	48.7
金华	40.53	40.98	43.04	43.41	44.2	45.43	46.4	48.67	50.32	51.38
绍兴	33.95	34.96	37.47	38.6	39.78	41.24	42.12	43.56	45.1	45.59
台州	39.55	40.41	41.68	41.69	42.64	44.34	45.17	47.02	49.42	49.98
宁波	40.31	40.36	41.2	40.15	40.51	42.49	43.64	44.07	45.24	45.23
宣城	41.86	38.9	38.42	35.95	32.68	33.1	33.23	35.75	38.79	40.47
滁州	34.72	33.42	31.17	29.5	27.93	27.85	27.84	28.75	29.81	34.44
池州	40.98	38.8	40.85	38.2	35.34	36.19	36.62	39.6	40.91	44.15
铜陵	29.6	30.3	29.51	25.19	23.36	24.66	26.1	26.98	33.07	35.38
马鞍山	30.31	28.18	29.61	27	26.07	27.73	29.34	31.88	37.52	38.99
芜湖	37.21	34.13	32.72	30.38	27.66	27.85	27.75	30.98	37.92	39.3
安庆	39.51	38.52	34.59	31.23	29.8	29.72	32.61	33.49	36.53	39.97

资料来源：国家统计局。

（1）生产性服务业的发展

生产性服务业是指为保证工业生产顺利和生产效率提升，帮助工业技术进步和产业升级的服务行业。它存在于制造业企业生产各个环节中。生产性服务业的重要要素投入是人力资本，通过将知识资本和人力资本引入制造业的生产环节来加速第二产业和第三产业的融合。席强敏和李国平（2015）将生产性服务业界定为交通运输、仓储和邮政业，信息传输、计算机服务和软件业，金融业，房地产服务业，租赁和商务服务业，科学研究和技术服务 6 大类。从全球城市网络体系来看，生产性服务业主要集聚在体系完善、经济发展水平高的城市中，体系越完善、城市经济水平越高，生产性服务业空间集聚的特征越明显，生产性服务业的集聚有利于提升本地区的工业效率，而且通过空间外溢效应提升周围地区的工业效率。上海生产性服务业的集聚程度高，具有明显的比较优势。近年来，上海市实施国际经济、金融、航运以及贸易和科创中心，大力发展研发设计、信息技术、知识产权、科技金融、供应链管理、融资租赁、电子商务、商务咨询、品牌建设等生产性服务业。杭州在信息服务、科技服务、金融服务、商务服务业方面具有比较优势。杭州市推进国家自主创新示范区建设，以科技创新推动产业全面转型升级，全力打造适应覆盖科技创新全链条的科技服务体系，特别是信息服务与科技服务业的比较优势明显。南京市在信息服务、科技服务、交通运输、商务服务方面具有比较优势，其中信息服务业的比较优势最大。南京以中国（南京）软件谷、南京软件园、江苏软件园为重点，积极发挥“中国软件名城”品牌效应，实现了软件和信息服务业的快速发展。合肥市在科技服务、交通运输与信息服务方面有比较优势。合肥依托区位交通、人力资源、科教文化、产业配套等优势，初步构建了科技、物流、信息等服务产业集聚发展的格局。宁波、舟山、台州等地依托城市经济发展特色，着力发展比较优势。如表 2-5 所示，近十年间长三角各个省份的生产性服务业占比均呈现出稳步上升的趋势。图 2-10 直观地反映出，近十年来长三角各个省份生产性服务业比重的变动。其中，上海的生产性服务业依旧保持领先地位，在 2016 年其比重为 46.12%，位居第一；江苏的生产性服务业发展最快，占比由 2007 年的 18.21%上升至 2016 年的 32.8%，仅落后于上海，排名第二位；安徽生产性服务业的发展落后于长三角地区生产性服务业发展的平均速度，十年间仅增加 5%，明显落后于上海、江苏和浙江。

表 2-5　2007—2016 年长三角各省份生产性服务业占 GDP 比重

单位:%

年份	上海	江苏	浙江	安徽
2007	30.59	18.21	21.55	21.71
2008	36.18	21.81	24.87	24.62
2009	35.03	21.32	26.38	22.60

续表

年份	上海	江苏	浙江	安徽
2010	34.78	22.62	26.25	20.88
2011	35.44	24.10	26.59	19.85
2012	36.97	25.48	27.15	20.16
2013	37.83	26.05	27.28	20.12
2014	41.19	29.46	27.79	22.15
2015	44.16	31.26	29.51	25.28
2016	46.12	32.80	30.70	26.70

资料来源：国家统计局、国家发展和改革委员会。

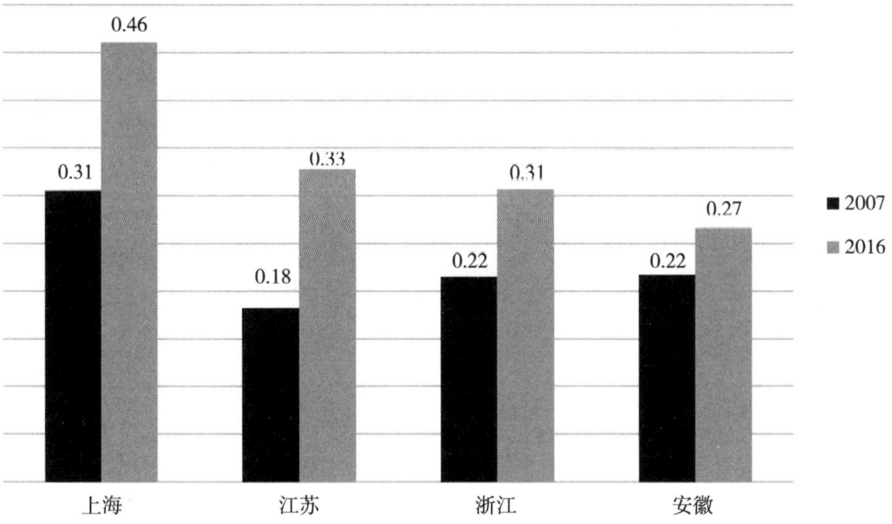

图 2-10　长三角各省份生产服务业占比变动

资料来源：国家统计局、国家发展和改革委员会。

（2）高新技术产业的发展

对长三角城市群核心节点城市 2016 年的统计公报的数据进行整理①，

① 《2016 年上海市国民经济与社会发展统计公报》《2016 年南京市国民经济与社会发展统计公报》《2016 年杭州市国民经济与社会发展统计公报》和《2016 年苏州市国民经济与社会发展统计公报》。

可以发现长三角城市群高新技术产业发展迅猛。

2016 年上海全年战略性新兴产业增加值 4182.26 亿元，比上年增长 5.0%，战略性新兴产业增加值占上海市地区生产总值的比重为 15.2%。全市高新技术企业 6938 家，年内全市新认定高新技术企业 2306 家；共认定高新技术成果转化项目 10969 项，年内认定高新技术成果转化项目 469 项，其中，电子信息、生物医药、新材料等重点领域项目占 87.4%。全年经认定登记的各类技术交易合同 2.12 万件，合同金额 822.86 亿元，增长 16.2%。

2016 年南京高技术制造业实现产值增长 2.9%，占规模以上工业比重为 23.5%，同比提升 0.4 个百分点。全市共有省、市级企业院士工作站 66 家，各级工程技术研究中心 808 家，引进世界 500 强和中国 500 强企业研发机构 11 家，总数达到 113 家。全年南京地区共有 35 项重大科技成果获得国家科学技术奖励。

2016 年杭州全市信息产业成就显著，实现产业增加值 2688.00 亿元，增长 22.8%，占 GDP 的 24.3%，同比提高 1.3 个百分点。其中，电子商务产业、移动互联网产业、数字内容产业分别增长 45.2%、45.1%和 35.0%。

2016 年苏州先进制造业加快发展。全市制造业新兴产业产值 15265 亿元，比上年增长 2.2%，占规模以上工业总产值的比重达 49.8%，比上年提高 1.1%。工业机器人、光伏、轨道交通、新能源汽车、生物技术和新医药五大新产业实现产值 1915 亿元，比上年增长 5.2%。其中工业机器人产业产值 161 亿元，增长 14.8%；光伏产业产值 615 亿元，增长 10.3%。高端产品产量快速增长。工业机器人产量比上年增长 171.3%。全年新兴产业完成投资 1410.18 亿元，占全社会固定资产投资的比重达 25.0%，比上年提高 1.5 个百分点；高新技术产业完成投资 820.22 亿元，占工业投资的比重达 41.4%。工业技术改造投资 1427.03 亿元，占工业投资的比重达 72.0%，比上年提高 2.6 个百分点。

表 2-6 显示了长三角高新技术产业各项指标及其平均增长率与全国整体情况的对比，可以发现：长三角的高新技术产业的规模，效益和未来潜力均呈现出快速发展的趋势。其中，2001—2016 年间长三角高新技术企业的数量增加了 6718 家，年平均增长率为 7.72%，高于全国平均增长率；在

高新技术企业的生产和经营效益上，长三角高新技术企业的利润总额年均增长率为 20.97%，出口交货值增长率为 20.22%，分别超出同期全国平均增长率 1.2 个和 2.04 个百分点；在未来发展潜力上，长三角依然是全国重要的高新技术产业投资地区，虽然与 2001—2008 年相比，2009—2016 年长三角高新技术产业投资额年平均增长率略有下降，但 2001—2016 年的年均增长率仍达到 25.10%。

表 2-6 2001—2016 年长三角高新技术产业各项指标及平均增长率与全国整体情况的对比

指标	区域	2001 年	2002 年	2003 年	2004 年	2005 年	2006 年	2007 年	2008 年	2001—2008 年各项指标平均增长率
企业数（个）	全国	10479	11333	12322	17898	17527	19161	21517	25817	13.75%
	长三角	3273	3567	4004	6235	5746	6363	7340	9261	16.02%
利润总额（亿元）	全国	688.26	741.07	971.41	1244.6	1423.2	1777.269	2395.76	2725.1	21.72%
	长三角	187.02	195.92	276.87	422.1	437.7	579.2089	791.94	1006.27	27.18%
出口交货值（亿元）	全国	4281.97	6020.02	9098.27	14830.9	17636	23476.46	28422.79	31503.94	32.99%
	长三角	1179.98	1676.06	3097.41	5958.9	7362.7	9245.011	11765.57	13292.46	41.33%
投资额（亿元）	全国	739.76	986.78	1423.13	1790.49	2144.09	2761.02	3388.35	4169.23	28.02%
	长三角	211.05	291.96	503.02	581.1	662.66	902.16	1153.02	1335.6	30.16%
指标	**区域**	2009 年	2010 年	2011 年	2012 年	2013 年	2014 年	2015 年	2016 年	2001—2016 年各项指标平均增长率
企业数（个）	全国	27218	28189	21682	24636	26894	27939	29631	30798	7.45%
	长三角	9789	10375	7520	8515	9121	9328	9724	9991	7.72%
利润总额（亿元）	全国	3278.5	4879.7	5244.9	6186.3	7233.748	8095.208	8986.329	10301.8	19.77%
	长三角	991.2	1559.2	1723.2	2011.8	2334.21	2639.825	2839.159	3249.714	20.97%
出口交货值（亿元）	全国	29499.7	37001.6	40600.3	46701.1	49285.09	50765.2	50923.13	52444.61	18.18%
	长三角	12724	16047.7	17280.2	18734.7	18474.47	18522.77	18801.87	18688.47	20.22%

续表

指标	区域	2009 年	2010 年	2011 年	2012 年	2013 年	2014 年	2015 年	2016 年	2001—2016 年各项指标平均增长率
投资额（亿元）	全国	4882.24	6944.73	9468.46	12932.65	15557.68	17451.72	19950.65	22786.67	25.67%
	长三角	1328.48	2124.48	3191.17	3842.134	4347.111	4545.99	5113.607	6071.592	25.10%

资料来源：科技部、国家统计局、国家发展和改革委员会。

（3）污染产业比重下降，地区产业结构优化

区域一体化包含区域政策的一体化，在环保方面就体现为环境政策管理协同度不断提高，如统一的环境规制标准以及区域内的联防联治，有利于污染产业地区份额的下降和产业结构的优化，在区域环保政策一体化的情况下，区域内的污染产业份额将总体降低，向低水平收敛。对污染产业而言，承担环境规制的遵循成本，接受环保检查压缩了企业的利润空间，

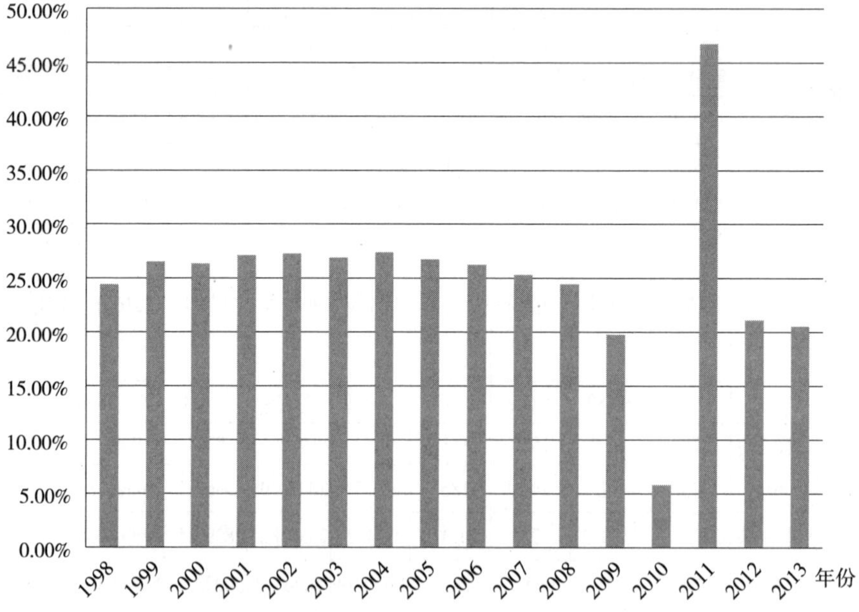

图 2-11　1998—2013 年长三角污染产业工业总产值全国占比变动情况

资料来源：1998—2013 年中国工业企业数据库。

降低了企业的生产效率，污染产业由于缺乏竞争力逐渐被市场淘汰。当区域内环境规制水平相近，而企业跨区的迁移成本较低时，区域内的污染产业份额将总体降低，向低水平收敛。区域一体化通过福利水平差距的缩小使得人们对环保的认同趋于一致，民众意愿对地区污染产业在地区间差异的缩小，也具有重要作用。根据豆建民和沈艳兵（2015）研究中对污染产业的划分，对中国工业企业数据库规模以上的污染企业进行匹配并在城市层面上进行加总，计算得到图2-11。图2-11是长三角污染产业工业总产值占全国的比重的历年变动情况，除2010年和2011年由于数据库的统计口径和统计范围发生变化，柱形图发生剧烈变动外，从其余年份来看，长三角污染产业占全国比重呈显著逐年下降的趋势。

2.3.4　长三角高质量一体化发展战略与落实区域发展总体战略

（1）长三角在我国区域发展总体战略中的地位和作用

在我国区域发展的总体战略中，要鼓励东部地区率先发展，形成东中西互动、优势互补、相互促进、共同发展的新格局。长三角对于我国东部地区率先发展，将发挥重要作用。

近年来国际经济形势剧烈变化、国内进入经济发展的新常态，在“去产能”等产业结构调整政策和金融环保政策趋严的背景下，区域经济结构、质量差异鲜明，区域经济呈现一定的分化态势。从经济增长速度和增长的稳定性来看，长江中下游地区和包括东南、西南在内的泛珠三角等东部地区是全国经济增长突出的区域。而资源依赖特征明显、依靠投资拉动增长的西北、华北地区经济下行压力较大；东北地区经济增长继续复苏，但还不具备成为区域增长极的辐射能力。目前，我国东部地区经济总量占全国比重50%以上，工业经济增加值占全国比重55%以上，是我国经济发展程度最高，活力最大，持续性最强的地区，以产业结构转型升级推动经济增长的红利已逐步显现，是全国经济增长的稳定器。东部沿海地区率先进行了覆盖工业上下游产业链的全面产业转型升级。在传统轻工业和劳动密集行业，完成了机器设备对一般劳动力的要素替代，提高了劳动生产率，也较好地应对了东部劳动力成本上升的冲击，避免了劳动力成本上升造成的沿海地区的劳动密集型制造业向外转移。同时，东部沿海地区把劳动密集型产业和环节升级成为资金、技术密集型产业和环节使得传统的轻工业行业中的纺织、造纸、化纤业产量占全国比重不仅没有下降，还有所上升。在耐用消费品行业，东部沿海地区通过加大研发创新力度，实现了产品的功能和质量升级，产品市场份额不断上升。2017 年，东部沿海地区的电视、冰柜产量占全国比重分别为 79%、83%，相对于金融危机后的历史低点都上升了 10 个百分点左右。在技术密集型制造业行业中，东部地区也继续保持甚至扩大领先优势，产量或产值份额占全国比重进一步上升。此外，东部地区通过加大能源投资力度，借助较低的进口成本优势，提高了原油、汽油、有色金属等上游工业品在全国的产量比重和区域自给能力。2017 年，东部地区原油、汽油产量占全国比重分别达到 36. 2%、47. 6%，相比十年前都有显著提高。

（2）长三角在“一带一路”建设中的地位和作用

上海地处我国沿海经济带与黄金水道长江经济带 T 型结构的交汇处，地处我国丝绸之路经济带和 21 世纪海上丝绸之路“一带一路”的源头交汇处的长三角地区，其国内国际战略地位十分突出。上海参与“一带一路”建设，要与上海四个中心和自贸试验区建设联动，发挥桥头堡作用，把重点放在增强上海综合服务功能，发挥上海要素市场体系健全、高端功能机构集聚和国际化优势，提供金融、信息、物流、技术、人才等服务，发挥上海的高端服务功能和信息中枢与交通运输枢纽功能，促进更高层次的对外开放，更好地参与全球竞争与合作。2016 年上海在参与“一带一路”建设中取得积极进展，尤其在资金融通领域成绩斐然。2018 年菲律宾、阿联酋、新加坡等“一带一路”沿线国家和地区在中国银行间债券市场（上海）共发行人民币债券 44. 6 亿元，占同期银行间债券市场发行量的 11. 8%。截至 2018 年 6 月末，“一带一路”沿线主权机构、国际组织、企业等在上海证券交易所发行“一带一路”债券 127. 5 亿元、“一带一路”资产支持专项计划 84. 5 亿元。与“一带一路”沿线国家在资本市场的合作更是具有开拓性的意义。上海证券交易所等多家机构组成的联合体，收购巴基斯坦交易所 40%股权，并与哈萨克斯坦阿斯塔纳国际金融中心管理局合作投资建设阿斯塔纳国际交易所。上海浦东将继续鼓励金融机构通过银团贷款、商业贷款、海外保险等方式，为中国企业参与“一带一路”建设提供资金支持和风险保障，针对自贸区企业投资“一带一路”沿线国家时面临的具体的外汇支付和资金融通等问题提供多种解决方案。

作为“一带一路”倡议交会点的经济大省江苏，充分发挥开放型经济比较优势，全面对接和深度融入“一带一路”建设，着力推进设施互联互通，2017年已有苏州、南京、连云港等5条国际班列贯通“新丝路”，中欧班列发送量达880列，同比增长51.2%。江苏省出台《江苏省2018年参与“一带一路”建设工作要点》落实江苏“一带一路”交汇点建设，着力推进国际产能合作，坚持“走出去”“引进来”相结合，加快合作园区建设，成立全国首家“一带一路”产能合作园区——中阿（联酋）产能合作示范园，目前已有12家企业签署入园投资框架协议，其中江苏企业10家，投资额逾8亿美元，有利于实现优势互补互利共赢。江苏还着力拓展经贸及人文交流，截至2017年有近1000万人次江苏游客去“一带一路”沿线国家旅游、拉动当地约400亿美元的旅游消费，沿线国家也有约300万人次来苏旅游，拉动旅游消费约140亿美元。

浙江出台《浙江省打造“一带一路”枢纽行动计划》，全面提升浙江“一带一路”枢纽功能，突出共商共建共享，将“引进来”和“走出去”相结合，努力在实践中打造特色亮点，成为浙江对外开放的新名片。2014—2016年，浙江与“一带一路”沿线国家贸易总额达3195亿美元，占全国比重从2014年的9.6%上升到11.1%，对“一带一路”沿线国家投资累计达128亿美元，占全省对外投资的比重从2014年的15.8%上升到2016年的44.4%，对全国与“一带一路”沿线国家进出口的增长贡献率连续两年居全国首位。杭州市坚持把城市国际化作为首位战略，制定全国首个城市国际化条例，通过地方法规对国际化予以规范和保障。着力提升城市交通的通达度和快捷性，新开辟国际航线15条，累计国际通航点达49个，覆盖全球20多个国家和地区，萧山国际机场实现从区域枢纽机场迈向世界级空港。舟山口岸继“一带一路”建设、长江经济带发展之后，中国（浙江）自由贸易试验区正式挂牌成立，成为贯通国际国内、推动对外开放的重要枢纽。仅2017年上半年，舟山口岸共检验检疫与“一带一路”沿线国家出入境贸易2831批次，66.7亿美元，同比货值增长25.4%。其中，出口贸易 2366 批次，2.25 亿美元，同比货值增长 8.2%，远高于 3.7%的平均增速。

安徽省在推进互联互通设施建设方面发力，开通对外通道，深度融入“一带一路”建设，主要是完善安徽铁路、公路、航运、航空等综合交通运输网络；开通更多通达“一带一路”沿线国家和地区航班。加大对“合新欧”国际货运班列的支持力度，加密班列运营密度。2018 年安徽省对外通道建设快速推进，“合新欧”国际货运班列发运近 200 列，达到两倍增长，货源半径已辐射上海、江苏、浙江、广东等省市；新开合肥至莫斯科航线，开通至新加坡、泰国、德国等 15 条国际客运航线及合肥至美国洛杉矶国际货运航线。2018 年 1 月至 10 月，安徽省与“一带一路”沿线国家和地区进出口额达 124.2 亿美元，增长 10.8%。安徽积极开拓非洲市场，截至 2018 年 6 月，对非合作业务覆盖 41 个国家和地区，对非承包工程签订合同额近 600 亿元，约占全省对外承包工程总量的 40%；对非投资总额占全国的 6%。

（3）长三角在长江经济带发展战略中的地位与作用

上海依托长三角世界级城市群全球城市区域，是长江经济带的龙头。上海参与长江经济带发展战略，要完善上海现代航运集疏运体系，推动长江流域物流产业发展，加强上海与长江流域在航运领域的合作。加快建设以上海为中心、以江浙为两翼、以长江流域为腹地的国际航运枢纽港。要完善上海现代航运服务体系，带动长江流域现代服务业发展。要优化航运服务产业链，完善航运金融服务体系，提高航运信息化水平。上海要推动黄金水道建设，逐步实现航道统一规划、船舶统一设计、建设统一标准、服务管理统一模式，促进长江经济带运输资源有效配置和集约利用。要推动生态环境治理合作，落实最严格的水资源管理制度，推动建立地区间、上下游生态补偿机制，加快形成生态环境联防联治、流域管理统筹协调的区域协作机制。要推动一体化市场体系建设，简政放权，清除壁垒，推动资源要素跨区域流动和优化配置，建立区域间市场准入和质量、资质互认制度。要深入推动长三角一体化发展，以此为突破口增强对长江流域和全国的辐射服务功能，为长江经济带发展作出上海的更大贡献。

推动长江经济带高质量发展，江苏扮演着重要角色。从区位上看，江苏全省80%的生产生活用水源自长江，保护长江生态，对江苏至关重要；从地位上看，江苏省是长江经济带发展基础最好、综合竞争力最强的地区之一；从区域战略来看，江苏正处于“长江经济带”和“长三角一体化”两大国家战略的叠加区，前者强调“大保护”，后者要求率先发展，双重战略的叠加要求保护与开发平衡推进，实现保护与发展共赢。因此江苏省加强生态环境保护，倒逼产业结构调整和发展方式转变，扎实推进供给侧结构性改革。坚持“破”无效供给、低端产能和“立”高端环节、高端产业并举。江苏全域推进生态优先和供给侧改革，既是贯彻落实国家战略的具体行动，也可以为全国经济的高质量发展探索路径。

浙江主动融入长江经济带，谋求合作共赢。在《浙江省参与长江经济带建设实施方案（2016—2018年）》中明确浙江将建立最严格的生态保护制度，建设义甬舟开放大通道，推进江海联运、交运体系内畅外联，支持产业有序梯度转移。浙江建立健全最严格的生态环境保护和水资源管理制度体现了浙江在环境治理上的担当，从“五水共治”到治土治气，浙江在污染防治、生态修复等方面已先行一步。浙江着力打造高效、便捷、低成本的国际物流大通道，通过构建义甬舟大通道，使得浙江的物流、开放、产业转移等领域不仅能更好迈向国际市场，也能更好融入长江经济带。通过构建内畅外联的现代综合交通运输体系，能使浙江更加顺利接轨长三角，甚至直通京津冀，连接珠三角。支持产业有序梯度转移，体现了浙江补足“科技创新”短板的思路，同时积极融入对接上海全球科创中心建设，实现区域间的合作共赢。

安徽省地处长江、淮河中下游，长江三角洲腹地，地跨长江、淮河、新安江三大流域，生态保护任重道远。按照“谁受益谁补偿”的原则，安徽探索建立能源资源跨区域调配的环境修复补偿机制，新安江流域横向生态补偿试点和大别山区水环境生态补偿以及国家级生态补偿示范区，为建立和完善我国环境生态补偿机制提供了重要的经验。安徽省在全国率先启动林长制，合肥、安庆、宣城等地先行试点，2018年全省将建立省、市、县、乡、村五级林长制体系。安徽作为长江经济带中承东启西、承上启下的重要节点。安徽立足沿江产业基础和比较优势，培育壮大战略性新兴产业。2018年上半年，安徽全省高新技术产业增加值增长14.1%，战略性新兴产业产值增长 18.8%。

参考文献

［1］蔡之兵、张可云：《中国区域发展战略的 60 年历程回顾（1953—2013)》，《甘肃社会科学》2015 年第 2 期。

［2］曹璐、吴福象、段巍：《经济效率、空间公平与区域一体化》，《天津社会科学》2015 年第 4 期。

［3］车艳秋：《以人民为中心的新型城镇化研究》，辽宁大学博士学位论文，2017 年。

［4］陈航航、贺灿飞、毛熙彦：《区域一体化研究综述：尺度、联系与边界》，《热带地理》2018 年第 1 期。

［5］成长春、春叶磊：《对标世界级城市群实现长三角高质量一体化发展》，《经济日报》2018 年 11 月 8 日。

［6］豆建民、沈艳兵：《产业转移对中国中部地区的环境影响研究》，《中国人口·资源与环境》2014 年第 11 期。

［7］范双涛：《中国新型城镇化发展路径研究》，辽宁大学博士学位论文，2015 年。

［8］郭继：《上海与长三角一体化发展历史回顾》，《党政论坛》2018 年第 12 期。

［9］郭倩倩：《长三角城市群城市职能分工及互补性研究》，《科技与管理》2017 年第 1 期。

［10］黄新飞、郑华懋：《区域一体化、地区专业化与趋同分析——基于珠江三角洲地区九城市的实证分析》，《统计研究》2010 年第 1 期。

［11］纪江明：《基于熵权 TOPSIS 的长三角区域科技创新政策评估实证研究》，《中国经贸导刊（理论版）》2018 年第 11 期。

［12］金月华：《中国特色新型城镇化道路研究》，吉林大学博士学位论文，2016 年。

［13］李郇、殷江滨：《国外区域一体化对产业影响研究综述》，《城市

规划》2012 年第 5 期。

［14］李琳、彭宇光：《中三角城市群与长三角城市群市场一体化及影响因素比较研究》，《科技进步与对策》2017 年第 1 期。

［15］李娜、张岩：《长三角城市群创新驱动发展特征与对策建议》，《上海城市管理》2018 年第 2 期。

［16］卢新海、陈丹玲、匡兵：《区域一体化对城市土地利用效率的影响——以武汉城市群为例》，《城市问题》2018 年第 3 期。

［17］鲁丽丽、刘俊萍：《基于价值链视角的制造业产业集聚问题研究——以华北地区为例》，《唐山师范学院学报》2012 年第 5 期。

［18］吕健：《长三角经济转型的路径分析——基于科技进步的视角》，《同济大学学报（社会科学版）》2014 年第 2 期。

［19］罗松华：《基于以人为本的中国新型城镇化道路研究》，武汉大学博士学位论文，2014 年。

［20］倪鹏飞：《新型城镇化的基本模式与具体路径》，《江海学刊》2013 年第 1 期。

［21］彭宇光：《中三角城市群与长三角城市群市场一体化影响因素比较研究》，湖南大学硕士学位论文，2017 年。

［22］佘时飞：《本地市场效应、经济一体化与产业空间转移》，《首都经济贸易大学学报》2013 年第 4 期。

［23］沈志敏：《推动长三角地区更高质量一体化发展》，《科学发展》2018 年第 10 期。

［24］谈肸：《长江经济带三大城市群市场一体化评价与一体化模式研究》，湖南大学硕士学位论文，2017 年。

［25］唐建荣、李晨瑞、倪攀：《长三角城市群创新网络结构及其驱动因素研究》，《上海经济研究》2018 年第 11 期。

［26］王丹、孙雪菲：《论产业集聚与区域经济一体化的相互关系——以长吉地区为例》，《吉林工商学院学报》2015 年第 4 期。

［27］王得新：《区域一体化生成的组织制度分析》，《区域经济评论》2015 年第 5 期。

［28］王辉、丛海彬：《产业结构升级的协同效应及驱动因素研究——

基于长三角城市群》，《科技与经济》2018 年第 6 期。

［29］王珏、陈雯：《全球化视角的区域主义与区域一体化理论阐释》，《地理科学进展》2013 年第 7 期。

［30］王卫东：《长三角城市群协同创新发展机制研究》，《企业经济》2011 年第 12 期。

［31］吴晶：《长三角城市群基本公共服务的区域差异及空间演变研究》，《上海经济》2017 年第 6 期。

［32］席强敏、李国平：《京津冀生产性服务业空间分工特征及溢出效应》，《地理学报》2015 年第 12 期。

［33］徐宜青、曾刚、王秋玉：《长三角城市群协同创新网络格局发展演变及优化策略》，《经济地理》2018 年第 11 期。

［34］杨连臣、霍正元、任群星：《区域一体化发展的战略路径》，《中国市场》2014 年第 29 期。

［35］杨小军：《建国 60 年来我国区域经济发展战略演变及基本经验》，《现代经济探讨》2009 年第 9 期。

［36］叶琪：《我国区域产业转移的态势与承接的竞争格局》，《新疆财经》2013 年第 6 期。

［37］余保华、何刚、李恕洲：《科技进步对经济增长贡献率研究——以长三角地区为例》，《辽宁工业大学学报（社会科学版）》2017 年第 1 期。

［38］曾刚、王丰龙：《长江经济带城市协同发展能力指数（2017）研究报告》，中国社会科学出版社 2018 年版。

［39］张宗庆、张寅：《产业集聚、知识溢出与区域增长——基于长三角区域的实证研究》，《东南大学学报（哲学社会科学版）》2012 年第 1 期。

［40］赵燕霞、张静华：《总部经济模式下生产基地外迁对于推进区域合作的影响》，《科技创新与生产力》2011 年第 3 期。

［41］周政、陈良华：《产品内国际分工、区际一体化与生产性服务业集聚——基于我国 1995—2011 年省级面板数据的研究》，《财经理论与实践》2014 年第 2 期。

［42］朱钢、张海鹏、陈方：《中国城乡发展一体化指数（2018）》，社会科学文献出版社 2018 年版。

［43］邹松涛、陈永华：《长三角域内产业转移的实现机制分析》，《中国市场》2009 年第 15 期。

3

长三角高质量一体化与区域协调发展：内涵及方向*

* 本部分是国家社会科学基金项目“经济结构调整与转变视角下的城市转型路径与机制研究”（14BJL082）的阶段性成果，已经发表于《科学发展》2019 年第 4 期，标题为《长三角高质量一体化：背景、挑战与内涵》。

3.1 长三角一体化的发展历程：阶段与特点

3.1.1 长三角的发展概况[①]

长三角城市群是我国经济最具活力、开放程度最高、创新能力最强、吸纳外来人口最多的区域之一，是“一带一路”与长江经济带的重要交汇地带，在国家现代化建设大局和全方位开放格局中具有举足轻重的战略地位。它由以上海为核心、联系紧密的多个城市组成，主要分布于国家“两横三纵”城市化格局的优化开发和重点开发区域。具体包括：上海市，江苏省的南京、无锡、常州、苏州、南通、盐城、扬州、镇江、泰州，浙江省的杭州、宁波、嘉兴、湖州、绍兴、金华、舟山、台州，安徽省的合肥、芜湖、马鞍山、铜陵、安庆、滁州、池州、宣城，共26个城市，国土面积21.17万平方公里。从空间结构来看（参见图3-1），长三角城市群已经形成了多中心的发展格局。

3.1.2 长三角一体化的发展历程

（1）第一个阶段：肇始于浦东开发开放的长三角一体化

真正意义上的长三角一体化发端于20世纪90年代初期的浦东开发开放，建立开放的窗口、明确城市功能和不成熟的政府协作是当时的主要特征。在此之前的80年代，虽然建立了“上海经济区”的制度框架，但是它所发挥的作用非常有限，主要是由于上海的城市功能、市场主体和产业结构尚比较单一，作为传统的、国有企业绝对主导的工业中心，“上海经

① 由于长三角地区在性质上属于城市体系发育比较完善的城市群区域，故其一体化也必然是建立在城市群空间组织的基础之上，所以本部分的讨论按照长三角城市群的范围来界定长三角的发展概况。

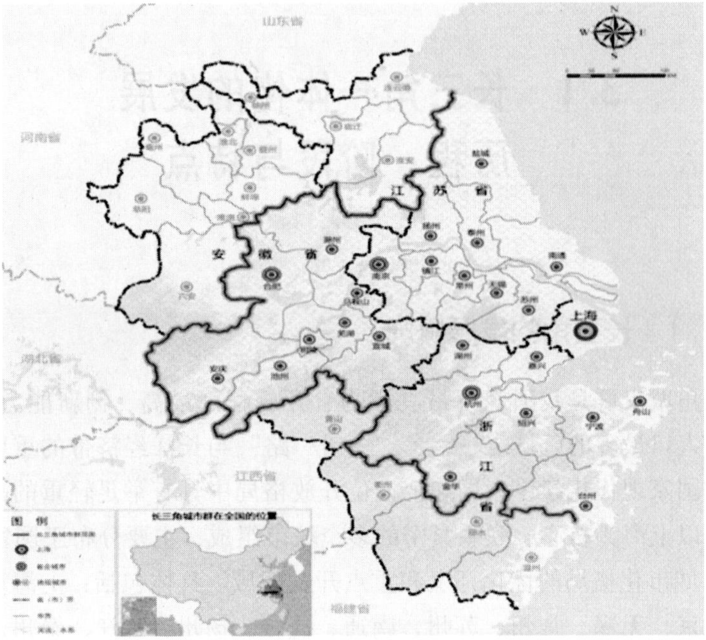

图 3-1 长三角城市群范围示意图

资料来源：《长江三角洲城市群发展规划》。

济区”的制度服务能力、服务渠道和服务宽度都受到了极大的限制。对于接受服务的一方，在农村工业化中崛起的乡镇企业和处于萌芽状态的民营企业是主要的需求者，技术短缺和规模经济不足，是它们发展中的主要羁绊。因此，自发性、偶然性、局部性和试验性，成为这个阶段长三角地区内部协作的主要特点。更重要的是，在市场缺位条件下提出的区域经济协作，体现的还只是计划思维在区域经济发展中的延续。毕竟，区域合作并不等同于区域协作，前者源于竞争并且是为了充分利用比较优势，而后者并没有这样的含义。在当时，为了激发竞争活力，改革重心放在了对地方政府的“分权激励”上，各地区比较优势的利用价值开始显现。然而，在市场体系尚不健全又无外力施加影响的背景下，发现、利用比较优势都是一个较长的过程，这使得“上海经济区”的合作框架缺乏实质性的操作价值。

在长三角地区，发现、利用乃至创造比较优势，对于促进区域合作具有重大的意义。市场功能的缺失，需要外部力量来弥补。这一突破口就是在重新审视上海城市功能的供求关系的基础上进行的浦东开发开放。与“政府全权”的职能垄断相比，城市功能遵循完全不同的供给逻辑，重点解决三个方面的问题：第一，如何摆脱区际关系封闭的影响，通过创造城市功能的有效需求，填补功能供给的“真空”。这要求正确判断上海城市发展的阶段和改革的现实需要。第二，如何根据区域和国际环境的动态变化，及时对城市功能做出调整、补充以及确保其连续性的问题。第三，如何在组织架构、制度设计、机制模式和产业结构转变上协调好改革过渡期的“政府职能”向“城市功能”的平稳交接，有效化解阶段性矛盾的问题（胡彬，2010）。与此同时，在城市功能的需求方面，农村改革在20世纪80年代中期告一段落，某种程度上构成了上海与周边地区非正式区际联系的发展制约，在体制内部另辟一块城市功能供求良性互动的成长空间，是改革开放在当时的主要任务，它关系到区域经济的持续发展（胡彬，2010）。始于20世纪90年代的浦东开发开放无疑契合了这一现实需求，上海也由此开启了以区际开放为背景的功能形态形成阶段，并实质性地推动了长三角一体化的发展。

1990—2000年，是长三角一体化的开展阶段，市场主导的一体化进程加快，企业跨区域发展和政府间协作加强是主要的合作内容（孙亚南，2015）。由于长三角一体化的驱动力转向了开放的国际市场，要素流动的范围、结构和速度都与之前大不相同，如何充分利用上海这个对外开放的平台，开发、利用、再培育自身的比较优势，对于长三角的其他地区而言，在当时都是一个全新的命题。当市场在地区一体化中的作用逐步得到发挥时，区域合作中出现了合作模式的差异化和合作渠道的路径依赖等现象特征。江苏南部的苏锡常地区，凭借毗邻上海的地理优势，在利用上海开放的门户条件中，形成了与上海既竞争又合作的关系。并且，由于相较上海而言少了国企改革的体制负担，苏南地区朝外向型经济的转型要更加彻底一些。在这个时期，另外一种具有代表性的合作模式，是浙江经济在企业层面上的主动融入模式。浙江经济和上海的连接点往往更多地带有民间、个体和非正式关系的特点，民间力量要利用上海的资源，就只能更多地采取进入上海求发展的方式（陈建军，2008）。总体来说，上海浦东的开发开放对于长三角一体化的贡献，主要体现为通过区位、政策和制度等确立的优势，集聚外部增量要素、扩大区域生产规模、促进跨地区的企业分工和提高资本积累的市场效率。当然，由于市场主导初期的区域合作，还取决于对合作收益、成本和风险的权衡，所以自发和自主的合作在当时的长三角地区并不是一种普遍现象，地区之间、所有制之间都存在认识上的不平衡。那些互补性越强的领域，在早期市场主导的区域合作中就越具有示范效应。

（2）第二个阶段：21 世纪后由经济全球化推动的长三角一体化

进入 21 世纪以后，长三角区域经济一体化进入由经济全球化推动的新阶段。表征这个时期的外部环境与内部条件都发生了变化。在外部环境方面，随着经济全球化进程的不断推进，交通运输、信息通信等技术进步迅猛发展，贸易一直是各经济体之间经济合作与竞争的基础……在全球生产网络的扩张中，零部件、半成品等货物进行跨国交易的次数大大增加（黄卫平、刘一姣，2012）。这意味着，在全球范围内寻求扩大生产规模的新空间、获取创新产品的规模经济收益，成为跨国资本积累和生产体系复制的主要动机。在区域合作的制度建设方面，双边和多边合作机制日益完善，并出现了统一的、有约束力的国际经济规则。大国之间的竞争演变为区域经济组织之间的竞争，区域经济合作正成为民族国家应对经济全球化的一项重要选择（李向阳，2002）。在这种背景下，我国也加快了融入全球化的步伐，而长三角地区则成为这一轮跨国资本流入的热土。

需要指出的是，上海在由经济全球化推动的长三角一体化中发挥的作用至关重要。21 世纪以后，内外部环境因素都要求上海尽快实现城市功能升级。加入 WTO、东盟合作框架协议签署、APEC 领导人非正式会议召开等，都从外部凸显以上海为核心的长三角乃至长江流域的战略价值。在内部，则要满足区际进一步开放所引起的合作需求，包括把上海作为通向世界的窗口和管道的需求、对现代服务业和高新产业的需求、对人才的需求、对提升现代社会文明水准的需求等（卓勇良、孙裕增，2003）。为此，上海新一轮城市总体规划提出，“到 2020 年上海要基本形成与国际中心相匹配的城市功能布局、符合现代化国际大都市特点的城乡一体、协调发展的城镇体系，并与长三角地区城市共同构筑经济发达、布局合理的城市群；初步建设成国际经济、金融、贸易中心之一”。在2003年发布的《上海市城市总体规划（1999—2020年）中、近期建设行动计划》中，还将“坚持区域协调发展，促进城郊一体化和长三角地区联动发展”列为基本原则，提出要积极推进长三角城市群的联动发展，统筹上海的交通网络、产业布局、能源建设和环境保护。这标志着，规划意义上的长三角一体化，已经被纳入了中长期的上海城市发展，作为上海谋求进一步发展的前提条件。在对外开放上，它释放的一个重要信号就是上海与长三角的其他地区将在可预期的未来实现融合度的不断加深。由此，跨国资本开始在长三角地区全域内进行生产要素的大规模配置，并根据上海城市中心、郊区以及周边地区在功能布局上的差异，通过地域间企业分工实现生产利益的最大化。例如，外商投资企业将企业的事务机构、销售机构、研究开发机构布局在上海，而将生产基地布局在周边地区（陈建军，2008）。随着跨国生产链的高附加值环节向上海的集聚，促使上海在科研支持、技术创新和金融服务等方面的服务能力进一步提升，吸引江浙两地的民营企业也纷纷将总部迁往上海。由此，原本属于规划目标范畴的城市功能布局，逐渐扩展到了长三角地区范围内的由市场机制主导的功能分工。这说明，除了量和规模上的变化以外，更加需要强调的是，在质的方面，长三角一体化已经发生了显著的变化。

21世纪后长三角一体化的新特征，大致可以概括如下：

第一，在扩大开放的条件下，跨国公司掌握了强有力的市场话语权，使得市场化在倒逼式改革的背景下，发挥着对长三角一体化的推动作用。“全球思考、地方行动（think globally，act locally）”作为新区域主义在经济全球化中的实践法则，在接轨国际、嵌入全球生产体系的同时，城市和区域也在“度身定制”地发生着变化，以适应全新的竞争环境。其中，一个重要的变化，也是最能够反映跨国投资需求的方面，就是代表着额外交易成本的边界的逐渐消解。由于区域内设置的边界和要素流动障碍（最典型的就是行政边界），比国家边界更容易被消解，这成为经济全球化伴生区域化的主要原因。从这个角度看，在长三角地区内部存在的任何不利于要素自由流动、资源自由配置的障碍都应该被逐步消除。

第二，参与区域一体化的市场主体在数目与规模上的大幅度增长，改变了长三角一体化中政府与市场之间的博弈关系，地方政府开始在区域合作中更多地承担起服务的角色。例如，进入 21 世纪以后，长三角内部的基础设施建设明显加快了步伐，连接杭州和南京的杭宁高速公路、连接嘉兴和苏州的苏嘉高速公路等跨省高速公路相继通车，沪宁和沪杭高速公路也从四车道扩充为八车道，连接长三角主要城市的城际轨道交通也进入规划和前期建设阶段（陈建军，2008）。

第三，这场基于新技术、新组织变革的经济全球化，对于长三角一体化的影响呈现多维相关的特点。在时间维度上，主要反映为一体化效应释放的速度非常之快。在空间维度上，是浮现出由产业集聚形成的、地方化特点突出的、分布形态如“马赛克”般的、在不同程度上嵌入全球生产体系的多样化空间结构，不仅提高了生产的空间效率，而且市场力量也以前所未有的强度和宽度，调整、改变乃至冲击着原有的空间功能关系。在 1996—2005 年间，长三角的外商直接投资呈现空间扩散的趋势，从沪宁走廊地区扩散到南部的浙江和北部的苏中地区（唐子来、赵渺希，2009），引进外资较多的城市沿着主干交通走廊形成了连绵发展的格局。在时间和空间因素的交互作用下，在结构维度上，则表现出不同阶段的工业化与城市化在长三角区域中发生的共时性。与江苏主要在生产环节大规模参与国际分工和空间连片发展的情形不同，浙江则是依托原有的产业基础在贸易和市场环节嵌入全球生产链，“点状扩容”的空间特征非常明显，诸如慈溪的小家电集群、义乌的小商品集群等。上海在这一轮的长三角一体化中，将郊区定位为承接跨国投资与发展先进制造业的基地。2004 年，上海市制定了《上海优先发展先进制造业行动方案》。2005 年出台的上海市“十一五”规划中，明确了在全市范围内建设微电子产业基地、汽车产业基地、石油化工和精细化工基地、精品钢材制造基地、装备产业基地和船舶产业基地。由政府主导建设和实施产业政策的开发区，充当着把上海的工业基地纳入国际分工体系的主要空间形式，意在推动上海郊区向重工业化阶段跃升。与此同时，上海的中心城则强调“体现繁荣繁华”，重点完善服务功能。中心城向后工业社会的转型和郊区工业化的升级并存，既是上海城乡一体化的现实需要，也是为了遵循区位价值差异、准确嵌入全球价值链，实现上海空间结构的整体转型与升级。从结果来看，上海城市发展的空间功能配置与分工格局，高度契合了长三角开放一体化的实际需要。在这一过程中，上海发挥了“两个扇面”的作用，即向外连接全球网络和向内辐射区域腹地，成为“门户城市”（gateway city）（唐子来、赵渺希，2010）。所以，长三角区域各个城市形成对上海的向心力，是这个阶段长三角一体化的主要特征（洪银兴，2007）。

第四，长三角一体化的空间融合效应开始显现。在我国的区域经济发展中，由“行政区经济”造成的地区分割一直深受诟病，是约束经济区域形成与发展的主要因素之一。在长三角地区，这种状态的打破，在于内在的制度创新与外在的市场冲击。在动机方面，跨国资本在全球范围内寻求能够实现递增收益的地方化生产空间，是根本的原因。而恰恰正是这种源自于规模化生产的市场潜力和地方化生产的空间差异，使得长三角一体化在空间上具备了协调与融合的基础。又或者说，为了尽可能地获得空间专业化产生的外部规模经济利益，一体化成为长三角城市发展的理性策略，反映在空间结构的变化上，表现为大都市区化的倾向和城市区域一体化的趋势。对于这一现象，有学者（洪银兴，2007）较早就作出了“长三角已经是中国第一大并正在成为世界第六个特大型都市圈”的判断。这个时候，已经不能仅囿于“两省一市”的行政区划或者具体城市构成的视角来看待长三角一体化问题了，而有必要结合空间经济演进的内在机制与规律特点，从培育区域整体竞争优势的角度，将长三角一体化引向纵深领域。

（3）第三个阶段：2008 年至今，区域政策范畴的国家战略介入与地区深化跟进的新阶段

2008 年金融危机的外部冲击，引发的不仅仅是对原有经济发展模式是否可持续的反思，同时也是对后者所基于的区域政策逻辑[①]是否仍然恰当的检讨，所以它对于长三角一体化的影响，无论路径还是机制都是转折性的。这个阶段的主要特点是区域政策层次和逻辑的变化。“国家战略”和“地区方案”，构成了长三角一体化在区域政策的两个层次上的主体架构，

① 这种区域政策逻辑可以概括为：地方分权化导致的税收竞争和开发区政策租激励下的快速城镇化，以及资本大规模积累对区域一体化边界的扩张压力。

旨在从制度上重构区域政策的空间属性与运行基础。

受经济全球化强力推动的长三角一体化，其空间属性的复合化也是不可避免的趋势。克鲁格曼（2002）将空间属性划分为两个层次，地理属性特征和经济属性特征，分别对应于自然资源的禀赋优势和由生产活动的报酬递增形成的比较优势。在此之外，藤田昌久（2004）提出了空间在第三层次上的属性，认为它主要来源于政策制度、社会文化等根植于行为主体本身的特征。这表明了，在开放度越高的区域发展环境中，所受到的具有不同政策制度与社会文化背景的行为主体的影响就会越大。历史事件、偶然事件、公共政策和制度等都是引起第三层次上的空间属性发生变化的触媒（彭申燕、赵民，2015），对原有空间均衡的形成基础及其稳定性都构成了冲击与挑战。

受到经济全球化的庞大国际市场的支撑，长三角地区乃至整个中国的自然禀赋优势和比较优势都开始得到普遍的利用，空间属性的活跃度也在不断地增强。一个重要的结果就是，伴随着中国快速的工业化进程，中国制造业不断发展壮大，世界上 230 多个国家和地区都能见到“中国制造”的身影，2010 年以后中国已经成为世界产出第一的制造大国（黄群慧，2018）。2008 年的金融危机是一个转折点，经济全球化的强劲势头受到了猛烈冲击，全球贸易增速急剧下降，近五年来仅仅与全球 GDP 增速持平（冯新舟，2018）。凡是高度嵌入全球化的经济体同时也都面临着来自第三层次的空间属性的传导影响，冲突激化引发的转型与再协调在所难免。

在这种背景下，长三角一体化开始进入新的发展阶段，以国家战略的强力介入和国家权力对区域政策空间逻辑的调节及其对空间尺度的明确定位为突出特征。从表 3-1 可以看出，国家层面的长三角一体化政策从 2010 年开始经历了从规划一体化、一体化外延空间的界定到区域政策空间属性的导向性变化、内外空间一体化的结构转型、多中心一体化的转变过程。可以说，当区域政策的空间属性发生变化时，空间干预的淡化将逐步消除源于政策租金的空间利益，促使长三角一体化进入依靠内力驱动的新阶段。

表 3-1 国家层面的长三角一体化相关政策

政策名称	编号	政策类型	空间价值
长江三角洲地区区域规划	发改地区〔2010〕1243号	2009—2015年长三角地区发展改革的纲领性文件和编制相关规划的依据	运用规划手段，推动长三角一体化，强调区域发展的整体性
关于依托黄金水道推动长江经济带发展的指导意见	国发〔2014〕39号	涉及长三角的文件	明确长三角一体化的外延空间与协调基础
国家新型城镇化综合试点方案	发改规划〔2014〕2960号	涉及长三角的文件	区域政策空间属性①的导向性变化（探索为主）
国家新型城镇化规划（2014—2020年）	—	涉及长三角的文件	区域政策空间属性的导向性变化（实施为主）
长江经济带创新驱动产业转型升级方案	发改高技〔2016〕440号	涉及长三角的文件	内外空间一体化的结构转型
长江三角洲城市群发展规划	发改规划〔2016〕1176号	2016—2020年长三角城市群一体化发展的指导性、约束性文件	多中心一体化

资料来源：http：//www. china-csj. org. cn/public_ static/#/main/info/areaInfo/2，在此基础上作者增加了内容。

国家层面的区域政策，通过明确长三角一体化的空间价值，诱致地区层面进行后续的制度创新，为深化一体化出台操作性的政策措施，是2016年以后长三角一体化的新特点。从表3-2中可以看出，区域层面的长三角一体化主要在技术、制度以及行动任务上落实具体的举措。其中，《长三角地区一体化发展三年行动计划（2018—2020年）》提出了一些非常务实的行动任务，包括：2018年重点推进17个打通省际断头路项目；实现长三角城际铁路运营管理“一张网”；推动张江、合肥两大综合性国家科学中心战略性合作，建设长三角区域协同创新网络；2020年，长三角地区新

① 区域政策的空间属性包括“人的繁荣”的空间中性和“地区繁荣”的空间干预两种思路（邓睦军、龚勤林，2017），新型城镇化被作为国家战略来实施和推行，是为了改变在特定的地区（主要以政策空间、制度空间为存在形式）以资本积累驱动和城市边界扩张为特征的增长模式及其对应的空间生产逻辑。

能源汽车整车产能占到全国市场的30%以上；支持集成电路龙头企业在长三角优化布局，规划建设8条12英寸生产线、6条8英寸生产线；支持龙头企业联合中国科技大学、南京大学、浙江大学、麻省理工学院等相关高校，设立长三角人工智能研究院；将长三角物流网络从“天”级推进到“小时”级，打造新零售“三公里理想生活圈”；依托上海核心城市功能，面向长三角，共建共享覆盖三省一市的G60科技走廊；到2020年，区域跨省界水体水质消除劣V类并逐步好转；到2020年，长三角完成5G网络规模部署，成为国内首批正式商用的地区之一；“十三五”期间，三省一市煤炭消费总量下降5%左右，并力争下降更多；扩大异地就医直接结算联网定点医疗机构数量，研究急诊和部分门诊实现异地就医直接结算的可行性；探索建立三省一市养老补贴异地结算机制。推进区域养老服务机构设施、服务标准和照护需求评估标准互认；鼓励上海、太仓、昆山、嘉兴、宁波、舟山、芜湖等地区先行先试、开展单一窗口申报数据共享、业务协同。

表3-2 区域层面的长三角一体化政策

政策名称	出台时间	制定部门	政策目标	侧重点
长三角区域信息化合作“十三五”规划(2016—2020年)	2017年10月	上海市经济信息化委、江苏省经济信息化委、浙江省经济信息化委、安徽省经济信息化委	到2020年，建成适应区域协同融合发展需要的信息基础设施，固定宽带家庭普及率80%，4G用户普及率90%。建成一体化智能交通、环保、教育、医疗、社保体系，动态优化配置区域信息资源，发挥信息化对长三角经济社会协同发展的支撑、引领驱动和协同联动作用，不断提高长三角地区的对外开放水平，在更大范围内实现资源整合和要素集聚，增强长三角的综合实力、创新能力和可持续发展能力，加快长三角区域经济一体化进程	通过部门合作，共同创造要素自由流动的技术条件

续表

政策名称	出台时间	制定部门	政策目标	侧重点
长三角地区一体化发展三年行动计划(2018—2020年)	2018年6月	长三角联合办公室	到2020年，长三角地区要基本形成世界级城市群框架，建成枢纽型、功能性、网络化的基础设施体系，基本形成创新引领的区域产业体系和协同创新体系，绿色美丽长三角建设取得重大进展，区域公共服务供给便利化程度明显提升	进一步明确了长三角一体化发展的任务书、时间表和路线图
长三角地区深化推进国家社会信用体系建设区域合作示范区建设行动方案（2018—2020年）	2018年7月	上海市、江苏省、浙江省、安徽省的信用建设主管部门	到2020年，全面完成深化推进区域信用合作示范区的各项任务，有效支撑区域经济社会健康有序发展。“信用长三角”成为反映区域高质量一体化发展的重要品牌，长三角地区成为国内信用制度健全、信息流动通畅、服务供给充分、联动奖惩有效、信用环境优化的地区	通过区域整体信用制度建设、跨区域信用信息共享共用、鼓励信用行业服务创新等，进一步降低市场交易成本

资料来源：http：//www.china-csj.org.cn/public_ static/#/main/info/areaInfo/2，在此基础上作者增加了内容。

3.2　长三角一体化面临的新挑战

3.2.1　国家区域政策导向转变的挑战

加入世界贸易组织以后，我国区域政策中的“空间干预”就开始逐渐淡化，取而代之的是“空间中性”为主、“空间干预”为辅的政策导向。“空间干预”是指针对特定地方的干预政策，在国外通常以扶持欠发达地区的工业化为主要目的，在我国改革开放以后则普遍应用于培育空间增长极和激励先导的沿海地区的工业化快速发展方面。与之不同，“空间中性”的观点强调，发达地区和落后地区之间的一体化互动才是经济发展的关键，一体化的基石应该是不考虑空间因素的制度（世界银行，2009）。“空间中性”政策也被视为基于人员的政策，该政策代表了一种最有效地增强效率、保证享有平等发展机会以及改善个人生活水平的最优方法（丁嵩、孙斌栋，2015）。尽管关于两类政策的优劣，始终存在着争议，但是充分和客观考量地区发展的现实需要，全面审视经济发展阶段转变给区域经济关系带来的影响，是政策取舍的关键所在。

在长三角一体化的演进过程中，“空间中性”的政策转向有迹可循，并且在局部的、外缘空间的“点”和开放的、全局空间中都有所体现。在“点”的层面，一个突出的例子是，安徽在 2010 年出台的《长江三角洲地区区域规划》中纳入了泛长三角的广域范围，符合长三角整体商务成本上升的产业外迁需求，使得安徽省的劳动力要素比较优势能够在降低跨省流动成本的前提下得到充分的利用。相较于“空间干预”政策而言，“空间中性”的区域政策更加尊重市场选择的结果。有研究（沈惊宏等，2016）通过对 1978—2010 年的数据分析得出如下判断：在改革开放 30 多年来，泛长三角经历了由空间发展不平衡到趋平衡的势态。如何顺应这种趋平衡态势的长三角一体化，是实施“空间中性”区域政策的初衷。当然，在实施“空间中性”的区域政策时，更小的地理尺度仍然可能追求效率优先，在特定的地区中集聚有限的资源承担特定的任务，采取“空间干预”的发展策略。例如，在被纳入泛长三角区域范围的第二年（即 2011 年），安徽省人民政府办公厅就印发了《皖江城市带承接产业转移示范区开发园区发展规划纲要》。从某种程度上讲，“空间干预”区域政策所具有的灵活性，恰恰为逐步落实“空间中性”的区域政策，提供了相对优选的策略和方案。

在全局的空间层面上，“空间中性”的区域政策实施的一个重点是，将城市群视为经济区域的普遍存在形式，在强调“高密度、短距离和低分割”的前提下，致力于发展均衡的、具有一体化优势的多中心空间结构体系。2006 年，在国家“十一五”规划纲要中首次提出“把城市群作为推进城镇化的主体形态”。2014 年，《国家新型城镇化规划（2014—2020

年)》发布了“5+9+6”城市群的空间结构新格局规划，包括五个国家级城市群、九个区域性城市群和六个地区性城市群，强调发展集聚效率高、辐射作用大、城镇体系优、功能互补强的城市群，使之成为支撑全国经济增长、促进区域协调发展、参与国际竞争合作的重要平台（赵娜等，2017）。同年，国务院印发了《关于依托黄金水道推动长江经济带发展的指导意见》，提出优化沿江城镇化格局，提升长江三角洲城市群国际竞争力，培育发展长江中游城市群，促进成渝城市群一体化发展，推动黔中和滇中区域性城市群发展。2016年，在国家“十三五”规划纲要中进一步提出要建立健全城市群发展协调机制，推动跨区域城市间产业分工、基础设施、生态保护、环境治理等协调联动，实现城市群一体化高效发展。2016年9月，《长江经济带发展规划纲要》正式印发，提出了“一轴、两翼、三极、多点”的格局。其中的“三极”，是指以长三角城市群、长江中游城市群、成渝城市群为主体，发挥辐射带动作用，打造长江经济带三大增长极。

国家层面上这一系列空间规划的出台，并不因为地方的差异而实施特别的倾斜或者干预，而是将城市群作为兼顾集聚高效和平衡发展的一致选择。这意味着，无论城市群的地理位置、辐射范围和发展条件如何，一体化都将是它们共同的组织机制和协调基础。很显然，只有制度一体化才符合城市群开放、合作、竞争的发展内核。

随着“空间中性”区域政策的普遍应用与落地实施，长三角一体化的先发优势将不再突出，那么，应如何看待长三角一体化的未来空间与价值基础，就成为区域政策在追求区域发展潜力最大化和国家整体福利水平提高时必须要深入思考的命题。

3.2.2　开放模式创新的挑战

当前，世界正在兴起第三次经济全球化浪潮，进入经济全球化3.0时代……中国在经济全球化3.0时代的地位取决于如何从曾经的“高增长引领世界经济”转变为未来的“善治与活力引领世界经济”（金碚，2016）。凭借要素集聚、成本竞争和城市密集等比较优势，在高度开放的环境下实现高经济增长，恰恰是长三角一体化在上一轮经济全球化中受益从而获得实质进展的主要原因。当外部条件和内在需求都发生了重大变化时，原先的一体化模式和路径的边际扩展空间就会愈发地有限了。

首先，以外资的大规模流入为动能的长三角一体化，建立在长三角中的主要城市不断开发其郊区腹地和整个区域泛化的基础之上，城市规模扩张的冲动始终是驱动长三角空间一体化乃至形成连绵分布格局的重要因素，由此带来的资源配置扭曲、城市生产效率低、城市群功能分工不足等问题，都使得以平行嵌入全球价值链分工体系为特征的城市之间存在着长期的内耗式竞争。2008 年金融危机的爆发，从外部打断了长三角一体化以资本规模扩张和地理外延泛化为支撑的固有模式与路径。2016 年以来，以“英国脱欧”和美国总统大选中“特朗普当选”两大事件为标志，在全球范围内掀起了以贸易保护主义为主要特征的“逆全球化”冲击……要求我们重视国内需求与本地市场的作用、通过国内制度环境建设提升开放质量（佟家栋等，2017）。在这些方面，长三角一体化都需要先行展开探索与创新，实现从追求工业化速度的一体化向追求工业化质量的一体化转变。

其次，随着经济全球化对开放与竞争之间关系的重塑，长三角一体化有待不断扩大与其他区域、次区域的合作空间，同时优化区域内部的空间结构，才可能延续其原有的发展优势。经济全球化 3.0 时代继承的遗产是一个空间关系错落复杂的全球性、区域性以及地区性生产网络，为了确保这些生产网络的有效运转，合作无处不在，建立在合作基础上的竞争亦不断升级。与此同时，经济要素在全球范围内的高速流动及其带来的不确定性，既是缔结各种竞合关系的基础，也对既有的竞合关系构成了威胁。正是由于这种矛盾的两面性，使得高速化、巨型化成为经济全球化在时间和空间两个维度上的核心特征。高速化依托的是便捷的交通、通信基础设施体系，以及运行规范和高效的功能枢纽。巨型化，则是由体量庞大的空间提供的一种包容性发展模式，其对应的空间结构被称之为巨型区域。所谓巨型区域，指的是一个内部经济非常多样化的地域，可容纳各种空间逻辑——尤其是关于集聚和分散的逻辑，有可能产生高成本高密度的区域和低成本低密度的区域（萨斯基娅·萨森，2011）。这种被萨森称为“新型空间形式”的区域类型，是基于一体化形成的多中心结构。对于它的空间价值，彼得·霍尔（2009）给出了这样的观点：“每个功能性城市区域围绕一个城市或城镇，在实体空间上彼此分离但在功能上形成网络，且围绕一个或更大的中心城市集聚，通过一种新的功能性劳动分工拉动经济增长”。可见，无论是高速化还是巨型化，都是功能一体化的解决方案，以应对越来越碎片化的生产体系。高速化以基础设施为中介，通过功能枢纽的接驳作用，将分散的多个巨型区域联结在一起，而后者又在区域内部通过多中心化的发展模式，将片断化的生产环节以一种高效率的方式组织起来。所以，长三角地区也需要在高速化、巨型化这两个方面做到协调一体，以持续提升其在经济全球化中的竞争优势。

最后，如何把握经济全球化 3.0 时代的国际竞争本质，需要长三角一体化做出积极的探索。在经济全球化 3.0 时代，国际竞争的本质是“善治”，而不是武力和霸权，“善治”最重要的是成为充满创新活力国度，从而体现出经济体的生命力、竞争力和创造力（金碚，2016）。所以，将长三角建设成为创新活力释放的高地，应该成为一体化深入发展的重点内容。

3.3 长三角高质量一体化的内涵

自从改革开放以来，中国宏观经济发展就呈现出由区域经济带动和引领的典型特征，重点区域的发展高度契合宏观经济的增长目标，并发挥示范效应，推动了工业化和城镇化的快速发展。分析宏观经济与区域经济之间的动态关系，是认识长三角高质量一体化的逻辑起点，可以为长三角高质量一体化提供可行的发展思路。

3.3.1 长三角高质量一体化的逻辑起点

从党的十九大开始，我国将经济增长目标转向了经济发展质量。在十九大报告中明确指出：我国经济已由高速增长阶段转向高质量发展阶段，正处在转变发展方式、优化经济结构、转换增长动力的攻关期，建设现代化经济体系是跨越关口的迫切要求和我国发展的战略目标。必须坚持质量第一、效益优先，以供给侧结构性改革为主线，推动经济发展质量变革、效率变革、动力变革，提高全要素生产率，着力加快建设实体经济、科技创新、现代金融、人力资源协同发展的产业体系，着力构建市场机制有效、微观主体有活力、宏观调控有度的经济体制，不断增强我国经济创新力和竞争力。

在宏观经济政策目标的导向下，区域经济发展方式也应适时做出改变。在改革开放以来的40年间，东部沿海地区扮演着中国经济增长引擎的角色，而一体化发展又是东部地区的核心区域——长三角地区确立竞争优势的基础。长三角地区的经济体量庞大、产业集聚程度高、要素流动频繁、基础设施相对发达、城市分布密集等，都与区域一体化的渐进发展有密切的关系。而这些由一体化带来的发展结果，又对其向高质量的跃升提出了新的要求。

从区位优势来看，随着东部地区步入工业化后期，其 GDP 占全国的比重呈下降趋势，主要依靠投资规模的扩张来支持经济增长的发展方式日渐式微，这对于处在改革开放前沿的、经济增长的空间结构又历经了巨大变革的长三角地区来说，需要在新的起点上寻求突破。提高经济发展质量，需要转变经济发展方式，突出创新驱动经济发展的重要作用，必然会触及长三角地区竞争优势所基于的一体化机制。作为长期以来被定位为服务于国家战略的地域空间，长三角一体化不仅要促进本地区的高质量发展，而且还要在多样化城市群涌现的背景下，发挥示范效应，并通过地理、制度和市场等方面的进一步开放，引领并带动外延空间的协同发展。

3.3.2 长三角高质量一体化的主要特征

（1）它体现了由目标变化决定的路径升级

作为发展手段的区域经济一体化，目标的指向具有广泛性（刘志彪等，2010），这种广泛性与区域地理尺度的灵活性相对应，可以为国家战略的实施在空间上提供优先的选项。现代意义上的区域经济一体化目标，不仅具有增长和发展的经济目标，而且涉及生态环境、安全等非经济目标的协调（Maurice Schiff, L. Alan Winters, 2004）。党的十九大以后，我国宏观经济开始聚焦于高质量发展，从而需要长三角更高质量的一体化，不仅要集聚高质量发展的新要素、培育高质量发展的新动力，还应关注环境保护、生态安全、人民福祉等与可持续发展相关的内容，优先支持国家发展目标的变化。例如，在《长三角地区一体化发展三年行动计划（2018—2020年）》中所提出的若干措施，就是高质量一体化的具体实践，涉及共建互联互通综合交通体系，建设畅达便捷长三角、提升能源互济互保能力，建设安全高效长三角、提升能源互济互保能力，建设安全高效长三角、共建高速泛在的信息网络，建设数字智慧长三角、合力打好污染攻坚战，建设绿色美丽长三角、共享普惠便利的公共服务，建设幸福和谐长三角、共创有序透明的市场环境，建设开放活力长三角。①

（2）它反映的是由一体化阶段升级的现实需求

需要明确的是，任何形式的区域经济一体化，都是一个受到条件约束的过程而非某种一致的发展结果。区域发展的差异性，是在时间和空间两个视角均必须正视的客观现象。事实证明，一体化恰恰是逐步缩小这种差异的有效手段，前提是在时间和空间上为一体化发展与升级创造必要的条件。国外学者巴拉萨（Balassa，1962）将经济一体化划分为四个阶段：贸易一体化、要素一体化、政策一体化和完全一体化。在时间方面，提高并直至完全意义的政策一体化，是一体化向纵深发展的应有之义，也即消除由政策差异造成的要素流动的障碍。先行的、发展条件较好的一体化地区，诸如长三角面临的正是全面推进政策一体化的现实需求；在空间方面，涉及的则是发展序列的安排以及彼此关系权衡和优化的问题，制度开放和组织一体化是区域协调的基础。不但要消除附着于行政壁垒之上的制度性交易成本，减少政府干预、深化市场开放和提高政府服务能力，通过空间一体化扩大市场规模和促进产业分工，而且还要在尊重地理开放界面、比较优势分布、产业发展基础和内部组织构造等现实差异的客观条件下，实现各区域板块的协调共生发展。

① http：//www.china-csj.org.cn/public_ static/#/main/artical/detail/244/2.

3.3.3 长三角高质量一体化的主要内涵

（1）长三角地区率先实现以创新为驱动力的一体化发展

经过多年的、以外延扩张为特点的快速发展之后，在要素集聚与扩散的作用下，长三角地区的主要城市已经形成了中心城—服务业与郊区—制造业的产业空间布局，并以此为基本构造进一步组成了巨型化特征明显的、中心化趋势增强的长三角城市区域。这意味着，在长三角地区，当产业集聚对增量城市空间的需求达到一定程度时，城市集聚的形态与结构都会发生变化，多中心现象的出现，使得多中心一体化成为长三角一体化的空间关系基础。从产业集聚到城市集聚，除了导致城市连绵化的形态变化以外，多个增长中心的涌现打破了单纯依靠边界泛化承接产业资本的固有模式，这些中心区位有待于在提高发展质量的前提下，获得相匹配的空间价值。而在现实中，在区域创新的供给上，无论是规模潜力、主体能力还是效率效益都面临着较大的缺口。这是因为，巨型城市区内多中心化出现的各个中心，无论是自身的经济能量还是辐射力都不可能与首位中心城市相比，但由于毗邻等方面的原因，可能削弱区域内各个区域对首位中心城市的依赖性，从而影响区域经济一体化（洪银兴，2012）。所以，在多中心化背景下的长三角一体化不能仅局限在产业分工的层面，还需要提升到满足服务创新需求的功能分工的层面上来。在城市的中心区，除了发展由服务业集聚构成的功能空间以外，存在于不同增长中心的功能空间彼此之间也应由开放的市场体系和便捷的基础设施网络紧密联系起来，以确保信息、智力和人才等要素的自由流动。确立全球范围内的领先创新地位，是长三角世界级城市群发展的重中之重。

（2）通过各扬所长、培育新的比较优势，优化长三角内部空间关系与组织结构，形成区域发展的整体优势

长三角高质量一体化建立在其内部的中心城市产业结构升级的基础之上，所以这种情况下的城市共生与区域一体化也必然是一个从高质量发展中获取整体收益的过程。从发展的连续性来看，这依然是一个内生于长三角一体化进程的，然而却在较长时间内悬而未决的一个课题。也即在多中心化背景下，寻求区域经济一体化的新纽带和新机制（洪银兴，2012）。

大规模地开发成本比较优势，并在区域内部形成具有一定价值势差的产业链，是长三角一体化在开放条件下的合作基础，企业的跨地区分工也大多沿着产业带和产业链而展开。当这种比较优势逐渐弱化时，原有的合作基础就会受到影响。打破这种格局的不仅仅是要素价格的相对变化，还与中心城市之间竞争加剧导致的新中心的后发兴起有关。从毗邻效应来看，周边垂直关联产业倾向于把老中心城市锁定在现有技术领域，而高新技术产业在新中心城市周边集聚，加速新中心城市成为新一代技术的创新中心（Fredrik，2006；洪银兴，2012）。当然，要素价格的相对变化与新中心后发优势的形成，都是在过度集聚的拥挤效应下产生的市场反应，其主要机制是市场对提升要素质量的内生需求，以适应产品竞争从成本优势向质量优势的转化。质量优势更多地依赖本国高级要素投入提升产品质量和特性，是要素质量升级的体现；满足国内外消费者不同的消费者偏好，获取质量优势是本国高级要素参与新型要素组合国际分工的动因（吴杨伟、王胜，2018）。所以，在培育我国产业升级所需要的高级要素方面，形成生产、共享和输出创新资源的整体优势，将是长三角通过高质量一体化服务全国发展的重点内容。

在这方面，G60科创走廊正是一个有益的尝试。它是在长三角一体化国家战略的顶层设计之下，依托G60高速公路和正在建设的沪苏湖高铁这两个交通大通道，由上海松江、浙江嘉兴和杭州、江苏苏州、安徽宣城和合肥等九城（区）协同打造的产业和城市群一体化发展平台。G60科创走廊先进制造业基础雄厚，人工智能、集成电路、生物医药等先进制造业产业集群加速一体化布局，创新策源能力稳步提升。2018年，九城（区）GDP占长三角三省一市总量的近1/4，研发投入达到1598亿元，发明专利授权3.8万项，高新技术企业15816家，是最有条件打造“中国制造”迈向“中国创造”的示范走廊之一。[①] 从产业带向创新走廊的升级，旨在引导市场要素与社会资源向这一空间加速集聚，打破创新要素分割的行政壁垒，从构筑区域创新平台的角度，促进城市合作、提高创新效率，培育新的比较优势与竞争优势。

① http：//www.sh.xinhuanet.com/2019-02/16/c_ 137827230.htm？987.

创新资源的稀缺性、创新产出的外部性、创新过程的复杂性等特性决定了城市合作必然是政府与市场合力协作的结果。有效的市场和有为的政府，是实现区域一体化发展的两种主要机制（刘志彪，2014），应用于合作创新的领域，无论是对市场还是政府，都是新的尝试与挑战，需要在思维、模式和制度方面进行探索与创新。

除了创新以外，长三角高质量一体化的内涵还包括合作广度、绩效与效率的提升，各省市和城市除了围绕教育、医疗、养老、生态保护、交通、信息、产业、开放、创新、市场融合等广泛领域建立框架性的合作协议以外，还应具体到实际的项目推动合作措施的落地，可以考虑建立项目库的方式，按照时间节点、空间价值、合作目标和后续跟进的分类序列进行申请、评估和有步骤地落实。

（3）上海以更高的质量、更高的层次发挥对长江经济带的龙头带动作用

2014 年，国务院发布了《关于依托黄金水道推动长江经济带发展的指导意见》（以下简称《意见》），正式提出将依托黄金水道推动长江经济带发展，打造中国经济新支撑带，这标志着发展长江经济带正式上升为国家战略。《意见》共提出了七项重点发展任务，包括提升长江黄金水道功能、建设综合立体交通走廊、创新驱动促进产业转型升级、全面推进新型城镇化、培育全方位对外开放新优势、建设绿色生态廊道和创新区域协调发展体制机制。在新的战略框架下，长江经济带的对内开放与对外开放互为条件、又相互促进。由于沿海地区依托地理比较优势率先开放，嵌入的是全球价值链分工的低端环节，相互竞争较为激烈，转型压力较大，从而给进一步向中西部地区的产业转移以及深化彼此之间的产业分工带来了难度。这使得在现行的开放框架下，东中西部地区之间的合作空间难以得到有效的拓展。此外，不均衡的对外开放还扩大了地区之间的制度差距，导致地区合作交易成本的增加。可见，长江经济带发展战略旨在实现的地区合作目标，以对内开放与对外开放的相互协调为前提，其核心机制在于通过制度的一体化，促进投资与贸易的自由化。在这方面，上海将发挥制度创新、试验与推广、再创新的作用（胡彬，2016）。

表 3-3 上海影响长江经济带发展的阶段与内容

阶段划分	上海对外开放的界面	上海影响长江经济带的传导介质	主要内容	特点
I（1984—1990 年）	市场、产业	产业带	在吸引国外产业资本方面的示范效应	相对松散，产业带内分工不足
II（1990—2012 年）	产业、功能	城市群	城市功能开发的学习效应；城市群的集聚优势与分工扩展	组织化程度提高，但长三角城市群“一群独大”问题突出，限制了上海影响长江经济带的有效范围
III（2013—2017 年）	功能、制度	创新的制度平台	全球城市目标的战略支撑	对内对外开放统一；资源配置效率大幅度提高；长江经济带分工深化
Ⅳ（2018 年至今）	功能网络、制度一体化、创新空间的平台效应	产业链、价值链与创新链；城市群之间的分工	全球资源配置功能；长三角创新一体化	对外开放的进一步深化；资源配置范围与能力的扩大；跨城市群的合作与协调；长三角更高质量一体化

资料来源：在胡彬（2016）基础上进行了补充。

表 3-3 显示出，在新的阶段（2018 年以后），上海依托长三角更高质量的一体化，将在对外开放进一步深化、积极参与全球治理、提高全球资源配置的广度与深度、创新成果的应用与扩散、与各城市群的中心城市之间缔结多样化的网络合作关系等方面，发挥对长江经济带的龙头带动作用。与以往有所不同的是，由于在全国范围内开始推行“空间中性”的区域政策、在重点区域中实施的“空间干预”更加注重于提高要素结构升级的潜力，上海服务于长江经济带的外部空间和内在动力都发生了显著的变化。区域协调发展作为宏观经济发展的总基调，致力于形成相对集中的（以城市群为主要形式）、多样化的区域发展空间，意味着上海需运用更加柔性的方式而非常规的、受地理辐射范围局限的区位影响力，诸如：功能网络、制度一体化、创新空间的平台与溢出效应等，来带动长江经济带乃至全国的发展。

3.4 区域协调发展的方向与对策

3.4.1 区域协调发展的方向

长三角高质量一体化，只有在区域协调发展的外部环境下才能发挥最大的效应。可以说，后者是前者有效实施的前提条件。

在党的十九大报告中，明确了区域协调发展战略的主要任务，主要包括：加大力度支持革命老区、民族地区、边疆地区、贫困地区加快发展；强化举措推进西部大开发形成新格局；深化改革加快东北等老工业基地振兴；发挥优势推动中部地区崛起；创新引领率先实现东部地区优化发展；以疏解北京非首都功能为“牛鼻子”推动京津冀协同发展；以共抓大保护、不搞大开发为导向推动长江经济带发展；坚持陆海统筹，加快建设海洋强国。可以看出，区域协调发展战略是期望各区域板块从多样性的发展中发现、确立和夯实相互之间协调的基础。稳定的区域协调关系，需要具备有效互补的合作空间。所以，基于比较优势的充分利用和城市群的集聚优势，培育区域发展的内力，由市场来发现区域合作的有效空间，引导要素和资源向合作领域集中配置，是区域协调发展的出发点。

长三角高质量一体化在区域协调发展中的作用，主要体现在三个方面：第一，借鉴价值。在过去几十年中，长三角提供了一个由区域一体化促进增长绩效的典型范本，而其通过开放形成的外向型经济，又在要素集聚、产业国际分工、企业跨地区分工、产业集群升级等方面积累了相对丰富的经验。这些经验既对其他区域的一体化具有借鉴价值，也可以避免因缺乏样本而导致的“试错”做法。第二，示范价值。在构建现代化经济体系的先导和主力军、推进更高起点深化改革的先驱和标兵、推进更高层次对外开放的标准制定者、完善我国改革开放空间布局的主动力等方面，长三角一体化都将体现国家战略推动的示范价值（刘志彪、陈柳，2018）。

第三，开放价值。通过一体化升级，在区域协调中发挥带动作用。前面已经谈到，区域一体化既遵循着优先的目标选项，又存在升级演化的需要。从早期以生产空间为主的单一构造、到后来的生产—服务的复合空间构造，再到长三角高质量一体化所对应的生产—服务—创新的更加复杂的空间构造，确立的是依赖进一步扩大开放的一体化升级路径。可见，长三角高质量一体化亦是通过扩大对外开放和对内开放汲取动能的过程，由此带来的新一轮的、伴随结构转型的要素流动（包括产业转移与产业再集聚、技术孵化与技术扩散），对于在高端要素的层面连通国内、国外两个市场，将发挥重要的作用。

3.4.2 区域协调发展的若干对策

（1）明确政府与市场的职能边界，在长三角高质量一体化中既要弥补协调机制中的缺陷，还要在制度、空间上积极探索协调体制与合作框架的完善和创新

对于形成统一市场、清除市场壁垒、培育公平竞争发展环境、提高资源配置效率的目标来说，首先需要政府自身的改革（刘志彪，2014）。在公共品的供给与共享（主要包括：重大公共设施建设、社会治安的维护、环境保护和创新平台建设）、市场公平竞争环境的培育、重大战略与规划的顶层设计及保障其连续性的执行制度建设等领域，政府应发挥更大的职能作用。在市场方面，则涉及：确保微观主体在长三角区域一体化中的利益诉求；以市场化的原则协调和处理一体化进程中的地方利益冲突；充分发挥企业在长三角经济一体化中的作用（刘志彪、陈柳，2018）；强化第三方咨询和监督机制，通过立法形式完善这方面的协调体制（陈建军，2015）。特别是，由区域一体化的广泛和深入发展所引致的边界融合，将会产生越来越多的外部性问题，如何进行外部性的有效治理和共享利用，需要协调体制与合作框架在实践中不断创新和加以完善。此外，从中长期的角度来看，当城市群发展战略的绩效逐渐显现时，这种“从城市规模等级的集聚与优化中获取空间一体化利益”的做法将产生一个新的衍生命题，即与城市群相匹配的区域（城市群内部）和跨区域（城市群之间）治理模式该如何创新，这是所有城市群都会面临的一个新问题。对此，以高

度的互动和最少的等级为典型特征的多中心治理，将是一个可行的探索方向。

（2）建立多层次的长江经济带区域协调机制

鉴于长江经济带发展的多样性，有必要厘清空间类型的差异与合作诉求（诸如城市群合作、城市合作、省际合作），根据利益共享的基础（诸如产业合作、航运公共服务、旅游发展、文化促进、科技创新、金融开放），建立起多层次的区域协调机制与组织体系。总体上，可以借鉴和推广长三角区域政府间合作的成功经验，使其从下游地区迅速推广扩散至上中游地区，形成“政府搭台、企业唱戏、多方参与”的区域经济一体化发展与产业分工合作新格局；建立沿江省市政府联席会议制度，就沿江地区经济联动发展和产业分工合作所涉及的产业规划布局、产业发展政策协同、重大基础设施项目对接、港航互动发展、流域共同治理等重大问题进行协调与磋商（徐长乐，2014）。在战略通道建设方面，在区域规划深化、细化的基础上探索多种类型的联合跨界合作模式。联合跨界合作具有边界空间尺度和边界经济空间重新界定的作用，联合跨界合作区域展现出生产要素的整合需求，如同城化合作和经济廊道等模式的出现（朱惠斌、李贵才，2015）。可以采取定期举办城市群合作暨企业家高峰论坛的形式，跟踪城市群之间与城市群内部的合作需求与发展动态，设立中长期规划和年度发展主题，并适时评估城市群协调与合作成效。在具体的发展平台方面，可以建立专项的合作机制，诸如产业合作平台、金融服务平台、技术交易平台、航运物流服务平台、人才交流平台、企业对外投资与贸易的促进平台、环保联动平台等。

（3）健全区域合作机制，增强市场机制的主导作用，引入补偿机制，缩小长江经济带内部发展差距

区域协调的前提在于市场机制充分而灵活地发挥作用，所以开放是一个重要的前提。相对于长三角城市群决策层、协调层和执行层三级运作、统分结合的做法而言，长江中游城市群和成渝城市群的协调机制比较薄弱和欠缺。长江中游城市群只有每年一度三省会商会议，成渝城市群尚无整体协调机制（郝寿义、程栋，2015）。后二者如果要跳出争取政策资源和仅在国家区域战略规划下缓慢推进合作的怪圈，就必须在制度层面上实现

一体化。通过自贸试验区的国际制度平台，上海在制度方面不断创新突破，可以逐步创造符合国际经济发展的制度环境，实现国内与国际制度的对接（吕康娟，2016）。因此，上海可以发挥制度先行的优势，在战略通道建设中率先进行创新制度的复制、推广与合作。上海还可以牵头设立重点区域和发展廊道的发展基金，为长江经济带战略新兴产业链的布局、跨界功能区域的开发、区域公共品建设、生态环境保护和欠发达地区产业转移对接等提供资金支持。

参考文献

［1］Gallo Fredrik，2006，“Increasing Returns，Input-Output Linkages，and Technological Leapfrogging”，*The B. E. Journal of Economic Analysis & Policy*，vol. 6（1），pp. 1–29.

［2］Maurice Schiff，L. Alan Winters：《区域一体化与发展》，中国财政经济出版社 2004 年版。

［3］［美］克鲁格曼：《地理与贸易》，北京大学出版社/中国人民大学出版社 2002 年版。

［4］［日］藤田昌久、［比利时］蒂斯等：《集聚经济学》，西南财经大学出版社 2004 年版。

［5］［英］彼得·霍尔：《多中心大都市：西欧巨型城市区透视》，《城市区域规划研究》2009 年第 3 期。

［6］世界银行：《2009 年世界发展报告》，清华大学出版社 2009 年版。

［7］刘志彪等：《长三角区域经济一体化》，中国人民大学出版社 2010 年版。

［8］刘志彪：《区域一体化发展的再思考》，《南京师范大学学报》2014 年第 6 期。

［9］刘志彪、陈柳：《长三角区域一体化发展的示范价值与动力机制》，《改革》2018 年第 12 期。

［10］胡彬：《市场效率诱致的城市功能供给与演化——以上海市为例》，《城市问题》2010 年第 7 期。

［11］胡彬：《上海城市转型与长江经济带发展：战略视角的研究》，《科学发展》2016 年第 12 期。

［12］孙亚南：《新常态下长三角一体化的机遇与挑战》，《当代经济管理》2015 年第 10 期。

［13］陈建军：《长三角区域经济一体化的历史进程与动力结构》，《学术月刊》2008 年第 8 期。

［14］陈建军：《全局视野下的长三角协调发展机制研究》，《人民论坛·学术前沿》2015 年第 9 期。

［15］黄卫平、刘一姣：《竞合：经济全球化的一种新格局趋势》，《中国人民大学学报》2012 年第 2 期。

［16］李向阳：《全球化时代的区域经济合作》，《世界经济》2002 年第 5 期。

［17］卓勇良、孙裕增：《切实构筑竞争基础上的合作机制》，《浙江社会科学》2003 年第 2 期。

［18］魏成、沈静、范建红：《尺度重组——全球化时代的国家角色转化与区域空间生产策略》，《城市规划》2011 年第 6 期。

［19］唐子来、赵渺希：《经济全球化视角下长三角区域的城市体系演化：关联网络和价值区段的分析方法》，《城市规划学刊》2010 年第 1 期。

［20］唐子来、赵渺希：《长三角区域的经济全球化进程的时空演化格局》，《城市规划学刊》2009 年第 1 期。

［21］彭申焘、赵民：《大都市区空间演进的机理研究》，《城市规划学刊》2015 年第 5 期。

［22］洪银兴：《长江三角洲经济一体化和范围经济》，《学术月刊》2007 年第 9 期。

［23］洪银兴：《长三角区域的多中心化趋势和一体化的新路径》，《学术月刊》2012 年第 5 期。

［24］佟家栋、谢丹阳、包群、黄群慧、李向阳、刘志彪、金碚、余淼杰、王孝松：《“逆全球化”与实体经济转型升级笔谈》，《中国工业经

济》2017 年第 6 期。

［25］萨斯基娅·萨森：《新型空间形式：巨型区域和全球城市》，《国际城市规划》2011 年第 2 期。

［26］金碚：《论经济全球化 3.0 时代——兼论“一带一路”的互通观念》，《中国工业经济》2016 年第 1 期。

［27］吴杨伟、王胜：《再论比较优势与竞争优势》，《经济学家》2018 年第 11 期。

［28］黄群慧：《改革开放 40 年中国的产业发展与工业化进程》，《中国工业经济》2018 年第 9 期。

［29］冯新舟：《经济全球化新形势与中国的战略选择》，《经济问题》2018 年第 3 期。

［30］赵娜、王博、刘燕：《城市群、集聚效应与“投资潮涌”》，《中国工业经济》2017 年第 11 期。

［31］邓睦军、龚勤林：《中国区域政策的空间选择逻辑》，《经济学家》2017 年第 12 期。

［32］丁嵩、孙斌栋：《区域政策重塑了经济地理吗？——空间中性与空间干预的视角》，《经济社会比较》2015 年第 6 期。

［33］沈惊宏、余兆旺、石张宇、朱磊：《多尺度的泛长江三角洲经济空间格局演变》，《经济地理》2016 年第 2 期。

［34］朱惠斌、李贵才：《区域联合跨界合作的模式与特征》，《国际城市规划》2015 年第 4 期。

［35］吕康娟：《上海全球城市网络节点枢纽功能、主要战略通道和平台经济体系建设》，《科学发展》2016 年第 4 期。

［36］徐长乐：《建设长江经济带的产业分工与合作》，《改革》2014 年第 6 期。

［37］郝寿义、程栋：《长江经济带战略背景的区域合作机制重构》，《改革》2015 年第 3 期。

第二部分　专题报告

4

长三角高质量一体化与产业发展*

* 本章是国家社科基金项目"'一带一路'沿线地区经济周期协同性及其传导机制研究"（16BJL098）的阶段性研究成果。

继京津冀协同发展、粤港澳大湾区之后，2018 年 11 月长三角区域一体化发展上升为国家战略。区域经济作为中国经济高质量发展的重要支撑，一直是各项政策和改革推进的重点。京津冀协同发展、粤港澳大湾区建设和长三角区域一体化所涉及的三大经济区域有不同的定位和各自优势：京津冀协同发展旨在建设以首都为核心的世界级城市群，带动环渤海地区协同发展；粤港澳大湾区重在发挥港澳融入国家发展大局的积极作用，发挥在“一带一路”建设中的重要节点和重要枢纽作用，发挥在打造世界级城市群中的支撑、引领和示范作用；而长三角区域一体化面向更大的亚太市场，协同解决长江经济带纵向发展问题。在未来的国家现代化建设大局中，长三角地区将继续肩负起率先发展、一体化发展的历史使命，勇当现代化建设的引领示范者和现代化强国的核心承载区。而在区域的协同行动中，既要培育壮大上海、长三角核心区、长三角城市群多层级的现代化建设引擎，还要全面增强各个引擎的对外辐射和服务，推动整个长三角地区的先行和领跑，进而带动长江经济带和全国的现代化建设。在国家顶层设计下，长三角区域经济发展呈现新气象，区域发展战略落地加速，新动能加速崛起，经济发展迈向更高质量的发展阶段①。

对于新常态下的中国经济，党的十九大报告提出要转变经济发展理念，实现经济高质量发展、新旧动能有序转换和产业转型升级。长三角区域一体化的推进有助于打破行政区划界限的制约，打破地方保护和市场分割，实现资源的跨区域高效流动，推动产业的分工协作，提升区域经济发展的整体运行效率，为产业协调发展提供良好的外部市场环境，建设开放、有序、公平、高效地统一市场体系，有效促进区域产业协同发展。产业协同发展是指产业要素在区域内的有效整合，整个区域内产业实现合理的优化布局，各地区根据自身的产业特色，明确产业定位，构建完整的产

① 《区域经济新格局：京津冀、长三角、粤港澳加速崛起》，中证网，2019-03-06。

业链，产业链各个环节彼此间相互联系、分工合作、良性互动，共享信息和技术等方面的资源，提升整个区域的产业层次和质量，创建现代的产业协作体系。为了实现长三角地区更高质量的一体化发展，更好引领长江经济带发展，更好服务国家发展大局，中央和地方先后出台了《长江三角洲地区区域规划》《推进长三角区域市场一体化发展合作协议》《长三角检验检疫一体化合作备忘录》《长三角一体化背景下安徽承接产业转移若干政策建议》《长三角地区率先实现旅游一体化行动纲领》《建立联合整治机制，推进长三角生态环保一体化》《苏南现代化建设示范区规划》等一系列政策。在此背景下，长三角地区的企业和产业发展既面临重大机遇，也存在不小挑战。受体制、政策等因素的制约，一体化进程中的产业协调过程道路曲折，会呈现出一定的不稳定性，需要找到能够协调各方关系，推动产业协调发展的制度性安排。而最需要解决的问题就是，如何理顺区域内部不同地区之间的利益关系以及产业发展多主体间的相互关系，即具体涉及三个主要关系问题：政府与市场的关系、中央与地方政府以及地方与地方政府之间的关系，其解决的根本在于制度、体制的创新。

4.1 长三角一体化与产业发展态势

4.1.1 长三角一体化与产业发展的现状

现阶段，长三角、珠三角、京津冀等地区一体化进程快速发展，已经成为我国经济增长的重要引擎。随着各区域加强在产业、交通、旅游、公共服务等领域的合作，地区间的区域整体意识明显提高，而这也为较好地缓解地区间产业发展冲突提供了合作平台和机制基础。长期以来，随着长三角区域一体化进程的加速，各地区间相互依赖关系逐渐增强；作为一体化重要载体的区域产业，在发展进程中受产业规划、发展要素、市场环境、公共服务等方面的影响，长三角区域在产业结构、产业集聚、产业分工、产业布局等方面得到较好发展的同时，也存在某些方面制约未来发展的问题，如产业同质同构、产业化分工模糊等。新时代背景下，在区域一体化对产业发展的传导机制中，地方政府发挥越来越重要的区域间协调与产业引导作用。一方面，地方政府达成的基础设施共建共享以及政策措施跨区域适用性等共识，为推动产业融合奠定了基础。另一方面，地方政府在产业协调中达成的共识主要体现在跨地区的产业发展规划中，合理地规划安排有助于实现地区间产业互补，推进产业发展的衔接和分工（王开科，2011）。

进入2010年以来，以高铁和互联网快速发展为标志，长三角地区逐渐进入深度同城化时代，更多的城市进入2小时交通圈，跨地区通勤成为常态，地区合作从产业转移升级到共建共享，城市之间的经济差距进一步缩小。2016年国务院发布的《长江三角洲城市群发展规划》要求，进一步提升上海全球城市功能，加快南京、杭州、合肥、苏锡常、宁波五个都市圈的同城化发展。长三角城市群内部空间重构步伐加快，包括苏州（23分钟）、无锡（28分钟）、南京（67分钟）、杭州（45分钟）等长三角核心城市在内的上海大都市圈已经形成了90分钟交通圈。结合表4-1可见，长三角地区三省一市2017年合计的经济总量已经达到19.7万亿元，占全国的23.8%，其中以26个城市为边界的长三角城市群，其2017年的经济总量为16.5万亿元，居世界六大城市群的第五位。在高铁、互联网、深度同城化和成熟市场经济的牵引下，长三角城市群中的各个城市，特别是都市圈中的各个城市，为提升城市群的同城化水平和国际竞争力，实现“1+1>2”效应，在一些领域开展紧密合作，通过建立一体化建设和运营的体制机制和平台载体，消除行政分割，激发规模效应，实现更高层次的长三角区域合作机制。

2017年，上海、江苏、浙江、安徽的人均GDP分别为126634元、107189元、92057元和43401元，三次产业比重分别为0.36：30.46：69.18、4.48：45.54：49.99、4.16：44.86：50.99和9.56：47.52：42.92（见表4-1）。根据经济发展水平和产业结构的差异，可以将长三角地区划分为三个层次。上海位于长三角地区的第一层次，其第三产业占比接近70%，远高于全国平均水平，人均GDP仅次于北京。上海是我国的经济、金融、航运、贸易和科创中心，金融业、批发和零售业、科学研究和技术服务业、信息传输、软件和信息技术服务业、交通运输、仓储和邮政业、租赁和商务服务业、房地产业是上海的优势产业，其增加值之和占GDP的比重达到57.8%。此外，电子及通信设备制造业、计算机及办公设备制造业、医药制品业等高技术制造业也具有一定的竞争优势。

表 4-1　2017 年长三角三次产业发展状况

地区	GDP（亿元）	第一产业增加值（亿元）	第二产业增加值（亿元）	第三产业增加值（亿元）	第一产业份额（%）	第二产业份额（%）	第三产业份额（%）
上海	30633.0	110.8	9330.7	21191.5	0.36	30.46	69.18
江苏	87988.1	3938.2	40066.4	43983.4	4.48	45.54	49.99
浙江	51768.3	1933.9	22232.1	27602.3	4.16	44.86	50.99
安徽	27018.0	2582.3	12838.3	11597.5	9.56	47.52	42.92
长三角	197407.4	8565.2	84467.5	104374.7	4.34	42.79	52.87
全国	827121.7	65467.6	334622.6	427031.5	7.92	40.46	51.63

资料来源：作者根据《中国统计年鉴 2018》整理计算获得。

江苏和浙江是长三角地区的第二层次，其第三产业占比分别为50.0%和51.0%，与全国平均水平51.6%基本相当，人均GDP位居全国31个省份（不包括港澳台地区）的第四和第五位，仅次于北京、上海和天津三个直辖市。但是，二者内部各市之间的经济发展水平和产业结构存在较大差距。江苏大体上可分为苏南、苏中、苏北三大区域，人均GDP分别为150200元、106637元、66934元，三次产业比重分别为1.8∶45.3∶52.9、5.2∶47.6∶47.2、10.4∶44.3∶45.3。苏南地区包括南京、无锡、苏州、常州和镇江5个地级市，是改革开放后我国制造业的典型代表，人均GDP均在140000元以上。苏南5市建设有我国首个以城市群为基本单元的国家自主创新示范区——苏南国家自主创新示范区，2016年被批准成为“中国制造2025”示范城市群。改革开放以来，苏南5市通过不断引入外资与高新技术，构建起了产业门类不断齐全、产业规模不断扩大的制造业体系，带动了苏南地区以及整个江苏省的经济发展。苏中地区包括南通、扬州和泰州3个地级市，是上海经济圈、南京都市圈和苏锡常都市圈的重叠辐射区。近年来，苏中地区凭借其区位优势和相对低廉的劳动力，积极承接上海和苏南地区的产业转移，已成为长三角地区和江苏省经济发展最快的区域。2013—2017年，苏中地区年均经济增长率达到8.9%，远高于苏南地区的6.1%。由于远离经济中心，与苏南和苏中相比，苏北地区的经济发展水平较为落后。受历史条件和经济基础的限制，苏北地区的经济增长对资源、劳动力和资本等生产要素的依赖程度较大，仍没完全摆脱“高投入、高能耗、低效率”的粗放式经济增长，亟须转变经济增长方式，提高科技水平和劳动者素质。

浙江具有典型的“块状经济”特征，由于产业结构存在较大差异，省内各市的经济发展水平也存在一定差距。杭州、宁波、舟山和绍兴属于浙江省的第一梯队，人均GDP均在100000元以上。杭州是浙江的省会城市、杭州都市圈核心城市、沪嘉杭G60科创走廊中心城市和国际重要的电子商务中心。宁波是副省级和计划单列市、世界第三大港口城市、中国大运河南端出海口、“海上丝绸之路”东方始发港。舟山位于中国南北沿海航线与长江水道交汇之处，是长江流域和长江三角洲对外开放的海上门户和通道，境内拥有由国务院批准设立的大宗商品交易管理与监督中心。绍兴连接杭州和宁波两大核心城市，其轻纺工业和旅游业比较发达，是中国最大的纺织工业基地和纺织品交易中心、具有江南水乡特色的文化和生态旅游城市。嘉兴和湖州属于浙江省的第二梯队，人均GDP在80000—100000元之间，二者均位于上海和杭州之间，与上海、杭州、苏州、宁波等城市的空间距离均在100公里以内，是沪杭、苏杭的交通干线中枢。凭借其独特的区位优势，嘉兴和湖州成为长三角地区重要的工业城市，二者的工业增加值占GDP比重分别达到48.2%和42.7%。金华、衢州、台州、丽水、温州属于浙江省的第三梯队，均位于浙南地区，其人均GDP均在55000—80000元之间。浙南地区交通条件相对较差，改革开放以来，个体私营企业发展迅速，形成了“小商品、大市场”的发展格局。

安徽在长三角地区属于第三层次，人均GDP为43401元，远低于长三角其他三个省市和全国平均水平，且省内大部分城市具有“二三一”的三次产业结构。合肥、芜湖、马鞍山和铜陵的经济发展水平相对较高，人均

GDP 均在 65000—90000 元之间。合肥是安徽的省会城市、三大综合性国家科学中心之一、G60 科创走廊中心城市和中国集成电路产业中心城市，其科技实力较强，在承接江浙沪发达地区的产业时具有明显优势。芜湖是安徽沿江发展的重要阵地、华东重要的工业基地、科教基地和全国综合交通枢纽。马鞍山和铜陵是华东地区重要的重工业城市，有色金属资源较为丰富。二者凭借其独特的资源优势、较好的工业基础和邻近长三角的区位优势及沿江的航运条件，经济保持了较快增长。2013—2017 年，合肥、芜湖、马鞍山和铜陵的年均经济增长率均在 9.5%以上，远高于 6.8%的全国平均水平。淮南和淮北的矿产资源，尤其是煤炭资源非常丰富，已成为中国重要的煤炭和精煤生产基地。

此外，长三角地区的旅游资源非常丰富，境内共有 54 个 5A 级景区①。近年来，高铁网络的飞速发展给长三角地区三省一市加强旅游业合作提供了便利的交通条件。在未来旅游业发展过程中，长三角地区可以通过加强旅游领域深层次合作，形成“共建、共享、共赢”局面。具体而言，长三角地区要把吸引远程游客作为未来拓展客源市场的重点，进一步完善大区旅游接待体系，在维持和巩固本地、省际客源市场的同时，放眼全世界，建设世界级旅游目的地。

4.1.2 长三角一体化给企业带来的机遇和挑战

从现实基础看，与长三角其他地区相比，上海的产业发展具有明显的结构优势，后工业化特征比较突出。上海的核心竞争力之一是交通运输设备制造业非常发达。其中，汽车工业不仅在本地区的工业支柱地位不可动摇，而且在全国的汽车工业也占有重要的地位，轿车工业在全国仍处于第一的位置。由于上海汽车的零部件 90%以上在长三角地区制造，上海汽车工业的发展必将带动长三角汽车零配件的需求及区域内交通运输制造业的共同发展。崇明岛将建设成全国最大的造船基地，进而推动上海交通运输制造业中心和国际航运中心地位的形成。此外，上海民用飞机制造业也很

① 根据中华人民共和国文化和旅游部官网（https://www.mct.gov.cn/）公布的旅游名录统计获得。

发达，境内的中国商用飞机有限责任公司，是我国实施国家大型飞机重大专项中大型客机项目的主体，也是统筹干线飞机和支线飞机发展、实现我国民用飞机产业化的主要载体。

纺织、化学原料及制品、普通机械是苏州、无锡、杭州、宁波与常州的传统优势产业。纺织业、服装、化学制品、食品加工等传统行业是南通、扬州、镇江、泰州、绍兴、嘉兴、湖州、台州等地的主导产业。但是，由于产业过于密集，造成劳动力的有效需求过旺和劳动力成本过高。长三角一体化背景下，企业可以选择在劳动力低廉和资源优势明显的安徽继续进行生产，也可以转移出去，为电子通信设备制造业等资本与技术密集型产业的企业腾出发展空间。

资源丰富是安徽的最大优势。近年来，安徽大力发展资源加工工业，培育了一批资源加工龙头企业。但是，由于资源加工工业以初级加工为主，深度加工能力较弱，其资源优势并未很好地转化成经济优势。安徽的资源型企业可以借助长三角一体化的契机，积极引入江浙沪地区的先进技术，围绕优势资源开发，大力承接资源精深加工企业，发展下游产品，拉长产业链，提高产品的科技含量和附加值，做大做强资源加工型产业，提升产品的附加值和竞争力。此外，劳动力资源丰富也是安徽的一大优势，长三角一体化给安徽的劳动力密集型企业带来了重要机遇。这些企业可以通过承接江浙沪地区的劳动密集型产业扩大企业规模来降低生产成本、提高企业盈利能力和市场占有率。

此外，在发达的江浙沪地区，企业发展的总体环境较好，制约盈利能力的主要因素是劳动力成本过高。一是产业过度集中导致的劳动力相对短缺，部分发达地区“民工荒”问题的出现就是劳动力供不应求的表现。解决劳动力短缺问题可以通过提高工资待遇等措施吸引更多的欠发达地区的劳动力流入，但这将造成劳动力成本增加而压缩企业的利润空间，企业将不得不在区位转移还是引进劳动力资源中做出选择。二是即使能保证劳动力供求基本平衡，但发达地区生活成本较高也会不断抬高劳动力成本。相反，欠发达地区比较充裕的低廉劳动力资源对企业进行产业转移具有较大吸引力，但企业的转移或迁移将发生一定的沉没成本和迁移成本，包括企业转移后可能丧失的发达地区产业集聚产生的规模经济效益、网络效益和创新效益等。与此同时，转入地可能存在文化和体制因素的不适应，以及劳动力素质较低、政府工作效率和管理水平不高、法制与环境不完善和社会诚信缺乏等问题，这将给转移后的企业增加时间和物质成本。如何权衡产业转移的利弊得失是长三角一体化过程中企业面临的一大挑战。

4.1.3 长三角各产业发展面临的机遇和挑战

长三角地区的禀赋优势差异主要体现在安徽与江浙沪和上海与江苏、浙江之间。安徽的产业结构和比较优势与江浙沪之间存在很大差异，其比较优势在于农业、采掘业、黑色金属冶炼和压延加工业和有色金属冶炼和压延加工业。在长三角一体化背景下，安徽可以结合自身的资源和劳动力优势，通过积极承接发达地区产业转移，这将给安徽的资源密集型和劳动密集型产业发展带来重要机遇。而发达地区可以通过整合科技资源和人力资本，利用转移出的产业腾出的发展空间和雄厚的资本，努力发展资本和技术密集型产业，尤其是战略性新兴产业和现代服务业。上海是长三角地区的“领头羊”，已进入后工业化时代。上海可以依托长三角一体化提供的广阔腹地，利用上海自由贸易区建设和自身作为“五大中心”的独特优势，重点打造“上海服务”“上海制造”“上海购物”“上海文化”这“四大品牌”，充分发挥“四大品牌”效应在长三角高质量一体化发展中的引领作用，在促进自身经济发展的同时辐射带动长三角地区提升服务经济发展品质、推动长三角地区制造业转型升级，支撑长三角地区的制造业和现代服务业优化升级。

然而，长三角地区是我国产业同构问题最为突出的地区，且以工业或制造业结构的趋同最为严重，这将给长三角一体化和各产业发展带来挑战(谢浩和张明之，2016)。如表 4-2 所示，长三角地区一共有 14 个制造业行业在全国的制造业分工体系中具有比较优势，即区位熵取值大于 1，但是其中有 13 个为两个或两个以上省市的共同优势产业。通用设备制造业是长三角地区三省一市共同的优势产业；纺织服装、服饰业与电器机械和器材制造业是江苏、浙江和安徽共同的优势产业；家具制造业是上海、浙江和安徽共同的优势产业；专用设备制造业是上海、江苏和安徽共同的优势产业。对长三角地区三省一市进行两两对比后发现，江苏和浙江重叠的优势产业最多（9 个），其次是浙江和安徽（7 个）、上海和浙江（6 个）、江苏和安徽（5 个）、上海和江苏（5 个），最少的上海和安徽也有 4 个共同优势产业。虽然，产业同构客观上为产业集聚创造了有利条件，但产业集聚更应该注重产业链接和产城融合，而不是同一产业内企业的简单重复和集中，其终极目的是实现产业功能整合和提高资源利用效率。只有当企业之间进行充分的信息交流与合作，实现错位竞争、优势互补、链接发展，才能提升长三角地区的整体竞争力。目前长三角地区在利益驱动下进行了大量重复建设，造成资源大量浪费，也难以实现集群效应、增强品牌竞争力。

表 4-2 2016 年长三角制造业各行业的区位熵

行业	上海	江苏	浙江	安徽	长三角
农副食品加工业	0. 1657	0. 5113	0. 2616	1. 2342	0. 5212
食品制造业	0. 8761	0. 3396	0. 3803	0. 8413	0. 4752
酒、饮料和精制茶制造业	0. 1820	0. 4224	0. 4136	0. 9747	0. 4723
烟草制品业	3. 6006	0. 4155	1. 0152	0. 8930	0. 9493
纺织业	0. 1706	1. 2339	2. 4542	0. 6838	1. 3125
纺织服装、服饰业	0. 4739	1. 3410	1. 7186	1. 2769	1. 3235
皮革、毛皮、羽毛及其制品和制鞋业	0. 3928	0. 5022	1. 5782	0. 8269	0. 7720
木材加工和木、竹、藤、棕、草制品业	0. 1416	1. 1906	0. 5423	1. 2838	0. 9510
家具制造业	1. 2146	0. 3095	1. 8951	1. 1889	0. 8755
造纸和纸制品业	0. 5556	0. 7640	1. 5212	0. 7539	0. 9066
印刷和记录媒介复制业	0. 7700	0. 7494	0. 9218	1. 4629	0. 8891
文教、工美、体育和娱乐用品制造业	0. 7751	0. 9538	1. 4714	0. 7845	1. 0248
石油加工、炼焦和核燃料加工业	1. 0602	0. 4187	0. 7069	0. 2960	0. 5323
化学原料和化学制品制造业	0. 9985	1. 4158	1. 0168	0. 7263	1. 1880
医药制造业	0. 8346	0. 9374	0. 7739	0. 7821	0. 8690
化学纤维制造业	0. 1615	2. 4542	5. 2016	0. 3199	2. 5167
橡胶和塑料制品业	0. 9428	0. 6691	1. 3989	1. 3585	0. 9543

续表

行业	上海	江苏	浙江	安徽	长三角
非金属矿物制品业	0.3063	0.5645	0.4978	1.0780	0.5945
黑色金属冶炼和压延加工业	0.6470	1.0298	0.5959	0.8200	0.8650
有色金属冶炼和压延加工业	0.2739	0.5727	0.8141	1.2223	0.6850
金属制品业	0.7763	1.1233	1.0234	0.9624	1.0424
通用设备制造业	1.7899	1.3048	1.4821	1.2638	1.3890
专用设备制造业	1.0341	1.1884	0.7274	1.1226	1.0618
汽车制造业	2.5524	0.6721	0.9372	1.0057	0.9750
铁路、船舶、航空航天和其他运输设备制造业	1.2881	1.2894	1.1750	0.4341	1.1446
电气机械和器材制造业	0.9698	1.6109	1.4799	1.8487	1.5479
计算机、通信和其他电子设备制造业	1.8189	1.3296	0.5470	0.6270	1.1113
仪器仪表制造业	1.2875	2.7278	1.4079	0.6406	1.9948
其他制造业	0.6131	0.7965	1.7635	1.2271	1.0494
废弃资源综合利用业	0.2640	0.4415	1.0400	3.3961	0.9671
金属制品、机械和设备修理业	4.9383	0.2180	1.2690	0.8360	1.0322

注：制造业各行业区位熵的计算公式为：$Y_{ij} = (X_{ij}/X_j)/(X_i/X)$，其中，$Y_{ij}$ 为 j 地区 i 行业的区位熵，X_{ij} 为 j 地区 i 行业的销售产值，X_j 为 j 地区的制造业销售产值，X_i 为全国 i 产业的销售产值，X 为全国的制造业销售产值；字体加粗表示各省市及长三角地区的行业区位熵大于 1，意味着其在该行业具有比较优势。

资料来源：作者根据《中国工业统计年鉴 2017》整理计算得到。本章图表若未具体说明资料来源，则均由作者计算整理获得。

江浙沪地区的外向型经济特征是长三角一体化背景下企业进行产业转移决策的重要影响因素。2017 年，江浙沪外商投资企业和外商投资总额占全国的比重分别高达 37.7%和 31.0%，外资企业已成为支撑江浙沪地区经济增长的重要力量。企业进行产业转移主要有两种形式：一是相关产业的企业转移出部分业务，设立分支机构；二是将整个企业迁移至新地方。企业对产业转移的选择方式将直接影响迁出地的地方利益。由于江浙沪地区的外向型经济特征显著，吸引的企业可能更多的是跨国公司的分支机构，或是总部设在国外的生产车间。因此，如果发生产业外迁，很可能不是简单的企业分支机构的转移，而是整体迁移，这将可能造成相关产业的空心化，最终严重影响江浙沪地区的短期经济利益和政府官员的政绩考核。因此，江浙沪地区的地方政府将面临转出哪些产业和如何转出的困扰，产业转移将会遭遇政府转移黏性。这是长三角一体化和各产业发展面临的又一重要挑战。如何协调江浙沪皖之间的产业布局和经济利益，这是实现长三角一体化的关键所在。

4.2 长三角高质量一体化与产业结构转型升级

4.2.1 度量指标的选择与测算

（1）长三角一体化的测算方法

现有文献关于区域一体化测度与判别的研究主要有以下五种方法：一是依据不同地区产业专业化、结构相似度和产出结构与分布等差异的生产法；二是依据地区间贸易流量演变的贸易法；三是利用各区域商品价格差异的价格法；四是针对地方保护主义程度的实地问卷调查结果的问卷调查法；五是依据区域间经济周期相关程度高低水平进行度量的经济周期法（赵鹏，2018）。事实上，区域一体化与经济一体化是不可分割、相互影响、相互促进的过程，其中经济一体化是区域一体化最为直接的表现形式。尽管上述五种方法在测度区域一体化方面各有优势及不足，所得结果也不尽相同，但要素流动及产出分布状况始终是分析区域一体化问题中不可忽视的重要变量。综合考虑数据可得性、指标全面性和方法可行性，这里采用基于各区域生产要素及其产出分布差异视角的生产法对1992—2017年长三角一体化水平进行度量。

考虑到一体化区域内各地区生产要素差异的问题，Gabaix（1999）研究认为生产要素在各地区服从指数为1的Zipf指数分布，并借助人口数量这一要素来度量城市规模加以验证。那么，从理论上来说，如果长三角实现了一体化，以人员、资金和商品等流动性生产要素在长三角各省市中也应该服从 Zipf 分布。基于 Gabaix（1999）的研究，Bowen 等（2010）进一步将生产要素与产出份额差异相结合进行研究，发现如果生产要素在一体化的各区域服从 Zipf 分布，那么对应产出也将服从 Zipf 分布，其重要的理论依据是生产要素在区域一体化下可以自由跨地区流动，且要素追求收益最大化，促使各地区产出份额等于要素份额，并在 CES 生产函数中得到了验证。Bowen 等（2010）采用一体化区域的实际产出份额分布与完全一体化的理论产出份额分布之间的差异测度了美国 51 州（区）、欧盟、安第斯共同体和 64 个国家等地理尺度下的区域一体化水平，并得到了三个相关的理论预测：一是生产要素在一体化区域内的自由流动促使各成员的产出份额与要素存量份额相等；二是产出和生产要素在一体化区域内各成员之间服从 Zipf 分布，即表明产出份额最大成员是产出份额第二大的 2 倍，是产出第三大的 3 倍，是产出第四大的 4 倍，后续以此类推；三是一体化区域内的成员数量决定了一体化成员产出份额的理论分布。

基于此，这里借鉴 Bowen 等（2010）的做法，采用一体化区域的实际产出份额分布与完全一体化的理论产出份额分布之间的差异来测度长三角一体化程度。依据概率论理论，可采用 Kullback-Leibler 离散度（Kullback-Leibler Divergence，简称 KLD）对两个分布之间的差异进行测算（Kullback and Leibler，1951）。KLD 的计算公式如下：

$$KLD(\bar{S}_{nt}:\ S_{nt}) = \sum_{n=1}^{N} \bar{S}_{nt}\ln(\bar{S}_{nt}/S_{nt}) \tag{4-1}$$

其中，$\bar{S}_t$ 代表产出的理论分布，S_t 是产出的实际分布，N 为一体化区域的成员数量。当一体化成员产出的理论分布与实际分布完全相等时，即对于任意的个体 i 都有 $\bar{S}_{it}=S_{it}$，此时 $KLD(\bar{S}_t:\ S_t)=0$，否则 KLD 值表示的实际一体化与理论完全一体化的差距。值得注意的是，KLD 取值可能为正也可能为负，即使等于 0 时，也并不能直接说明实际分布与理论分布完全相符，有可能是因为实际分布与理论分布的离差以平均值为中心对称分布，因此需要对该指标进行改进。考虑到 KLD 距离值具备对称的特点，可采用如下计算方式：

$$SKLD(\bar{S}_t : S_t) = \sum_{n=1}^{N} (\bar{S}_{nt} - S_{nt}) \ln(\bar{S}_{nt}/S_{nt}) \quad (4-2)$$

其中，无论实际分布与理论分布从哪个方向产生偏离，SKLD 指标的结果均为正数，偏离程度越大，SKLD 距离值就越大。这也就是说，SKLD 值越大，区域内各成员之间的一体化程度越低。为便于本章的研究与分析，考虑到 SKLD 指标值一般在 0—1 之间，本章将 1 与 SKLD 作差处理，得到正向化的一体化指标，即：

$$\overline{SKLD}(\bar{S}_t : S_t) = 1 - SKLD(\bar{S}_t : S_t) \quad (4-3)$$

其中，$\overline{SKLD}$ 指标值表示区域一体化水平，取值越大表明长三角一体化水平越高。采用 1992—2017 年长三角各省市 GDP 数据表示实际产出，各地区实际产出分布即为其 GDP 占长三角地区的份额。N 表示长三角各省市成员数量①。

（2）长三角产业结构合理化的测算方法

依据经济学家西蒙·库兹涅斯的理论，在经济结构处于工业化初级和中级阶段时，产业结构演变的重点内容是农业和工业之间的“二元结构”转化。刘易斯的二元经济理论进一步强调，二元经济结构背景下促使大量的农村剩余劳动力流入城市地区，在改善自身收入的同时，也促进了产业结构合理化。改革开放以来中国经济体制改革促使农村大量剩余劳动力在城乡之间、区域之间和行业部门之间自由流动，推动产业结构逐步合理化。当前中国经济已步入“新常态”，更加追求经济的高质量发展，以互联网技术、数字经济和人工智能为代表的信息化服务更为广泛融入到工业生产过程中，工业的产出服务化态势日益凸显（吴万宗等，2018）。尽管现阶段中国服务业增加值占比高于工业部门，产业结构逐步进入到以服务业为主的高级化阶段，但工业化进程尚未完成且区域差异十分明显（郑江淮、沈春苗，2016）。

① 2014 年 9 月国务院公布的《国务院关于依托黄金水道推动长江经济带发展的指导意见》首次明确了安徽作为长三角城市群的一部分，促进长三角一体化发展。2015 年 12 月，长三角地区三省一市主要领导座谈会在合肥举行，就推进长三角地区协同发展的政策举措和经验做法和长三角一体化发展面临的新情况等事项进行了深入讨论。基于此，为了揭示长三角一体化不同时期的实际水平，此处计算从 2015 年开始将安徽省纳入长三角地区。

此时，我国第二产业与第三产业之间的边界越发模糊，并逐渐呈现出相互影响相互作用的融合特征。相比于国内其他地区，长三角地区制造业具有相当大的优势和重要影响，其发展离不开以上海为核心的生产者服务中心的支持，另一方面也正是该地区制造业大量集聚与发展，进一步推动了其服务业的发展（高传胜、李善同，2007）。长三角地区作为中国制造业和服务业发展的高地，服务业与制造业相互融合发展，以“经济服务化”“制造业服务化”为代表的产业结构高级化特征逐步凸显。

产业结构合理化是指各个产业之间的聚合质量，既反映产业之间的协调程度，也可表明资源有效利用程度，其本质是区域经济要素投入和产出的耦合程度。通常采用结构偏离度来衡量产业结构合理化水平，这里借鉴干春晖等（2011）的做法，计算公式如下：

$$R_1 = \sum_{i=1}^{n} (Y_i/Y)\ln((Y_i/L_i)/(Y/L)) \tag{4-4}$$

其中，R_1为结构偏离度，Y 为 GDP，L 为总就业人数，i 为某产业，n 表示产业部门数。相比于测算产业结构合理化的传统指标，该指标不仅能够考虑到各个产业的相对重要性进而避免了绝对化测度，而且还保留了原始结构偏离度的经济学理论基础及含义。当经济处于均衡状态时，即 $R_1=0$，产业结构合理化程度达到最理想的状态；当 R_1 大于零时，产业结构则表现出不合理，数值越大越不合理。这里采用三次产业划分，即 $n=3$。考虑到结构偏离度指标为逆向指标，介于 0—1 之间，故采用如下计算公式对该指标进行正向化处理：

$$R = 1 - R_1 \tag{4-5}$$

其中，R 为产业结构合理化水平，R 值越高说明产业结构合理化水平越高。

（3）长三角产业结构高级化的测算方法

在产业结构合理、协调的基础上，产业结构高级化实际上是指国民经济的产业结构由以劳动密集型产业为主的低级结构，向以知识、技术密集型产业为主的高级结构调整和转变的过程及趋势。依据配第—克拉克定律可知，随着国民经济发展水平的不断提高，第二、三产业的平均工资水平提高将吸引更多的劳动力供给，促使整个经济系统中劳动力分布表现出农业劳动力比重下降，工业与服务业比重提高的规律，这实质上就是产业结构高级化的过程。因此，理论上而言，采用非农业产值比重来度量产业结构高级化是可行的。但对于中国和长三角地区产业结构演变的实际过程来看，经济结构呈现出越发明显的“经济服务化”趋势。由此看来，采用非农业产值比重这类传统的度量产业结构高级化的方法，已无法全面准确反映长三角地区经济结构的演变趋势。因此，借鉴吴万宗等（2018）和干春晖等（2011）的做法，采用第三产业 I_3 与第二产业 I_2 的产值之比来度量，即：

$$I = I_2/I_3 \tag{4-6}$$

其中，I 为产业结构高级化水平，其比值越大则表明地区产业结构愈加高级化，对应经济结构逐步走向服务化。

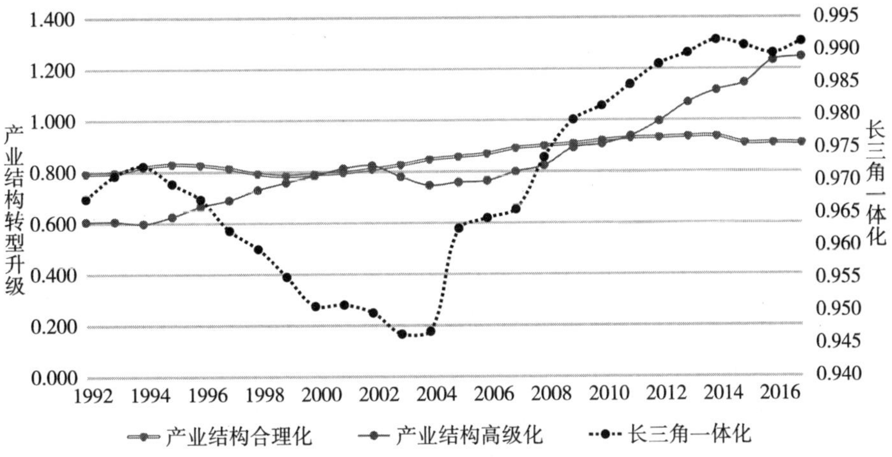

图 4-1　1992—2017 年长三角一体化与产业结构转型升级演变趋势

运用（4-1）式—（4-6）式，我们测算了 1992—2017 年长三角一体化水平和产业结构合理化与高级化水平的趋势图，参见图 4-1。从总体上看，长三角地区一体化水平呈现出“先下降后大幅上升”的演变趋势，具有典型的时序阶段型特征，其中 1992—2003 年呈现先升后大幅下降趋势，2004—2009 年呈现出迅速攀升态势，2011—2017 年一体化水平增长则趋于平缓。与此同时，长三角地区产业结构合理化水平整体呈现出“先微降后缓慢上升”的态势，其时序阶段性特征并不明显，同时 2015 年考虑安徽省之后其合理化水平略有下降。长三角地区产业结构高级化水平整体呈现

“波动上升”的趋势，具有较为明显的时序阶段性特征，并在 1994—2002 年和 2008—2016 年实现了较大幅度的提高。综合来看，1992—2017 年长三角一体化有了较大提高，同时产业结构也逐步实现优化升级。

4.2.2 长三角一体化与产业结构合理化的演变特征

根据图 4-1，可以将 1992—2017 年长三角一体化演变进程分为三个阶段，即曲折起步的一体化阶段（1992—2003 年）、快速发展的一体化阶段（2004—2009 年）和稳步推进的一体化阶段（2010—2017 年）。长三角一体化水平、产业结构合理化水平和高级化水平的计算结果归纳在表 4-3 至表 4-8 中。

（1）第一阶段，曲折起步的一体化阶段（1992—2003 年）

由表 4-3 可知，1992—2003 年长三角一体化水平呈现出先升后大幅下降的波折起步发展态势，其中 1994 年一体化水平最高为 0.972，为由升转降的转折点。同时，长三角产业结构合理化水平整体呈现波折式缓慢提高的趋势，且整体高于全国水平。1992 年，由上海等 14 个城市经协委（办）发起并成立长三角经协委（办）主任联席会①，并于 1997 年和新成立的泰州组建了一个新型跨区域经济协调组织——长三角城市经济协调会，这为长三角各省市一体化起步阶段带来机遇。1992 年中共十四大提出建立社会主义市场经济体制，1993 年中共十四届三中全会确立了市场在资源配置中的基础性作用，经济发展更加遵循市场化规律，这为我国经济结构优化发展提供了制度保障。但是，1994 年中央实行分税制改革，这极大地调动了地方政府发展经济的积极性，使得在获得更多税收收入和保护本区利益的动机下，各地区政府相互设置区域壁垒，盲目重复投资建设，采取地方保护主义政策阻碍市场竞争，这直接导致了本阶段一体化水平不断下降。1997 年亚洲金融危机爆发导致外部经济环境恶化，1998 年开展的国企改革，引发就业市场供需不平衡，同时 2001 年加入世贸组织后受到来自外部国际产业转移的冲击与挑战，导致产业结构合

① 14 个城市包括上海、苏州、无锡、常州、南通、杭州、嘉兴、湖州、宁波、绍兴、舟山、扬州、南京和镇江。

理化进程波折发展。

上海市产业结构合理化水平最高，其次依次为江苏省和浙江省，安徽省产业结构合理化水平相对更低。尽管上海产业结构合理化水平有所下降，但仍是长三角内部产业结构最为合理的地区。苏浙两省产业结构合理化水平均呈现出升降并存的波动式发展态势，其中浙江省产业结构合理化水平整体提高，而江苏则整体下降。由此看出，这一时期国内外复杂的经济环境对长三角内部经济结构产生重要影响，苏浙产业结构合理化水平影响着长三角地区整体水平。由此可知，本阶段长三角一体化逐渐步入低位发展，各省市之间市场、商品、人员和资金等要素未能得到合理有效流动与配置，阻碍一体化进程的同时，也迟滞了地区产业结构合理化发展。

表 4-3　1992—2003 年长三角一体化与产业结构合理化水平

年份	长三角一体化水平	产业结构合理化水平				
		全国	长三角	上海	江苏	浙江
1992	0.967	0.711	0.793	0.967	0.813	0.763
1993	0.971	0.705	0.798	0.958	0.810	0.780
1994	0.972	0.734	0.819	0.957	0.827	0.812
1995	0.970	0.758	0.830	0.955	0.844	0.814
1996	0.967	0.772	0.826	0.933	0.843	0.805
1997	0.962	0.761	0.814	0.923	0.830	0.794
1998	0.960	0.756	0.793	0.924	0.803	0.774
1999	0.955	0.736	0.785	0.928	0.789	0.759
2000	0.951	0.712	0.791	0.933	0.771	0.827
2001	0.951	0.702	0.797	0.924	0.779	0.841
2002	0.950	0.686	0.810	0.931	0.788	0.853
2003	0.947	0.678	0.826	0.936	0.804	0.862

（2）第二阶段，快速发展的一体化阶段（2004—2009 年）

由表 4-4 可知，2004—2009 年长三角一体化水平值由 0.947 上升至 0.979，实现了快速提高，表明一体化进程正在加快推进。全国和长三角产业结构合理化水平均呈现出稳步提高的趋势，且长三角产业结构合理化程度已明显优于全国水平，这表明该阶段全国和长三角地区产业结构合理化程度均有了较大改善。2001 年加入世贸组织之后，中国大陆地区尤其是经济相对发达的长三角地区迎来了国际制造业转移和外商直接投资的高潮，国企改革加速和政企关系转向市场化方向发展，地方政府与乡镇企业以及地方政府与民营企业之间的联盟开始松动，进一步弱化地方保护主义，也为一体化进程提供了巨大的动力（千慧雄，2010）。随着社会主义市场经济体制的逐步完善，产业逐渐融入全球生产贸易链中，加之农村全面深化改革的开展，2006 年农业税的取消进一步提升农业生产效率，促使劳动力在其他产业部门合理流动，为新一轮产业转型升级提供动力。与此同时，长三角区域一体化进程进入加速推进阶段，区内经济要素实现更为广泛的自由流动，区际之间的经济合作日趋密切。因此，本阶段较好的经济环境推动着产业结构合理化进程。

长三角各省市产业结构合理化水平均有了不同程度的提高，这与全国产业结构合理化水平整体提升的趋势保持一致，其中到了 2009 年上海市产业结构合理化水平达到 0.975，江苏省达到 0.892，浙江省达到 0.918。上海市产业结构合理化水平依旧占据长三角首要位置，但此时凭借自身经济优势的浙江省产业结构合理化程度开始明显优于江苏省。由此看来，这一阶段长三角一体化与产业结构合理化实现了共同发展。

表 4-4　2004—2009 年长三角一体化与产业结构合理化水平

年份	长三角一体化水平	产业结构合理化水平				
		全国	长三角	上海	江苏	浙江
2004	0.947	0.717	0.847	0.936	0.826	0.878
2005	0.963	0.723	0.858	0.944	0.832	0.888
2006	0.964	0.736	0.869	0.949	0.845	0.894
2007	0.966	0.760	0.891	0.969	0.869	0.909
2008	0.974	0.774	0.900	0.974	0.880	0.914
2009	0.979	0.787	0.909	0.975	0.892	0.918

（3）第三阶段，稳步推进的一体化阶段（2010—2017 年）

表 4-5 2010—2017 年长三角一体化与产业结构合理化水平

年份	长三角一体化水平	产业结构合理化水平					
		全国	长三角	上海	江苏	浙江	安徽
2010	0.982	0.799	0.921	0.983	0.901	0.934	0.782
2011	0.985	0.819	0.930	0.983	0.911	0.943	0.758
2012	0.988	0.835	0.932	0.976	0.918	0.941	0.777
2013	0.990	0.856	0.936	0.979	0.916	0.944	0.797
2014	0.992	0.871	0.936	0.982	0.919	0.943	0.817
2015	0.991	0.881	0.911	0.979	0.927	0.943	0.843
2016	0.990	0.883	0.911	0.975	0.926	0.949	0.850
2017	0.991	0.878	0.910	0.979	0.928	0.947	0.845

由表 4-5 可知，2010—2017 年长三角一体化水平由 0.982 小幅度稳步提升至 0.991，表明长三角一体化进程进入稳步推进阶段。长三角地区产业结构合理化水平呈现出先升后降的整体下降趋势，而全国产业结构合理化水平呈现出快速上升的态势，这表明全国和长三角地区产业结构合理化程度进一步提升。在 2008 年全球金融风暴外部冲击的压力下，中国深入推进去产能、去库存、去杠杆、降成本和补短板的供给侧结构性改革，经济新常态特征不断凸显，更加依赖创新驱动、人力资本和技术进步对经济结构的贡献。此外，随着农村土地承包经营流转政策的执行，盘活了农村土地市场的资源配置，也促进了农业部门生产效率的提高（冒佩华等，2015）。随着长三角区域经济联系的不断加强与深化，长三角城市群在 2010 年和 2013 年先后两次向江苏北部、浙江南部、安徽东部等地区进行扩容（城市达 30 个）。此外，长三角的扩容有助于不同城市的资源禀赋与区位优势的发挥和规模效应与结构效应的优化（刘乃全和吴友，2017）。由此看来，该阶段长三角城市群的扩容为长三角省级行政区的经济合作和产业发展带来新的机遇，但安徽省在 2015 年的加入也不可避免地牵制了长三角一体化进程。

后金融危机阶段下，上海市产业结构合理化水平整体微降，并在 2017 年降至 0.979，但相比于 1992 年已实现了较大幅度的提升。尽管如此，上海市仍旧是长三角地区产业结构合理化发展的重要“引擎”，带动区域产业结构转型升级。与此同时，江浙两省产业结构合理化水平均实现了稳步的提高，并在 2016—2017 年达到最大值，相比于 1992 年对应增幅分别达到了 0.115 和 0.184。值得注意的是，2015 年开始长三角地区产业结构合理化水平出现略微下降，这主要是因为受到了产业结构合理化水平最低的安徽省牵制的影响。总体来看，这一阶段长三角一体化稳步推进的过程中，产业结构合理化水平则有所下降。

4.2.3 长三角一体化与产业结构高级化的演变特征

与产业结构合理化水平的演变趋势相似，长三角一体化水平与产业结构高级化演变过程也呈现出同样的三个阶段性特征：

（1）第一阶段，曲折起步的一体化阶段（1992—2003 年）

由表 4-6 可知，在国内外复杂多变的经济环境下，长三角地区产业结构高级化水平由 0.606 升至 0.781，尽管整体低于全国水平，但差距正在不断缩小。就实际情况来看，1992—1996 年中国重工业经济得到较快的发展，而服务业发展相对缓慢；1997 年后亚洲金融风暴的冲击和国企改革导致大量下岗职工，迫使产业经济结构开始向第三产业方向转型，进而逐步推动产业结构高级化。由此看出，长三角一体化进程处于曲折低位推进的背景下，长三角地区产业结构高级化水平在稳步提升。

通过比较发现，上海市产业结构高级化水平在 1992—1995 年提升较慢，1996 年开始就进入“快车道”，1998 年接近 1，但最终高级化水平有所下降。这一阶段上海市产业结构高级化水平快速提升，为长三角地区产业结构高级化进程提供了强大动力。与上海不同的是，江苏和浙江两省产业结构高级化水平整体上均呈现出波动式缓慢提高的趋势，其中浙江整体高于江苏。依据统计年鉴相关数据，以工业经济为主的上海经历国企改革后，第二产业比重在进一步下降，同时大量下岗职工为第三产业发展提供人力支持，推动第三产业快速发展，进而推动其产业结构的高级化。

表 4-6 1992—2003 年长三角一体化与产业结构高级化水平

年份	长三角一体化水平	产业结构高级化水平				
		全国	长三角	上海	江苏	浙江
1992	0.967	0.825	0.606	0.595	0.557	0.703
1993	0.971	0.747	0.607	0.642	0.569	0.636
1994	0.972	0.744	0.599	0.692	0.543	0.610
1995	0.970	0.720	0.626	0.718	0.580	0.622
1996	0.967	0.713	0.666	0.808	0.631	0.610
1997	0.962	0.743	0.690	0.896	0.654	0.592
1998	0.960	0.809	0.730	0.988	0.690	0.606
1999	0.955	0.850	0.758	1.069	0.699	0.626
2000	0.951	0.874	0.785	1.122	0.692	0.683
2001	0.951	0.920	0.813	1.130	0.704	0.746
2002	0.950	0.950	0.824	1.153	0.694	0.789
2003	0.947	0.921	0.781	1.056	0.662	0.763

（2）第二阶段，快速发展的一体化阶段（2004—2009 年）

由表 4-7 可知，2004—2009 年长三角地区的产业结构高级化水平呈现稳步提高的趋势，但仍旧低于全国水平。依据统计年鉴相关数据可知，这一阶段长三角地区整体的第二产业占比缓慢提高，而第三产业占比并未发生明显的变化，进而产业结构优化进程并不明显。由此看来，该阶段长三角一体化进程进入“快车道”，但产业结构高级化进程并不明显。

与之前不同的是，这一阶段上海市产业结构高级化水平呈现进一步快速上升的态势，并在 2009 年达到了长三角中最高水平（1.470）。苏浙两省产业结构高级化水平也呈现出较快提高的趋势，其中浙江（0.841）仍旧明显优于江苏（0.734）。由此看来，这一阶段上海市在成为推动长三角地区产业结构高级化的重要“引擎”的同时，苏浙两省产业结构也在加快转型升级。

表 4-7　2004—2009 年长三角一体化与产业结构高级化水平

年份	长三角一体化水平	产业结构高级化水平				
		全国	长三角	上海	江苏	浙江
2004	0.947	0.897	0.747	1.048	0.616	0.733
2005	0.963	0.879	0.759	1.084	0.628	0.748
2006	0.964	0.879	0.765	1.101	0.644	0.738
2007	0.966	0.915	0.800	1.215	0.672	0.750
2008	0.974	0.912	0.824	1.282	0.700	0.761
2009	0.979	0.966	0.892	1.470	0.734	0.841

（3）第三阶段，稳步推进的一体化阶段（2010—2017 年）

由表 4-8 可知，进入后金融危机时代，全国产业结构高级化水平稳步提高，2012 年第三产业占比超越第二产业占比，最终在 2017 年达到了 1.276。事实上，现阶段中国深入推进去产能、去库存、去杠杆、降成本和补短板的供给侧结构性改革，新产业、现代服务业与小微企业作用凸显，同时以互联网技术、数字经济和人工智能为代表的信息化服务业经济结构逐步凸显，推动中国经济结构迈向中高端（吴万宗等，2018）。这在区位优势明显和经济相对发达的长三角地区表现得更为明显，促使经济结构的“经济服务化”趋势不断凸显，进一步推动产业结构不断优化升级。由此看来，在长三角一体化处于稳步推进的过程中，地区产业结构高级化水平实现了较大幅度的提升。

该阶段长三角各省市产业结构高级化水平均有了不同程度的提升。上海市产业结构高级化水平仍旧保持前一阶段的继续提升趋势，在 2017 年达到了 2.271 的水平，表明其第三产业产值已是第二产业产值的两倍多，这与其加快建设现代服务业、国际金融中心和国际航运中心等相关发展政策有着密切关系。江浙两省产业结构高级化水平继续稳步提升，先后在 2014—2015 年突破 1，并在 2017 年分别达到了 1.117 和 1.242 的水平，此时浙江产业结构高级化水平依旧优于江苏省。2015—2017 年安徽省产业结构高级化水平由 0.786 上升至 0.903，实现了较大幅度的提高。相比于 1992 年，2017 年长三角地区及其各省市产业结构高级化水平整体上均有所提高，符合产业结构由低级到高级逐步演进的规律。

表 4-8 2010—2017 年长三角一体化与产业结构高级化水平

年份	长三角一体化水平	产业结构高级化水平					
		全国	长三角	上海	江苏	浙江	安徽
2010	0.982	0.950	0.907	1.348	0.788	0.860	0.652
2011	0.985	0.952	0.938	1.388	0.827	0.885	0.599
2012	0.988	1.001	0.995	1.533	0.867	0.945	0.598
2013	0.990	1.061	1.070	1.717	0.935	0.995	0.633
2014	0.992	1.110	1.117	1.838	0.992	1.002	0.666
2015	0.991	1.227	1.146	2.092	1.064	1.083	0.786
2016	0.990	1.293	1.233	2.339	1.146	1.137	0.859
2017	0.991	1.276	1.247	2.271	1.117	1.242	0.903

4.2.4 推动长三角高质量一体化的产业结构优化升级

（1）积极探索全新的利益协调共享机制，实现区域产业协调发展

在长三角各类合作框架的基础上，探索建立全新的利益协调共享机制，是实现区域产业转型与协调发展的重要前提，契合当前区域一体化进入高质量阶段的需要。构建利益协调共享机制离不开一体化的现代市场体系、现代产业体系、经济开放体系和公共服务体系的建立，发挥市场在区域一体化的资源配置中的决定性作用，破解长三角产业同质同构问题，从而提高资源配置效率和推动产业协调协同发展，促进区域产业价值链“异质互补”发展。产业结构合理化促使经济结构效益不断提高，进而推动产业结构向高级化方向发展，同时产业结构高级化是以产业结构合理化为基础的，脱离合理化的产业高级化只会是一种“脱实向虚”的高级化。因此，当前亟须完善新的利益协调共享机制，消除市场壁垒，为区域产业的优势分工、协调发展和转型升级提供制度保障。

应转换政府职能，真正落实市场配置资源的决定性地位，健全市场

化、法治化的营商环境，形成对微观主体合理、高效的激励约束，重塑分工演进的内生机制。应推动建设高水平的统一大市场，复制推广上海自贸区经验，进一步打破地区封锁，逐步取消妨碍市场准入的规定，推动资源整合，实现长三角地区商品和要素自由流动。进一步加快建设现代市场经济体系，构建长三角地区统一高效、竞争有序的要素市场体系。加快深化体制机制改革的进程，破除现有行政区划对要素市场流动的分割，消除地方保护主义，提升资源配置效率，不断推动区域内产业开放、市场开放、公共服务开放和规则开放。寻求各省市公共服务需求的最大公约数，整合和对接区内公共服务资源，推动社会保障水平、基础设施建设、环境保护、劳动就业保障等政策标准逐步协同发展，为区域产业协调发展提供保障。应继续深化长三角地区各级政府职能转型，结合产业协同发展和转型升级的需要，加快形成推动长三角高质量发展的标准体系、绩效体系和政绩考核等。

（2）加快建设面向国际的现代产业体系，推动产业结构转型升级

构建面向国际的现代产业体系，是长三角产业结构转型升级的重要决定因素。应尽快制定、完善统一的长三角区域现代化产业体系的合作框架，尤其是在体制改革、法规完善、产业分工、技术创新、人才培养和思想观念转变等方面，为推动区域产业结构转型升级提供制度保障。构建面向国际的高附加值的现代产业体系推动产业发展，协调现代产业体系建设规划，注重产业结构的均衡化发展，不断强化各地政府各具优势产业的支柱地位，为推进经济结构迈向中高端创造条件。应完善现代都市农业生产体系，培育具有国际竞争力的先进制造业和优先发展现代化高端化服务业，建设以实体经济、科技创新、金融服务和人才智力等要素协同发展的现代产业体系。

另外，还应协调各产业的资源要素配置，以提高生产率为目标，依靠上海自贸区为对外开放平台，形成价值链分工和产业链分工的高附加值现代化产业体系。应加强新型生产经营或服务主体之间的合作和从业者技能培训，加快推进以金融、信息网络、机械化生产和技术服务等为核心的都市农业社会化服务体系的建设，积极培育出口型现代农业高新技术产业园区和出口贸易区等。应着力加大财税支持力度、加强市场培育力度和完善

金融支撑政策，强化国际交流与合作，积极培育发展智能制造、新能源汽车、海洋工程装备、轨道交通装备、集成电路、计算机制造、航空航天等国际先进的高端龙头企业及产业集群基地。应尽快制定区域现代服务业发展规划，加快发展包括现代金融、高端商贸物流、网络信息技术、创意设计与开发、品牌会展服务、高端旅游和社会公共服务等在内的高品质服务领域，推动生产性服务业向专业化和价值链高端延伸，推动生活型服务业向精细化和高品质转变。

（3）强化区域协同创新与自主创新能力，提升产业全球价值链分工地位

强化长三角区域协同创新与自主创新能力，是推动长三角地区产业面向全球产业链、增强产业竞争力和产业结构优化升级的重要驱动力。长三角一体化发展始终离不开由技术和创新驱动的产业升级及其价值链分工体系，由区域创新体系决定的具备全球竞争力的产业结构。长三角各地政府应在统一的科创政策框架下协调区域内政府职能、科技企业、研发机构、科研院所等资源，完善区域创新体系的配套政策，逐步破除创新主体间的合作壁垒，充分释放区域内人才、资本、信息、技术等创新要素活力，进而提升区域协同创新水平。企业作为区域自主创新重要的经济主体，政府应继续完善科创政策与产业发展政策的融合，着力提升区域创新环境和营商投资环境，对企业研发投入给予相应的税额减免和风险保障政策，推动企业参与国际市场竞争进而不断提升自主创新能力。

此外，长三角各级政府应聚合区内各主体创新资源，协同打造区域共同市场，构建各方共享共治的区域价值链分工体系，为推动区域产业迈向国际产业全球价值链中高端地位提供支持。一方面，应以上海市科技创新中心为核心带动区域协同创新，契合上海科创中心建设战略，以一体化思想谋划让各地满意和共享福利的方案；另一方面，还应发挥上海科创中心的对外辐射作用，遵循分工合理、凸显各方比较优势的原则在长三角腹地培育构建具备比较优势的先进的产业集聚区。不断攀升全球价值链的高端环节是长三角产业转型升级的重要目标，应重视全球技术前沿的科创导向型企业的引进、培育与专业化集聚，建立有效全面的科技投入机制，为企业研发风险和投资困难方面提供解决方案，进一步培育具有国际影响力的

技术创新区域。建立以长三角地区企业为主体的区域价值链，带动关联产业发展，实现区域产业协调发展，从而对接国家价值链和迈向全球价值链高端。

4.3 长三角高质量一体化与产业空间布局

长三角高质量一体化发展包括市场、产业、基础设施、公共服务、人才就业、环境准入和政策体制一体化 7 个方面，其中，产业一体化发展是重要基础（张学良和李丽霞，2018）。而合理的产业空间布局是产业一体化的核心内容与实现路径：产业结构相似地区通过规模经济，达到“同质互强”；产业结构差异较大的地区则通过进一步分工与合作，达到“异质互补”，即通过不断调整区域内产业集聚和产业分工，优化产业空间布局，提高产业一体化程度，进而使长三角一体化程度迈向更高的阶段。毋庸置疑，长三角更高质量的一体化有利于实现区域内产业空间布局合理化。更高程度的区域一体化会进一步加速产品和要素的流动，促进经济活动的空间重配，成为长三角地区的产业集聚与分工的重要推力，进而影响到长三角地区的产业空间布局。更重要的是，通过推动长三角更高水平和更深层次的一体化，能够通过要素重新配置、产业布局优化与结构升级，实现区域协调发展，提高经济增长效率。

区域一体化是影响产业地理集聚与产业专业分工的一个重要因素，长三角高质量一体化会从以下几个方面影响该地区的产业空间布局：市场高质量一体化可降低要素流动的交易成本，提高要素的配置效率，资本、劳动力等要素会流向回报率更高的欠发达地区，还会促进地区间生产技术溢出，引起相关产业的转移；基础设施和公共服务的高质量一体化能提高公共资源的共享性和使用效率，降低分摊到每个企业的交易成本，促进企业集聚；高质量交通一体化无疑会加强地区经济联系，缩小企业到市场和原料来源地的通勤距离和运输成本；高质量产业一体化有利于促进分工专业化，产生规模经济和各类溢出效应，促进产业在地理上的集聚。区域间产业分工与协作及产业集群是地区产业空间布局的核心，且能较好地反映产业一体化程度（蓝庆新和关小瑜，2016）。因此，本节主要从产业集聚和产业分工两个方面研究长三角高质量一体化进程中该地区的产业空间布局问题。

4.3.1 长三角一体化与产业集聚的演变趋势

区域经济一体化是获取经济集聚及互补效应，促成区域整体利益最大化的重要方式（陈雯和陈顺龙，2012）。本地市场效应和成本效应等内生因素是产业集聚的动力。当区域间一体化水平较高时，地区间商品与要素的畅通流动会通过知识外溢、劳动力池和投入品共享等途径使地区制造业的集聚与扩散更容易发生（范剑勇，2004）。而且，市场一体化会给企业带来更大的市场规模，也是吸引企业集聚的重要因素。此外，伴随一体化程度的提高，地区间行政壁垒的削弱也会降低企业的交易费用。因此，当一体化程度从低级阶段向中级阶段挺进时，市场规模的扩大、运输成本的下降、交易成本的降低会产生极化效应，产业在地理上更集中。但是随着一体化从中级阶段向更高阶段迈进时，产业集聚会带来生产要素及非贸易品价格的上涨、环境污染等拥挤成本，且这种负向作用甚至会超过引起集聚的向心力，部分技术含量低、劳动密集型产业将会向周边地区转移，此时，地区间会开始进行产业梯度转移和分工协作。

（1）长三角整体一体化程度及其趋势

关于区域一体化的测度与判别方法比较丰富，这里依旧借鉴 Bowen 等（2010）的做法，采用一体化区域的实际产出份额分布与完全一体化的理论产出份额分布之间的差异来测度长三角整体一体化程度。从图 4-2 可以看出，长三角整体一体化程度呈现明显的上升趋势，但近年来的上升幅度较小，且在 2016 年出现了小幅度回落，进一步凸显了推进长三角向高质量一体化发展的必要性。

在长三角整体一体化程度提高的同时，长三角各城市间的一体化程度如何？只有对更细层面的一体化发展现状有更清楚的认识，才能更具针对

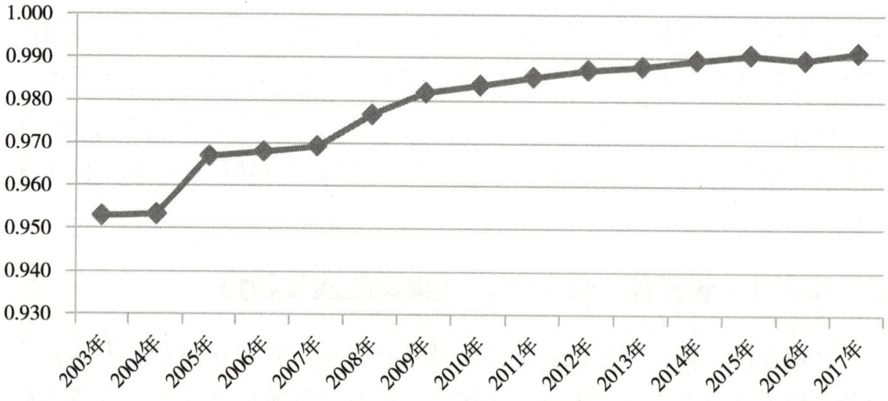

图 4-2 长三角整体一体化程度

性地推进长三角高质量一体化发展。现有文献普遍认为地方政府间的行政分割是阻碍区域一体化的最主要原因，因此采用市场分割的逆向指标来度量区域一体化程度（张可，2017；孙元元和张建清，2017）。考虑到数据的可得性和连续性，本节参考桂琦寒（2006）的研究，用价格法测算了 2000—2008 年长三角 16 个城市①相邻地区的一体化程度。价格法的理论基础是"冰川成本"模型，认为两地间商品流通会产生交易成本使其价值在贸易过程中有所损耗。设同一商品在两地的价格分别为 P_i 和 P_j，交易成本为价格的一定比例 $c(0 < c < 1)$，只有当一个地区的价格扣除交易成本后高于另一地区的价格，即满足 $P_i(1-c) > P_j$ 或 $P_j(1-c) > P_i$ 时，套利行为才会发生，两地之间才会进行交易。若两地间的相对价格方差随时间变化而收窄，这说明套利区间也收窄，市场一体化程度在提高。运用价格法度量市场分割的具体步骤如下：首先用商品环比价格指数的一阶差分求出跨区域商品的相对价格 $|\Delta Q_{ijt}^k|$，即：

$$|\Delta Q_{ijt}^k| = |\ln(P_{it}^k/P_{jt}^k) - \ln(P_{it-1}^k/P_{jt-1}^k)| = |\ln(P_{it}^k/P_{it-1}^k) - \ln(P_{jt}^k/P_{jt-1}^k)| \tag{4-7}$$

相对价格采用绝对值形式是为了使两个地区置换顺序不影响相对价格

① 16 个城市包括上海、南京、苏州、无锡、常州、镇江、南通、扬州、泰州、杭州、宁波、嘉兴、湖州、绍兴、舟山、台州。

的方差值。差分形式是因为可获得数据是价格环比指数。其次剔除商品的“异质效应”，计算相对价格的相对变动部分 q_{ijt}^{k} 。地区间商品的相对价格一部分取决于分割的市场，一部分受商品本身特性的影响。如果不考虑商品或要素的“异质效应”，则会高估市场真实的分割程度，故采用去均值法剔除“异质效应”。

首先求出给定商品在给定年份里所有相邻地区相对价格的平均值 $\overline{\Delta Q_{t}^{k}}$ ，再分别用相邻地区的相对价格减去该均值。具体计算公式为：

$$q_{ijt}^{k} = |\Delta Q_{ijt}^{k}| - |\Delta Q_{t}^{k}| \quad (4-8)$$

此时，q_{ijt}^{k} 只反映与市场分割程度，不再包括商品或要素自身特性。

最后计算各类商品相对变动部分的方差，并将相邻城市间的指数按省份合并，得到每一个城市与相邻城市之间的市场分割指数 Seg_{it} ，如上海的市场分割指数是将上海与苏州、南通、嘉兴与舟山之间的市场分割指数取均值。

$$Seg_{it} = \overline{\text{var}(q_{ijt})}, \ j \text{ 与 } i \text{ 相邻} \quad (4-9)$$

此处还有两点需要说明：一是原始数据为中国 2000—2008 年长三角城市群 16 个城市的环比价格指数，最终共有 32 组相邻城市。数据来源于 2001—2009 年的《长江和珠江三角洲及港澳特别行政区统计年鉴》。二是商品市场分割用各类商品价格指数来测算，考虑到价格指标统计的完整性及商品在居民消费中的占比，这里选择食品、烟酒及用品、衣着、家庭设备用品及服务、医疗保健和个人用品、交通和通信 6 类商品。图 4-3 描绘的长三角城市间的一体化程度呈波动上升趋势①。一方面说明长三角城市间的一体化水平有所提高，但另一方面，各城市与其他城市的一体化水平存在明显差异。具体来看，2000—2002 年，无锡的一体化程度最高，但 2002 年之后，上海、杭州、无锡、湖州、宁波和杭州逐年成为一体化程度最高的城市，一体化程度最低的城市每年也在发生变化。

① 通过计算各城市一体化程度的平均值而得。

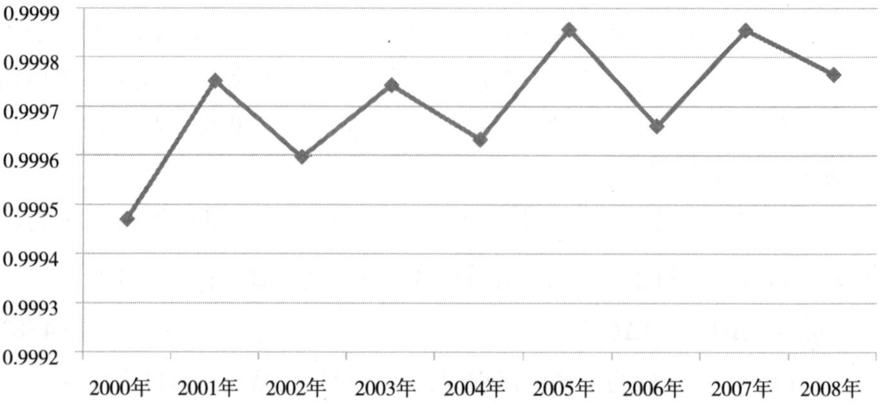

图 4-3 长三角城市间一体化程度走势图（价格法）

表 4-9 长三角城市间一体化程度比较

各城市与长三角城市的一体化程度	2000 年	2001 年	2002 年	2003 年	2004 年	2005 年	2006 年	2007 年	2008 年
最高	无锡	无锡	无锡	上海	杭州	无锡	湖州	宁波	杭州
最低	镇江	嘉兴	杭州	常州	台州	台州	宁波	南京	南京

（2）长三角地区产业集聚程度及其走势

度量产业集聚的方法十分丰富，如空间基尼系数、EG 指数、Hoover 地方化系数等。现有文献以数据为标准，测度中国产业集聚的研究主要分为基于非企业层面和基于企业层面两种。基于非企业层面的研究是局限于地区层面和行业层面，不考虑企业规模和地区范围对产业集聚程度的影响，且行业层面仅为制造业或服务业整体，无法测度细分行业的产业集聚程度。而另一些文献虽然行业层面能够细分到两位数行业，但地区层面仅能到省区一级。基于企业层面的研究虽然更能反映现实经济活动，但囿于数据的时间连续性，且存在前后时间段不匹配，处理起来存在较多问题。

由于区位熵不受区域规模的影响，能够对要素的空间分布进行较好的反映，因此与 Rosenthal 和 Strange（2004）、范剑勇等（2014）一致，采用区位熵测度产业集聚水平。但鉴于区位熵的临界值没有统一的标准，不能进行地区间的比较，故借鉴张学良和李丽霞（2018）的做法，采用标准区

表 4-10 2003—2016 年长三角产业集聚状况

行业	2003 年	2004 年	2005 年	2006 年	2007 年	2008 年	2009 年
农林牧渔业	连云港、淮安、盐城、安庆、宣城						安庆
采掘业	淮南、淮北	淮南、淮北	淮南、淮北	淮南、淮北	淮南、淮北	淮南、淮北	淮南、淮北
制造业	苏州、铜陵	苏州、嘉兴	苏州、嘉兴	苏州、嘉兴	苏州、嘉兴	苏州、嘉兴	苏州、嘉兴
电力煤气及水生产供应业	丽水、宣城	丽水、宣城	丽水、淮南、宣城	丽水、淮南、安庆、宣城	丽水、淮南、安庆、宣城	丽水、淮南、安庆、宣城	丽水、淮南、安庆
建筑业	宁波、温州、绍兴、台州、芜湖	绍兴、金华、台州	宁波、绍兴、金华、台州	绍兴、金华、台州	绍兴、台州	绍兴、台州	绍兴、台州
交通仓储邮电业	上海、南京、徐州、蚌埠	上海、南京、徐州、蚌埠	南京、徐州、舟山、合肥	上海、南京、徐州、舟山、合肥	上海、南京、徐州、舟山、合肥	上海、南京、徐州、舟山、合肥	上海、南京、徐州、舟山
信息传输、计算机服务和软件业	金华、丽水	杭州、丽水、合肥	杭州、丽水、合肥、宣城	杭州、丽水、黄山	杭州、丽水、黄山	杭州、丽水	杭州、丽水、黄山
批发零售贸易业	宿州、亳州	宿州、亳州	上海、亳州	上海、亳州	上海、安庆、阜阳、亳州	上海、南京、亳州	上海、南京、合肥、亳州
住宿餐饮业	杭州、黄山	杭州、黄山	杭州、黄山	杭州、黄山	黄山	杭州、黄山	南京、杭州、黄山
金融业	嘉兴、台州、丽水	衢州、台州	衢州、丽水、池州	衢州、丽水、黄山、池州	衢州、池州	泰州、衢州	衢州、黄山、池州

续表

行业	2003 年	2004 年	2005 年	2006 年	2007 年	2008 年	2009 年
房地产业	上海、盐城、舟山	上海、盐城	上海、舟山	上海、舟山、淮南	上海、杭州、舟山、淮南	上海、杭州、舟山、合肥、淮南	上海、合肥、淮南、宣城
租赁和商业服务业	上海、淮北	上海、淮北	上海、湖州、淮北	上海、金华、淮北	上海、淮北	上海、淮北	上海、舟山
科研、技术服务和地质勘查业	上海、南京、杭州	上海、南京、杭州、合肥	上海、南京、杭州、合肥、蚌埠	上海、南京、合肥、蚌埠	上海、南京、杭州、蚌埠	上海、南京、合肥、蚌埠	上海、南京、合肥、蚌埠
水利、环境和公共设施管理业	宿迁、滁州	连云港、宿迁、滁州、六安	宿迁、黄山、滁州、六安	淮安、黄山、滁州、六安、池州	滁州、六安、池州	滁州、六安、池州	六安、池州
居民服务和其他服务业	上海、淮南	上海、镇江、淮南、阜阳	上海、镇江	上海、镇江	上海、镇江	上海、盐城、镇江	上海、镇江
教育业	宿迁、阜阳、宿州、六安	宿迁、阜阳、六安、亳州	宿迁、阜阳、六安、亳州	宿迁、阜阳、亳州	宿迁、阜阳、亳州	宿迁、安庆、阜阳、六安、亳州	宿迁、阜阳、六安、亳州
卫生、社会保险和社会福利业	金华、丽水、	丽水	丽水、池州	丽水	丽水、黄山	丽水、宣城	丽水、宣城
文化、体育和娱乐业	亳州、池州	合肥、池州	合肥、池州	合肥、池州、宣城	合肥、池州、宣城	合肥、池州、宣城	池州
公共管理和社会组织	黄山、阜阳、宣城	丽水、黄山、池州、宣城	衢州、黄山、池州、宣城	衢州、丽水、黄山、池州、宣城	丽水、黄山、池州、宣城	丽水、黄山、池州、宣城	丽水、黄山、池州、宣城

续表

行业	2010 年	2011 年	2012 年	2013 年	2014 年	2015 年	2016 年
农林牧渔业	安庆	安庆	安庆	安庆	安庆		安庆
采掘业	淮南、淮北	淮南、淮北	淮南、淮北	淮南、淮北	淮南、淮北	淮南、淮北	淮南、淮北
制造业	苏州、嘉兴	苏州、嘉兴	苏州、嘉兴	无锡、苏州、嘉兴	无锡、苏州、嘉兴	无锡、苏州、嘉兴	无锡、苏州、嘉兴
电力煤气及水生产供应业	丽水、淮南、安庆	丽水、安庆	丽水、安庆	丽水、淮南	丽水、淮南	丽水、淮南	丽水、淮南
建筑业	绍兴、台州	绍兴、台州	绍兴、金华	南通、扬州、泰州、绍兴、金华	南通、扬州、泰州、绍兴、金华	南通、扬州、泰州、绍兴、金华	南通、扬州、泰州、绍兴、金华
交通仓储邮电业	上海、徐州	上海、徐州、舟山、芜湖	上海、徐州、舟山、芜湖	上海、舟山	上海、舟山	上海、舟山、宿州、六安	上海、舟山、宿州、六安
信息传输、计算机服务和软件业	南京、杭州、黄山	南京、杭州	南京、杭州、滁州	上海、南京、连云港、	上海、舟山	上海、六安	六安
批发零售贸易业	上海、南京、合肥、亳州	六安、宣城	六安、宣城	六安、宣城	舟山、黄山	舟山、黄山、六安	舟山、黄山、六安
住宿餐饮业	南京、杭州、黄山	六安、宣城	黄山、六安、宣城	黄山、六安、宣城	上海、南京、杭州	上海、南京、杭州	上海、南京、杭州
金融业	衢州、黄山、池州	衢州、黄山、池州	衢州、丽水、黄山、池州	衢州、丽水、黄山、池州	衢州、丽水、黄山、阜阳	衢州、丽水、阜阳	衢州、丽水、阜阳

续表

行业	2010 年	2011 年	2012 年	2013 年	2014 年	2015 年	2016 年
房地产业	上海、杭州、舟山、淮南、宣城	上海、杭州、合肥、淮南	上海、杭州、舟山、淮南	上海、杭州、舟山、淮南	上海、杭州、淮南	上海、南京、杭州	上海、杭州
租赁和商业服务业	上海、舟山	上海、淮南	杭州、舟山	上海	上海	上海	上海
科研、技术服务和地质勘查业	上海、南京、杭州、合肥、蚌埠	南京、杭州、合肥、蚌埠	南京、杭州、合肥	上海、南京、杭州、蚌埠	上海、南京、杭州	淮南、黄山、亳州、池州	上海、南京、杭州
水利、环境和公共设施管理业	淮安、六安	淮安、黄山、滁州	淮安、黄山、滁州	舟山、黄山、滁州	黄山、六安、亳州、池州	丽水、滁州、阜阳、亳州	淮南、黄山、池州
居民服务和其他服务业	上海	六安、宣城	六安、宣城	六安、宣城	上海、舟山、马鞍山	舟山、宿州、六安	舟山、宿州、六安
教育业	宿迁、安庆、宿州、六安、亳州	宿迁、安庆、阜阳、宿州、亳州	宿迁、安庆、阜阳、宿州、亳州	安庆、阜阳、宿州、亳州	阜阳、六安、亳州	丽水、阜阳	丽水、阜阳、亳州
卫生、社会保险和社会福利业	丽水、宣城	丽水	丽水、阜阳、亳州	丽水、阜阳	丽水、阜阳、六安	丽水、宿州、池州	丽水、阜阳
文化、体育和娱乐业	池州	池州、宣城	池州、宣城	丽水、池州、宣城	丽水、池州	上海、杭州、淮南	宿州、池州
公共管理和社会组织	丽水、黄山、池州、宣城	丽水、黄山、池州	丽水、黄山、池州	衢州、丽水、黄山、阜阳	丽水、黄山	衢州、丽水、黄山	丽水、黄山

位熵（区位熵指数的标准化）来度量2003—2016年长三角地区各产业的地理集聚程度[①]。本部分的区位熵是单个城市某行业的从业人员数占该城市所有产业的从业人员数的比例与长三角地区该行业的从业人员占所有产业的从业人员数的比例之比。数据来源于《中国城市统计年鉴》，表4-10归纳了2003—2016年长三角地区各行业的强集聚地区[②]。

表4-10显示，长三角地区的产业集聚存在明显的区域差异：上海在交通仓储邮电业、房地产业、租赁和商业服务业、居民服务和其他服务业以及科研、技术服务和地质勘查业5个产业具有明显的集聚优势。由于上海的经济发展程度较高，有丰富的人力资本和资金支持，知识和技术密集型的现代服务业发展迅速。为把上海建设成为我国的经济中心、国际金融中心、国际航运中心、国际贸易中心和科创中心，奠定了重要基础。安庆则是长三角地区的农林牧渔业的强集聚地区。淮南和淮北凭借丰富的煤炭资源，以采掘业为主导产业。可见，安徽省的经济发展水平在长三角区域中相对落后，其部分城市仍然以第一产业或第二产业为主导产业。此外，苏州和嘉兴与上海毗邻，得益于广阔的市场规模优势，成为制造业集聚中心。江苏省的宁波、绍兴、金华、台州则是建筑业强集聚地区。上海、南京、徐州、舟山、合肥依靠得天独厚的地理优势，交通仓储邮电业发展强劲。杭州一直是信息传输、计算机服务和软件业发展中心城市，在通信业、软件业、集成电路设计、数字电视、动漫、网络游戏等产业优势明显，并形成了具有规模的产业链。这与杭州市采取了一系列举措大力支持信息技术服务业发展密不可分，如2006年专门出台了《杭州市人民政府关于加快信息服务于软件业发展的若干意见》。杭州和黄山都是著名的旅游城市，因此住宿餐饮业集聚程度较高。衢州市在单位就业人员中，金融行业占据了较高比例，近年来该地区在金融产品创新方面表现突出，并于

① 鉴于2003年前后的行业分类发生变化，故只测算了2003年以后的产业集聚程度。标准区位熵首先运用单样本K—S检验法检验区位熵指数是否服从正态分布，如服从，则将区位熵指数进行标准化，否则，则先对区位熵指数取对数再进行K—S检验，然后对对数形式的区位熵进行标准化，得到标准区位熵。

② 标准区位熵指数5%显著性水平下的临界值为1.6449，若标准区位熵指数大于该值，标明该城市为某产业的强集聚地区。

2017 年和湖州市成为绿色金融改革创新试验区。科研、技术服务和地质勘查业主要集聚在各省（直辖市）的经济中心——上海、南京、杭州、合肥，这些城市经济发达、人力资本丰富，为该行业的发展提供了人力和财力支撑。与上海不同，合肥、金华、池州、丽水、黄山、池州、宣城这些地区劳动力丰富且价格相对较低，因此在生活性和生产性服务业发展方面占据优势。

标准区位熵虽然可以很直观地反映各行业各年度在哪些地区强集聚，但是无法反映各地区的整体产业集聚程度及其时间变化趋势。因此，进一步借鉴孙浦阳等（2013）的方法，采用各地区的就业密度来反映各地区的产业集聚情况。这一指标是产业集聚研究中使用较为广泛且结果稳定的代表产业集聚的指标（范剑勇，2006；刘修岩，2010）。需要注意的是，长三角地区的城市交通基础设施日益完善，市辖区和郊县地区的差异逐渐弱化，城市经济活动并不局限于市辖区，许多大规模制造企业区位选择偏向郊县地区，仅使用市辖区数据会忽略掉这部分企业，因此，最终采用了城市就业总人口除以城市总面积来度量各城市的产业集聚水平。从图 4-4 描绘的长三角地区产业集聚的变化趋势来看，长三角地区的产业集聚程度具有明显的阶段性：以 2014 年为重要的分水岭，在此之前，产业集聚程度不断提高，2014 年后产业集聚出现下降趋势。一个可能的原因就在于随着长三角区域一体化水平的提高，由此造成的产业极化效应超过集聚效应，使地区间的产业集聚程度在一体化水平较高时反倒会降低。

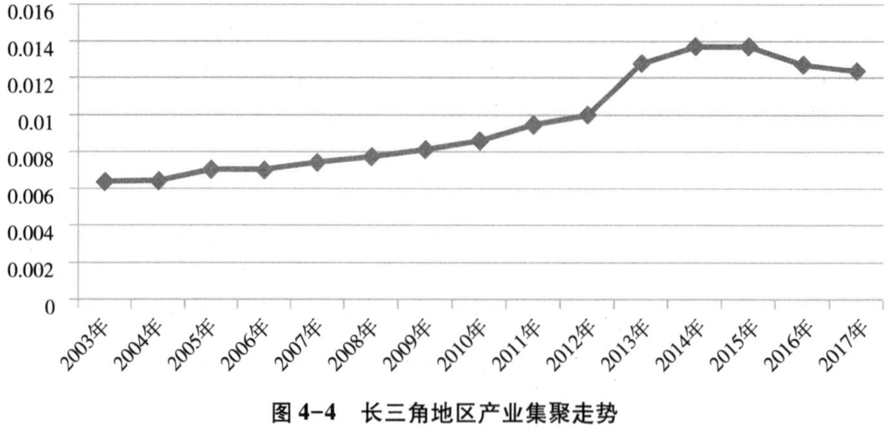

图 4-4　长三角地区产业集聚走势

（3）长三角一体化与产业集聚的相关性

根据长三角一体化与该区域产业集聚的变化趋势，图 4-5 印证了 Fujita 等（1999）的观点：一体化水平从低级阶段向中级阶段挺进时，产业的地理集中度上升；而一体化从中级阶段向高级阶段迈进时，产业的地区集中度是下降的。区域一体化和地区产业集聚程度之间存在倒 U 型关系，这一结果也与范剑勇（2004）以长三角为例的研究结果一致。

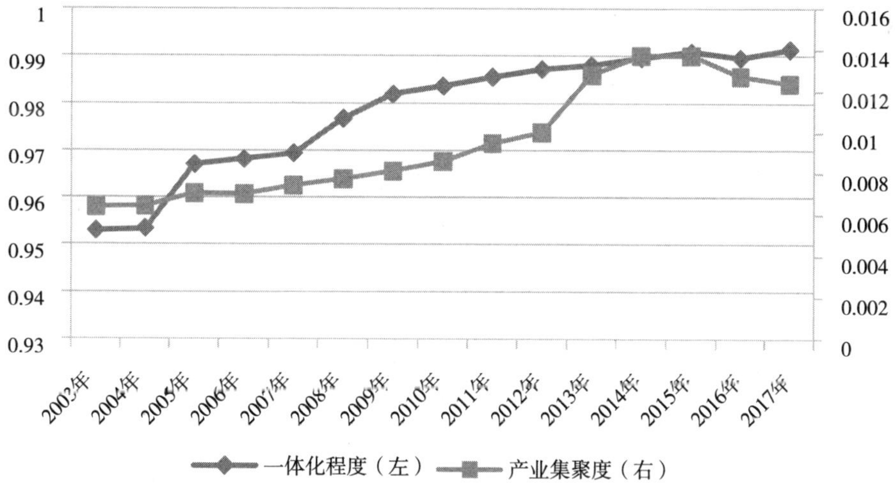

图 4-5　长三角一体化与产业集聚走势

4.3.2　长三角一体化与产业分工的演变趋势

产业一体化主要表现为产业目标一体、产业功能对接、产业布局协同、产业要素互通等四个方面；结构互补是产业一体化发展的基础，制度构建是产业一体化推进的保障，分工与合作是产业一体化的主要方式（王安平，2014）。因此，要在长三角高质量一体化进程中实现区域内产业的合理布局，必须客观认识长三角地区的产业分工协作情况。即根据各地区的区位条件、产业基础等地区比较优势，引导建立新型产业分工，在有序分工的基础上促进区域功能专业化，并通过跨区域沟通与协作，最终形成区域协调发展的格局。地区专业化水平能较好地反映地区间的制造业结构差异程度。所以，借鉴范剑勇（2004）的方法，分别用各地区的相对专业化指数和地区间专业化指数来衡量长三角地区的产业分工情况。具体公式对应为：

$$K_i = \sum_k \left| s_i^k - \overline{s_i^k} \right| \tag{4-10}$$

其中，$\overline{s_i^k} = \sum_{j \neq i} E_i^k / \sum_k \sum_{j \neq i} E_i^k$。

$$K_{ij} = \sum_k \left| s_i^k - s_j^k \right| \tag{4-11}$$

其中，i、j、k 分别表示地区 i、地区 j、行业 k，E_i^k 为地区 i 行业 k 的工业总产值，$s_i^k = E_i^k / \sum_k E_i^k$。（4-10）式为地区相对专业化指数，测度的是地区 i 与其余地区平均水平的制造业结构差异程度。（4-11）式直接反映了地区 i 和地区 j 制造业结构的差异程度，数值越大表示两地区的产业结构差异越大。图 4-6 是利用公式计算的 2008—2016 年长三角地区的专业化指数。可以看出，地区相对专业化水平由高到低依次为上海、浙江和江苏，其中，上海和江苏的相对专业化指数呈上升趋势，且上海上涨幅度十分明显，说明上海与区域内其他省市之间的产业布局日益分化。这一趋势印证了一体化增强会提高地区间的专业化分工水平。随着一体化程度的逐步提高，上海以制造业为主的产业格局转向以服务业为主导，只保留了部分技术密集型制造业，资本和劳动力密集型产业向周边地区转移，新型服务业的占比逐年提高。浙江的相对专业化指数虽然略高于江苏，但却呈现持续下降趋势，从 2004 年的 0. 513 下降到 2016 年的 0. 409，浙江人口规模和工业基础较弱，且省内各城市的产业发展存在较高程度的趋同现象，因此区域一体化进程对浙江的制造业产业结构调整和梯度转移的影响不那么明显。

从图 4-7 可以看出，上海与江苏之间的专业化指数逐年提高，表明一体化强度的提高增强了上海和江苏的专业化分工水平，但是上海与浙江、浙江和江苏之间的专业化分工程度波动比较平缓，说明这两组地区的制造业结构差异程度受一体化程度变化的影响不明显。值得注意的是，上海和浙江的专业化指数在 0. 695—0. 611 之间波动，在长三角地区之间的产业结构差异最大。而浙江与江苏之间的专业化指数仍处在 0. 474—0. 415 的较低水平范围内，说明两省的制造业产业结构同构度最高。

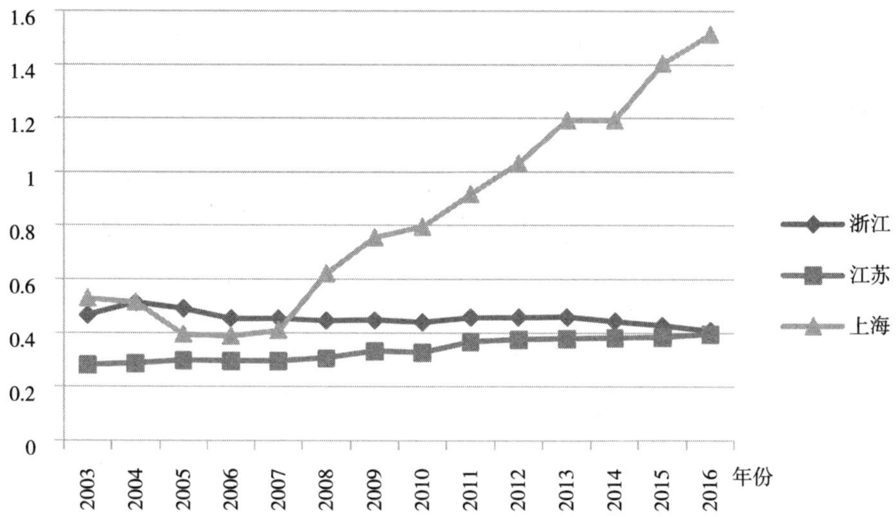

图 4-6　长三角各地区相对专业化指数

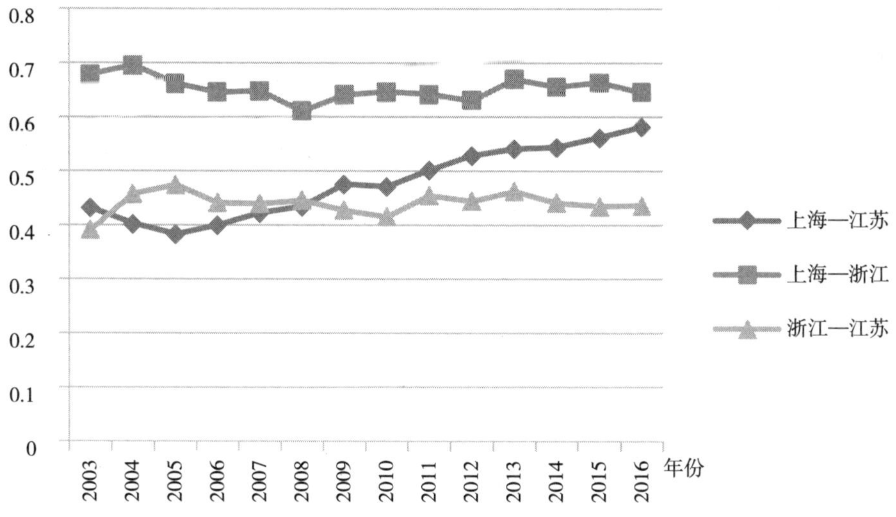

图 4-7　长三角各地区间的相对专业化指数

4.3.3　推动长三角高质量一体化的产业空间布局优化

通过分析长三角一体化进程中区域内产业集聚和产业分工发展状况，

可以发现长三角一体化对该区域内的产业空间布局产生的重要影响：从产业集聚方面来看，长三角产业一体化与产业集聚呈现倒 U 型关系，在长三角区域一体化程度逐步提高的过程中，长三角产业集聚程度先逐渐上升后出现下降趋势，目前处于下降阶段；从产业分工方面来看，长三角一体化整体上加速了区域内的产业分工和产业转移，但是对各省市的影响程度存在显著差异。究其原因，长三角一体化推进过程中，该区域的产业空间布局还面临着一些问题：

第一，产业同构问题依旧严重。通过前文分析，可以发现，长三角地区的产业分工同构度较高，并未形成细化的产业分工。造成这一问题的原因主要有两方面：一是由于长三角地区的经济发展基础、资源禀赋以及产业发展环境极为相似。二是地区间为争夺有限资源，在出台产业政策时也忽略了地区的差异性，比如开发区政策。比如，上海的经济发展程度较高，有丰富的人力资本和资金支持，现代化水平较高，在发展交通仓储邮电业、房地产业、租赁和商业服务业、居民服务和其他服务业以及科研、技术服务和地质勘查业等知识和技术密集型的现代服务业方面有明显优势，而淮南和淮北作为煤矿资源丰富的资源型城市，地产行业及租赁和商业服务业也占据非常重要的地位。

第二，产业功能对接机制不够完善。正因为长三角地区产业发展同构化严重，各地区从本地区的发展入手，在产业功能布局方面“各自为政”，忽视了本地区产业在整个长三角区域发展中的结点作用，产业功能对接机制不完善。比如，衢州、丽水、黄山、阜阳均是金融业强集聚地区，但是与上海、杭州、南京等地区相比，这些城市并不具备发展金融业的优势。再比如，长三角地区在“十三五”规划中确定优先发展的产业基本围绕“战略性新兴产业”“现代服务业”，并没有考虑本地区在整个区域内是否拥有产业发展优势，导致长三角地区在较多领域的合作依然没有形成有效的合作机制。

第三，产业要素流动不够畅通。一个地区的产业发展合理程度在很大程度上取决于产业要素互通，虽然相较于我国其他地区而言，长三角地区的要素分割程度较低，但是在稀缺资源，比如高端人才等方面仍然存在地区分割的藩篱，行政手段干预性较强，阻碍了产业要素在地区间的自由流动，一定程度上加剧了产业同构，不利于地区间的产业分工与协作。

针对长三角一体化推进过程中长三角地区优化产业空间布局存在的问题，可以从以下几个方面着力：

第一，加强顶层设计，提高产业政策协调性。随着长三角区域一体化发展上升为国家战略，长三角地区的产业发展必须从全局的视角布局。不仅要统筹协调好短期阵痛和长远效益的关系，而且要协调好地区本身发展与长三角整体功能对接之间的关系，统筹区域产业发展的关键是要做好顶层设计和政策谋划，协同指定产业规划。首先，构建议事协调机构，长三角区域层面设立专门的议事协调机构，制定数字化、透明化的裁定评估标准。其次，建立招商共享机制。鼓励将引进的不符合本地主导产业的项目推荐给市域范围内其他园区。最后，完善利益共享机制，以优化产业空间布局为目的，重新设计一般性的共性指标和导向性的特性指标，让各地产业园区敢于舍弃、放下包袱，推动产业空间布局规划转化为发展现实。

第二，突破行政体制分割，促进区域内要素合理流动。区域一体化的本质是要素的充分流动与融合，长三角地区进一步加强对于要素市场的共同建设，消除市场壁垒，促进资金、人才、产权、技术等生产要素的自由流动。坚持市场主导、政府引导，进一步完善市场体制机制，切实发挥市场在资源配置中的决定性作用，发挥政府在体制机制设计、功能平台共建、公共服务共享等方面的引导作用。此外，要通过建立统一的市场标准体系，促进商品以及要素的跨区域自由流动，营造统一开放、有序竞争的市场环境。

第三，构建基于全球价值链的产业升级政策体系，建立网络化的产业集群组织。网络化的产业集群组织能够更好地协调各方的利益，对于加快要素流动、优化资源配置、避免重复建设、维护竞争秩序、优化产业结构有重要意义。具体来说：一是积极延长国内价值链。提高加工贸易料件的本地化率，促使加工贸易由单纯生产向综合服务和全球运营方向转型，加强加工贸易产业分类评估，建立准入退出机制。二是培育跨国公司。应研究制定促进长三角地区企业国际化中长期发展战略，并鼓励相关企业向低产业梯度地区转移。三是土地、金融、人才等各类产业要素支持政策优先向符合空间导引方向的产业招商项目倾斜，促进产业向功能匹配的产业平台集聚，促进产业集群化发展。

4.4 上海在推进长三角高质量一体化与产业发展中的作用

“发挥上海龙头作用，江浙皖三省各扬所长”这是实现长三角更高质量一体化的推进路径。在推进长三角更高质量一体化发展的过程中，长三角各省市之间的竞合关系将迈入新阶段，与以往最大的不同在于要充分考虑地区间的差异性——即充分发挥上海龙头作用和江浙皖特色优势，集中要素资源培育“单打冠军”，集成整体优势打造“团体冠军”。

基于市场统一性、要素同质性、发展协同性、制度一致性四个方面，长三角一体化水平逐年提升，其中，上海作为长三角的核心确实发挥了极为显著的引领作用，但是近年来这种上升势头正在放缓，主要在于安徽与上海、江苏、浙江的差距有所拉大（李世奇和朱平芳，2017）。因此，上海要为“长三角高质量一体化发展”这一国家战略承担越来越重要的责任。从既有优势和发展定位来看，上海在推进长三角高质量一体化与产业发展中应从以下几个方面着手。

4.4.1 上海产业发展对长三角高质量一体化的影响

产业一体化发展是长三角高质量一体化的重要基础。上海是较早进行产业结构调整、转型升级的城市，2016 年上海第三产业占比首次超过 70%，金融业、批发和零售业、信息技术服务业等现代服务业已成为拉动上海产业发展的重要力量。在长三角迎接新一轮国际制造业转移的大趋势和实现“五个中心”战略目标的过程中，上海产业发展对长三角地区高质量一体化发展至关重要。

目前，上海的产业发展存在产业内部结构新旧动能转换接续缓慢，产业竞争力和自主创新能力不足，生产性服务业与制造业融合的结构升级效应较弱，产业偏向性导致经济增长波动较大等突出问题，这不仅不利于上海在供给侧结构性改革背景下进行产业转型升级，还会阻碍长三角产业一体化及高质量一体化进程。通过践行上海在推进长三角高质量一体化中的龙头作用，可以有效解决上述问题。

第一，上海通过加快产业新旧动能转换，使产业结构向高端化迈进，可以为长三角地区产业结构转型升级提供强大拉力。近年来，上海产业内部结构新旧动能转换接续困难，2016 年，上海战略性新兴产业的增速低于 GDP 增速，制造业的增速仅为 2.7%，传统的六大重点行业增速不及 2%，大多数行业的增长为负值。因此，一方面，上海应积极改造化工、钢铁等传统产业，夯实制造业基础；另一方面，制造业需通过转型升级在产业链中获得更优的地位、更高的附加值，比如聚焦大飞机、高端装备、高端医疗器械、新型显示等重点领域，布局实施一批战略性新兴产业重大项目和重大科技专项，开展国家集成电路产业集聚发展、北斗卫星导航产业重大应用、物联网重大应用等示范试点。重点加强电子信息、高端装备制造等先进制造业以及科技与信息服务、“互联网+”和金融服务业等现代服务业的对接与合作。这些产业的发展壮大将充分带动周边地区关联产业的发展。

第二，上海通过利用自身的科技创新优势，提高上海产业的创新能力和国际竞争力，可以为长三角高质量一体化提供强大“引擎”。当前，与发达国家以及深圳等国内城市相比，上海产业的技术创新动力不足，创新效率较低。集中体现在三个方面：一是缺乏具有基础研究、共性技术研发、突破前沿技术的大型骨干企业；二是缺乏技术多样性、多元化技术路线的战略性创业企业；三是缺乏促进科技成果转化的共性技术供给机构（余典范，2018）。因此，一要提供宽松的市场环境，鼓励企业通过创新获得市场的先发优势，让这些企业利用市场化的力量提升竞争力、并购整合相关的产业链，要在一些新的技术、新的商业模式、新的产业业态上放松管制，推进核心企业对产业链的创新能力与控制能力。二要进一步完善创新投入引导机制，通过“创新券”等方式加大对企业的创新支持力度，强化产业引导基金对企业创新投入的撬动效应。比如，针对企业创新能力相对薄弱问题，从政策和资金上更多向企业倾斜，支持企业建立技术研发机构，牵头实施产业目标明确的重大科技项目，引导社会资源投向科技成果的产业化，促进企业以能力提升带动效率提高。三要进一步创新和完善风险共担、互利互惠、优势互补的官产学研互动机制，提高多层次创新合作效率。四要积极搭建功能型服务平台，比如共建长三角地区的创新创业孵化中心，培育一批专业化技术推广、转化的服务型平台等。以上举措将为长三角高质量一体化提供核心竞争力。

第三，上海进一步推动产业间以及产城融合，为长三角经济发展提供“载体”。目前，上海正着眼于以下几个方面推动产业间和产城融合进程。一是有效促进城区服务向郊区的辐射，提高郊区制造业规模化、国际化、信息化水平。二是着力推动郊区制造业的“主辅分离”，引导大型制造企业提升管理创新和业务流程再造能力，积极拓展技术研发、品牌运作、集成服务等高附加值业务；鼓励制造企业有针对性地剥离服务部门，以产业链整合配套服务企业，推进服务向专业化、市场化、社会化方向发展。三是针对当前产业园区在产业集聚方面的优势，完善服务配套平台的建设，注重制造、服务产业生态系统的建设，提升产业的融合发展能力。四是积极发挥多种园区共建模式对地区产业发展的推动作用。

综上所述，要实现长三角高质量一体化必须在提高上海产业竞争力的基础上，建立并完善长三角区域内的一体化要素市场、一体化科技创新网络、一体化物联网络以及一体化生态协作治理网络。

4.4.2 上海自贸区在推进长三角高质量一体化与产业发展中的作用

上海自贸区成立近六年来，在促进经济发展、改革举措及复制推广三个方面取得了显著的成效，比如，探索出了一些“可复制、可推广”的经验，一批批诞生于上海自贸区的创新制度逐步走向全国。上海自贸区最本源的功能是放松管制，降低交易成本，提高经济效率。充分利用上海自贸区在制度创新方面的优势对于推进长三角高质量一体化和产业发展具有重大的现实意义。

（1）上海自贸区能提升长三角区域一体化水平

首先，上海自贸区有利于推动长三角地区的对外开放水平。上海自贸区建设以降低贸易门槛、提升贸易便利化水平，加快域内经济一体化为主要内容，在“投资自由化、贸易市场化、金融国际化、行政管理法制化和简洁化”等方面先行先试，这些举措有助于营造市场化、国际化的营商环境，进一步推进长三角的对外开放。

其次，上海自贸区是长三角高质量一体化发展的重要节点。在推进长三角高质量一体化进程中，需要自贸区作为基础支撑，形成以点带面、联动发展开放新局面。比如以上海作为高端服务外包业务的承接者和中转站，加强区域内江浙皖与上海的合作，江浙皖主动承接其中的某些流程或环节，并根据自身的比较优势，在服务业与服务外包方面有所作为，比如江苏南京的软件业与软件外包。再比如，长三角地区要面向全球、“一带一路”沿线国家和地区，建立以我为主的价值链分工体系。在这一过程中，上海等中心城市可能成为企业总部集聚地区，长三角地区通过在“一带一路”沿线国家和地区设立工业园区等，开始将传统制造加工职能转移到海外。

最后，上海自贸区能为其他省市提供经验借鉴，推动长三角区域内更深层次的协作。比如，借鉴上海自贸区和创建自由贸易港的经验和做法，加快推进舟山自贸区建设，研究谋划建设宁波舟山自由贸易港。以洋山港区开发合作和江海联运合作为重要突破口，进一步深化港航合作，推动沪浙全面合作融合开发小洋山南北侧和深化研究大洋山作业区，共同打造长三角现代化港口物流体系。

（2）上海自贸区能为长三角产业及区域发展带来辐射效应

自贸区建设产生辐射效应的机理是：自贸区制度优势实现资源的极化效应，逐步形成区域经济的增长极，之后通过自贸区形成的区域优势通过扩散效应，把经济发展成果与创新产品传导到区域的腹地，进而带动区域和产业发展。具体来讲，上海自贸区发展对长三角地区的辐射效应具体表现在以下几个方面：

首先，以扩大投资开放为动力带动区域产业结构调整。上海自贸区在扩大投资开放方面主要措施是降低投资准入门槛、改革外商投资管理模式以及构建对外投资合作服务平台等方面。在投资领域和重点上选择商贸服务等现代服务业和装备制造、信息技术等先进制造业领域。为了鼓励引进外商投资，通过试行准入前“国民待遇+负面清单”管理模式，服务于上述诸多第三产业的投资需求，借由产业前后向关联效应，向长三角地区的产业发展辐射，引致其他产业投资规模扩大并提高产品质量。以投资带动区域经济增长，实现区域产业结构升级和改造，这也契合了长三角高质量一体化发展的战略。

其次，通过转型贸易模式加速生产要素流动。上海自贸区不仅在加快政府职能转变，还积极推进贸易发展方式的转变。对标国际贸易便利化的最佳实践和通行规则，上海自贸区率先探索国际贸易“单一窗口”改革，覆盖范围从海关和检验检疫两个部门，到 2018 年已扩展至涵盖中央和地方的 22 个部门和单位，企业申报数据项在船舶申报环节缩减 65%，在货物申报环节缩减 24%。这些贸易便利化领域的制度创新，大大提高了企业办事和政府监管的效率，也以国际贸易及区域之间的贸易往来带动包括资金流、信息流、物流等要素在港口—上海—腹地之间实现双向和顺畅流动，从而促进长三角商贸要素互补发展。

最后，金融制度创新对长三角产业发展具有示范作用。上海自贸区创设的自由贸易账户体系，建立了“一线审慎监管、二线有限渗透”的资金跨境流动管理基础性制度，能对跨境资金流动进行实时监测。这些制度创新不仅能促进国际贸易，还能为企业创造利用境内外两种资源、两个市场，实现跨境投资和融资，带动上海及国内其他区域相关产业的发展。

4.4.3 上海“五个中心”建设对长三角高质量一体化与产业发展的作用

当前，上海正在加快推进国际经济、金融、贸易、航运、科技创新“五个中心”建设，全力打响“上海服务、上海制造、上海购物”和“上海文化”四个品牌，构筑新时代上海发展的战略优势，不断增强城市吸引力和创造力，不仅能在推动长三角地区更高质量一体化发展中发挥龙头带动作用，还能推动长三角城市群在世界经济版图上拥有更强竞争力。具体而言，上海“五个中心”建设对于长三角高质量一体化可以发挥以下几个方面的作用：

第一，作为长三角地区首位城市，上海“五个中心”建设可以提升其城市能级和核心竞争力，引领长三角地区高质量发展。目前，长三角地区城市体系不够合理，其中一个突出问题就是首位城市能力和核心竞争力不足。不论是“五个中心”建设还是长三角高质量一体化发展，要适应这个新发展，上海就必须增强城市核心功能，努力实现高质量发展，创造高品质生活，不断增强城市吸引力、创造力和竞争力，更好地代表国家参与国际合作与竞争，加快建设卓越的全球城市和具有世界影响力的现代化国际大都市。

第二，上海“五个中心”建设是长三角地区避免产业同构问题的关键。长三角是我国开放度最高、经济最活跃的地区之一，也是“一带一路”建设与长江经济带发展重要的交汇地带，具有举足轻重的地位。区域合作是世界经济发展的大势所趋，城市群正成为推动我国经济转型发展的重要力量，一体化发展理应成为长三角经济社会发展的重要推动力。一体化不是一样化，长三角三省一市的发展各有优势特色，要充分认识上海未来的发展离不开加强区域协同，增强全球要素配置能力离不开区域协同发力，要更加自觉、更加主动地推动长三角一体化发展迈向全面深化的阶段。雄厚的工业基础和高度发达的制造业是长三角高质量一体化的先天优势，但是也带来了各地区产业定位不明确的问题。由于科技创新需要较强的金融支持，高端制造业和战略新兴产业的市场竞争不宜过度。通过明确上海“五个中心”的地位，可以避免长三角地区各省市产业定位不明确和恶性竞争问题的出现。

参考文献

[1] Gabaix, X., 1999, “Zipf's Law for Cities: An Explanation”, *Quarterly Journal of Economics*, 114 (4), pp. 739-767.

[2] Bowen, Harry, P., Munandar Haris, Viaene Jean-Marie, 2010, “How Integrated is the World Economy?”, *Review of World Economics*, 146 (3), pp. 389-414.

[3] Kullback, S., Leibler, R. A., 1951, “On Information and Suffi-

ciency", *Annals of Mathematical Statistics*, 22, pp. 79-86.

[4] Fujia, Krugman and Venables, 1999, *The Spatial Economy*, The MIT Press: Cambrige, Massachusetts.

[5] 陈雯、陈顺龙:《厦漳泉大都市区同城化——重塑发展新格局》,科学出版社 2012 年版。

[6] 崔功豪等:《区域分析与规划》,高等教育出版社 2003 年版。

[7] 范剑勇:《长三角一体化、地区专业化与制造业空间转移》,《管理世界》2004 年第 11 期。

[8] 干春晖、郑若谷、余典范:《中国产业结构变迁对经济增长和波动的影响》,《经济研究》2011 年第 5 期。

[9] 高传胜、李善同:《经济服务化的中国悖论与中国推进经济服务化的战略选择》,《经济经纬》2007 年第 4 期。

[10] 蒋金荷:《我国高技术产业同构性与集聚的实证分析》,《数量经济技术经济研究》2005 年第 12 期。

[11] 蓝庆新、关小瑜:《京津冀产业一体化水平测度与发展对策》,《经济与管理》2016 年第 2 期。

[12] 李世奇、朱平芳:《长三角一体化评价的指标探索及其新发现》,《南京社会科学》2017 年第 7 期。

[13] 刘乃全、吴友:《长三角扩容能促进区域经济共同增长吗》,《中国工业经济》2017 年第 6 期。

[14] 冒佩华、徐骥、贺小丹、周亚虹:《农地经营权流转与农民劳动生产率提高:理论与实证》,《经济研究》2015 年第 11 期。

[15] 千慧雄:《长三角区域经济一体化测度》,《财贸研究》2010 年第 5 期。

[16] 孙亚南:《新常态下长三角一体化的机遇与挑战》,《当代经济管理》2015 年第 10 期。

[17] 孙元元、张建清:《市场一体化与生产率差距:产业集聚与企业异质性互动视角》,《世界经济》2017 年第 4 期。

[18] 王安平:《产业一体化的内涵与途径——以南昌九江地区工业一体化为实证》,《经济地理》2014 年第 9 期。

［19］吴万宗、刘玉博、徐琳：《产业结构变迁与收入不平等——来自中国的微观证据》，《管理世界》2018 年第 2 期。

［20］谢浩、张明之：《长三角地区产业同构合意性研究》，《世界经济与政治论坛》2016 年第 4 期。

［21］余典范：《上海深化供给侧结构性改革与产业结构、产业组织创新》，《科学发展》2018 年第 8 期。

［22］张可：《区域一体化有利于减排吗?》，《金融研究》2018 年第 1 期。

［23］张学良、李丽霞：《长三角区域产业一体化发展的困境摆脱》，《改革》2018 年第 12 期。

［24］赵鹏：《交通基础设施对区域一体化影响研究》，《经济问题探索》2018 年第 3 期。

［25］郑江淮、沈春苗：《部门生产率收敛：国际经验与中国现实》，《中国工业经济》2016 年第 6 期。

［26］王开科：《区域一体化进程中的产业发展协作问题及其治理机制优化》，《经济地理》2011 年第 10 期。

5

长三角高质量
一体化与交通发展

5.1 新形势下加快推进长三角交通一体化

5.1.1 长三角交通一体化新形势下面临的要求

交通基础设施不仅是区域经济一体化的动脉，也是区域产业整合的前提，是合理配置资源、提高经济运行质量和效率的重要基础（王郁，2019）。交通体系的服务能力为区域一体化发展提供基础支撑。国际发展经验表明，区域一体化发展及其功能的发挥，首先有赖于发达高效的区域综合交通体系的形成与完善；交通体系的区域一体化发展不仅能有效提高交通体系的整体效益，而且是引导区域整体协调发展的先行条件和有效手段。交通基础设施建设可以通过降低边界效应强化地区间的贸易往来，进而提升区域一体化水平（刘生龙和胡鞍钢，2011）。尤其是在短期内，地区间的经济社会制度差异无法消除，行政壁垒难以突破，通过交通设施的互联互通，推动人口和要素的自由流动，有利于弱化制度及行政管理障碍（覃成林和柴庆元，2018）。区域高速公路、轨道交通、机场与港口航运系统统筹规划，这对于构建方便快捷高效的区域综合交通系统，加强城市间联系、促进城市群整体功能布局调整、缓解都市圈内交通拥堵，都具有显著的积极作用。

根据国家统计局数据显示，2017 年长三角地区三省一市的旅客运输总量超过 31 亿人次，货物运输量达 97 亿吨，客运周转量 6081 亿人公里，货运周转量 56300 亿吨公里。在交通基础设施建设和运载能力方面，铁路营运里程超过 1 万公里，其中高铁约 4000 公里，公路里程超过 50 万公里（其中高速公路里程接近 1.5 万公里），港口货物吞吐量 34 亿吨，民用机场 20 余个。快速发展的交通一体化网络也极大刺激了长三角地区国内外旅游市场的发展，2017 年长三角地区合计接待入境游客达 77290 万人次，国内游客达 231520 万人次。从当前总体发展水平来看，长三角地区的交通基础设施和运载能力已经处在全国前列，并与其他全球城市群的差距在逐步缩小。

为了推进长三角高质量一体化发展，近年来长三角地区各省市积极参与交通一体化建设，已基本形成区域交通一体化发展框架。在公路交通方面，长三角地区已构建连通三省一市的高速公路和高级别国道省道干线网络。在铁路交通方面，长三角地区在国内已率先形成密度最高、运载能力最大的高铁网络。在城际通勤方面，以全国“八纵八横”高铁网络发展规划为导向，长三角地区已初步构建以上海、南京、杭州、合肥为中心，连通区域内各地级市的 1.5 小时通勤圈。在空运方面，长三角地区已基本形成以上海浦东机场和虹桥机场为国际和国内航空枢纽，以杭州萧山机场为区域航空枢纽的多层次航空运输网络。在航运方面，长三角地区正在加速推进沿海与沿江港口的资源整合与职能分工，积极参与长江经济带航运网络的整体建设，构建以上海为中心，以江苏、浙江为两翼的国际航运网络中心。

交通一体化不仅是长三角高质量一体化发展的基础前提，也是长三角地区对接“一带一路”建设、长江经济带发展，以及融入全国交通网络规划（如“八纵八横”高铁网络）的必要条件。同时，长三角交通一体化也已成为推动我国城镇化和区域协调发展的关键环节。因此，近年来各级政府不断推出长三角交通一体化的相关规划，这使得交通一体化的发展目标更加明晰，同时也有完善的配套机制保证。在国家发展战略层面，按照《国家新型城镇化规划（2014—2020）》要求，要在城市群内部建设以轨道交通（高速铁路和城际铁路）和高速公路为骨干，以普通公路为基础，有效衔接大中小城市和小城镇的多层次快速交通运输网络。特别是提升东部地区城市群综合交通运输一体化水平，建成以城际铁路、高速公路为主体的快速客运和大能力货运网络。国家发展改革委和交通运输部在《城镇化地区综合交通网规划》中提出，我国将依托国家综合运输大通道，连通 21 个城镇化地区，重点加强城镇化地区内部综合交通网络建设，至 2020 年，京津冀、长江三角洲、珠江三角洲三大城市群基本建成城际交通网络，相邻核心城市之间、核心城市与周边节点城市之间实现 1 小时通达，其余城镇化地区初步形成城际交通网络骨架，大部分核心城市之间、核心城市与周边节点城市之间实现1—2小时通达。在长三角区域一体化发展层面，2010年《长江三角洲地区区域规划（2011—2020）》指出，推进跨区域重大基础设施一体化建设，提升交通等基础设施的共建共享和互联互通水平，形成分工合作、功能互补的基础设施体系，增强区域发展支撑能力。不仅要完善交通通道建设，还要加快综合枢纽建设，强化各种交通运输方式的衔接，特别是加强铁路客运专线、城际铁路和干线铁路建设及其与港口、空港、城市轨道交通等的衔接。2016年《长江三角洲城市群发展规划》提出，构建“一核五圈四带”的网络化空间格局。发挥上海龙头带动的核心作用和区域中心城市的辐射带动作用，依托交通运输网络培育形成多级多类发展轴线，推动南京都市圈、杭州都市圈、合肥都市圈、苏锡常都市圈、宁波都市圈的同城化发展，强化沿海发展带、沿江发展带、沪宁合杭甬发展带、沪杭金发展带的聚合发展，构建“一核五圈四带”的网络化空间格局。根据2018年提出的《长三角地区一体化发展三年行动计划（2018—2020）》，到2020年，长三角地区要基本形成世界级城市群框架，建设枢纽型、功能性、网络化的基础设施体系，基本形成创新引领的区域产业体系和协同创新体系，“绿色美丽”的长三角建设取得重大进展，区域公共服务供给便利化程度明显提升。具体而言，三年计划聚焦了交通互联互通、信息网络高速泛在、公共服务普惠便利等重点领域，形成了一批项目化、可实施的工作任务，例如长三角地区打通省际断头路合作框架协议、申宁杭合四城轨道交通扫码便捷通行合作意向书等。

长三角的区域协调发展起步早，推进稳步有序，形成了以完善市场主导的资源要素配置机制，构建区域统一市场、降低要素和产品空间移动的广义运输成本，以及实现区域和城市间互联互通、共治共享为目标的区域一体化发展战略的主体思路和行动计划（陈建军，2015）。实现长三角一体化，需要进一步加强区域发展的顶层设计，打破原有壁垒，实现规划对接，首要任务在基础设施一体化方面实现突破，形成陆、水、空三位一体的综合运输格局。具体而言，需要强化长三角城市间公交、地铁和城铁等公共交通设施的建设，特别是城际铁路的贯通、衔接、成网。同时，推动江苏、浙江港口群与江海联运的合作，共同打造长三角现代化港口物流体系，并推动航空港的共建共享。总之，在长三角一体化成为国家发展战略的新形势下，区域交通一体化已成为长三角高质量一体化发展的基础条件。长三角地区交通一体化要在全国率先实现现代化，必须瞄准世界先进水平，高标准建设一个各种运输方式布局协调、衔接顺畅、智能化、信息化的现代交通运输系统，从而实现交通运输支撑引领社会经济发展的功能。

5.1.2 长三角交通一体化的发展态势

（1）长三角高速铁路网络发展态势

为了推动区域一体化发展，长三角地区从 20 世纪 80 年代开始兴建大规模的铁路网络，包括沪宁、沪杭、杭甬铁路复线、电气化改造工程，以及进入 21 世纪后的沪宁、沪杭、杭宁等高铁线路网络。而今，在全国“八纵八横”高铁网络布局下，长三角交通一体化发展也正式进入“高铁时代”。截止到 2017 年年底，整个长三角地区的铁路营业里程达到了 10056 公里，其中高铁线路达 4171 公里，占到了全国的六分之一，已成为我国高铁网络密度最高，运载能力最强的地区，极大推动了长三角区域一体化发展。高铁网络建设不仅通过短时通勤圈加强了区域内部各城市之间的人员往来和要素流动，而且还提升了长三角地区对内陆腹地的辐射作用。预计到 2020 年，整个长三角地区的铁路营业里程将达到 13000 公里，其中高速铁路营业里程将达到 5900 公里，整个长三角地区将形成层次分明、分布均衡、方便快捷的铁路网络系统，带动长三角经济转型和一体化发展。

2005 年至 2018 年，长三角高铁网络建设依次经历了从合肥—南京、南京—上海、上海—杭州、杭州—宁波四个主要城市间的铁路提速，到南京—上海、上海—杭州两条高铁干线的建设开通，再到南京—杭州—宁波区域高铁网络建设三个阶段，最终形成了合肥、南京、上海、杭州高速铁路网与杭州—宁波高铁线路相结合的区域高铁网络体系（见表 5-1）。2013 年以前，长三角地区的高速铁路系统主要是以上海为核心向北连接南京，向南连接杭州和宁波；2013 年以后，宁杭高铁的开通则开始强调次区域节点的联系。目前，长三角高铁网络发展形态仍是以核心城市之间的线路为基础并向外围城市逐步扩散的形态。从未来发展上来看，长三角区域内一般节点之间的联系将成为今后一个阶段的重要目标。

表 5-1 长三角高速铁路建设状况

高速铁路名称	通行时间	速度（km/h）	连接城市
合宁	2008 年	250	合肥、南京
甬台温	2019 年	200	宁波、温州
沪宁	2010 年	200—250	上海、苏州、南京
沪杭	2010 年	300	上海、杭州
宁杭	2013 年	350	南京、杭州
宁安	2015 年	250	南京、安庆
新金温	2015 年	350	金华、温州
沪通	正在建设	200	上海、南通
连盐	正在建设	200	连云港、盐城
连淮扬镇	正在建设	300	连云港、扬州
江徐宿淮盐	正在建设	250	徐州、淮安、盐城

资料来源：根据中国高铁网（http：//www. gaotie. cn）数据资料整理。

（2）长三角高速公路网络发展态势

在经历了以上海为核心到网络化发展，再到“放射+网格”模式的三个阶段，长三角地区已基本形成“放射+网格”式的高速公路网络布局。1999 年，沪杭高速的建成通车标志着长三角地区形成了以上海为核心的放射状的高速公路网络体系，以及连接沪宁杭甬四大城市的“之”字形高速交通廊道。2015 年，常合高速公路的建成加强了苏南城市东西向的联系，加强了南京、常州、无锡、苏州、上海等沿线城市的交通关联，上海周边等高速公路方格网由上海市域扩展到嘉兴、苏州等上海邻近的都市圈。南京、杭州、宁波市域内放射状高速公路进一步得到加强。至此，长三角的“放射+网格”高速公路网络基本形成，形成以上海为环形+网格网区域交通大节点，南京、杭州、宁波为环形+放射状区域交通节点，绍兴、常州、湖州、嘉兴、苏州、无锡、扬州、泰州、南通为放射状区域交通次一级节点的区域高速公路网络。

截至 2017 年，长三角地区的高速公路总里程达到了 14550 公里，约占全国总里程的 10. 66%。长三角高速公路总里程从 2004 年的 5677 公里增加到 2017 年年底的 14550 公里，14 年间高速公路总里程增长了 1. 5 倍（见表 5-2）。预计到 2020 年，长三角地区的高速公路总里程将达到 7153 公里，平均每 100 平方公里的范围内高速公路密度达到 7. 1 公里，基本达到发达国家的水平。到 2020 年，整个长三角将基本形成以上海为核心，放射状的公路网络系统。这些网状的公路系统将极大推动整个长三角区域的经济联系和产业结构优化，长三角的一体化发展水平也将因此而不断提升。

表 5-2　2004—2017 年长三角高速公路里程

（单位：公里）

年份	江苏省	浙江省	上海市	安徽省	总里程
2004	2423	1475	485	1294	5677
2005	2686	1866	560	1501	6613
2006	3354	2383	581	1747	8065
2007	3358	2651	635	2206	8850
2008	3725	3073	637	2506	9941
2009	3725	3298	768	2810	10601
2010	4059	3383	775	2925	11142
2011	4122	3500	806	3095	11523
2012	4371	3618	806	3210	12005
2013	4443	3787	815	3521	12566
2014	4488	3848	825	3752	12913
2015	4539	3917	825	4249	13530
2016	4700	4100	835	4500	14135
2017	4750	4210	890	4700	14550

资料来源：《上海统计年鉴 2018》《浙江统计年鉴 2018》《江苏统计年鉴 2018》《安徽统计年鉴 2018》。

（3）长三角机场群建设发展态势

目前，长三角地区机场较多，分布比较密集，已建成通航 16 个民航运输机场。从旅客吞吐量来看，2017 年长三角地区各机场旅客吞吐量总计达到 2. 10 亿人次，高于粤港澳大湾区机场旅客吞吐量（2. 02 亿）和京津冀地区机场旅客吞吐量（1.35亿），位居中国三大机场群首位。然而，长三角机场群面临着诸多发展不协调的矛盾。典型地，流量分布严重不均，并且多数机场承受流量波动冲击，造成航空运载资源配置效率不高，交通拥堵和航班延误时常发生，服务质量不断下降。如表5-3所示，2017年，上海浦东国际机场、上海虹桥国际机场、杭州萧山国际机场、南京禄口国际机场、宁波栎社国际机场以及合肥新桥国际机场六个机场总旅客吞吐量占到长江三角洲地区的91.24%，其他10个机场仅占8.76%。

此外，区域内机场的分布密度直接决定了各机场之间的竞争程度与分工水平，长三角机场群布局比较密集，主要机场之间存在很大程度的腹地客源重叠，加上机场之间的服务同质化严重，导致竞争激烈，分工和合作不足。

表5-3　2017年长三角机场运输规模

省市	机场	旅客吞吐量（万人次）	区域占比	全国机场生产统计公报排名
上海	上海浦东国际机场	7000.12	33.30%	2
	上海虹桥国际机场	4188.41	19.92%	7
江苏	南京禄口国际机场	2582.29	12.28%	11
	无锡硕放机场	668.34	3.18%	41
	常州奔牛国际机场	251.05	1.19%	50
	南通兴东国际机场	200.90	0.96%	58
	扬州泰州国际机场	183.65	0.87%	60
	盐城南洋机场	130.30	0.62%	71
浙江	杭州萧山国际机场	3557.04	16.92%	10
	宁波栎社国际机场	939.05	4.47%	34
	义乌机场	129.49	0.62%	72
	舟山普陀山机场	102.30	0.49%	84
	台州路桥机场	82.20	0.39%	93
安徽	合肥新桥国际机场	914.71	4.35%	37
	池州九华山机场	47.51	0.23%	125
	安庆天柱山机场	45.92	0.22%	129

资料来源：全国机场生产统计公报。

总体来看，长三角的交通网络发展较为完善和全面，上海处于核心交通枢纽的位置，但是其他城市与上海的交通区位差距并不大，整个地区的交通枢纽体系逐渐呈现出多中心分布的空间形态，削弱了上海对于周围区域的集聚效应。由于不同城市之间有着发达的交通网络连接，为上海起到很好的辐射带动作用、带动周围区域经济的共同发展提供了条件。但是，区域之间发展不平衡、差距逐渐拉大的问题日趋明显。

5.1.3 上海交通一体化发展现状

（1）上海轨道交通发展现状

上海地铁首条轨道交通线路于 1986 年全面开工，并于 1993 年 5 月 28 日正式运营，成为中国第三个开通的城市轨道交通系统。截至 2017 年，上海地铁已开通运营 17 条线路（含磁悬浮）、395 座车站，运营里程 673 公里，上海地铁工作日的日均客运量在 1000 万人次以上，并且日均客运量呈现逐年稳定增长的态势，在近 6 年内几乎翻了一番（见图 5-1）。可见，轨道交通已成为上海居民出行的主要交通工具，其使用者比例已经超过私家车等方式（见图 5-2），为缓解交通拥堵和尾气排放污染作出巨大贡献。上海轨道交通网络化进程中，随着换乘站的增加，其换乘出行的旅客比例

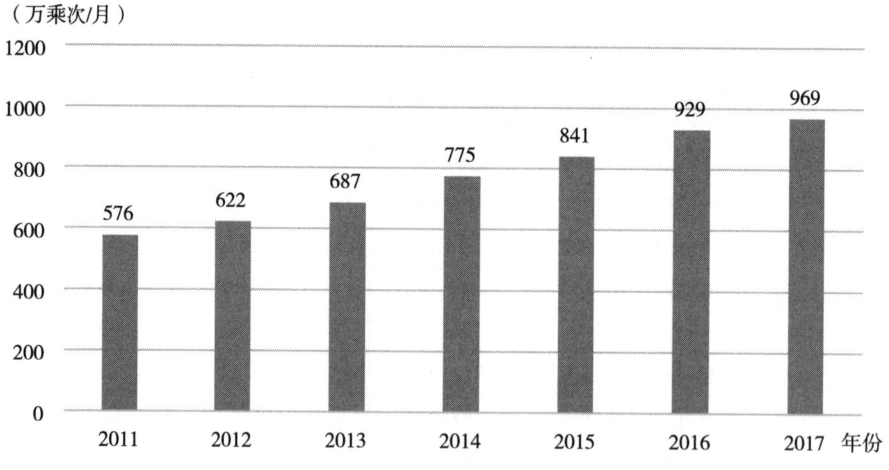

图 5-1 2011—2017 年上海轨道交通客流量

资料来源：2017 年上海市综合交通运行年报。

也在不断增加（见表 5-4），这是轨道交通网络化的重要体现，换乘效率也直接决定着轨道交通服务水平。陆化普（2005）提出一个城市交通系统的平均出行速度、平均出行时间与平均出行距离是 3 个互相关联的变量。人们对一个高效率交通系统的最基本要求是：用最短的时间、最佳的速度（包括安全性、舒适性等因素在内）到达最理想（最远或最多）的目的地。

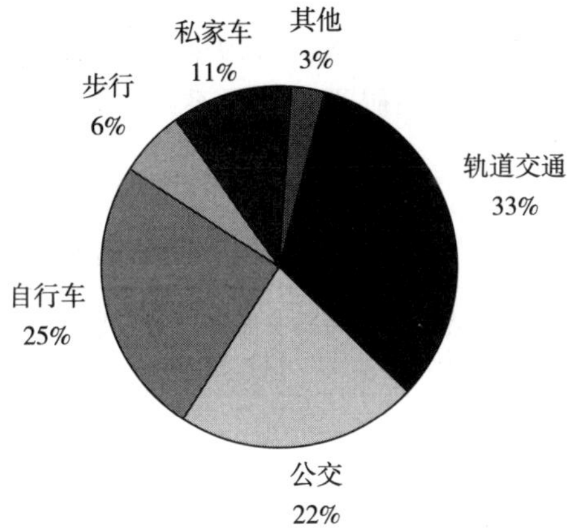

图 5-2　上海市居民出行方式分布特征图

资料来源：《上海统计年鉴》，2017 年上海市综合交通运行年报。

表 5-4　上海市轨道交通网络换乘客流及换乘系数变化

年份	线路条数	换乘量（万乘次/日）	客运量（万乘次/日）	线网里程（公里）	换乘系数
2005	5	23	160	111	1.17
2006	5	44	205	132	1.27
2008	8	99	330	225	1.43
2013	12	276	690	429	1.67

资料来源：《上海统计年鉴》。

（2）上海国际航运中心建设现状

航运主业发展水平和结构是上海构建国际航运中心的首要决定因素，主要由港口生产技术水平来衡量。表 5-5 统计了上海港的港口设备和吞吐量两类生产水平主要指标。虽然近五年来上海港沿海泊位、沿海码头长度有所下降，但是上海港口生产技术水平仍处于世界领先地位，其沿海泊位数达 1078 个；沿海码头长度 10.61 万米，说明上海港拥有良好的深水港码头；港口货物吞吐量和集装箱吞吐量 2017 年排名世界第一，分别为 75051 万吨和 4023.3 万 TEU。上海港总体生产技术水平已趋向成熟，发展态势良好。在上海港港口规模不断扩大的同时，上海港港口现代化水平不断提高，如采用全球卫星定位技术 GPS、地理信息系统 GIS、二三维仿真技术、无线通信技术、数据仓库等多项技术，可为集装箱港口提供一整套作业监控与辅助决策解决方案的集装箱码头轮胎吊系统等都使港口运行效率大幅提高。

表 5-5　2013—2017 年上海港港口情况

年份	沿海泊位（个）	万吨级	集装箱泊位	沿海码头长度（万米）	港口货物吞吐量（万吨）	集装箱吞吐量（万 TEU）
2013	1253	170	43	12.40	77575	3361.7
2014	1282	170	42	12.60	75529	3528.5
2015	1300	174	42	12.69	71740	3653.7
2016	1152	172	42	10.92	70177	3713.3
2017	1078	172	42	10.61	75051	4023.3

资料来源：《上海统计年鉴 2018》。

港口集疏运能力是指港口能够集运和疏散货物和旅客的能力，区域港口集疏运系统资源整合是提高系统运行效率的重要手段（刘沛等，2015）。上海港具备完善的集疏运体系，具备完善的公路网体系、巨大的航运能力、先进的多式联运、宽阔的内河航道。如表 5-6 所示，近年来上海港的集疏运体系是以公路和水路为主，铁路比较薄弱。上海位于我国经济最为发达的长三角地区，高速公路网相对比较密集，东南沿海公路网在上海的集装箱运输系统中起到重要作用。同时，上海港已充分意识到内河集疏运具有运量大、成本低、污染小等优点，正加快建设沿江集疏运体系。但是目前铁路运输在上海港集疏运体系中所占比例极小。

表 5-6 2013—2017 年上海市各交通运输方式的货物运输量

（单位：万吨）

年份	加总	铁路	公路	水运	民航
2013	91535	694	43809	46697	335
2014	90341	549	42848	46583	361
2015	91239	471	40627	49770	371
2016	88689	461	39055	48787	387
2017	97257	472	39743	56619	423

资料来源：《上海统计年鉴 2018》。

航运软实力是指航运主体利用自身在航运服务、航运制度、航运大环境等方面的优势吸引其他航运主体，并以此达到其在航运领域目标的能力（王建涛等，2018）。除航运主业外，航运服务业发展水平则体现了上海建设国际航运中心的软实力，主要包括航运金融、航运保险、航运信息、海事仲裁与法律等方面。随着上海航运逐步融入国际航运网络和市场当中，中央和上海市政府开始加快上海航运金融市场建设。但与其他国际航运中心相比，上海航运金融发展相当滞后，表现为航运金融产品单一，金融创新不足，制度环境不够宽松，因而国际市场份额非常小。其主要原因在于制度层面，我国目前对金融业的管制仍比较严格，即便自贸区设立有助于缓解这一问题，但金融市场开放仍处于试验期，难以构建一个自由开放的金融市场环境。不考虑制度因素的条件下，上海航运金融仍具备较大的发展潜力，目前已出现多元化发展趋势，航运融资渠道也在不断拓宽。此外，上海港航运信息以及法律服务也是航运服务体系的重要构成。上海加快建设国际航运中心进入了软硬实力兼顾的阶段，其发展模式也从货运服务型逐渐向高端服务型转变。

（3）上海亚太航空枢纽港发展现状

上海作为长江入海口，是海上丝绸之路和长江经济带的端点，具备天然的交通枢纽区位优势，这为上海发展航空双枢纽驱动模式奠定了基础。如图 5-3 所示，上海航空枢纽系统主要由浦东国际机场和虹桥国际机场构成，分别设址于城市中心东西两侧，浦东机场主要开展国际航运服务，定位国际航空网络的主要枢纽，而虹桥机场侧重于国内航线的发展，并涉及少量港澳台地区线，定位在国内航空网络的枢纽。这一双核航空枢纽布局为上海构架亚太航空枢纽港奠定了基础。

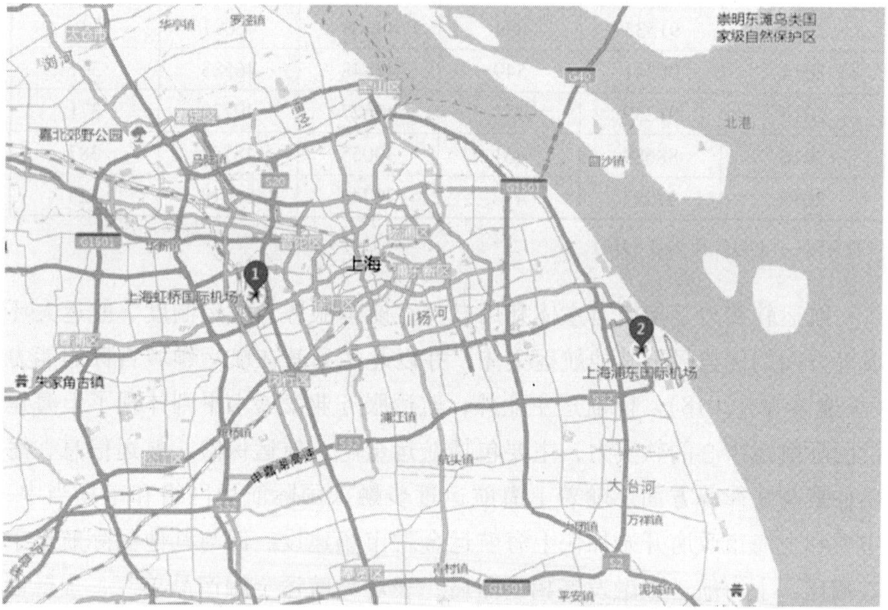

图 5-3　上海市航空双枢纽区位图

从航空客流量规模来看，2017 年上海机场旅客吞吐量 1.12 亿人次，近五年内增长了 42%，这主要得益于国内迅速增长的市场需求，也表现出上海航空客运未来巨大的发展潜力。同时，出入境客运需求也在迅速膨胀，国际市场份额逐年增加。以国内巨大的市场需求促进上海航空运输投资和规模扩张，并凭借国际市场竞争环境促进航空服务的升级和转型，这是上海构建亚太航空枢纽的发展路径。浦东机场成为继北京首都机场、香港国际机场之后，中国第三个、内地第二个突破 7000 万人次的机场。

在货运吞吐量方面，上海浦东机场的货邮吞吐量连续七年位居世界第三，中国第一。2014 年上海浦东机场货邮吞吐量已达 318 万吨，超出北京首都机场 133 万吨，已成为国内最重要的货运航空枢纽。如图 5-5 所示，2014 年上海两大机场合计货邮吞吐量为 361.4 万吨，占当年全国货邮吞吐总量的 27%，对应的北京两大机场货邮吞吐量为 189 万吨。2017 年上海机

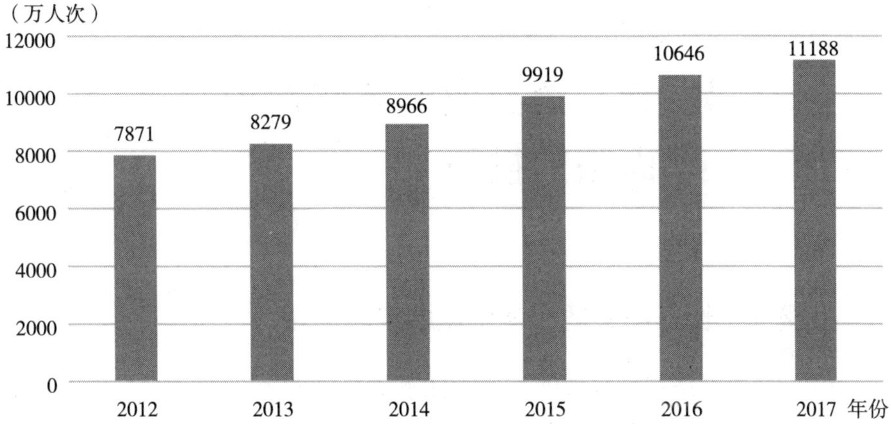

图 5-4 2012—2017 年上海市机场旅客吞吐量

资料来源：2017 年上海市综合交通运行年报。

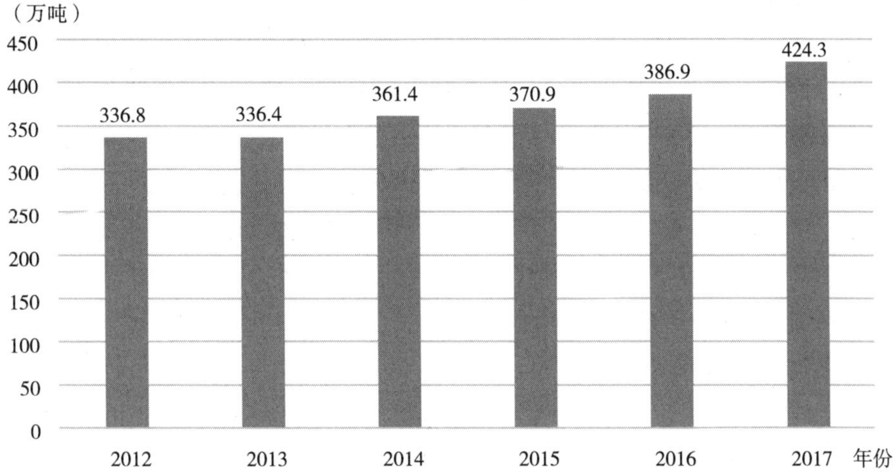

图 5-5 2012—2017 年上海市机场货邮吞吐量

资料来源：2017 年上海市综合交通运行年报。

场实现货邮吞吐 424.2 万吨，同比增长 9.4%，上海成为继中国香港、美国孟菲斯后全球第 3 个年航空货量 400 万吨以上的城市。总之，在旅客吞吐量、货邮吞吐量、国际远程客运等方面，上海作为亚太航空枢纽已处于国内领先地位。

5.2 长三角交通一体化新形势下面临的挑战

5.2.1 长三角交通一体化发展中的不足

（1）交通网络规划延展性和接续性不足

目前长三角地区交通网络发展规划覆盖范围不足，交通网络的地域延展性和接续性较差，主要体现在新阶段安徽省融入长三角一体化过程中的区域交通规划上。长三角一体化发展最初建立在江、浙、沪的地域基础上，并不包括安徽省，经过前期发展，在这“二省一市”间已经初步形成交通一体化网络格局，并且在制度和行政管理层面也具备较为成熟的合作机制。而步入新阶段的长三角一体化在空间范围上纳入了安徽省的部分地区。安徽省在2019年政府工作报告中特别提出凭借长三角一体化的发展机遇推进世界级机场群、城际轨道圈、国省干支线、油气管网统一规划建设等重点举措（林涛，2019）。但在后续的长三角交通网络发展规划中始终未能实质性地推进“三省一市”范围下的交通一体化，仅2016年的《长江三角洲城市群发展规划》将安徽省部分城市纳入其中，其余规划的空间范围仍停留在沪苏浙两省一市。

实际上，不论是在功能维度还是空间维度，交通网络发展规划的延展性与接续性都会影响地区交通体系的升级完善以及区域空间的扩张。对于长三角而言，即便安徽部分地区没有被纳入其中，随着城镇化的推进和都市圈的发展，城市空间扩张和交通技术进步也必然要求前期的交通网络规划具有一定的延展性和接续性。而短视且被赋予地方保护功能的交通规划必然会阻碍新阶段长三角高质量一体化发展，也不符合国家战略的基本要求。

（2）协调统筹不充分

长期存在的地方政府竞争和市场分割状态造成政府管理短视化和公司

化倾向明显，这在交通基础设施建设上尤为突出（杨宝剑，2011）。在长三角地区，地区间交通基础设施趋同性和重复建设仍大规模存在，导致交通资源空间配置效率低下，地区间交通设施融合度较差，这是制度一体化不完善的最终结果，也是区域交通网络利益协调机制缺失的直接表现。

区域交通规划协调机制缺失首先会造成重复建设、运载力过剩以及资源浪费等问题。部分地区过剩就意味着其他地区的短缺，因而进一步造成区域交通服务强度差距拉大。其次，会导致区域间交通设施功能定位模糊，影响区域整体的交通职能和服务质量。根据全球五大城市群的发展经验，无法形成优势互补、合理分工的区域交通体系，也就无法实现城市群“连外通内”的功能定位，进而无法发挥全球城市群的对内辐射和对外联通的效应。例如沿长江、沿海港口群密布，初步形成了以上海港为核心，宁波—舟山港、南京以下长江规模港口为两翼的门户港口体系，但各港口之间同质化竞争较多，分工协作、功能互补相对较少。同时长三角机场群也出现类似的问题，由于缺乏整体的规划，导致机场群同质化，产生日益严重的竞争，趋近饱和的不合理航线结构使得发展两极分化。此类现象都是由于一体化区域内部协调机制缺失。

除此之外，长三角地区也可能存在区域内外协调不充分的问题。长三角交通一体化的推进，其一系列制度、机制和举措都将在三省一市行政地域范围之内实施。因此，如何有效与长三角一体化空间范围外部的利益空间实体交通活动衔接和协调发展，是推进本地区高质量交通一体化的重要问题和挑战之一（林涛，2019）。在市场经济制度下，所有的资源和生产要素都是应该由市场来自发调节的，而行政、技术和自然因素对要素流动的阻碍导致资源错配。对于长三角地区而言，虽然其一体化规划的空间范围是“三省一市”，但其经济和社会活动必然受到外部环境和要素的影响，包括内陆地区以及国际其他地区。因而，开放的一体化是长三角高质量一体化发展的必然要求，而这个结果需要建立在开放的交通体系上。典型地，长三角一体化对接长江经济带发展国家战略，首先要构建以长三角地区为龙头，以沿江各大港口城市为节点的一体化航运物流体系。

（3）运输一体化程度不高

长三角地区仍然缺乏由多种交通方式共同运作的多功能综合性联运交

通枢纽。大多数城市的铁路、公路、航空运输设站较为松散，运输网络缺乏融合，衔接程度较低，交通资源整合能力不高，信息难以共享，导致无法发挥长三角地区高密度交通网络的规模效应和外溢效应。这无法支撑快速发展的经济一体化趋势，更不利于长三角高质量一体化发展。

长三角地处长江入海口，不仅是海上丝绸之路的起点，也是长江经济带的终点，因而具备多种天然的物资流通优势和多样化的交通运输方式。随着交通科技的进步和市场需求的转变，实现交通联运或“一站式”运输已成为长三角地区多数城市的发展目标。例如，上海正在建设的虹桥综合交通枢纽。然而，目前长三角地区在内部整合以及对外衔接两方面还远未达到交通运输一体化。第一，枢纽城市的铁路、公路站场与港口运输之间客货转换效率较低，衔接方式复杂，协调机制不完善，不仅增加了运输时间和费用，还对城市交通造成较大压力。第二，铁路、公路客运设站分散，线路融合不足，同时远途运输又与城市公交分离，造成内外衔接不畅。第三，高速公路、铁路、内河航道尚未与港口直接连通。内陆集装箱场站还未形成体系，大量货物由零担运输到港口周边集装箱场站集拼转运，集装箱门到门运输优势没有得到充分发挥。第四，对外交通与城市内部交通之间交通衔接性差；尤其是高速公路网络建设，各个地区都各自为政，相互之间公路网络连通性差。

除了交通基础设施外，长三角地区交通综合信息服务设施也未达到一体化的要求，亟须构建跨行政区政府交通管理和出行服务信息平台（林涛，2019）。除安徽外，沪苏浙交通部门都各自拥有在线公众出行电子地图服务平台。应加快破除行政壁垒，创新体制机制，整合三省一市的交通管理和信息服务平台，充分发挥政府掌握信息的优势。

（4）交通可持续发展动力不足

城市可持续发展涵盖经济可持续、社会可持续、环境可持续三个方面的要求。城市交通的可持续发展也同样如此（潘海啸，2008），它要求借助交通战略、规划、政策、法规等，充分协调土地利用与交通系统、不同交通方式、交通规划建设与交通管理、交通发展与环境保护、交通发展与资源投入之间的关系，达到既满足现在的交通需求，又不损坏满足未来交通需求的能力，支撑实现经济、社会、环境的可持续发展以及交通系统自身的可持续发展的目的（陆化普等，2007）。城市轨道交通的可持续应涉及三方面的要求：一是具有社会可持续性，能提高整个城市交通的服务水平，改善人们的出行条件；二是具有环境可持续性，能尽可能地控制其发展给生态环境所带来的负面影响；三是具有经济可持续性，准确定位轨道交通行业的性质，在保证其社会服务功能的同时，注重资源的有效利用及体现其在经济发展中所能发挥的作用（涂颖菲等，2013）。

交通可持续性发展动力不足主要体现在资源、环境与交通发展的矛盾突出。长三角城镇、产业和人口高度集中，运输需求大，土地、岸线资源紧张。当前，长三角运能大且可有效节约土地资源、降低车辆废气排放的高等级公路数量少，灵活的技术标准研究和应用不够；沿海、沿江企业专用码头布局分散，利用率不高，城市发展与处于城区的老港区发展矛盾突出；现有的深水岸线资源难以满足港口、城镇和临港工业目前发展对空间的要求；内河水运资源优势没有充分发挥；现有的车船工具能耗较高，污染较重，节能、减污的内河标准化船型研制、推广应用尚显薄弱，加大了长江三角洲能源短缺和环境压力。

5.2.2 上海交通一体化发展中的不足

（1）上海轨道交通发展现存问题

第一是接驳和换乘方式不便。上海的轨道交通网络是以轨道线路为骨干、公交线路为支撑的城市公共交通服务系统。虽然上海已具备高密度的轨道交通网络，并为广大居民提供稳定的运载能力，但其在接驳和换乘的管理和布局设计上仍存在较大的提升空间。尤其是轨道交通和常规公交无法实现直接接驳和快速换乘，由此引起的连锁效应将极大抑制城市公交系统的运行效率。这与城市客流的集散效率与接运公交系统、周边道路状况都密切相关。与国际上城市公交系统较发达的城市相比，上海当前的轨道交通换乘衔接能力欠缺，与轨道交通相配套的地面常规公交支撑能力有限，两者之间尚未形成互补性的公交分工系统。轨道交通与常规公交的衔接与融合是城市内部公交系统一体化的关键环节，其运转质量直接决定着城市内部整体公交系统的效率，同时也会影响上海融入长三角地区交通一体化发展的进程。

第二是客流量在时间、空间上的不均衡阻碍轨道交通最大效能发挥。上海的高密度人口导致轨道运输系统每天都在经历“过山车”式的流量波动。同时，不同轨道线路所承载的流量及波动状况也大有不同。虽然运营采取了缩小行车间隔、增加编组、扩大各车功能等多项措施，但运力与运量的矛盾仍未得到根本性缓解，使得车辆超负荷运行，乘客滞留站台（邵伟中，2009）。这使得上海轨道交通设施的利用效率愈发降低。例如上海轨道交通 1 号线高峰断面超负荷运营现象严重，早晚高峰 4 个小时的客流量占全日客流量的 44%，高峰断面和超高峰断面满载率分别达到 113%和 142%，平峰时间的平均满载率不到 30%。从城市整体角度看，轨道交通运载量在时间和空间上的波动越小，运营方和旅客加总的效率损失必然越小。虽然高密度的人口直接给轨道交通系统的运营和调度造成压力，但改善轨道交通管理效率和技术水平才是解决低效率的唯一途径，这也是东京、纽约、伦敦等全球城市拥有更高轨道交通运载效率的原因。

第三是客流量预测不准确，前期规划不合理。由于客流预测不准，导致部分线路高峰小时客流满载率过高，存在安全隐患，同时由于规划不足，没有预留可以增加运能的空间。这也导致部分线路的走向存在偏差，不能发挥城市轨道交通线路的最大作用。例如，按照上海市综合交通规划研究所的预测，上海轨道交通 5 号线 2004 年的日均客流应该达到 17. 1 万人次，而 2006 年的日均实际客流也只有 5 万人次，还不到 2004 年预测值的 1/3，截止到 2009 年 10 月，2009 年的日均客流也仅为 10. 37 万人次。

（2）上海国际航运中心建设中存在的问题

首先是国际中转能力相对薄弱。中转转运量所占比例是一个港口国际化程度的重要指标。尽管上海的港口吞吐量已稳居世界前列，但是目前上海国际中转量只占全部吞吐量的约 15%，和其他发达国家的国际港口差距较大，并且上海的集装箱国际中转量所占比例较低。另外，上海的港口吞吐结构不合理。上海港的吞吐量主要来自内陆周边地区，特别是长江中下游地区给上海港带来了大量的出口业务，但是这些要素转化增值能力较弱。中转能力不足的原因主要有两点：一是由于附近其他国际港口的竞争，包括中国香港、新加坡等。二是集疏运一体化不完善，过于依赖公路运输，水路中转占比较低，大大增加了港区集装箱的中转成本，且停留时间过长导致集装箱中转效率低下。另外，出入境审批手续较为复杂，严重拉低了通关效率。

其次是航运服务体系不健全。航运金融市场方面，虽然从上海自贸区开始，我国逐渐在部分领域放宽了金融管制，但外汇管制仍较为严格，这不利于推进航运金融市场化。在需求端，与国际上其他全球性港口城市相比，上海港的业务处于全球航运产业链的低端区域，较少涉及附加值较高的海事咨询、保险、金融等高端航运服务，这也限制了上海航运金融服务业的发展。上海航运企业的融资渠道较窄，主要依赖于商业银行，这严重束缚了航运企业多元化需求，导致金融资源难以有效配置。另外，航运企业由于船舶登记时间长、离岸业务受限等原因，导致航运企业实际贷款总额明显小于其授信额度，转而抑制了航运企业的发展。其中，上海航运保险业务同质化严重，区域内部竞争激烈，产品创新不足，以船舶和货运险为主，无法满足国际航运市场的多层次、高端保险需求，因此国际市场占有份额低。上海港货物吞吐量位居世界前列，但航运保险收入不匹配，根本原因在于航运保险行业的不规范与制度的不健全。在政府管理层面，缺乏有效的市场引导和监管机制，使得上海航运服务市场秩序混乱，资源配置失当，服务质量相对较低，缺乏国际竞争力，也难以服务现阶段内陆腹地航运市场。航运法律服务体系不健全也是影响上海航运服务成长的主要障碍。

5.3　积极发挥上海在推进长三角交通一体化中的龙头带动作用

5.3.1　推进上海轨道交通一体化发展

（1）轨道交通与常规公交一体化融合

城市轨道交通与常规公交的有机融合是提高城市整体运输效率的关键

（王剑等，2018）。由于轨道交通的建设周期较长，且建设初期线网密度的不均匀，造成交通供应与交通需求的不匹配，进而导致交通运输资源供给不足或浪费（徐泽达和姚敏峰，2018）。在轨道交通建设之前，大部分城市内部的公共交通运输主要依靠常规公交，但在轨道交通投入使用后，其与常规公交的矛盾最为突出。因此，科学处理轨道交通与常规公交的关系变得越发重要。在城市规划的视角下，以交通供应调控交通需求，引导交通方式结构优化，不一味地满足交通需求，是实现城市交通供需平衡的重要手段（曹国华和黄富民，2008）。交通与常规公交的主要服务区域均为城市的主要交通廊道，且二者在线路选择与设计上考虑的因素相近，这使二者的发展与运营过程始终伴随着竞争与合作。

虽然上海已具备高密度、多层次的城市轨道交通体系，但仍未实现轨道交通和常规公交的一体化融合，主要表现在衔接低效、职能混乱、分工不明、网络规划分离等问题上，部分线路功能重叠严重，存在不良竞争，而同时其他线路却处于完全割离状态，难以实现有效衔接和一体化融合。为此，上海在城市交通一体化融合的过程中必须摒弃以往“一刀切”的规划思路，而应该借鉴东京、纽约、伦敦等全球城市的一体化交通规划经验，采用“疏堵同体”的规划理念。这些发达城市的规划经验表明，提升城市整体交通运输效率以及缓解流量波动的关键不在于增加设施总投资，而是轨道交通与常规公交之间的一体式规划，一方面疏解功能交叉的线路，另一方面搭建专门的接驳线路，规划目标是实现两种交通方式的职能分离与网络融合。总体而言，上海城市交通一体化融合一方面应着力于促使城市公共交通复合系统与城市的功能布局、职住规模、出行分布等总体特征相适应，令公共交通系统与私家车系统之间具有合理的道路资源占用与出行分担比例；另一方面应促使城市轨道交通与常规公交在复合系统网络构成上达至协调共生关系，以最终实现城市公共交通复合系统内外部共同的协调有序运营。

（2）构建票价浮动制度

我国的城市轨道运营管理系统属于公用事业单位，具有自然垄断性质，基本由政府部门进行投资和运营。我国城市轨道交通行业票价基本保持不变，缺乏有效的调整机制（陈贤军，2017）。因此其定价机制的效率和完善程度远不如发达国家城市采用的公私合营或者完全私营的制度。作为民生工程，我国的轨道运输价格一直低于可比的其他国家的票价。这也导致我国城市交通系统长期难以盈利，投资效率低下。虽然低廉的票价有利于在短期内降低轨道交通的空载率，降低旅客的出行成本，但长期内必然会拉低投资效率，抑制交通规划、管理和运营上的创新。经验表明，浮动且多元化的票价机制是保持城市轨道交通运营效率和投资活力的重要前提。虽然近年来上海轨道交通已开始实行浮动价格制度，但实质上只是分段收费，并不能解决票价“僵硬”的问题。并且，横向比较来看，上海的轨道交通票价仍处于低位，这不利于交通分流和投资运营效率的提升。更重要的是，浮动票价体系与城市交通一体化融合有着密不可分的关联。轨道交通的浮动票价制度有助于旅客多元化的出行选择。也就是说，游客面对浮动式的票价，会在出行时间、运输地段、交通工具之间产生多元化的决策组合，一方面有利于交通分流，另一方面提高了供求双方整体的效率，相当于由市场来决定如何布局一体化的城市交通体系。

在上海现有的票价机制基础上，浮动票价设计初步包括分时段和分区段的收费机制。分时段票价制指按营运时段的不同而发售不同价格的车票，这种机制设计主要源于交通拥挤理论。考虑到客流时间分布的不均衡性，可以把线路能力分解为不同时段的能力（如高峰时段能力和平峰时段能力），其客流量也可以相应地分为不同时段的客流量（付聪，2008）。如果某一时段客流量与该时段能力不适应，则可以通过票价调整使其客流量与能力适应。在这种情况下，将有可能出现同一条线路在不同的时间段有不同的票价，即票价有高峰票价和平峰票价之分，形成分时段票价。一般情况下，高峰时段客流量较大，运输能力有限，可以发行高价位的高峰票价，减少乘车拥挤，避免线路超负荷运行；在平峰时段，通过发行优惠折扣价票，吸引乘客，减少线路运能的浪费（周立新，2004）。“分时段票价方案”的特点是有利于缓解城市轨道交通高峰时段的客流拥挤，同时增加平峰时段的客流量，起到“削峰平谷”作用，对提高线路全天的运能利用率起到积极作用。

分时段分区段票价机制即是在分时段定价的基础上进一步按照运输区段制定价格，其目的主要是引流和提供多元化的出行方式组合，对缓解上海长期存在的轨道交通流量波动和冲击具有重要作用，实质上是一种庇古税方式。不只是在短期内调节旅客的出行选择，也可能对其长期的出行习惯和方案起到优化作用。这种方式更接近于市场化的调节方式，因为浮动式票价制度主要是为旅客提供更多的出行选择，这就给供求双方提供了帕累托改进的空间。根据发达国家的规划经验，在当前上海轨道交通票价相对较低的条件下，票价浮动幅度可以适当提高，否则难以对大多数需求弹性较小的旅客产生作用。

(3) 构建智能化的交通调度系统

相比于国内其他城市和地区，上海已经具备调度系统较为先进的轨道交通体系，信息化的调度系统已经基本成型。然而在向城市交通一体化发展的过程中，信息化或初级自动化的调度系统完全无法满足快速膨胀的运载需求以及日益复杂的交通网络，并且在推进高质量一体化的上海，轨道运输服务质量也正在成为广大旅客的普遍需求。因此，智能化的列车调度系统必然是上海交通一体化发展的重要支撑。对于一些全球枢纽大都市，智能化的交通调度系统已经成为城市交通网络的心脏，大幅提高了运输效率和稳定性，并且在交通一体化融合中起到了关键作用。

轨道交通调度系统主要功能包括控制列车发车频率、行车间隔、停靠方案等运输指标。其中，发车频率直接影响乘客的候车时间、乘车舒适度以及运营企业的运营成本和服务质量。行车间隔是反映轨道交通服务水平的重要指标，也是反映轨道交通线路客流吸引能力的指标。从目前上海轨道交通运营来看，在大于 4 分钟行车间隔的情况下，增加 1 分钟对客流量的影响在 20%—30%。如果行车间隔更大，对客流量的衰减呈放射状影响，客流量衰减幅度更大。列车停靠方案是轨道交通运营组织中的关键环节，其主要内容是在确定开行方案的列车径路、列车编组辆数、开行频率后，根据客流需求和列车协调配合情况确定开行方案中各列车的停站序列。对上海城区内的轨道交通线路，由于沿线的客流量较大，采用了标准停站方案，其行车组织简单，乘客无需同线路换乘。而在连接市郊的城市轨道交通市郊线路上，各区段断面客流分布常为阶梯形或凸字形，断面客流不均衡程度较大，此时如果仍然采用标准停站方案，会造成线路能力的浪费，增加无效的乘客出行时间，限制了系统作用的发挥（周蝴民，2007）。因此，即便对于高度信息化和自动化的上海轨道调度系统而言，也无法应对快速膨胀的流量冲击和高度复杂的交通状况，目前只是在尽可能压缩调度成本和风险。从国际经验来看，智能化的调度系统已成为智能城市的必要条件，它不仅具备信息化和自动化的成本和稳定性优势，同时凭借更强大的大数据和云计算技术精确捕获更微观层面的交通状况和旅客需求，并形成快速计算、分析和处理一体化的解决方案。在全球化的今天，无论对于列车频率、间距或是停靠环节，实现智能化已经不再是技术问题，而是配套设施、城市规划以及发展理念问题。因此，构建智能化轨道交通调度体系将成为上海交通一体化建设的必经之路。

（4）推进深度网络化轨道建设

城市轨道交通线路网络化有助于产生交通运输的网络效应和规模效应，这会大幅提升城市整体的运输效率和福利。上海得益于密集的市场需求和丰富的资本优势，较早形成具有一定规模和密度的轨道交通网络，为满足超大流量的出行需求奠定了基础。在供给侧，规模效应是压缩运营和投资平均成本的主要力量，网络效应是扩大服务范围和提高运载能力的基础。而在需求侧，高度网络化的交通系统也极大压缩了出行成本，提高了旅客效用和福利。因此，网络化是城市轨道交通的基本特征和优势所在。

更重要的是，深化城市轨道交通网络化是实现城市交通一体化的必要条件。根据前文分析，上海轨道交通一体化面临的主要问题之一是与常规公交融合不足，衔接低效。产生这种阶段现象的一个原因即是轨道交通网络化程度较低。上海的交通体系是以轨道交通为主干、常规公交配套的基本形式，因而在前期规划中必然首先考虑轨道交通网络的布局，而后再据此设计常规公交的建设。若在前期规划中轨道交通未能达到一定的网络密度，在后期使用阶段必然主要依靠成本更低、建设更灵活的常规公交来代替，这就打破了轨道和公交系统的职能分工，使得在现实运营中两者既非互补关系，也非完全的竞争关系，导致各自为政，衔接不畅。这均是前期规划中轨道网络密度不足的结果。具体地，一条轨道交通线路覆盖的人口和区域呈带状分布，而密集的城市轨道交通网络可以基本覆盖整个区域。网络形成后，可达性迅速提升，城市轨道交通对乘客的吸引力加大，网络吸引的客流超过单条线路的简单叠加。国内主要城市的轨道交通网络建成后，城市轨道交通承担的客运量和比例均会大幅度提高，北京、上海和广州的中长期规划中轨道交通承担的公共客运比例均接近 50%（鲁放，2008）。需要注意的是，网络化条件下，站点与站点之间的关系由于线路之间的相互影响而变得较为复杂，一个站点的断面流量变化可能会涉及不同线路，甚至整个网络不同站点的断面流量变化，因此，网络化条件下地铁运营安全风险大大增加（陶新宇，2010）。这就需要前文分析中的智能化调度系统来配合规划。

5.3.2 加快上海国际航运中心建设

（1）强化航运主业“硬实力”

构建具备市场竞争力和影响力的航运核心业务群，始终是上海港建设国际航运中心的首要任务，是提升上海港在国际航运产业链层级的必要条件，也是最终实现长三角交通一体化的关键环节。交通一体化必须始终秉持开放的发展理念，不局限于长三角内部的一体化，更要向广阔的内陆腹地以及国际市场开放，是长三角发挥“门户效应”的前提。针对港口国际中转量较低的问题，在政策导向上，上海必须紧跟自贸区建设的步伐，利用更加宽松的政策环境和自由裁量权加快形成更加开放和便捷的国际航运市场和营商环境，目的是提升港口在国际市场上的吸引力和竞争力，提升国际货运量和市场份额。继续深化和落实自贸区启运港退税制度，通过提高退税效率和加快企业资金流转来吸引国际船舶的中转。此外，不断推进服务创新，例如中转集拼业务就有利于压缩客户的运输成本。

另一方面，改进上海港集疏运结构是强化航运核心业务的重点工作。调整长三角地区的公路、铁路、内河等集疏运网络体系布局，并与上海港区、航线协调对接，加快形成以上海为龙头的一体化的长三角航运集疏运系统。具体地，调整目前以公路运输为主的集疏运结构，提高铁路和水路运输的基础建设投入。另外，为了对接长江经济带发展国家战略，并发挥长三角的引领作用，需要在现有基础上改进以上海为龙头、以江浙各市为组织构架的江海联运和江河联运，提高水运和水路中转能力。类似地，为发挥我国铁路运载能力的巨大优势，应进一步强化和深化海铁联运，以此将铁路运输的优势和规模效应向航运溢出和转化。

（2）提升航运服务“软实力”

国际航运中心的建设仅仅依赖航运核心业务的发展是远远不够的，这逐渐难以满足多元化客户群体的需求以及适应愈发激烈的国际市场竞争，还应尽快拓展航运服务市场，健全航运服务业体系，改善航运服务质量和能力。20 世纪 80 年代中期以来，全球一些重要的枢纽港口城市（伦敦、纽约、新加坡、中国香港等）已经开始并正在经历由枢纽港口中心向全球贸易中心或供应链中心的转变（O'Connor，2010；Wang 和 Cheng，2015）。目前上海自贸区国际航运主要集中于低附加值且较为单一的服务项目，如物流仓储、货物代理等传统领域，这已远不能满足国际航运市场对高质量一站式航运服务的要求。这不利于上海航运在全球航运产业链中的定位和持续发展。因此积极探索和尝试航运业相关的经营结构等对建设高附加值的航运服务至关重要。

航运服务的附加值及产业链定位越高，也会带动航运主业的升级和发展，提高在国际航运市场中的竞争力和话语权。同时也应避免盲目开拓航运服务，而是建立在自身核心业务以及周边市场环境的基础上。未来港口的业务将从货运代理、船舶代理转向航运金融、海事仲裁等高端航运服务业务，实现港口产业多元化，有利于打造高端国际航运服务中心。上海应充分利用自贸区负面清单管理机制，在更宽松和开放的制度环境下大力开拓和创新航运服务业，使航运业产业链得到延伸和拓展。

表 5–7　航运服务产业类别

产业层级	主要的服务功能	产业的特性
上游产业	海事仲裁、融资保险、政策咨询、海事规范、国际性的航运交易和技术标准	高附加值 和知识密集型的产业
中游产业	国际中转型贸易运输、大型国际邮轮的进出港服务、各类海上运输船舶租赁和船舶修理等	资本密集型 或技术密集型的产业
下游产业	码头仓储、内陆运输、代理报关等	低附加值 劳动密集型产业

资料来源：作者整理。

航运服务水平提升的一个重要标志是航运信息化。较高的航运信息化水平不仅会提高航运服务质量和航运服务整体效率，还有利于航运业规范协调发展。在具体推进过程中，首要是整合现有资源，建立一个系统化、标准化、多接口的服务系统和国际信息交换平台，实现信息资源共享，逐步形成与国际航运中心配套的国际航运信息中心；其次还应加强对世界海运发展规律、法律法规以及航运技术标准的跟踪研究，不断调整相关技术标准，同时对上海航运业受到的影响做出定性和定量评估，参考国际经验采取正确措施，保障上海航运业快速发展。

航运金融市场发达程度也是衡量航运服务水平的主要指标。上海作为国际金融中心，应充分利用丰富的资金储备和杠杆功能推动航运金融的发展，这对于上海国际金融中心和国际航运中心的建设和强化都是至关重要的。具体而言，上海同样应立足自贸区试验田这块政策高地，加快航运金融市场产品和体制创新，尽快建立开放的国际化交易平台。在政策框架内勇于开拓离岸金融业务，包括离岸船舶贷款、航运保险等。根据国际货币市场环境适时放松外汇管制和人民币汇率管制，提升金融投资便利化和多元化。在航运金融领域开放负面清单，提高航运金融产品的审批效率，鼓励资本向航运业投资。加速推进船舶融资和海运税收制度的建设，探索航运企业与金融机构开展运价衍生品交易，并鼓励保险机构在海运保险服务模式方面积极探索、创新。

上海港虽然在传统航运业务上具有一定的国际市场竞争力和影响力，并已形成较大的规模和流量。但在核心业务上仍比较局限和单薄，抗风险能力较弱，开拓创新不足，产业定位过低。尤其在航运服务领域，与其他国际航运中心存在较大差距，严重制约了核心业务的发展，拉低了国际航运产业链中的层次。因此，构建国际航运中心应保持开放和包容的发展理念，放眼国际市场，加强顶层设计保障，在长三角交通一体化的进程中起到龙头带动作用。

（3）促进港城一体化发展

相比于其他类型城市，港口城市往往具有独特的区位优势。港城关系是相互影响、相互制约的，建设和谐的港城关系、促进港城一体化建设是现代化港口城市发展的内在要求（杨伟和宗跃光，2008）。港口是综合交通运输的枢纽和客货集散地，在整个交通运输系统中，乃至物流、资金流、人流和信息流共同构建的四维网络中有着极其重要的作用（宋炳良，

2003、2009)。因此，港口功能也属于一种特殊的城市功能，港口城市要发挥自身区位优势，促进港口功能与城市功能之间的平衡发展就十分必要(陈航等，2009)。例如，港口基础设施与港口城市经济互动发展是区域经济可持续和快速发展的重要保障（司增绰，2015)。不只是在功能方面，在空间结构上，港口城市实际上是港口空间与城市空间一体化的产物，二者发展取向相异却结合为一体。长期以来“港兴城兴，港衰城衰”的发展思想成为各港口城市的发展与规划理念（高宗祺等，2009)。港口城市有着独特的区位优势，可以在全球范围内快速和显著地集聚经济社会能量，成为对外开放的口岸。港口城市的综合交通体系也以港口为中心，带动了与之相关的交通及所属产业的大力发展，尤其是对所在地区的物流产业发展，起到了极大的促进作用，充分发挥空港海港联动作用。因此，促进港城在功能和空间结构上的一体化是构建上海国际航运中心的内在要求。

5.3.3 巩固提升上海亚太航空枢纽港的地位

（1）构建一体化区域机场群

根据纽约和东京机场群构建和运营经验，区域航空一体化的基本前提是要在区域内构建职能分工的互补型机场布局，避免或减少恶性竞争，强化地区合作，协调利益分配。长三角地区机场结构存在严重的同质化现象，上海等枢纽型机场城市由于机场辐射能力强且分布密集而同质化水平最为明显（蒋永雷等，2013)。上海要充分发挥长三角交通一体化中的龙头作用，协同航空与地方社会经济并重发展，要立足长三角协同发展，推动错位发展和特色发展，完善协调好航空布局，通过差异化定位，打造世界级的长三角机场群（刘波，2017)。

区域航空一体化首先要加速构建区域利益协调机制和补偿机制，以正式制度来保障区域航空业协调有序发展；其次是明确区域内各成员机场的功能定位，根据各机场的区位、航线、流量、承载力等条件形成合理的区域分工；最后是合理布局基地航司，鼓励市场资源整合，例如日本成田机场将相同航空联盟的公司集中在同一座航站楼内运营。

（2）机场分工带动临空经济

根据《上海市城市总体规划（2017—2035 年)》的要求，上海要不断深化临空经济，充分依托空港资源，积极引导航空产业与城市的协调发展。浦东机场地区加强高端航空航运要素资源的集聚，打造以航空制造及研发、综合物流、要素交易等为主导功能的航空城。虹桥主城片区完善总部经济、金融商务、公务机产业、保税免税、航空物流等功能。结合低空空域管理改革，发展应急救援、商务旅游、海洋开发等功能，在杭州湾、长江口等地区预留发展水上飞机等多元化功能的岸线和配套条件。上海坐拥国内两大主要机场，是全国流量最大的航空枢纽，并逐渐从亚太航空枢纽向国际航空枢纽转变。上海航空事业快速发展的重要因素是国内快速膨胀的市场需求以及财政资金的支撑。但是完全依靠扩大机场承载力已难以继续深化临空经济的发展。在一定流量规模的基础上，调结构自然成为深化临空经济的主要途径。要让浦东和虹桥两大枢纽发挥“1+1>2”的效应，首要是从国际、国家、长三角、上海等多个层次对两大枢纽进行职能分工，明确各自在不同层面上的功能定位，促进枢纽间的错位竞争、分工协作、共同发展。

（3）构建服务型机场

伴随着亚太航空枢纽港的建设，上海枢纽型机场的综合交通集疏运需求不断提高。为满足不同的距离需求、时间需求、价格需求等多种因素为目标，由生产型机场向服务型机场的转型势在必行。尤其是对机场软性服务体系的完善，已成为提升国际航空服务水平和能力，吸引更多中转航班的重要因素（刘波，2017）。机场中转设施和中转服务质量也是其软性服务水平的重要衡量指标。借鉴先进的国际航空枢纽运营经验，可在上海机场建立一站式的国际客运中转系统，提升中转效率，增强国际市场竞争力。与国内外航空公司合作开通国际专线，充分发挥网络效应，增加中转流量，弱化区域航空市场竞争，提高上海在国际航空网络中的层级。发挥144小时过境免签政策优势，完善购物、饮食、住宿、娱乐、商务等商贸配套设施建设，提高综合服务范围和质量，巩固和强化上海亚太航空枢纽的国际声誉。

（4）打造绿色可持续的机场

随着国际民航业的快速发展，针对日益严重的生态环境问题，国际航空领域接连提出了可持续发展机场、绿色机场、洁净机场等发展理念。在国际上绿色机场运营成功案例中，日本成田机场的管理和运营方法理念对上海机场有重要的参考价值。在成田机场设计规划之初，就已经制定了机场节能减排和资源循环再利用等目标，在废弃物的处理上提出3R的措施，即Reduce（减少）、Reuse（再使用）和Recycle（再回收利用）三项举措，这充分体现了机场设计规划的前瞻性和可持续性理念。从前期规划设计来看，上海浦东和虹桥机场已经具备一定的可持续设施和设计理念，例如污染问责制、机场环保制度、周边污染最小化目标等（余路等，2013）。前期的设计规划很大程度上决定了机场项目长期的可持续性和环保性，而仅依靠后期的调整规划难以从根本上实现可持续发展，并且产生较高的综合成本。除了环保外，资源和能源的合理使用和管理也是机场可持续建设的重要环节。其中，资源主要指机场占据的土地资源。为了尽可能提高机场通达性，机场选址更倾向于靠近市区甚至城区的区域，但这会占据大面积的城市土地资源，对于上海这种沿海大都市难以实现。为此，机场需要通过集约化的土地利用方式来解决土地资源限制。例如，近距离平行跑道、停机坪机位排布设计，以及一体化综合交通运输方案。

5.4 以区域合作促进长三角交通一体化发展

5.4.1 推进长三角轨道交通一体化

城际轨道交通在城际交通运输上具有十分明显的技术和运营优势，具备运输能力强、运输速度快、空间利用率高等特征，能够最大化满足城际旅客流对运输能力、速度和服务的要求，是城市群内城际交通未来的主要发展方向。在运载能力方面，城际轨道交通要优于城际公路，一支城际轨道交通的运载量相当于一支16车道的公路的运载量，且同等运输能力下城际轨道交通占地仅为普通公路的1/8、高速公路的1/3、高架道路的1/2，因而在投入产出两方面轨道交通都具有明显优势。城际轨道交通的行车速度也远高于道路运输，且其更易于实现高密度运行的运营模式。在能耗方面，城际轨道交通具有节能低耗的优势，根据各种交通运输方式单位运输量能耗的统计，城际轨道交通的能耗是最低的，仅为公共汽车的 4/9、私人用车的 1/8（欧国立，2014）。在环境污染方面，由于轨道交通采用电力牵引，对空气、土壤、水资源等影响甚微，并且其单位运输量产生的噪音也低于道路交通。所以城际轨道交通，尤其是高铁，在长三角交通一体化中的作用至关重要。在长三角一体化上升为国家战略的背景下，城市轨道交通应当作为连接区域内各城市的主要动脉网络，发挥“输血”的关键作用。根据最新长三角交通网络规划，预计到 2020 年年末，长三角铁路营业里程达 1.3 万公里，其中高铁超过 5300 公里，运营的铁路覆盖三省一市范围内除浙江省舟山市以外所有地级以上城市，区域内基本建成布局合理、覆盖广泛、高效便捷、功能完善、最具现代化的铁路网和高铁网。

（1）完善多层次的城际轨道交通体系

建设立体化多模式综合交通体系是推进长三角区域协调发展的工作重点。区域交通体系的立体化联动虽然在国内尚未形成样板以供参考，但是在国际上“立体+联动”已然成为现代综合交通体系发展的方向与趋势，也是区域交通系统发展的必然选择（汪浩等，2009）。在目前长三角轨道交通网中，干线铁路网主要基于原有的铁路干线服务于 150 公里及以上的区域范围。城际铁路是长三角轨道交通网络的主动脉，平均运行距离为 70—150 公里，目前的主要功能是实现长三角区域中心城市的快速连通。市郊铁路是实现市区与郊区，以及与周围远郊区快速联系的有效方式，主要解决 30—70 公里范围内的出行需求。城市内部轨道交通主要满足短距离的通勤出行需要。总体来看，目前长三角轨道交通发展的目标应该遵循以下四个层次：互联互通、无缝衔接、高效换乘、区域一体化（王兴举，2016）。此外，长三角城际轨道交通规划必须与城市群总体发展规划、功能规划、城镇布局规划等有机地结合起来，才能真正发挥城市群轨道交通网络效应。具体地，应加强城际轨道交通沿线及车站周边配套设施的建设，做好沿线铁路、港口、高速公路的配套衔接，让城际轨道交通发挥经济带的作用（谢建，2008）。此外，在长三角各市之间应当加快形成多层次轨道交通一体化，共享城际轨道交通资源，满足区域内城市之间不同特征的运载需求，实现高效智能城际综合运营管理。

（2）重视有效供给和引导

目前，长三角已经具备一定规模高密度的城际轨道交通网络，并且根据发展规划，在未来几年内还将提供更多的运载能力。但在提升运载能力的同时，不能忽视供给结构和层次的规划，应强调有效供给，而不是总供给。在网络布局和建设时序上，首先，高铁铺设应优先打通制造业基础较好、具有向服务业经济、知识密集型经济转型的潜力地区，主要目的是促进溢出效应和网络效应最大化。其次，对于发达地区和不发达地区之间以及对于那些欠发达地区之间，高速铁路的建设标准需要适当的降低。如若无视不同地区的客运需求差异，片面追求建设标准，盲目加快建设节奏，则很有可能在需求不足的线路出现上座率低的现象，造成运力浪费。相反，对于经济欠发达地区而言，普通铁路由于停靠站点多、运价低、兼具客货运输功能等优势，对于区域经济发展作用更大。在运营管理层面，需要注重有效供给对区域空间整合的引导和支撑。第一，通过调整列车时刻表，引导向那些具有较好发展潜力的城市供给资源；第二，加强核心城市与核心城市周边化圈层内的城市联系。通过增加车次，优化检票、换乘等环节优化圈层内城市之间的联系，同时注重高速铁路与其他交通工具之间的高效换乘。

（3）推动集聚下的平衡

部分研究表明，高铁开通会造成地区差距进一步拉大，产生“极化效应”或“虹吸效应”。理论上，高铁促进了沿线区域要素流动，一方面增强了中心城市向外围城市的知识、技术和资金的溢出效应，另一方面也加速了外围城市劳动力和其他要素向中心城市的集聚。因此，高铁开通对沿线地区的中小城市的影响取决于溢出效应和虹吸效应的大小，但从一般空间均衡角度来说，高铁开通是有利于提高区域整体效率和经济增长的。

对于长三角而言，高铁网络促进了区域交通一体化，提升了城市群经济联系的强度，但也会加深舟山市、台州市等中小城市的边缘化程度，因此要适度扩大长三角地区铁路网的覆盖面，改善边缘城市对外交通设施，增加长三角铁路网停靠站数，合理安排站点列车停靠次数，才能分享高铁时代的福利。

需要注意的是，高铁网络为我们提供了提高市场效率的工具，而引发的区域效率和平衡的结果主要在于前期规划。由于高铁的最大效能来源于网络效应，因此不能因为对个别城市造成了负面效应就打破整个网络的布局，这会因小失大。因此在规划中，首要考虑的仍是区域整体效率，以效率带动公平，在集聚中走向平衡，才是可行的发展路径。目前学界对所谓的“虹吸效应”仍没有明确的界定，其性质好坏也不是绝对的。部分学者发现高铁开通造成了外围中小城市要素的流失，就断然认为高铁开通损害了这些城市的利益。实际上，高铁网络为人们提供了更多的选择，增加帕累托改进的空间。例如，轨道交通网络化发展，使得区域内科技人才的流动更加频繁，有利于区域内科技交流的扩大。同时，轨道交通网络化通过促进区域内人员的流动，欠发达地区可向急需劳动力的发达地区便捷输送劳动力资源。这种双向的优势互补可促进整个区域内的资源合理配置，有助于缩小区域经济发展差异。

总体上来看，首先，城际轨道交通网络影响城市间的时空关系，加速要素空间配置，有利于知识、人员、技术和资本的再配置。其次，再配置的过程也可能对产业结构、产业空间形态、产业分工体系产生差异化影响。再次，城际轨道交通网络对可达性的提升，优化了城市群内部经济时空，城际轨道网络的延伸亦可推动城市群的经济效率边界外扩。最后，城际轨道交通网络的规划建设应与城市群空间耦合，并且应当利用轨道交通网络引导城市群形态向更合理的方向发展。

5.4.2 推进长三角高速公路网络与区域路网一体化

（1）高速公路网络一体化

交通是区域发展的动脉，也是城市群形成演变的基本前提，而中国高速公路从线到网的发展进程对城市群空间结构演化产生着日益深刻而长远的影响（王成新等，2011）。高速公路网络建设是产业带形成与发展的动力和纽带（凌定祥等，2005）。长三角地区城市密度高，且经济基础普好，能够充分发挥高速公路网的优势。一体化的区域高速公路网基本覆盖了长三角三省一市的大多数地区，产生的“同城效应”引起城市空间重构，资源再配置，有利于优化投资环境，增强外资吸引力。

经过二十年的发展，长三角高速公路干线网络已经基本具备一定程度的一体化水平，区域内的高速公路干线网络密度、覆盖范围、信息共享程度、城际流量等一体化指标均位居全国首位。但在长三角一体化升级为国家战略的背景下，现有的高速公路干线一体化发展水平已经不能满足高质量一体化的发展要求。第一，在组织机构设置上，应该对应一体化国家战略的发展层次和要求，将长三角高速公路网络规划协调组织机构提升至国家组织层面，直接对长三角一体化国家战略负责，主要用于监督和指导长三角高速公路一体化的规划和建设，是否符合国家战略要求，是否满足高质量一体化的条件，是否对内陆腹地形成辐射效应等。第二，在发展理念上，新的发展阶段要形成新的交通一体化理念和要求。长三角高速公路干线一体化要综合体现在布局一体化、功能一体化、衔接一体化、经营一体化和利益一体化。因此，高速公路网络一体化既不应该是几种运输方式专业规划的简单汇总，也不应该是几个行政单元交通网络规划的简单拼接，更不是一些经营主体发展规划的简单拼凑，必须脱离利益主体各自的利益范围和管辖权限，打破条条与块块的束缚，站在国家战略和全球城市的高度来进行综合谋划。第三，在一体化布局和实施方面，各地在加快本地区高速公路建设和相互间公路网衔接的同时，应加强对高速公路线网的职能分工，充分发挥有限的公路交通资源的作用。城际交通与市内交通进一步分离，这符合长三角都市绵延区的城市分布形态，可以充分发挥公路运输的优势，体现其灵活快速的特点。

（2）区域路网一体化

在规划公路网络时，除了骨干路网的扩建，还应尽量提高路网的连通性，对网络中存在的省界断头路，应考虑建设一批道路予以消除。相较于经济上的优势互补和社会治理上的联合协作，边界路网的有形对接，在扩大开放、打破藩篱、优化布局等方面更具有现实意义，也是其他方面对接融合的先决条件。在梳理双方的土地利用、路网衔接、重大交通基础设施建设的基础上，应当合理确定近、远期建设时序，共同构筑起通达便利的边界路网体系。例如，对地处上海西大门的嘉定而言，加速与昆山、太仓等地区的融合对接，是推进长三角一体化的必然选择。上海已陆续取消部分入境道路收费站，嘉定前往昆山、太仓等地的多个地面跨省收费站被陆续拆除。“跨省”愈发通达便利，嘉定与昆山、太仓对接的主要通道已有13处。目前上海嘉定、青浦、金山和宝山四区与江浙两省相接，交通方面高等级的道路基本成网，高速公路、国省干线与江苏、浙江已经全面对接。

但是从发展来看，尤其随着长三角一体化的深度发展和融合，县乡一级包括省界毗邻地区的城镇道路还需要进一步打通，以加大路网密度，完善长三角地区交通基础设施，提高互联互通的能力，强化与长三角城市群之间的联系，服务省界周边日益频繁的交通往来。推进各省市之间区域路网的对接，难点在于规划编制。因为沿省界区发展的空间结构特点不一、地区发展定位不同，直接导致道路等级不匹配、规划红线错位，造成道路衔接困难。要从整体路网布局入手，制订与沿省界区发展战略和发展定位相符合的道路衔接方案，同时兼顾各种类型的交通需求，使道路对接更具可操作性。

5.4.3 协调推进长三角区域绿色港口建设

“绿色港口”是一个发展中的概念，是在环境影响和经济利益之间获得良好平衡的可持续发展港口（卢勇和胡昊，2009）。绿色港口发展已成为当前世界各国发展低碳经济的重要方向、建设绿色交通运输体系的重要组成部分（陈书雪等，2016）。我国的绿色港口建设起步较晚，通过“油改电”、岸电系统、自动化港口建设等措施，绿色港口建设初见成效。但是，大多数港口在设计建造阶段仍停留在港区，绿化、污染源治理等较为低端的层次上。在工程建设过程中，重经济效益、轻社会效益；重功能实现、轻环境保护的观念仍然存在（徐湘文，2019）。

（1）推进深度节能减排

港口航运业是交通运输行业的重要组成部分，交通运输行业的节能减排很大程度上取决于港口航运业节能减排工作的优劣（傅娟娟和林国龙，2017）。节能减排程度是评价绿色港口的重要因素。要实现节能减排的目标，节能减排工艺和技术的提高及技术的应用推广是关键。推进港口航运业节能减排工作可从三个方面入手：首先，总结以往节能减排工作的经验成果，根据节能减排的动态结果总结节能减排技术的表现，能够发现各项节能减排技术的具体表现情况，为更新和推广新技术积累经验；其次，开展节能减排技术的基础性工作，例如集装箱式起重机“油改电”技术能够减少碳排放30%，且技术成果已经成熟可靠，可以全面推广；最后，对于新技术可以采用应用试点方式逐步推广，如旅游船岸电技术、全电力装卸工艺、油码头油气回收再利用等。对于节能减排工艺和技术的提高，需要加大资金研发投入、创造技术研发的良好法律和政策环境、加强国内港口和国外发达港口间的技术合作，寻求港口节能减排技术的新突破。

（2）加强政策激励和制度设计

强化政策激励，加大财政投入，大力支持绿色交通发展。发展绿色交通，是新常态下推动交通发展转型升级的重要途径，契合国家生态文明建设和绿色化发展方针（陈书雪等，2016）。加大绿色港口建设资金投入，将绿色港口建设范围由目前沿海十多个港口、内河极个别港口，全面拓展到全国规模以上港口，实现港口生产全面绿色化。另一方面，加快制修订规范性标准，推动节能减排管理标准化建设。充分发挥企业在交通运输节能减排标准体系建设中的主体作用，鼓励企业制定和采用先进标准，鼓励企业参与或承担国家和行业节能减排标准制修订工作，促进企业通过提升标准化工作水平来提高综合竞争力。

（3）加强部门联动与国际交流

创新体制机制，加强部门联动，协同促进绿色交通发展。绿色交通发展涉及的产业链条长、相关部门多，建议财政、发展改革、环保、工信、科技等各有关部门加强协商，创新机制，加强合作，形成协同促进绿色交通发展的合力。

合作与交流的内容一般主要集中在海水和海洋生物的监控数据、绿色信息的共享、绿色技术的交流、共同面临的问题的协商处理、合作等事项上。随着经济全球化的不断深化，文化、生态、科技的全球化必然随之发展。在世界范围内展开广泛的交流与合作，学习先进国家和港口的“绿色港口”建设理念，有利于自身“绿色港口”理论的发展与完善，有利于自身港口加速技术创新进程和新技术、新工艺理念的吸收利用。

参考文献

[1] O'Connor, K., "Global City Regions and the Location of Logistics Activity", *Journal of Transport Geography*, 2010, 18 (1), pp. 354-362.

[2] Wang, J. J, Cheng, M. C., "Mature Hub Ports in the Free Trade Environment, the Way Forward from a Global Supply Chain Perspective: An Asian Case", *Maritime Policy & Management*, 2015, 42 (5), pp. 436-458.

[3] 曹国华、黄富民:《"交通引导发展"理念下城市交通规划研究——以江苏省为例》,《城市规划》2008 年第 10 期。

[4] 陈航、栾维新、王跃伟:《我国港口功能与城市功能关系的定量分析》,《地理研究》2009 年第 28 卷第 2 期。

[5] 陈建军:《全局视野下的长三角协调发展机制研究》,《人民论坛·学术前沿》2015 年第 18 期。

[6] 陈书雪、王先进、郭杰、凤振华、喻洁:《我国绿色港口建设存在的问题及政策建议》,《综合运输》2016 年第 38 卷第 7 期。

[7] 陈贤军:《国内城市轨道交通行业浮动票价机制研究》,《中国总会计师》2017 年第 4 期。

[8] 付聪:《基于高峰定价的城市轨道交通价格研究》,《价格理论与实践》2008 年第 10 期。

[9] 傅娟娟、林国龙:《大数据时代港口航运业节能减排之策》,《交通企业管理》2017 年第 32 卷第 3 期。

[10] 付奇:《打通对接"通道",共写"协同"文章》,《新华日报》2018 年 3 月 16 日。

[11] 高宗祺、昌敦虎、叶文虎:《港口城市发展战略初步研究——兼评"港兴城兴,港衰城衰"的发展思想》,《中国人口·资源与环境》2009 年第 19 卷第 2 期。

[12] 蒋永雷、杨忠振、王璐、邹汶倩:《区域机场同质化发展特征分析——以长三角地区机场群为例》,《经济地理》2013 年第 33 卷第 2 期。

[13] 林涛:《加强协同创新推进长三角交通一体化》,《中国社会科学

报》2019 年 2 月 26 日。

[14] 凌定祥、王京元、郝钊：《长三角高速公路一体化建设》，《城市交通》2005 年第 2 期。

[15] 刘沛、穆东、苏捷：《区域港口集疏运系统资源整合的动力学机理》，《系统管理学报》2015 年第 24 卷第 3 期。

[16] 刘波：《"一带一路"背景下北京国际航空枢纽建设研究》，《城市观察》2017 年第 1 期。

[17] 刘生龙、胡鞍钢：《交通基础设施与中国区域经济一体化》，《经济研究》2011 年第 46 卷第 3 期。

[18] 鲁放、韩宝明、李得伟等：《网络化城市轨道交通在城市客运中的骨干作用》，《综合运输》2008 年第 2 期。

[19] 陆化普、王建伟、袁虹等：《基于交通效率的大城市合理土地利用形态研究》，《中国公路学报》2005 年第 18 卷第 3 期。

[20] 陆化普、石冶、王继峰：《城市可持续交通：演化机理与实现途径》，《综合运输》2007 年第 3 期。

[21] 卢勇、胡昊：《悉尼港绿色港口实践及其对我国的启示》，《中国航海》2009 年第 32 卷第 1 期。

[22] 欧国立：《轨道交通经济学》，中国铁道出版社 2014 年版。

[23] 潘海啸：《城市轨道交通与可持续发展》，《城市交通》2008 年第 6 卷第 4 期。

[24] 覃成林、柴庆元：《交通网络建设与粤港澳大湾区一体化发展》，《中国软科学》2018 年第 7 期。

[25] 邵伟中、吴强：《上海城市轨道交通网络化运营特征分析》，《城市轨道交通研究》2009 年第 12 卷第 2 期。

[26] 司增绰：《港口基础设施与港口城市经济互动发展》，《管理评论》2015 年第 27 卷第 11 期。

[27] 宋炳良、[荷] 德兰根：《港口经济、政策与管理》，上海人民出版社 2009 年版。

[28] 宋炳良：《港口城市发展的动态研究》，大连海事大学出版社 2003 年版。

［29］陶新宇：《城市轨道交通网络化运营安全对策研究》，《城市公共交通》2010 年第 12 期。

［30］涂颖菲、韩斌、蒲琪：《我国城市轨道交通可持续发展的内涵解析》，《中国人口·资源与环境》2013 年第 23 卷第 S2 期。

［31］王成新、刘瑞超、王明苹等：《高速公路对城市群结构演变的影响研究——以山东半岛城市群为例》，《地理科学》2011 年第 31 卷第 1 期。

［32］汪浩、兰振东、葛洪磊：《长三角区域立体交通联动体系建设研究》，《经济地理》2009 年第 29 卷第 11 期。

［33］王建涛、贾立校、夏存霞：《航运软实力评价体系建设及实证研究》，《价值工程》2018 年第 37 卷第 35 期。

［34］王剑、沈丹青、王子阳：《轨道交通与常规公交线路协调关系建模与仿真》，《系统仿真学报》2019 年 3 月。

［35］王郁：《打造区域综合交通网络，促进长三角高质量一体化发展》，《第一财经日报》2019 年 1 月 17 日。

［36］王兴举、范胜楠、周杨、陈进杰：《京津冀轨道交通一体化发展对策》，《铁道运输与经济》2016 年第 38 卷第 11 期。

［37］谢建、陈治亚：《城际轨道交通在城市群发展中的意义》，《城市轨道交通研究》2008 年第 11 卷第 11 期。

［38］杨宝剑：《地方政府投资竞争行为及效应检验：基于交通运输业发展的实证分析》，《中央财经大学学报》2011 年第 10 期。

［39］徐湘文：《迪拜港口建设实践对我国绿色港口发展的启示》，《交通企业管理》2019 年第 34 卷第 2 期。

［40］徐泽达、姚敏峰：《轨道交通与常规公交共线关系下的常规公交优化方法》，《华侨大学学报（自然科学版）》2018 年第 39 卷第 4 期。

［41］杨伟、宗跃光：《现代化港口城市港城关系的建设——以江苏省南通市为例》，《经济地理》2008 年第 2 期。

［42］余路、张青磊、申瑞娜、冉祥来、樊重俊：《上海机场关于绿色机场与可持续发展的战略与实践》，《中国产经》2013 年第 8 期。

［43］周蝴民、孙章、季令：《城市轨道交通市郊线的功能及技术特征》，《城市轨道交通研究》2007 年第 8 期。

[44] 周立新:《轨道交通余能利用的分时段票价探讨》,《城市轨道交通研究》2004 年第 4 期。

[45]《区域一体化: 高质量发展必由之路》,《第一财经日报》2019 年 3 月 6 日。

6

长三角高质量一体化与社会发展

6.1 社会发展与一体化

6.1.1 社会发展的概念

社会发展是指以个人为基础的社会关系出现从个人到社会总体的自由延伸，个人的自由延伸到社会整体关系面。包含个人的物质及精神自由发展到社会层面，并取得社会化的一致。这其中包含经济、人文、政治等一系列的社会存在的总体发展。

（1）社会发展的内涵

马克思曾经指出“全部社会生活在本质上是实践的”。社会实践是社会发展的内涵，人类通过不断改造世界的活动以满足自身需要；同时人的发展作为社会发展的核心，具有体现和衡量后者的功用；作为一个评价性范畴，社会发展又依据一定标准对各类社会现象进行评价性描述；社会时间和社会空间作为存在形式而不断支撑着社会发展。

（2）社会发展的特征

自为性体现在人是社会发展的发起者和承担者，社会发展的各个阶段都充满着人的意志的色彩；整体性指的是社会领域的各类要素具有内在统一性，以及相互间横向和纵向的协同效应；社会历史性指的是包含社会发展主体在内的各类因素从低级到高级的阶段性和连续性的发展；合理性主张的是社会发展中积极向上的变化，是合人之理与合天之理的主客观尺度的体现，合理性的发展也是社会发展的固有规律，强调社会发展的整体协同、最小的发展代价和与人的发展相统一；具体性指的是社会发展是绝对性和相对性的统一、是合规律性和合目的性的统一、是决定性和选择性的统一、是连续性和非连续性的统一、是社会发展统一性和多样性的统一、是社会进步与社会代价的统一。

6.1.2 社会发展质量的内涵

社会发展质量是指一个国家或地区社会结构的优化程度、社会事业体系的健全程度和社会运行的健康水平。社会结构是指占有一定资源、机会的社会成员的组成方式及其关系格局，包含人口结构、家庭结构、社会组织结构、城乡结构、区域结构、就业结构、收入分配结构、消费结构、社会阶层结构等若干重要子结构；社会事业体系是指社会各个基本活动领域，包括政治领域、经济领域、文化领域和其他各领域之间相互联系的状态，具体表现为教育、医疗、文化、体育、福利、科技等各项社会事业全面发展的情况；社会运行是指社会有机体自身的运动、变化和发展的情况，表现为社会是否健康，社会各种要素和子系统之间的交互作用及功能发挥是否正常，体现社会的公平、公正、和谐程度。根据实际情况，社会的运行可以分为良性运行、中性运行和恶性运行。本章出于篇幅考虑，将重点聚焦长三角区域教育、医疗、文化领域的高质量发展状况。

6.2 长三角社会发展现状

6.2.1 长三角基础教育现状

本小节将梳理长三角教育资源的现实基础、自身特点，包括各城市教育资源数据及空间分布情况，为长三角教育一体化研究奠定基础。根据城市统计年鉴的划分方法，以普通中学、普通小学为主体，分析了 26 个城市学校数、专任教师在 2012—2016 年 5 年间的发展情况。截至 2016 年年底，长三角包含的 26 个城市共有约 29530 所学校，比 2012 年减少了 1295 所，减幅为 4.4%，整体呈下降趋势。在 2012—2016 年期间，专任教师保持了相对稳定并呈现出逐年递增趋势，五年间整体增幅为 5.5%。

表 6-1 2012—2016 年长三角教育总体发展概况

类别	2012 年	2013 年	2014 年	2015 年	2016 年
学校数（万）	3.08	3.03	3.01	3.11	2.95
专任教师（万人）	144.64	147.38	151.10	148.06	152.57

资料来源：2013—2017 年《中国城市统计年鉴》。

6.2.1.1 长三角普通中学发展现状

（1）长三角普通中学发展概况

长三角普通中学发展保持相对稳定，学校数稳定在 5800 所左右，专任教师数稳定在 48 万—49 万人。普通中学占区域内学校总数的比重保持在 18%—19%区间内，专任教师占比在 32%—33%。见表 6-2。

表 6-2 2012—2016 年长三角普通中学发展概况

年份	学校		专任教师	
	绝对数（所）	占比	绝对数（万人）	占比
2012	5848	18.97%	48.17	33.30%
2013	5638	18.63%	47.97	32.55%
2014	5827	19.37%	48.45	32.07%
2015	5803	18.64%	48.16	32.53%
2016	5841	19.78%	49.01	32.12%

资料来源：2013—2017 年《中国城市统计年鉴》。

普通中学在校学生数/学校数的比值逐年递减，由 2012 年的 998.36 下降到 2016 年的 927.92；在校学生数/专任教师数比值由 2012 年的 4.04 下降到 2016 年的 3.55。见图 6-1、图 6-2。

2017 年长三角共有 1389 所普通高中，其中省级示范高中（也称为重点高中）共 428 所，占高中总数的比重仅为 30.81%。其中，上海、杭州、宁波、苏州、南京重点高中数量位居前五，5 个城市重点高中总数占整个长三角重点高中总数的 38.32%。镇江重点高中占普通高中总数的比重最高，达到 55%，其次是合肥（47.39%）和马鞍山（44%）。镇江、合肥、

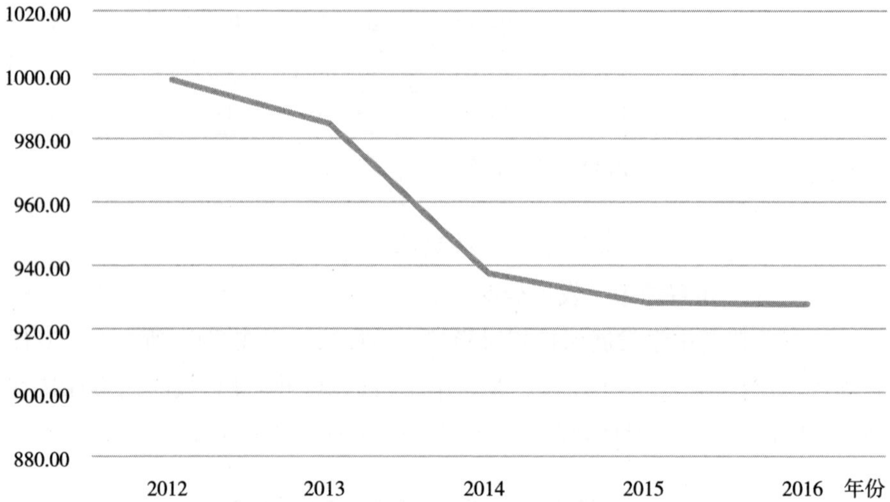

图 6-1　2012—2016 年长三角普通中学在校学生数/学校数比值

资料来源：2013—2017 年《中国城市统计年鉴》。

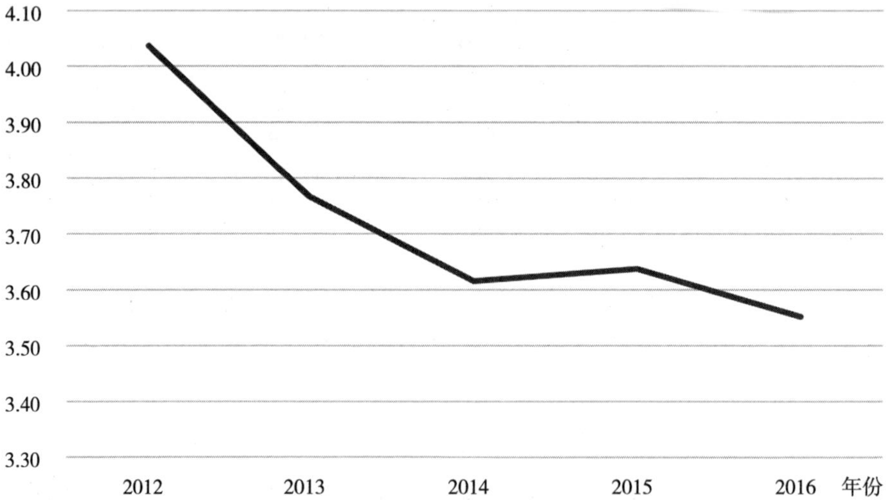

图 6-2　2012—2016 年长三角普通中学在校学生数/专任教师数比值

资料来源：2013—2017 年《中国城市统计年鉴》。

马鞍山、南京、舟山、南通、宣城7个城市的重点高中占普通高中总数比重超过40%，其余20个长三角城市均低于40%水平。

表6-3 2017年长三角各城市重点高中数量

地区	重点高中数量（个）
上海	56
杭州	32
宁波	28
苏州	26
南京	22
安庆	22
金华	21
南通	19
合肥	18
台州	17
绍兴	16
嘉兴	14
盐城	14
常州	13
芜湖	13
无锡	13
镇江	11
马鞍山	11
扬州	11
泰州	11
滁州	10
宣城	9
湖州	9
舟山	6
池州	5
铜陵	3

资料来源：各城市教育局网站。

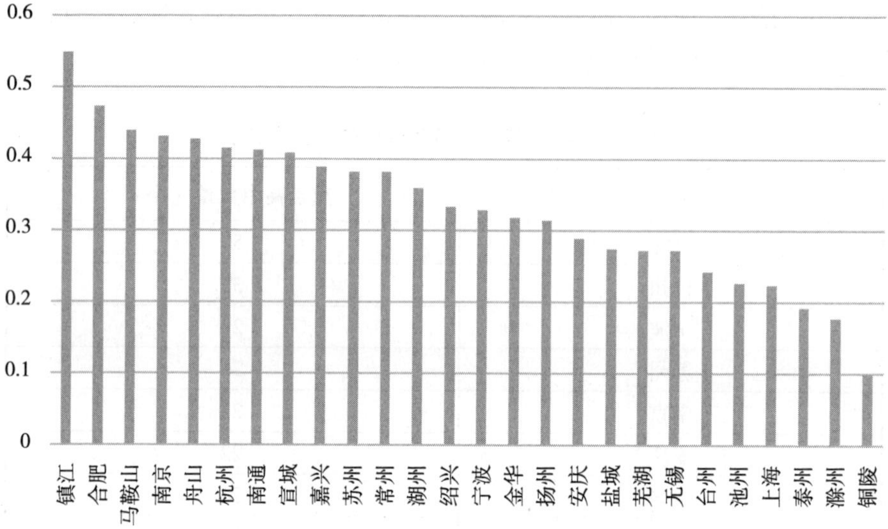

图 6-3 2017 年长三角各城市重点高中占普通高中总数的比重

资料来源：各城市教育局网站。

（2）长三角普通中学空间布局

截至 2016 年年底长三角共有普通中学 5841 所。上海（801 所）、合肥（358 所）、杭州（326 所）拥有的普通中学数位列前三名，舟山（42 所）位列最后一名。在 26 个城市中，有 15 个城市的普通中学数占区域内普通中学总数比重小于该城市常住人口占区域内总人口比重。这些城市为上海、南京、无锡、常州、苏州、南通、盐城、扬州、镇江、杭州、宁波、嘉兴、绍兴、舟山、铜陵。整个区域每万人普通中学数为 0. 38 所，上述 15 个城市的每万人普通中学数除盐城外均小于区域整体平均数。每万人普通中学数最多的三个城市为安庆（0. 79 所）、池州（0. 67 所）、滁州（0. 66 所），每万人普通中学数最少的城市是苏州（0. 27 所）。

表 6-4 2016 年长三角普通中学分布情况

	常住人口（万人）	占区域内总人口比重	普通中学数（所）	占区域内普通中学总数比重	每万人普通中学数（所）
上海	2419. 7	15. 95%	801	13. 61%	0. 33
南京	827	5. 45%	227	3. 84%	0. 27

续表

	常住人口（万人）	占区域内总人口比重	普通中学数（所）	占区域内普通中学总数比重	每万人普通中学数（所）
无锡	652.9	4.30%	183	3.08%	0.27
常州	470.83	3.10%	160	2.76%	0.34
苏州	1064.72	7.02%	292	4.88%	0.27
南通	730.2	4.81%	206	3.64%	0.29
盐城	723.5	4.77%	277	4.76%	0.38
扬州	449.14	2.96%	166	2.86%	0.37
镇江	318.13	2.10%	110	1.91%	0.35
泰州	464.58	3.06%	186	3.22%	0.40
杭州	918.8	6.06%	326	5.48%	0.35
宁波	787.5	5.19%	293	4.98%	0.37
嘉兴	461.4	3.04%	170	2.98%	0.37
湖州	297.5	1.96%	120	2.03%	0.40
绍兴	498.8	3.29%	186	3.19%	0.37
金华	552	3.64%	241	4.20%	0.44
舟山	115.8	0.76%	42	0.71%	0.35
台州	608	4.01%	269	4.36%	0.42
合肥	786.9	5.19%	358	6.20%	0.46
芜湖	367	2.42%	210	3.53%	0.56
马鞍山	227.6	1.50%	105	1.81%	0.46
铜陵	160.1	1.06%	85	0.74%	0.27
安庆	461.2	3.04%	314	6.26%	0.79
滁州	404.4	2.67%	264	4.58%	0.66
池州	144.3	0.95%	98	1.65%	0.67
宣城	260.1	1.71%	152	2.72%	0.61
总计	15172.1	100.00%	5841	100.00%	0.38

资料来源：2017年长三角26个城市统计年鉴。

截至2016年年底长三角共有49万名普通中学的专任教师。拥有普通中学最多的上海、杭州、合肥的专任教师数最多，分别为55757人、29485

人、29360 人。拥有专任教师数最少的城市是舟山，为 3251 人。此外，专任教师数在 10000 名以下的城市还有宣城（9051 人）、马鞍山（8538 人）、铜陵（6604 人）、池州（5861 人）。各城市普通中学专任教师数占区域内普通中学专任教师总数比重小于常住人口占区域内总人口比重的城市达到了 10 个，分别为：上海、南京、无锡、常州、苏州、镇江、杭州、宁波、嘉兴以及舟山。整个区域每万人专任教师数为 32.3 人，而安庆的每万人专任教师数为 43.82 人，排名第一，台州以 34.80 人紧随其后，铜陵出人意料地以 32.58 人位列各城市第三，同样有 10 个城市的每万名专任教师数小于区域平均值。

表 6-5　2016 年长三角普通中学专任教师分布情况

	常住人口（万人）	占区域内总人口比重	普通中学专任教师数（人）	占区域内普通中学专任教师总数比重	每万人普通中学老师数（人）
上海	2419.7	15.95%	55757	11.38%	23.04
南京	827	5.45%	22982	4.69%	27.79
无锡	652.9	4.30%	19991	4.08%	30.62
常州	470.83	3.10%	14060	2.87%	29.86
苏州	1064.72	7.02%	27726	5.66%	26.04
南通	730.2	4.81%	24493	5.00%	33.54
盐城	723.5	4.77%	26634	5.43%	36.81
扬州	449.14	2.96%	16467	3.36%	36.66
镇江	318.13	2.10%	10088	2.06%	31.71
泰州	464.58	3.06%	19014	3.88%	40.93
杭州	918.8	6.06%	29485	6.02%	32.09
宁波	787.5	5.19%	23577	4.81%	29.94
嘉兴	461.4	3.04%	14465	2.95%	31.35
湖州	297.5	1.96%	10097	2.06%	33.94
绍兴	498.8	3.29%	18814	3.84%	37.72
金华	552	3.64%	19137	3.90%	34.67
舟山	115.8	0.76%	3251	0.66%	28.07
台州	608	4.01%	25105	5.12%	41.29

续表

	常住人口（万人）	占区域内总人口比重	普通中学专任教师数（人）	占区域内普通中学专任教师总数比重	每万人普通中学老师数（人）
合肥	786.9	5.19%	29360	5.99%	37.31
芜湖	367	2.42%	12927	2.64%	35.22
马鞍山	227.6	1.50%	8538	1.74%	37.51
铜陵	160.1	1.06%	6604	1.35%	41.25
安庆	461.2	3.04%	20731	4.23%	44.95
滁州	404.4	2.67%	15879	3.24%	39.27
池州	144.3	0.95%	5861	1.20%	40.62
宣城	260.1	1.71%	9051	1.85%	34.80
总计	15172.1	100.00%	490094	100.00%	32.30

资料来源：2017 年《中国城市统计年鉴》和各省份 2017 年统计年鉴。

6.2.1.2 长三角普通小学发展现状

（1）长三角普通小学发展概况

在 2012—2016 年间，长三角普通小学的数量连续下降，从 2012 年的 10123 所下降到 2016 年的 8077 所。专任教师数的趋势与学校数的趋势相反，除 2015 年小额下降外，其余年份稳步提升，从 2012 年的 43.04 万人增长到 2016 年的 47.04 万人，涨幅达 9.29%。每个教师负担学生数始终保持在 17—18 人之间，相对平稳。

表 6-6 2012—2016 年长三角普通小学发展概况

年份	学校数（所）	专任教师（万人）	每个教师负担学生数
2012	10123	43.04	17.35
2013	9348	43.54	17.45
2014	8808	45.92	17.07
2015	8361	44.22	18.04
2016	8077	47.04	17.09

资料来源：2013—2017 年《中国城市统计年鉴》。

（2）长三角普通小学空间布局

截至 2016 年年底长三角共有 8077 所普通小学。普通小学最多的是安庆（830 所），占整个区域普通小学数的 10.28%。接下来的 2—5 位分别是上海（753 所）、合肥（551 所）、杭州（447 所）、宁波（444 所）。这 5 个城市的普通小学数合计达到 3025 所，占比达到了整个长三角的 37.45%。各城市普通小学数占区域内普通小学总数比重小于该城市常住人口占区域内总人口比重的城市分别为：上海、宁波、苏州、南京、盐城、南通、扬州、常州、无锡、泰州、嘉兴、湖州、镇江和舟山。全市每万人普通小学数为 0.53 所，上述 14 个城市的每万人普通小学数均小于区域内平均值。每万人普通小学数最多的城市是安庆，其次是池州，再次是铜陵。每万人普通小学数最少的城市是无锡，该数值仅为 0.30。

表 6-7　2016 年长三角普通小学分布情况

	常住人口（万人）	占区域内总人口比重	普通小学数（所）	占区域普通小学总数比重	每万人普通小学数（所）
上海	2419.7	15.95%	753	9.32%	0.31
南京	827	5.45%	346	4.28%	0.42
无锡	652.9	4.30%	197	2.44%	0.30
常州	470.83	3.10%	201	2.49%	0.43
苏州	1064.72	7.02%	391	4.84%	0.37
南通	730.2	4.81%	322	3.99%	0.44
盐城	723.5	4.77%	329	4.07%	0.45
扬州	449.14	2.96%	203	2.51%	0.45
镇江	318.13	2.10%	111	1.37%	0.35
泰州	464.58	3.06%	149	1.84%	0.32
杭州	918.8	6.06%	447	5.53%	0.49
宁波	787.5	5.19%	444	5.50%	0.56
嘉兴	461.4	3.04%	146	1.81%	0.32
湖州	297.5	1.96%	126	1.56%	0.42
绍兴	498.8	3.29%	343	4.25%	0.69

续表

	常住人口（万人）	占区域内总人口比重	普通小学数（所）	占区域普通小学总数比重	每万人普通小学数（所）
金华	552	3.64%	393	4.87%	0.71
舟山	115.8	0.76%	56	0.69%	0.48
台州	608	4.01%	346	4.28%	0.57
合肥	786.9	5.19%	551	6.82%	0.70
芜湖	367	2.42%	309	3.83%	0.84
马鞍山	227.6	1.50%	242	3.00%	1.06
铜陵	160.1	1.06%	217	2.69%	1.36
安庆	461.2	3.04%	830	10.28%	1.80
滁州	404.4	2.67%	238	2.95%	0.59
池州	144.3	0.95%	213	2.64%	1.48
宣城	260.1	1.71%	174	2.15%	0.67
总计	15172.1	100.00%	8077	100.00%	0.53

资料来源：2017年《中国城市统计年鉴》和各省份2017年统计年鉴。

2016年长三角普通小学专任教师人数为470384名，上海市以53389名专任教师位列26个城市第一，苏州以35770名教师位列第二，杭州以32579名排列第三。而专任老师数低于1万名的城市分别为：镇江（9623名）、宣城（9196名）、湖州（8800名）、马鞍山（7532名）、池州（5612名）、铜陵（5327名）和舟山（3546名）。在所有城市中，有13个城市普通小学专任教师占区域内专任老师总数比重小于该城市常住人口占区域内总人口比重的城市，分别为：上海、宁波、南通、安庆、常州、滁州、扬州、芜湖、镇江、扬州、马鞍山、池州以及舟山。每万人专任教师数低于区域内平均数的城市一共有15个，分别为：安庆、绍兴、嘉兴、常州、滁州、泰州、扬州、芜湖、镇江、宣城、湖州、马鞍山、池州、铜陵、舟山。2016年长三角每万人专任教师数为17.09名。台州以每万人22.49名专任教师位列各城市第一，而铜陵则以每万人13.14名专任教师位列最后。

表 6-8　2016 年长三角普通小学专任教师分布情况

	常住人口（万人）	占区域内总人口比重	普通小学专任教师数（人）	占区域内普通小学专任教师总数比重	每万人普通小学教师数（人）
上海	2419.7	15.95%	53389	11.35%	14.80
南京	827	5.45%	23644	5.03%	16.07
无锡	652.9	4.30%	20119	4.28%	17.89
常州	470.83	3.10%	14173	3.01%	19.76
苏州	1064.72	7.02%	35770	7.60%	19.29
南通	730.2	4.81%	19636	4.17%	16.81
盐城	723.5	4.77%	26548	5.64%	16.95
扬州	449.14	2.96%	13593	2.89%	15.45
镇江	318.13	2.10%	9632	2.05%	14.53
泰州	464.58	3.06%	14108	3.00%	15.59
杭州	918.8	6.06%	32549	6.92%	16.59
宁波	787.5	5.19%	26171	5.56%	18.34
嘉兴	461.4	3.04%	14237	3.03%	17.56
湖州	297.5	1.96%	8800	1.87%	18.18
绍兴	498.8	3.29%	15718	3.34%	16.54
金华	552	3.64%	21134	4.49%	19.40
舟山	115.8	0.76%	3546	0.75%	14.10
台州	608	4.01%	20902	4.44%	22.49
合肥	786.9	5.19%	25394	5.40%	18.90
芜湖	367	2.42%	11938	2.54%	15.08
马鞍山	227.6	1.50%	7532	1.60%	15.93
铜陵	160.1	1.06%	5327	1.13%	13.14
安庆	461.2	3.04%	17586	3.74%	14.78
滁州	404.4	2.67%	14130	3.00%	16.99
池州	144.3	0.95%	5612	1.19%	16.04
宣城	260.1	1.71%	9196	1.95%	14.14
总计	15172.1	100.00%	470384	100.00%	17.09

资料来源：2017 年《中国城市统计年鉴》和各省份 2017 年统计年鉴。

6.2.1.3 长三角教育资源的特点

结合长三角教育资源的现状，总结出上海教育资源主要特点如下：

（1）教育资源整体稳步发展

近5年来，长三角学校总数出现了小幅减少（减少6%），专任教师数出现了小幅上升（增加5.5%）。整体而言，长三角教育资源在近5年来稳步发展。

（2）普通中学学校数量和专任教师数总体均保持相对稳定

普通中学学校数量在2012—2016年间始终维持在5800所左右。专任老师数量保持在48万—49万人。普通中学在校学生数/学校数的比值和在校学生数/专任教师数的比值逐年递减。

（3）普通中学和专任教师空间分布较为不均

长三角普通中学数和专任教师数分布不均是由于长三角常住人口分布不均导致，具有一定的合理性。

（4）普通小学数量连年下降，专任教师数量稳步提升

长三角普通小学的数量连续下降，从2012年的10123所下降到2016年的8077所，降幅达25.3%。专任教师数的趋势与学校数的趋势相反，除2015年小额下降外，其余年份稳步提升，从2012年的43.04万人增长到2016年的74.04万人，涨幅达9.29%。

（5）高质量教育资源供给不足且大量集中在一二线城市

从高中阶段来看，2016年长三角省级示范高中（也称为重点高中）共428所，占高中总数的比值仅为30.81%。其中，上海、杭州、宁波、苏州、南京重点高中数量位居前五，5个城市重点高中总数占整个长三角重点高中总数的38.32%。

（6）教育支出增幅巨大，空间分布不均

截至2016年年底，长三角整体教育支出为3453.74亿元，相较于2012年的1524.99亿元出现了大幅上涨，涨幅达126.48%。支出排在前三位城市的教育支出占到了区域内教育支出的39%。在校生人均教育支出第一的上海（3.33万元）是排在最后的池州（0.85万元）的3.9倍。

（7）城市间各自为政，没有跨区域的横向组合

当前，长三角各城市的政府只能在自己管辖的范围内以政策的形式来推动本地区教育的发展，各城市间政策不协调，在教育方面存在彼此竞

争、地方保护主义现象。

（8）城市间的协作关系不紧密，缺乏统一的制度性安排

一是区域合作政策行政角度的要求多，制度性的安排少；二是区域合作始终未能摆脱道义上的约束，利益机制的激励少；三是区域合作关系的规范化、科学化不够，形式上的规定多，实质性的约束少；四是区域合作的相关配套政策供给不足，使地区间的协作关系出现不对称；五是区域合作的重点问题、重点区域、重点领域不够明确等。

6.2.2 长三角医疗资源现状

长三角是我国医疗资源最丰富的地区之一，其医疗机构配置、医疗机构利用及医疗机构人力资源配置均处于全国领先水平。2016 年，上海市第一人民医院、浙江省人民医院、江苏省人民医院及安徽省立医院四家医院牵头发起，长三角 26 个城市共同组建“长三角医院协同发展战略联盟”，通过建立紧密型联盟形式，互联互通，提升长三角医院管理水平，共同推进区域医院协同发展。自此以后，长三角的医疗资源正以前所未有的姿态融合在一起，上海以建设“互联网+医疗”、空中救援体系等为契机，发挥优质医疗资源协同合作优势，其优质医疗资源将更广泛地向长三角辐射。长三角医疗一体化进入积极拓展和进一步深化阶段。

6.2.2.1 医疗卫生机构配置现状

（1）医疗卫生机构总体发展情况

根据 2016 年统计数据，长三角共拥有卫生机构 46704 个，平均每城市拥有 1946 个卫生机构；共拥有医院 3041 家，平均每城市拥有 121.64 家。每个城市平均拥有基层卫生机构 1758 个，专业公共卫生机构 61.22 个。医疗卫生机构数量排前十的城市分别是上海、杭州、宁波、金华、台州、盐城、苏州、南通、南京、无锡。上海以 5011 个医疗卫生机构居于首位，杭州以 320 个卫生机构数之差落后上海居于第二位。医疗卫生机构数排名前十的城市均来自江浙沪地区，安徽省的合肥市以 2200 个医疗卫生机构排名第十一位。如图 6-4 所示。

从历史数据看，长三角医疗卫生机构的数量在 2008—2016 年间一直处于增长状态。由于数据可得性，仅统计了上海、南京、常州、苏州、南

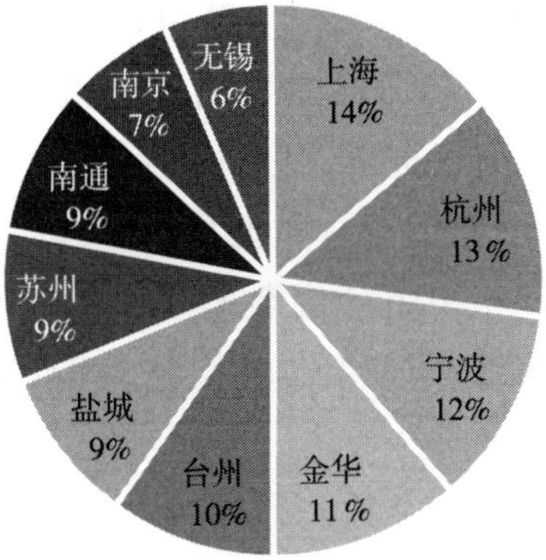

图 6-4　长三角医疗卫生机构数前十城市

资料来源：各城市 2017 年统计年鉴。

通、扬州、杭州、宁波、湖州、金华、舟山、台州、芜湖、宣城 14 个城市的医疗卫生机构的数据。数据显示，2007—2016 年 10 年间，14 个城市总共增加 14463 个医疗卫生机构，平均每年增加 2077 个，平均每个城市每年增加 148 个。见图 6-5。

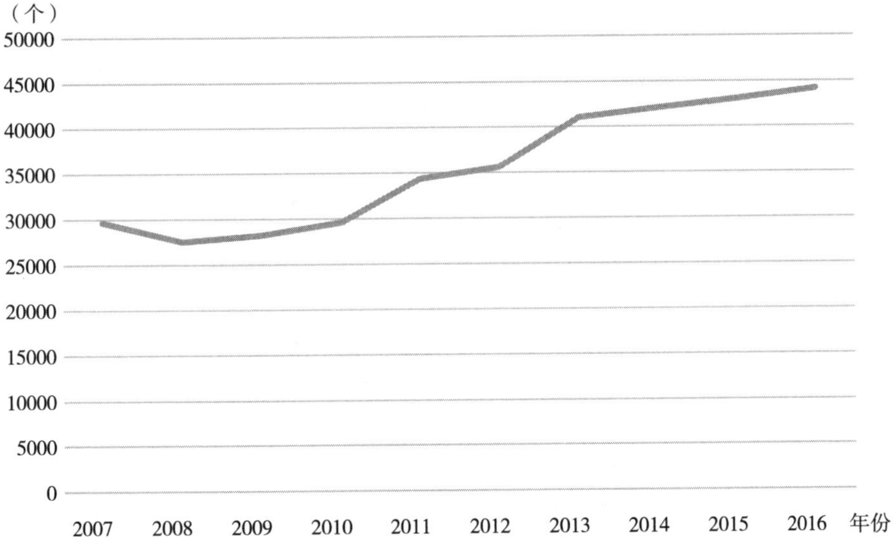

图 6-5　长三角 14 个城市医疗卫生机构总数走势

资料来源：各城市 2017 年统计年鉴。

从医疗卫生机构配置结构看，主要包括医院、基层医疗卫生机构、专业公共卫生机构。由于部分城市数据不可得，仅统计了上海、常州、苏州、南通、杭州、宁波、金华、台州、芜湖、宣城 10 个城市的医院和医疗机构的数量。10 个城市的总数据显示，医院数量在 2007—2011 年中呈现下降趋势，2012—2016 年逐渐上升。从 2007 年的 1833 个下降到 2011 年的 1557 个，截至 2016 年已增长至 1887 个，高于 2007 年水平。其变动趋势见图 6-6 所示。

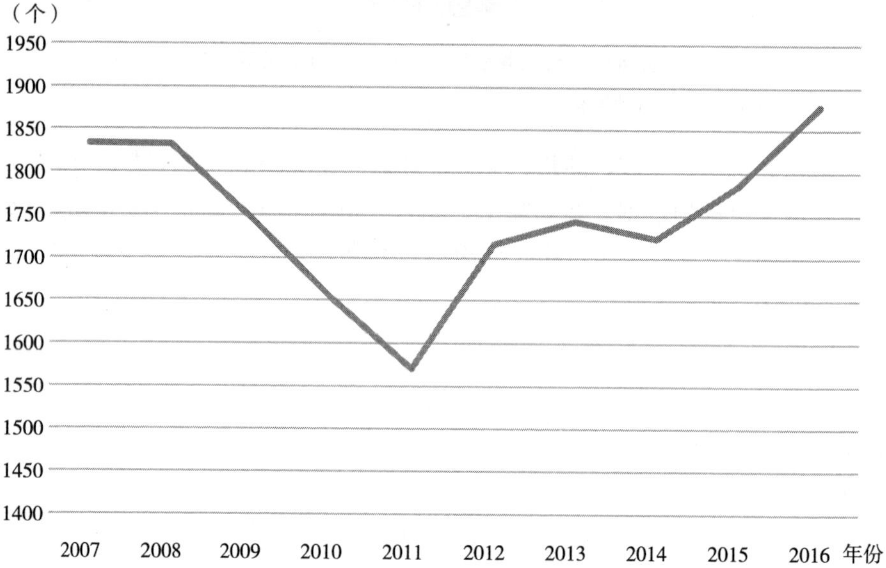

图 6-6　2007—2016 年长三角 10 个城市医院总数走势

资料来源：各城市 2017 年统计年鉴。

就医院在医疗卫生机构中的占比来看，10 个城市总量占比在 2007—2012 年呈现下降趋势。2013 年以后，占比维持在 6%的水平。

表 6-9　2007—2016 年长三角 10 个城市医院总数占卫生机构比例

	2007 年	2008 年	2009 年	2010 年	2011 年	2012 年	2013 年	2014 年	2015 年	2016 年
医院占比	9.8%	10.9%	10.1%	9.3%	7.2%	7.5%	6.3%	6.1%	6.2%	6.3%

资料来源：各城市 2017 年统计年鉴。

（2）主要城市医疗卫生机构发展情况

上海：作为长三角的龙头城市，截至2016年年末，上海的5011家各类医疗卫生机构中，医院349家，包括综合医院、中医医院、中西医结合医院、专科医院和护理院。基层医疗卫生机构（含社区卫生服务中心（站）、村卫生室、门诊部、诊所、卫生所、医务室、护理站）4470家，专业公共卫生机构112家，其他卫生机构80家。根据2016年年末统计数据，上海市医疗机构密度为每平方公里0.79个，其中医院每平方公里0.055个，基层医疗卫生机构（含社区卫生服务中心（站）、村卫生室、门诊部、诊所、卫生所、医务室、护理站）每平方公里0.705个。换句话来说，每1.265平方公里范围内就有一个卫生机构，每18平方公里范围内就有一个医院，每1.42平方公里范围内就有一家基层卫生机构。2016年上海市各类医疗机构诊疗总次数为26605.02万人次，同比增长0.31%。门急诊24940.07万人次，同比增长0.77%。出院人数394.12万人，同比增长8.85%。住院手术人次数216.92万人次，同比增长16.24%。病床使用率93.97%，人均住院天数10.88天。家庭病床5.19万张，同比下降1.52%。数据显示，2016年上海收治的异地就医患者比例较2015年上升了21.74%。而在上海三级医院收治的住院患者中，异地就医住院患者主要来自周边省份、华东及中部地区。上述数据背后体现了上海在推动长三角医疗一体化中担当了重要角色。而立足大虹桥、辐射长三角的新虹桥国际医学园区的发展更是牵动着长三角患者的心。“长三角精准医疗检验产业平台”“长三角眼健康产业联盟”“长三角名医工作室”等一批跨区域合作、联动长三角的健康产业项目，已落户上海新虹桥国际医学园区。未来长三角一体化工作中，上海必定发挥优质资源的辐射性。

杭州：截至2016年，杭州市医疗卫生机构数4691个，医院277个，包括综合医院131个，中医院35个，中西医结合医院6家以及专科医院93家。社区服务中心站、卫生院、村卫生室、门诊部等基层医疗卫生机构4313个，专业公共卫生机构69个。医疗卫生机构密度为每平方公里0.28个，其中医院每平方公里0.02个，基层医疗卫生机构每平方公里0.25个，也就是说每3.5公里有一个医疗卫生机构。虽然在卫生医疗机构数量和密度上与上海市还有所差距，但以杭州全程国际的“医疗商城”模式的批复同意为标志的医疗共享新举措，将引领杭州医疗机构配置和医疗服务更上一层楼。共享医院的萌芽，正在给杭州市乃至整个长三角带来一场新的医疗变革。

宁波：作为浙江省的三大中心城市之一，根据2016年统计年鉴数据显示，宁波市医疗卫生机构数4115个，其中医院143个，包括社区服务中心、卫生院、村卫生室的基层医疗卫生机构2683个，其中社区卫生服务中心558个，卫生所108个，村卫生室2017个。截止到2018年，宁波有三级医院20家，其中三甲医院8家。无论是三级医院数量还是三甲医院数量均高居浙江省各市之首。而“十三五”期间，浙江省将要打造4个“省医学中心”，宁波市是其中一个，启动医疗卫生品牌学科建设计划3年建10个医疗卫生品牌学科，这是宁波积极推进长三角医疗一体化的重要举措。

6.2.2.2 医疗卫生机构配置利用现状

据2016年医疗卫生机构总床位数统计数据，长三角中除芜湖和宣城外，其他25个城市医疗卫生机构总床位数为76.08万张，平均每个城市3.17万张，其中医院总床位数68.24万张，平均每个城市2.84万张。

2016年长三角各城市各类医疗卫生机构的床位数总数有明显的不同。其中医疗服务最完善的上海拥有的床位较其他城市有明显的数量优势，医疗卫生机构床位总数为129166张，为长三角各城市之首，其中医院床位数为110148张，占比为85.3%。长三角其他城市中，苏州、杭州和合肥的医疗卫生机构床位数分别为63241张、69452张和45354张，南京、苏州、杭州这三个城市的医院床位数分别是44776张、56697张、63997张，苏州和杭州的医院床位数占比分别为89.7%、92.1%，南京、苏州、杭州和合肥这4个城市的医疗卫生机构床位数均超过四万张。此外医疗卫生机构总床位数在2万—4万张的城市共有十个，分别是无锡、常州、南通、盐城、扬州、嘉兴、宁波、绍兴、金华和台州，它们的医疗卫生机构总床位数分别是39732、25370张、39147张、38663张、20683张、25459张、24467张、34577张、28256张、26845张，这9个城市的医院床位数占比分别为89.0%、79.9%、78.0%、74.3%、

73.8%、82.4%、90.9%、78.1%、88.1%、95.6%。其他城市医疗卫生机构总床位数均低于2万张。以上数据显示，上海的医疗卫生机构总床位数远高于长三角其他城市，但医院床位数占比不是最高，苏州、杭州、无锡、宁波、金华、台州等城市的医院床位数占比均高于上海。长三角的医院床位数在市中心与区县的分配极不平衡，如合肥医院床位数最多和最低的地区为蜀山区和长丰县，数量分别为11721、1870张；杭州市区医院床位数最多，为60666张，而淳安县最少，仅为1721张；苏州市区医院床位数为34757张，居全市最高，太仓最少为3853张；常州市区医院床位数为22414，溧阳市为2956张；南通市区医院床位数最多，为16798张，最少的是如东，床位数为3599张。其他长三角地区，市区的医院床位数也远高于其他区县。

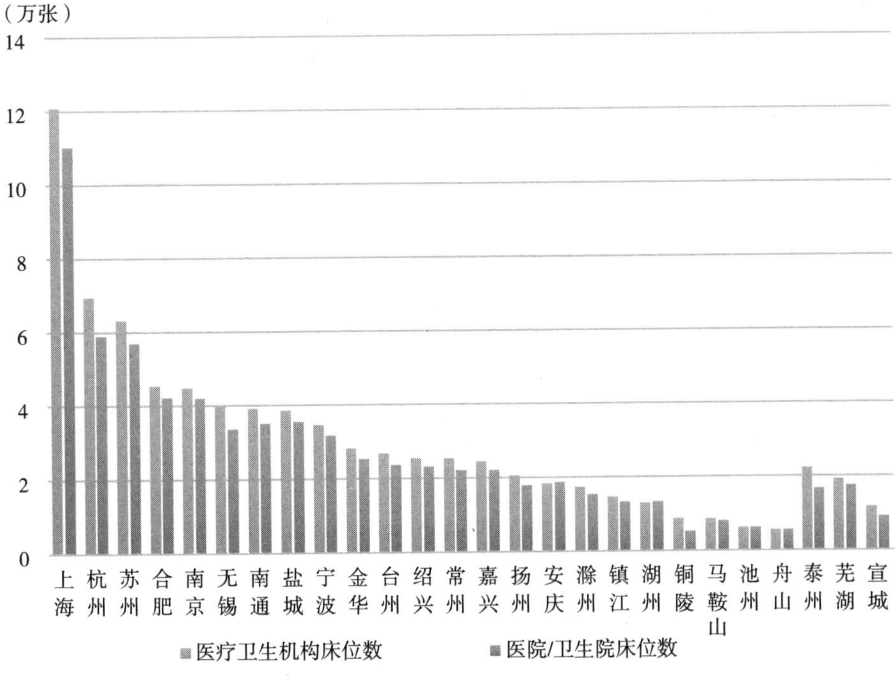

图6-7 2016年长三角各城市医疗卫生机构床位数和医院床位数

资料来源：2017年《中国城市统计年鉴》。

表 6-10　2016 年长三角部分城市医院床位数分布

（单位：张）

年份	合肥		杭州		苏州		常州		南通	
	蜀山	长丰	市区	淳安	市区	太仓	市区	溧市	市区	如东
2016	11721	1870	60666	1721	34757	3853	22414	2956	16798	3599

资料来源：各城市 2017 年统计年鉴。

2016 年较 2012 年的年平均增长率。2012 年上海医院床位数为 107257 张，截至 2016 年年末，医院床位数增至 126838 张，增加了 18.3%；同时杭州、苏州、合肥、南京、无锡 5 个城市的医院床位数增长分别为 44.2%、39.0、22.8%、37.8%、35.9%。通过分析其他城市发现，这些城市的医院床位数在近五年也呈现增长趋势。其中医院床位数增长最高的为铜陵，高达 90.3%，这是由于铜陵 2013 年医院床位数基数小；而医院床位数增长率最低的为南通，其增长率为 4.1%。除铜陵外医院床位增长超过 40%的有 4 个城市，增长率分别为 47.1%、44.2%，44.1%和 40.5%；增长率低于 10%的有三个城市，分别为舟山、安庆和南通，其增长率分别为 8.9%、8.2%和 4.1%；增长率位于 10%—40%的城市最多，共 18 个。对数据计算，得出长三角各医院床位数五年平均增长为 30.3%，整体呈现稳态发展趋势。

6.2.2.3　医疗卫生人力资源现状

长三角不同城市的卫生技术人员和执业医师的人数分布不均匀，其中执业医师的占比也存在很大差异。根据 2017 年统计数据和计算，长三角卫生技术人员总数为 90.42 万，执业医师总数为 38.70 万，平均每个城市卫生技术人员数为 3.70 万，平均每个城市执业医师数为 1.49 万，平均每万人医生数为 25.78 人。

图 6-9 显示上海卫生技术人员和执业医师人数分别为 8.5 万和 3.35 万，其中执业医师占比为 39.4%；而杭州的卫生技术人员和执业医师人数要高于上海，其值分别为 10.1194 万和 3.8172 万，但其执业医师占比仅为 37.7%，低于上海；合肥的卫生技术人员（5.1985 万）虽然低于上海，但其执业医师人数高于上海，为 3.6635 万，执业医师占比高达

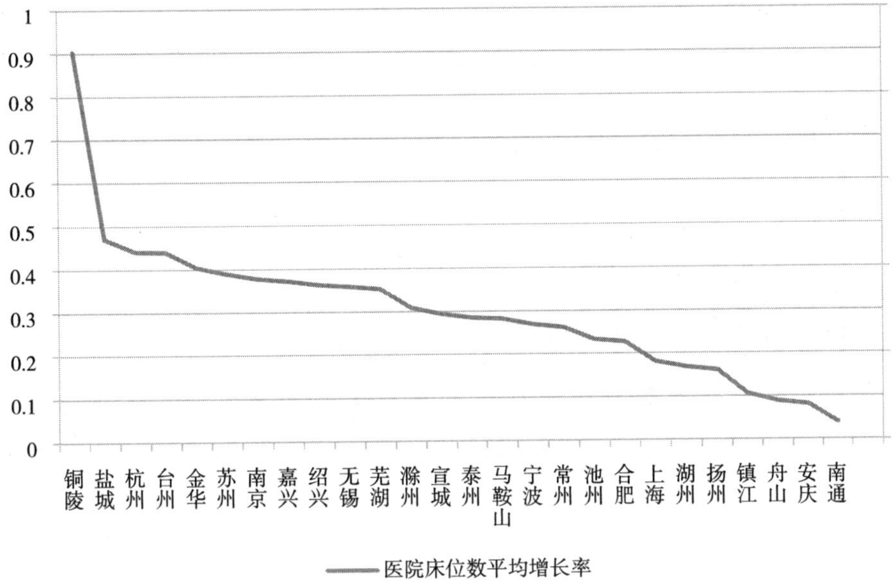

图 6-8　2012—2016 年长三角医院床位数年均增长率

资料来源：根据 2013—2017 年《中国城市统计年鉴》整理。

70.5%。其他长三角城市的卫生技术人员和执业医师人数均低于上海。从卫生技术人员的城市分布上看，人数超过 5 万的有 6 个，分别是杭州、上海、苏州、南京、宁波和合肥，有 4 个城市的卫生技术人员人数不超过 1 万，分别是马鞍山、舟山、铜陵、池州；卫生技术人员最多的城市苏州和人数最少的城市池州的人数之差为 9.42 万。从执业医师占比来看，执业医师占比超过 70%的有两个城市，分别是金华和合肥，其值分别为 71.6%和 70.5%；执业医师占比超过 40%的有 8 个城市，分别是盐城、马鞍山、泰州、常州、扬州、台州、绍兴和镇江，其执业医师占比分别是 45.9%、43.9%、43.3、41.7%、41.2%、41%、40.9% 和 40.5%；在长三角城市中有两个城市的执业医师占比低于 30%，分别是湖州和南通，其值分别是 24.8%和 22.8%。由此可见，卫生技术人员和执业医师在长三角各城市分布是很不均衡的。

图 6-10 显示了长三角 2012—2016 年间的执业医师数增长情况，舟山执业医师数增长率最高，达到 134%；安庆执业医师数增长率最低，仅为 5%。

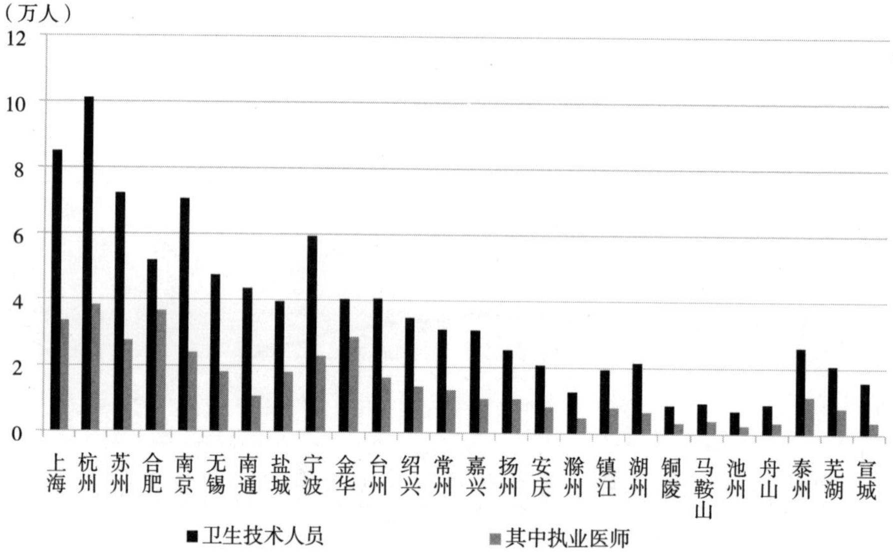

图 6-9　2016 年长三角各城市医疗卫生人力资源配置情况

资料来源：各城市 2017 年统计年鉴。

此外执业医师数增长率高于 50%的城市除舟山外还有两个分别是铜陵和金华，其值分别为 73%和 54%；长三角中有 21 个城市的执业医师数增长率分布在 15%—40%之间，其中有 16 个城市执业医师数增长率位于 15%—30%之间。根据 2016 年长三角执业医师数统计计算，长三角地区平均增长率为 31%。

6.2.2.4　长三角医疗资源特点

（1）医疗资源整体保持平稳发展

长三角卫生机构的数量在 2008—2016 年期间一直处于增长状态，根据上海、南京、常州、苏州、南通、扬州、杭州、宁波等 14 个城市的数据加总显示，2008—2016 年间，总共增加 14463 个卫生机构，平均每年增加 2077 个，相当于平均每个城市每年增加 148 个。

（2）各城市医疗资源数量和质量差距巨大

长三角内医疗资源在空间分布上相对均衡，除上海外的其余二级城市均有顶级医院。长三角医疗资源的绝对差异和相对差异逐步缩小，发展均衡。上海市为该地区医疗资源典型的首位城市，但与区内其他城市相比医

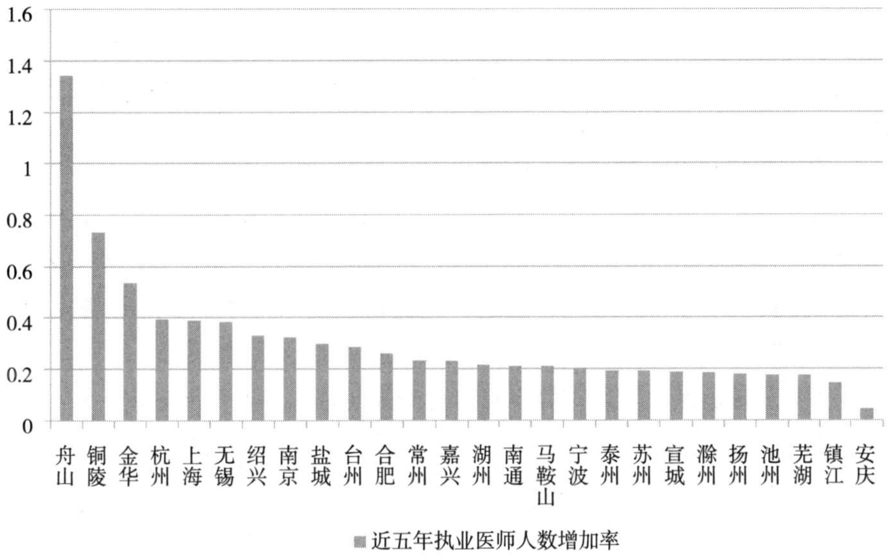

图 6-10　2012—2016 年长三角各城市执业医师人数增长率

资料来源：2013—2017 年《中国城市统计年鉴》。

疗资源增速较慢。随着长三角医疗一体化的推进，长三角医疗资源将会相对均衡。

（3）医疗卫生机构数分布不均，上海医疗资源优势明显

上海的各类医疗卫生机构（5011 个）、总床位数（129166 张）均远高于长三角其他城市。

（4）医院床位在市中心与区县的分配极不平衡

如合肥床位数最多和最低的地区为蜀山区和长丰县，数量分别为 11721 张、1870 张；杭州市区床位数最多，为 60666 张；而淳安县最少，仅为 1721 张。

（5）卫生技术人员和执业医师的人数分布不均匀

其中执业医师的占比存在很大差异，但每万人医生数城市之间差异不大。根据 2017 年统计数据和计算，长三角总卫生技术人员数为 90.42 万，执业医师总人数为 38.70 万，平均每个城市卫生技术人员数为 3.70 万，平均每个城市执业医师数为 1.49 万，平均每万人医生数为 25.78 人。

(6) 卫生技术人员和执业医师空间分布不均

长三角城市中有两个城市的执业医师占比低于 30%，分别是湖州和南通，其值分别是 24.8%和 22.8%；执业医师占比最高的金华是执业医师占比最低的南通的三倍之多。

(7) 医疗和人才和合作不协调

第一，人才合作模式单一化。第二，医疗合作单位距离远，路途及时间成本高，技术操作性差导致医疗人才合作流于形式，难以调动参与者的积极性使其主动学习。第三，缺乏资金支持，医疗人才合作的经费短缺，资金基本都是来自合作医院自筹经费，难以长期维持合作关系。

(8) 异地就医、异地结算、双向转诊等问题有待进一步突破

部分群体在异地住院的医疗费用不能即时结算，只能自己先全额垫付后再回当地报销，而且外报医药费比例明显低于当地同类医疗机构。由于区域限制，导致异地就医“跑腿”和“垫付”及不能享受居住地医疗保险的待遇。现行的省、市医保和新农合的相关规定，导致不同层级的医疗机构转诊住院的起付线、补偿机制不同，制约了患者双向转诊。另外，当前的医疗保障体系医疗卫生投入不足，经办机构重复建设，区域统筹不够协调。

6.2.3 长三角文化资源现状

文化资源一体化是长三角一体化的重要内容。习近平总书记在首届中国国际进口博览会上发表主旨演讲时指出：“支持长江三角洲区域一体化发展并上升为国家战略。”这为我们推进新时代长三角文化资源一体化建设、实现长三角文化融合与创新发展指明了方向与路径。下面将分别从艺术表演团体数量、公共图书馆数量、文化馆数量、文化站数量、博物馆数量等方面梳理长三角的文化资源现状。

6.2.3.1 长三角艺术表演团体现状

(1) 长三角艺术表演团体概况

截至 2016 年年底，除合肥以外的长三角 25 个城市共有 518 个艺术表演团体，比 2012 年增长 41.53%，年平均增长约 10%，整体呈上升趋势。人均方面，截至 2016 年年底，长三角每百万人艺术表演团体数为 4.22 个，

5 年间整体增长 38.82%，年均增长约 10%，整体同样呈上升趋势。

表 6-11 2012—2016 年长三角艺术表演团体总体发展概况

类 别	2012 年	2013 年	2014 年	2015 年	2016 年
艺术表演团体总数（个）	366	360	388	487	518
每百万人艺术表演团体数（个）	3.04	2.98	3.19	3.92	4.22

注：由于合肥市艺术表演团体数不可得，故该数据不包括合肥市。
资料来源：2013—2017 年《中国城市统计年鉴》。

（2）长三角艺术表演团体空间布局

截至 2016 年年底，艺术团体数最多的是上海（205 个），占到整个区域艺术团体总数的 39.58%。紧随其后的分别是湖州（68 个）、南京（58 个）、宣城（38 个）、马鞍山（29 个）。这 5 个城市的艺术表演团体数合计达到 398 个，占比达到了整个长三角的 76.83%。各城市艺术表演团体数占区域内艺术表演团体总数比重大于该城市常住人口占区域内总人口比重的城市分别为：上海、湖州、南京、宣城、马鞍山、池州、铜陵。每百万人艺术表演团体数最多的城市是湖州（25.66 个），其次是上海（14.14 个），再次是宣城（13.57 个）。每百万人艺术表演团体数最少的城市是安庆和嘉兴，这两个地区到 2016 年还没有独立的艺术表演团体。

表 6-12 2016 年长三角艺术表演团体分布情况

	常住人口（万人）	占区域内总人口比重	艺术表演团体数（个）	占区域内表演团体总数比重	每百万人艺术表演团体数（个）
上海	2419.7	15.95%	205	39.58%	14.14
南京	827	5.45%	58	11.20%	8.75
无锡	652.9	4.30%	4	0.77%	0.82
常州	470.83	3.10%	11	2.12%	2.93
苏州	1064.72	7.02%	15	2.90%	2.21
南通	730.2	4.81%	8	1.54%	1.04
盐城	723.5	4.77%	14	2.70%	1.68
扬州	449.14	2.96%	4	0.77%	0.87

续表

	常住人口（万人）	占区域内总人口比重	艺术表演团体数（个）	占区域内表演团体总数比重	每百万人艺术表演团体数（个）
镇江	318.13	2.10%	4	0.77%	1.47
泰州	464.58	3.06%	5	0.97%	0.98
杭州	918.8	6.06%	11	2.12%	1.49
宁波	787.5	5.19%	4	0.77%	0.68
嘉兴	461.4	3.04%	0	0.00%	0.00
湖州	297.5	1.96%	68	13.13%	25.66
绍兴	498.8	3.29%	7	1.35%	1.57
金华	552	3.64%	4	0.77%	0.83
舟山	115.8	0.76%	1	0.19%	1.03
台州	608	4.01%	7	1.35%	1.17
合肥	786.9	5.19%	—	—	—
芜湖	367	2.42%	1	0.19%	0.26
马鞍山	227.6	1.50%	29	5.60%	12.66
铜陵	160.1	1.06%	6	1.16%	3.51
安庆	461.2	3.04%	0	0.00%	0.00
滁州	404.4	2.67%	2	0.39%	0.44
池州	144.3	0.95%	12	2.32%	7.41
宣城	260.1	1.71%	38	7.34%	13.57
总计	15172.1	100.00%	518	100.00%	4.22

资料来源：2017 年长三角 26 个地级市统计年鉴。

表 6-13　2012—2016 年长三角各城市艺术表演团体数

	2012 年	2013 年	2014 年	2015 年	2016 年
上海市	148	148	158	180	205
南京市	48	48	48	48	58
无锡市	4	4	4	4	4
常州市	11	11	11	11	11
苏州市	14	9	15	15	15

续表

	2012 年	2013 年	2014 年	2015 年	2016 年
南通市	8	8	8	8	8
盐城市	14	14	14	14	14
扬州市	8	9	9	9	4
镇江市	4	4	4	4	4
泰州市	5	5	6	5	5
杭州市	11	11	12	11	11
宁波市	6	6	6	5	4
嘉兴市	0	0	0	0	0
湖州市	23	23	23	68	68
绍兴市	6	7	7	7	7
金华市	13	12	12	12	4
舟山市	1	1	1	1	1
台州市	6	7	7	7	7
合肥市	—	—	—	—	—
芜湖市	0	1	1	1	1
马鞍山市	11	13	16	25	29
铜陵市	3	3	3	6	6
安庆市	0	0	0	0	0
滁州市	3	3	3	3	2
池州市	3	3	3	10	12
宣城市	16	10	17	33	38

注：由于合肥市艺术表演团体数不可得，故该数据不包括合肥市。

资料来源：2013—2017 年长三角 26 个城市统计年鉴。

6.2.3.2 长三角公共图书馆及藏书资源现状

(1) 长三角公共图书馆及藏书资源概况

截至 2016 年年底，长三角 26 个城市共有 242 个公共图书馆，2012—2016 年间整体保持稳定，略有上升趋势。人均方面，截至 2016 年年底，长三角每百万人艺术表演团体数为 1.86 个，2012—2016 年间整体保持稳

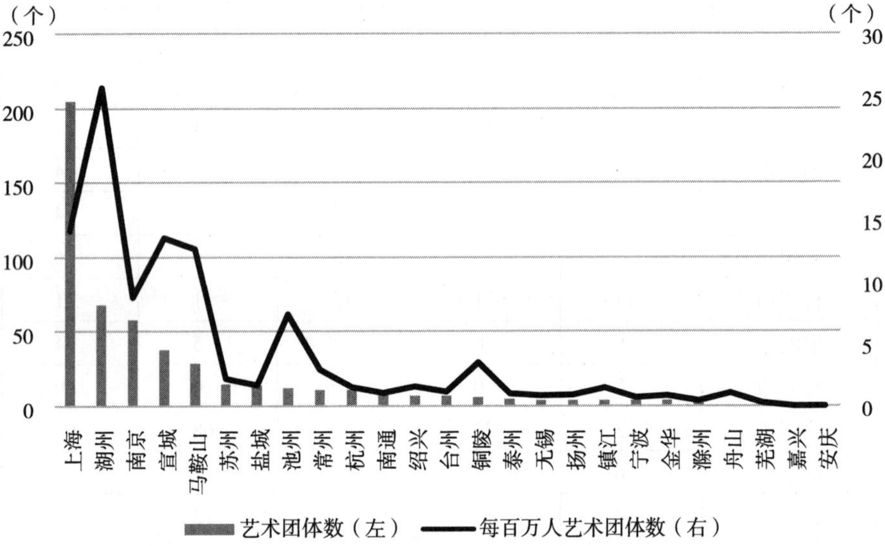

图 6-11　2016 年长三角每百万人拥有艺术表演团体数

注：由于合肥市艺术表演团体数不可得，故该数据不包括合肥市。

资料来源：2017 年长三角 26 个城市统计年鉴。

定，同样呈略微上升趋势。

截至 2016 年年底，长三角 26 个城市共有 216. 67 百万册公共藏书，2012—2016 年间总藏书量稳步提升，相较于 2012 年的 187. 03 百万册增长了 15. 85%。人均方面则保持相对稳定，截至 2016 年年底，长三角每人拥有公共图书藏书量为 1. 67 册，比 2012 年增长 13. 6%，年均增长 2. 72%。

表 6-14　2012—2016 年长三角公共图书馆总体发展概况

类别	2012 年	2013 年	2014 年	2015 年	2016 年
公共图书馆总数（个）	231	235	235	241	242
每百万人公共图书馆数（个/百万）	1. 81	1. 83	1. 83	1. 84	1. 86
公共图书馆图书总藏量（百万册）	187. 03	180. 75	173. 44	195. 85	216. 67
每人拥有公共图书藏书量（本）	1. 47	1. 41	1. 35	1. 49	1. 67

资料来源：2013—2017 年《中国城市统计年鉴》。

表 6-15 2012—2016 年长三角各城市公共图书馆数

	2012 年	2013 年	2014 年	2015 年	2016 年
上海市	25	25	25	25	24
南京市	17	15	15	15	15
无锡市	10	10	10	10	8
常州市	4	4	4	4	5
苏州市	12	11	11	11	11
南通市	9	11	10	10	10
盐城市	9	11	11	11	11
扬州市	7	7	7	7	7
镇江市	8	8	8	9	9
泰州市	7	7	6	7	7
杭州市	12	12	12	12	12
宁波市	12	12	12	12	12
嘉兴市	8	8	8	8	8
湖州市	5	5	5	5	5
绍兴市	6	6	6	7	7
金华市	10	10	10	10	10
舟山市	4	5	5	5	5
台州市	10	10	10	10	10
合肥市	9	9	9	9	9
芜湖市	6	7	9	10	10
马鞍山市	7	6	6	7	7
铜陵市	3	5	5	5	6
安庆市	9	9	10	10	12
滁州市	9	9	9	9	9
池州市	5	5	4	5	5
宣城市	8	8	8	8	8

资料来源：2017 年长三角 26 个地级市统计年鉴。

表 6-16　2012—2016 年长三角各城市公共图书馆藏书数

	2012 年	2013 年	2014 年	2015 年	2016 年
上海市	72024	72390	73626. 1	75682	76764
南京市	15736	15053	5188	16343	19886
无锡市	5653	3921	4498	5186	7100
常州市	3755	2849	3030	3140	4520
苏州市	16629	13539	15099	17457	18780
南通市	5366	5284	4455	4703	5000
盐城市	2559	2652	2831	3253	3350
扬州市	2821	3270	2937	3211	3540
镇江市	2770	2559	2829	3003	3150
泰州市	1926	2177	2439	2570	2710
杭州市	17380	17979	18642. 41	19850	21373
宁波市	7327	6678	7218	6924	7573
嘉兴市	5937	7920	6801	7474	7871
湖州市	2033	2019	2174. 03	1960	2077
绍兴市	2931	2964	3366. 94	3820	4174
金华市	2301	2562	2813	3138	3713
舟山市	1038	1285	1436. 58	1651	1844
台州市	3084	2398	2622. 62	3788	5492
合肥市	6971	4327	4555. 34	4910	5256
芜湖市	1357	1506	1790. 38	1868	2139
马鞍山市	1960	1061	1117. 19	1175	1213
铜陵市	611	671	710. 05	750	1090
安庆市	2023	3837	1286. 59	1841	5582
滁州市	1850	722	784. 11	892	1056
池州市	254	394	416. 54	450	519
宣城市	729	731	777. 5	812	899

资料来源：2013—2017 年《中国城市统计年鉴》。

（2）长三角公共图书馆及藏书空间布局

截至 2016 年年底，长三角公共图书馆最多的城市是上海（25 个）。紧随其后的分别是南京（15 个）、杭州（12 个）、宁波（12 个）、安庆（12 个）。各城市公共图书馆数占区域内公共图书馆总数比重大于该城市常住人口占区域内总人口比重的城市分别为：南京、镇江、嘉兴、湖州、金华、舟山、台州、芜湖、马鞍山、铜陵、安庆、滁州、池州，集中在浙江和安徽两省。每百万人公共图书馆数最多的城市是池州（9.63 个），其次是宣城（8.9 个），再次是滁州（8.52 个），人均方面，安徽省的城市表现最好，前六名均属安徽省城市。每百万人拥有公共图书馆数排在后两位的城市是杭州（0.56 个）和上海（0.31 个）。

表 6-17　2016 年长三角公共图书馆分布情况

	常住人口（万人）	占区域内总人口比重	公共图书馆数（个）	占区域内公共图书馆总数比重	每百万人拥有公共图书馆数（个）
上海	2419.7	15.95%	24	9.92%	0.31
南京	827	5.45%	15	6.20%	0.75
无锡	652.9	4.30%	8	3.31%	1.13
常州	470.83	3.10%	5	2.07%	1.11
苏州	1064.72	7.02%	11	4.55%	0.59
南通	730.2	4.81%	10	4.13%	2.00
盐城	723.5	4.77%	11	4.55%	3.28
扬州	449.14	2.96%	7	2.89%	1.98
镇江	318.13	2.10%	9	3.72%	2.86
泰州	464.58	3.06%	7	2.89%	2.58
杭州	918.8	6.06%	12	4.96%	0.56
宁波	787.5	5.19%	12	4.96%	1.58
嘉兴	461.4	3.04%	8	3.31%	1.02
湖州	297.5	1.96%	5	2.07%	2.41
绍兴	498.8	3.29%	7	2.89%	1.68
金华	552	3.64%	10	4.13%	2.69
舟山	115.8	0.76%	5	2.07%	2.71
台州	608	4.01%	10	4.13%	1.82
合肥	786.9	5.19%	9	3.72%	1.71

续表

	常住人口（万人）	占区域内总人口比重	公共图书馆数（个）	占区域内公共图书馆总数比重	每百万人拥有公共图书馆数（个）
芜湖	367	2.42%	10	4.13%	4.68
马鞍山	227.6	1.50%	7	2.89%	5.77
铜陵	160.1	1.06%	6	2.48%	5.50
安庆	461.2	3.04%	12	4.96%	2.15
滁州	404.4	2.67%	9	3.72%	8.52
池州	144.3	0.95%	5	2.07%	9.63
宣城	260.1	1.71%	8	3.31%	8.90
总计	15172.1	100.00%	242	100.00%	1.12

资料来源：2017 年长三角 26 个地级市统计年鉴。

截至 2016 年年底，公共图书馆藏书最多的城市是上海（76764 千册），排在第二的是杭州（21373 千册）。后三位分别是南京（19886 千册）、苏州（18780 千册）、嘉兴（7871 千册），藏书前 5 名城市的藏书总数占到了区域藏书总数的 66.71%。各城市公共图书馆藏书数占区域内公共图书馆藏书总数比重大于该城市常住人口占区域内总人口比重的城市分别为：上海、南京、杭州、苏州、嘉兴、舟山，集中在东部较发达城市。每人拥有公共图书馆藏书数最多的城市是上海（5.29 册），其次是南京（3.0 册），再次是杭州（2.9 册）。每人拥有公共图书馆藏书数排在后三位的城市是宣城（0.32 册）、池州（0.32 册）、滁州（0.23 册），这表明安徽省各城市的公共图书馆数量虽然较多，但是人均藏书相对较少。

表 6-18　2016 年长三角公共图书馆藏书分布情况

	常住人口（万人）	占区域内总人口比重	公共图书馆藏书数（千册）	占区域内公共图书馆藏书总数比重	每人拥有公共图书馆藏书数（册）
上海	2419.7	15.95%	76764	35.43%	5.29
南京	827	5.45%	19886	9.18%	3.00
无锡	652.9	4.30%	7100	3.28%	1.46
常州	470.83	3.10%	4520	2.09%	1.21

续表

	常住人口（万人）	占区域内总人口比重	公共图书馆藏书数（千册）	占区域内公共图书馆藏书总数比重	每人拥有公共图书馆藏书数（册）
苏州	1064.72	7.02%	18780	8.67%	2.77
南通	730.2	4.81%	5000	2.31%	0.65
盐城	723.5	4.77%	3350	1.55%	0.40
扬州	449.14	2.96%	3540	1.63%	0.77
镇江	318.13	2.10%	3150	1.45%	1.16
泰州	464.58	3.06%	2710	1.25%	0.53
杭州	918.8	6.06%	21373	9.86%	2.90
宁波	787.5	5.19%	7573	3.50%	1.28
嘉兴	461.4	3.04%	7871	3.63%	2.24
湖州	297.5	1.96%	2077	0.96%	0.78
绍兴	498.8	3.29%	4174	1.93%	0.94
金华	552	3.64%	3713	1.71%	0.77
舟山	115.8	0.76%	1844	0.85%	1.90
台州	608	4.01%	5492	2.53%	0.92
合肥	786.9	5.19%	5256	2.43%	0.72
芜湖	367	2.42%	2139	0.99%	0.55
马鞍山	227.6	1.50%	1213	0.56%	0.53
铜陵	160.1	1.06%	1090	0.50%	0.64
安庆	461.2	3.04%	5582	2.58%	1.06
滁州	404.4	2.67%	1056	0.49%	0.23
池州	144.3	0.95%	519	0.24%	0.32
宣城	260.1	1.71%	899	0.41%	0.32
总计	15172.1	100.00%	216671	100.00%	1.67

资料来源：2017 年长三角 26 个地级市统计年鉴。

6.2.3.3 长三角博物馆资源现状

（1）长三角博物馆资源概况

截至 2016 年年底，除合肥、舟山以外的长三角 24 个城市共有 489 个博物馆，比 2012 年增长 23.8%，年平均增长约 4.8%，区域内博物馆数量稳步提升。人均方面，到 2016 年年底，长三角每百万人拥有博物馆数为 4.02 个，5 年间整体增长 21.82%，年均增长约 4.36%，整体发展平稳。

表 6-19　2012—2016 年长三角博物馆总体发展概况

类别	2012 年	2013 年	2014 年	2015 年	2016 年
博物馆总数（个）	395	413	426	467	489
每百万人博物馆数（个）	3.30	3.44	3.53	3.79	4.02

注：由于合肥、舟山博物馆数不可得，故该数据不包括合肥、舟山。

资料来源：2013—2017 年《中国城市统计年鉴》。

表 6-20　2012—2016 年长三角各城市博物馆数

	2012 年	2013 年	2014 年	2015 年	2016 年
上海市	45	50	48	56	57
南京市	48	48	48	48	58
无锡市	54	57	58	61	62
常州市	19	21	23	26	27
苏州市	36	40	40	42	42
南通市	27	21	22	22	24
盐城市	9	10	11	11	11
扬州市	14	16	16	16	16
镇江市	10	10	14	14	14
泰州市	14	18	19	19	19
杭州市	15	15	15	15	15
宁波市	15	15	15	16	18
嘉兴市	0	0	0	0	0
湖州市	7	7	12	31	36
绍兴市	20	20	20	20	20
金华市	16	26	26	26	26
舟山市	—	—	—	—	—
台州市	0	0	0	0	0
合肥市	—	—	—	—	—

续表

	2012 年	2013 年	2014 年	2015 年	2016 年
芜湖市	13	6	6	11	11
马鞍山市	11	10	10	10	10
铜陵市	0	0	0	0	0
安庆市	0	0	0	0	0
滁州市	12	12	12	12	12
池州市	0	0	0	0	0
宣城市	10	11	11	11	11

资料来源：2013—2017 年《中国城市统计年鉴》。

（2）长三角博物馆空间布局

截至 2016 年年底，博物馆最多的城市是无锡（62 个）。紧随其后的分别是南京（58 个）、上海（57 个）、苏州（42 个）、湖州（36 个），以上 5 个城市的博物馆数量占到了区域内博物馆总数的 52. 15%，而嘉兴、台州、铜陵、安庆、池州 5 个城市到 2016 年还没有建成博物馆。各城市博物馆数占区域内博物馆总数比重大于该城市常住人口占区域内总人口比重的城市分别为：南京、无锡、常州、苏州、扬州、镇江、泰州、南通、湖州、绍兴、金华、马鞍山，集中在浙江和江苏两省，安徽省仅有一个城市超出平均水平。每百万人拥有博物馆数最多的城市是湖州（13. 58 个），其次是无锡（12. 76 个），再次是南京（8. 75 个）。

表 6-21　2016 年长三角博物馆分布情况

	常住人口（万人）	占区域总人口比重	博物馆数（个）	占区域博物馆总数比重	每百万人拥有博物馆数（个）
上海	2419. 7	15. 95%	57	11. 66%	3. 93
南京	827	5. 45%	58	11. 86%	8. 75
无锡	652. 9	4. 30%	62	12. 68%	12. 76
常州	470. 83	3. 10%	27	5. 52%	7. 20
苏州	1064. 72	7. 02%	42	8. 59%	6. 19
南通	730. 2	4. 81%	24	4. 91%	3. 13

续表

	常住人口（万人）	占区域总人口比重	博物馆数（个）	占区域博物馆总数比重	每百万人拥有博物馆数（个）
盐城	723.5	4.77%	11	2.25%	1.32
扬州	449.14	2.96%	16	3.27%	3.46
镇江	318.13	2.10%	14	2.86%	5.15
泰州	464.58	3.06%	19	3.89%	3.74
杭州	918.8	6.06%	15	3.07%	2.04
宁波	787.5	5.19%	18	3.68%	3.05
嘉兴	461.4	3.04%	0	0.00%	0.00
湖州	297.5	1.96%	36	7.36%	13.58
绍兴	498.8	3.29%	20	4.09%	4.49
金华	552	3.64%	26	5.32%	5.41
舟山	115.8	0.76%	—	—	—
台州	608	4.01%	0	0.00%	0.00
合肥	786.9	5.19%	—	—	—
芜湖	367	2.42%	11	2.25%	2.84
马鞍山	227.6	1.50%	10	2.04%	4.37
铜陵	160.1	1.06%	0	0.00%	0.00
安庆	461.2	3.04%	0	0.00%	0.00
滁州	404.4	2.67%	12	2.45%	2.64
池州	144.3	0.95%	0	0.00%	0.00
宣城	260.1	1.71%	11	2.25%	3.93
总计	15172.1	100.00%	489	100.00%	3.76

资料来源：2017 年长三角 26 个地级市统计年鉴。

6.2.3.4 长三角文化馆及文化站资源概况

（1）长三角文化馆及文化站资源概况

截至 2016 年年底，长三角 26 个城市共有 235 个文化馆，2012—2016 年间馆总数非常稳定，保持在 235 个左右。人均方面，到 2016 年年底，长三角每百万人拥有文化馆数为 1.81 个，2012—2016 年间整体同样保持稳定，人均数始终保持在1.8个上下。

截至2016年年底，长三角除南通、泰州、扬州以外的23个城市共有2254.74个文化站，2012—2016年间区域内文化站数保持相对稳定，略有下降趋势，相较于2012年的2422个减少了6.9%。人均方面则保持相对稳定。到2016年年底，长三角每百万人拥有文化站20.02个，比2012年下降。

表6-22　2012—2016年长三角文化馆及文化站总体发展概况

类别	2012年	2013年	2014年	2015年	2016年
文化馆总数（个）	236	234	234	234	235
每百万人文化馆数（个）	1.85	1.83	1.82	1.78	1.81
文化站总数（个）	2422	2302	2304	2270	2255
每百万人文化站数（个）	21.95	20.78	20.71	19.91	20.02

注：由于南通、泰州、扬州文化站数不可得，故该文化站数据不包括南通、泰州、扬州。
资料来源：2013—2017年《中国城市统计年鉴》。

表6-23　2012—2016年长三角各城市文化馆数

	2012年	2013年	2014年	2015年	2016年
上海市	26	25	24	24	24
南京市	16	14	14	14	14
无锡市	10	10	10	10	8
常州市	8	8	8	8	8
苏州市	12	11	11	11	11
南通市	9	9	9	9	9
盐城市	10	10	10	10	10
扬州市	7	7	7	7	7
镇江市	8	8	8	8	8
泰州市	6	6	7	7	7
杭州市	15	15	15	15	15
宁波市	15	15	15	15	15

续表

	2012 年	2013 年	2014 年	2015 年	2016 年
嘉兴市	8	8	8	8	8
湖州市	6	6	6	6	6
绍兴市	6	7	7	7	7
金华市	10	10	10	10	10
舟山市	4	5	5	5	5
台州市	10	10	10	10	10
合肥市	11	11	11	11	11
芜湖市	7	7	7	7	7
马鞍山市	7	6	6	6	6
铜陵市	3	3	3	4	6
安庆市	0	0	0	0	0
滁州市	9	9	9	9	9
池州市	6	6	6	5	6
宣城市	7	8	8	8	8

资料来源：2013—2017 年《中国城市统计年鉴》。

表 6-24　2012—2016 年长三角各城市文化站数

	2012 年	2013 年	2014 年	2015 年	2016 年
上海市	213	213	213	212	213
南京市	100	100	100	100	100
无锡市	82	80	80	80	80
常州市	59	59	59	59	59
苏州市	99	99	98	98	98
南通市	—	—	—	—	—
盐城市	123	123	126	126	126
扬州市	—	—	—	—	—
镇江市	56	56	56	54	54
泰州市	—	—	—	—	—

续表

	2012 年	2013 年	2014 年	2015 年	2016 年
杭州市	192	189	189	189	189
宁波市	147	147	147	149	147
嘉兴市	73	73	73	73	73
湖州市	69	69	69	64	64
绍兴市	118	118	118	118	118
金华市	152	153	153	152	152
舟山市	44	35	35	35	35
台州市	133	133	119	129	129
合肥市	232	115	111	70	70
芜湖市	35	48	47	47	47
马鞍山市	16	16	16	15	38
铜陵市	82.33	90.68	96.24	101.56	63.74269
安庆市	147	146	147	147	148
滁州市	99	99	101	100	100
池州市	53	53	53	53	53
宣城市	98	87	98	98	98

资料来源：2013—2017 年《中国城市统计年鉴》。

（2）长三角文化馆及文化站空间布局

截至 2016 年年底，文化馆最多的城市是上海（24 个），排在第二的是杭州（15 个），其后是宁波（14 个）、南京（14 个）和苏州（11 个），文化馆多于 10 个的城市还有合肥（11 个）、盐城（10 个）、金华（10 个）和台州（10 个）。各城市文化馆数占区域内文化馆总数比重小于该城市常住人口占区域内总人口比重的城市分别为：上海、无锡、苏州、南通、盐城、泰州、绍兴、合肥和安庆。每百万人拥有文化馆数最多的城市是舟山（5.15 个），其次是池州（3.7 个），再次是铜陵（3.51 个）。每百万人拥有文化馆数排在后三位的城市是盐城（1.2 个）、南通（1.17 个）、安庆（0 个），截至 2016 年安庆并未开放文化馆。

表 6-25　2016 年长三角文化馆分布情况

	常住人口（万人）	占区域内总人口比重	文化馆数（个）	占区域内文化馆总数比重	每百万人拥有文化馆数（个）
上海	2419.7	15.95%	24	10.21%	1.66
南京	827	5.45%	14	5.96%	2.11
无锡	652.9	4.30%	8	3.40%	1.65
常州	470.83	3.10%	8	3.40%	2.13
苏州	1064.72	7.02%	11	4.68%	1.62
南通	730.2	4.81%	9	3.83%	1.17
盐城	723.5	4.77%	10	4.26%	1.20
扬州	449.14	2.96%	7	2.98%	1.52
镇江	318.13	2.10%	8	3.40%	2.94
泰州	464.58	3.06%	7	2.98%	1.38
杭州	918.8	6.06%	15	6.38%	2.04
宁波	787.5	5.19%	15	6.38%	2.54
嘉兴	461.4	3.04%	8	3.40%	2.27
湖州	297.5	1.96%	6	2.55%	2.26
绍兴	498.8	3.29%	7	2.98%	1.57
金华	552	3.64%	10	4.26%	2.08
舟山	115.8	0.76%	5	2.13%	5.15
台州	608	4.01%	10	4.26%	1.67
合肥	786.9	5.19%	11	4.68%	1.51
芜湖	367	2.42%	7	2.98%	1.80
马鞍山	227.6	1.50%	6	2.55%	2.62
铜陵	160.1	1.06%	6	2.55%	3.51
安庆	461.2	3.04%	0	0.00%	0.00
滁州	404.4	2.67%	9	3.83%	1.98
池州	144.3	0.95%	6	2.55%	3.70
宣城	260.1	1.71%	8	3.40%	2.86
总计	15172.1	100.00%	235	100.00%	1.81

资料来源：2017 年长三角 26 个地级市统计年鉴。

截至2016年年底，文化站最多的城市是上海（213个），排在第二的是杭州（189个），其后是金华（152个）、安庆（148个）、宁波（147个），文化站超过100个的城市还有台州（129个）、盐城（126个）、绍兴（118个）、南京（100个）、滁州（100个）。各城市文化站数占区域内文化站总数比重小于该城市常住人口占区域内总人口比重的城市分别为：上海、苏州、合肥、南京、无锡、常州、芜湖。每百万人拥有文化站数最多的城市是铜陵（37.28个），其次是舟山（36.08个），再次是宣城（35.0个）。每百万人拥有文化站数排在后三位的城市是苏州（14.45个）、芜湖（12.11个）、合肥（9.59个）。

表6-26 2016年长三角文化站分布情况

	常住人口（万人）	占区域内总人口比重	文化站数（个）	占区域内文化站总数比重	每百万人拥有文化站数（个）
上海	2419.7	15.95%	213	9.45%	14.69
南京	827	5.45%	100	4.44%	15.08
无锡	652.9	4.30%	80	3.55%	16.46
常州	470.83	3.10%	59	2.62%	15.73
苏州	1064.72	7.02%	98	4.35%	14.45
南通	730.2	4.81%	—	—	—
盐城	723.5	4.77%	126	5.59%	15.16
扬州	449.14	2.96%	—	—	—
镇江	318.13	2.10%	54	2.39%	19.85
泰州	464.58	3.06%	—	—	—
杭州	918.8	6.06%	189	8.38%	25.68
宁波	787.5	5.19%	147	6.52%	24.87
嘉兴	461.4	3.04%	73	3.24%	20.74
湖州	297.5	1.96%	64	2.84%	24.15
绍兴	498.8	3.29%	118	5.23%	26.52
金华	552	3.64%	152	6.74%	31.60
舟山	115.8	0.76%	35	1.55%	36.08
台州	608	4.01%	129	5.72%	21.50

续表

	常住人口（万人）	占区域内总人口比重	文化站数（个）	占区域内文化站总数比重	每百万人拥有文化站数（个）
合肥	786.9	5.19%	70	3.10%	9.59
芜湖	367	2.42%	47	2.08%	12.11
马鞍山	227.6	1.50%	38	1.69%	16.59
铜陵	160.1	1.06%	64	2.83%	37.28
安庆	461.2	3.04%	148	6.56%	27.98
滁州	404.4	2.67%	100	4.44%	22.03
池州	144.3	0.95%	53	2.35%	32.72
宣城	260.1	1.71%	98	4.35%	35.00
总计	15172.1	100.00%	2255	100.00%	17.34

注：由于南通、泰州、扬州文化站数不可得，故该数据不包括南通、泰州、扬州。
资料来源：2017 年长三角 26 个地级市统计年鉴。

6.2.3.5 长三角文化资源特点

第一，长三角文化资源比较丰富，文化相对繁荣，文化设施比较完善。

第二，空间分布不均，文化设施资源较多集中在上海、南京、杭州等大城市。

第三，文化设施资源同样存在东多中少情况。

第四，文化底蕴资源虽然丰富，但依然开发不足，供不应求。随着文化结构的不断升级，区域文化需求日益高涨。但是，供需结构性差异和矛盾在一定区域范围内还普遍存在。

第五，相对于基础设施、交通等长三角区域一体化，文化一体化进展较慢。

第六，区域文化产业加速发展，但产业效率不高。

第七，区域内文化产业发展与经济发展格局基本相同。

第八，文化建设多停留在区域战略层面，基层文化建设缺失，居民文化意识有待提高。

6.2.4　上海市社会发展现状

2018年，长三角一体化正式上升为国家战略，在这一政策的推动下，长三角一体化将会进一步提速，上海市作为带动长三角高质量一体化发展的核心城市，在政策大背景下上海市在引领长三角社会发展高质量一体化方面的角色进一步凸显。为此，本小节将着重介绍上海市社会发展现状，通过现状梳理，从而更好地开发和挖掘上海市在长三角高质量社会发展一体化进程中的作用。本小节将在上文基础上进一步从上海市教育、医疗、文化资源三方面展开论述。

6.2.4.1　上海市教育资源现状

事实上上海教育的优势不仅仅体现在基础教育和高等教育等全日制教育上，在社会教育、网络教育、特殊教育等领域优势依然突出，上海的教育体系相对完整。本小节将在上文的基础上进一步从上海的民办教育、网络教育、成人教育三个方面绍介绍上海教育资源的优势地位。

（1）上海市民办教育现状

上海市民办教育自改革开放40年来，为上海整体教育水平提升贡献巨大。从近5年数据来看，上海市民办教育学校数整体保持平稳发展态势。其中民办普通高等学校数稳步增长，截止到2017年年底，民办普通高等学校数占到上海市普通高等学校总数的28.13%，民办普通高等学校在校学生数占当年上海市普通高等学校在校学生总数的21.01%，民办普通高等学校专任教师占到上海市普通高等学校当年专任教师总数的11.75%；民办普通中学数量2013—2017年保持稳定，截止到2017年年底，民办普通中学有129所，占到当年上海市普通中学总数的15.77%，民办普通中学在校学生数占当年上海市普通中学在校学生总数的14.10%，民办普通中学专任教师占到上海市当年普通中学专任教师总数的11.75%；民办普通小学数量整体呈下降趋势，截止到2017年年底，民办普通小学有139所，占上海市当年普通小学总数的18.76%，民办普通小学在校学生数占当年上海市普通小学在校学生总数的14.31%，民办普通小学专任教师占到上海市当年普通小学专任教师总数的11.75%。

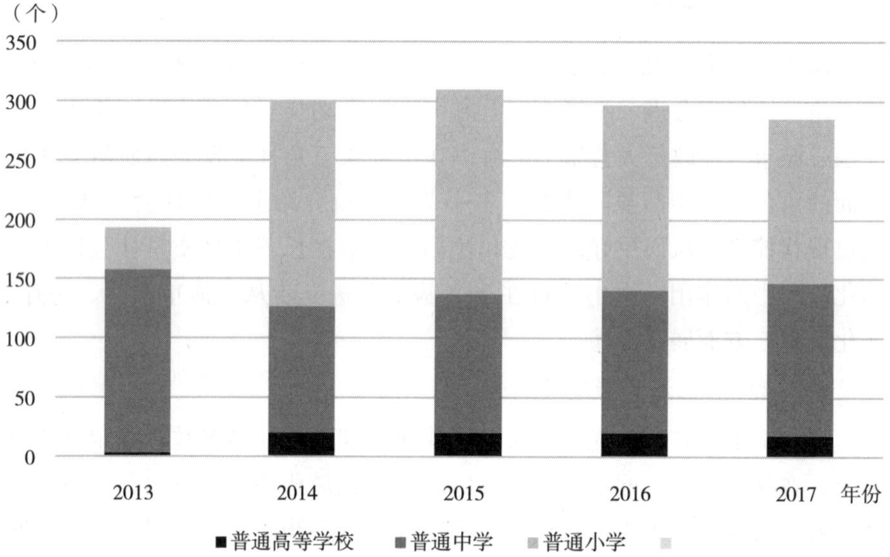

图 6-12　2013—2017 年上海市民办教育学校数

资料来源：2014—2018 年《上海市统计年鉴》。

表 6-27　2017 年上海市民办教育概况

	民办学校数（个）	民办学校占学校总数的比重	民办学校专任老师数（人）	民办学校专任老师占老师总数的比重	民办学校学生数（万）	民办学校学生占学生总数的比重
普通高等学校	18	28. 13%	4993	11. 75%	10. 82	21. 01%
普通中学	129	15. 77%	6813	11. 91%	8. 05	14. 10%
普通小学	139	18. 76%	6946	12. 70%	11. 23	14. 31%

资料来源：2018 年《上海市统计年鉴》。

（2）上海市网络教育现状

上海市网络教育发达，学科覆盖面广，教授学科包括工学、理学、经济学、教育等多个门类。近 10 年内，在校学生数保持相对稳定，整体在校人数保持在 3 万—4. 5 万人，截至 2017 年年底，上海市共有 4. 20 万在校网络教育本科生。

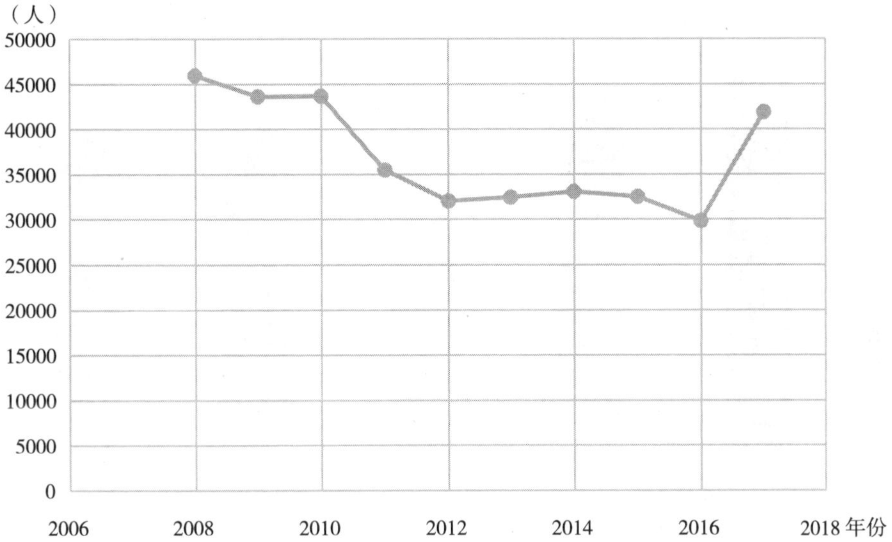

图 6-13 2008—2017 年上海市网络教育本科在校生人数

资料来源：2009—2018 年《上海市统计年鉴》。

（3）上海市成人教育现状

上海市成人教育体系完整，上海市成人教育包括高等教育、中等教育、职业教育三方面。2013—2017 年，上海成人教育整体发展平稳。其中高等教育学校数增长明显，截止到 2017 年年底，上海市共有 64 所成人高等教育学校。成人中等教育学校数量保持稳定，截止到 2017 年年底，上海市共有 18 所成人中等教育学校；职业成人技术教育学校数量最多，占到整个成人教育学校的 90%以上，截止到 2017 年年底，上海市共有 689 所职业成人职业教育学校。

上海市成人教育在校学生数量增长明显，截止到 2017 年年底，上海市共有 19. 70 万在读成人教育学生，其中成人高等学校学生 13. 45 万人，成人中等学校学生 1. 63 万人，成人职业学校学生 181. 83 万人。

上海市成人教育专任老师数量保持稳定。截止到 2017 年年底，上海市共有 9753 名专任成人教育老师，其中成人高等学校专任老师有 180 人，成人中等学校专任老师有 736 人，成人职业学校专任老师有 8281 人。

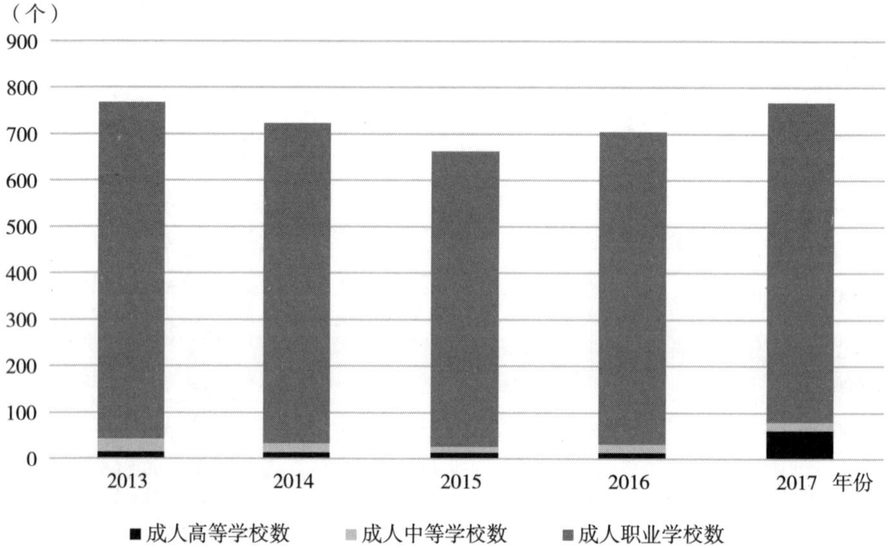

图 6-14 2013—2017 年上海市各类成人教育学校数

资料来源：2014—2018 年《上海市统计年鉴》。

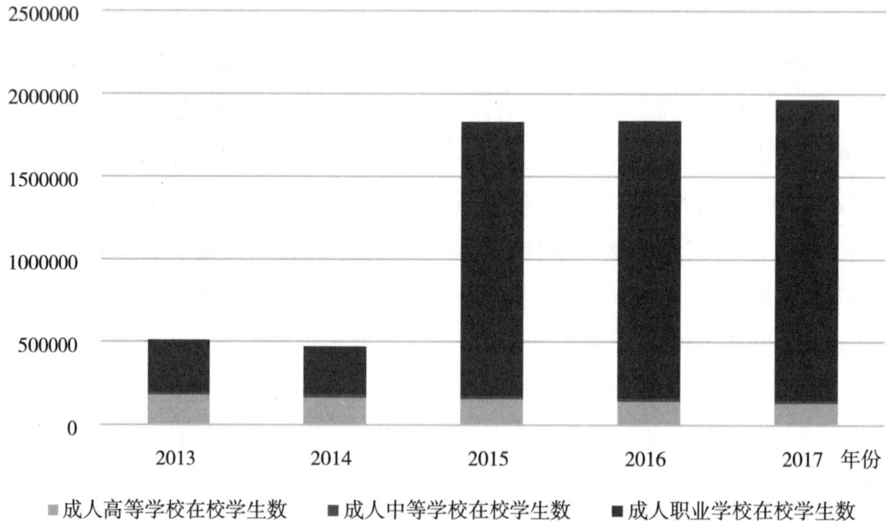

图 6-15 2013—2017 年上海市成人教育在校生人数

资料来源：2014—2018 年《上海市统计年鉴》。

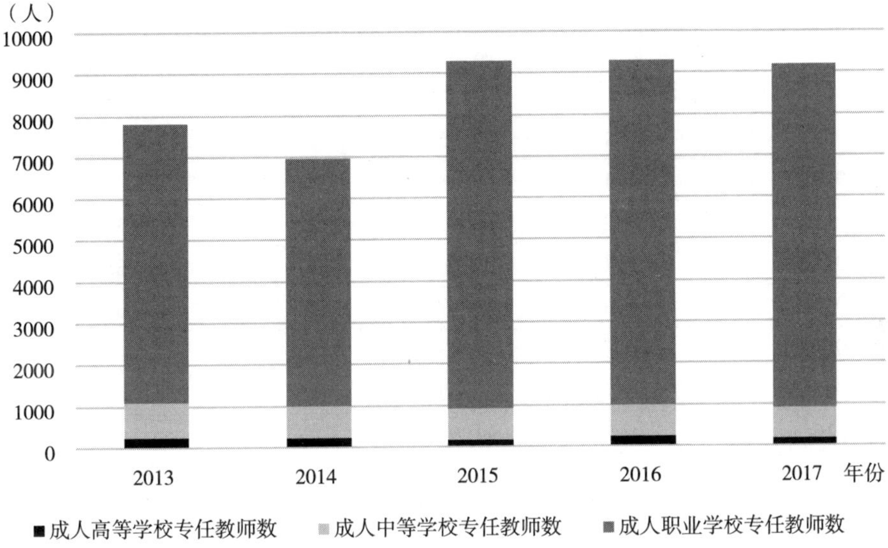

图 6-16 2013—2017 年上海市成人教育专任教师数

资料来源：2014—2018 年《上海市统计年鉴》。

6.2.4.2 上海市医疗资源现状

上海市医疗体系相对完整，各类医疗机构配置齐全。这里将从各类医院分布情况、公共卫生机构分布情况、老年医疗资源分布情况三方面展开论述。

（1）上海市医疗资源总体情况

2008—2017 年，上海市医疗资源得到长足发展，医院总数稳步提升，从 2008 年的 301 家增长到 2017 年的 363 家，年均增长 6 家医院；执业医生人数和床位数同步提升，截止到 2017 年年底，执业医师人数为 6.83 万，医院床位数有 11.59 万张；每万人医生数从 2008 年的 27 人下降到 2011 年的 22 人，到 2017 年又增长到 28 人，每万人床位数表现出同样趋势，这表明上海市医疗资源利用率相对提升。

表 6-28 2008—2017 年上海市医疗资源总体情况

年份	医院数（家）	执业（助理）医师（万人）	医院床位数（万张）	每万人医生数（人）	每万人医院床位数（张）
2008	301	5.12	7.78	27	41

续表

年份	医院数（家）	执业（助理）医师（万人）	医院床位数（万张）	每万人医生数（人）	每万人医院床位数（张）
2009	296	5. 11	7. 95	27	41
2010	306	5. 13	8. 48	22	37
2011	308	5. 21	8. 75	22	37
2012	317	5. 42	9. 00	23	38
2013	328	5. 81	9. 47	24	39
2014	332	6. 13	9. 83	25	41
2015	338	6. 31	10. 35	26	42
2016	349	6. 55	11. 01	27	46
2017	363	6. 83	11. 59	28	48

资料来源：2009—2018 年《上海市统计年鉴》。

（2）上海市各类医院分布现状

截止到 2017 年年底，上海市共有各类医院 363 家，其中综合医院 180 家、专科医院 118 家，此外还有中医医院（19 家）、中西医结合医院（9 家）、护理院（37 家）；从业人员总数为 15. 34 万人，执业医师 4. 14 万人，主要分布于综合医院（69. 78%）和专科医院（16. 59%）；注册护士 6. 38 万人。

表 6-29　2017 年上海市各类医院分布情况

	机构数（家）	从业人员（人）	执业（助理）医师（人）	注册护士（人）
综合医院	180	103058	28927	43568
中医医院	19	9999	3120	3548
中西医结合医院	9	6135	1845	2528
专科医院	118	30135	6875	12605
护理院	37	4065	674	1548
总计	363	153392	41441	63797

资料来源：2018 年《上海市统计年鉴》。

（3）上海市公共卫生机构分布现状

截止到2017年年底，在基层公共卫生机构方面，上海市共有4547个基层公共卫生机构，其中社区卫生服务中心1009个，村卫生室1187个，门诊室831个，诊所、卫生所、医务室、护理站1547个；在专业公共卫生机构方面，有疾病预防控制中心（19个）、专科疾病防治院（20个）、健康教育所（1个）、妇幼保健院（20个）、急救中心（11个）、采供血机构（8个）、卫生监督所（17个）、计划生育技术服务机构（16个），门类齐全，分布广泛。

表6-30　2017年上海市基层医疗卫生机构分布情况

	机构数（个）	从业人员（人）	执业（助理）医师（人）	注册护士（人）
社区卫生服务中心（站）	1009	35543	12545	11068
村卫生室	1187	2140	1299	12
门诊部	831	14875	5663	4896
诊所、卫生所、医务室、护理站	1547	5873	3371	1825
总计	4574	58431	22878	17801

资料来源：2018年《上海市统计年鉴》。

表6-31　2017年上海市专业公共卫生机构分布情况

	机构数（个）	从业人员（人）	执业（助理）医师（人）	注册护士（人）
疾病预防控制中心	19	3078	1376	45
专科疾病防治院（所、站）	20	1633	658	422
健康教育所（站、中心）	1	131	23	
妇幼保健院（所、站）	20	3195	1014	1286
急救中心（站）	11	2724	470	153
采供血机构	8	614	24	268
卫生监督所（中心）	17	1174		
计划生育技术服务机构	16	151	7	2

续表

	机构数（个）	从业人员（人）	执业（助理）医师（人）	注册护士（人）
其他卫生机构	95	3268	380	263
总计	207	15968	3952	2439

资料来源：2018 年《上海市统计年鉴》。

（4）上海市老年医疗资源分布现状

2013—2017 年，上海的老年医疗资源平稳发展，老年护理院从 2013 年的 24 所增长到 2017 年的 37 所；老年护理床位数大幅提升，从 2013 年的 6645 张增长到 2017 年的 11745 张；老年医院则呈现出递减趋势。

表 6-32　2013—2017 年上海市养老医疗资源分布情况

年份	老年护理院机构数（所）	老年护理院床位数（张）	老年医院（所）
2013	24	6645	5
2014	21	5415	5
2015	24	6645	4
2016	28	9064	4
2017	37	11745	2

资料来源：2014—2018 年《上海市统计年鉴》。

6.2.4.3　上海市文化资源现状

上海市在文化领域的目标是在 2040 年左右将上海建设成为文化大都市。在文化领域，上海市在长三角社会发展高质量进程中也扮演着重要角色。这里从上海市文化活动资源、艺术活动资源、娱乐活动资源三方面介绍上海市文化资源现状。

（1）上海市文化活动资源分布现状

2013—2017 年，上海市文化活动资源变动不大，上海市公共图书馆数量保持稳定，保持在 24 个左右；群众文化活动机构保持在 238 个左右；博物馆、纪念馆数量有所增长，截止到 2017 年年底，上海市共有 125 个博物馆、纪念馆。

表 6-33 2013—2017 年上海市文化活动资源分布情况

年份	公共图书馆图书馆（个）	群众文化活动机构（个）	博物馆、纪念馆（个）
2013	25	239	100
2014	25	238	103
2015	25	237	124
2016	24	237	125
2017	24	238	125

资料来源：2014—2018 年《上海市统计年鉴》。

（2）上海市艺术活动资源分布现状

2013—2017 年，上海市艺术表演团体稳步发展，截止到 2017 年年底，艺术表演团体共有 199 个；艺术表演场馆呈递减趋势，到 2017 年年底共有 49 个，相较于 2013 年减少 78 个，其中剧院数量为 31 个，书场、曲艺场仅剩 1 个。

表 6-34 2013—2017 年上海市艺术活动资源分布情况

年份	艺术表演场馆	剧院	书场、曲艺场	艺术表演团体（个）
2013	127	116	3	148
2014	93	81	4	158
2015	50	34	1	180
2016	47	27	7	205
2017	49	31	1	199

资料来源：2014—2018 年《上海市统计年鉴》。

（3）上海市娱乐活动资源分布现状

2013—2017 年，上海市娱乐文化机构（包括歌舞娱乐场所、游戏电子游艺场所、网吧等）个数呈下降趋势，截止到 2017 年年底，共有文化娱乐机构 3647 家；上海市影视文化发展迅速，近 5 年，上海市电影院年均增长 42.1%，截止到 2017 年年底，上海市共有 314 家电影院；放映场次、观众人次、放映收入均保持类似的稳步增长趋势。

表 6-35　2013—2017 年上海市娱乐活动资源分布情况

年份	文化娱乐机构数（家）	电影院（家）	放映场次	观众人次（万人）	放映收入（亿元）
2013	4668	117	131. 9	3793. 33	15. 71
2014	4033	145	145. 8	4677. 5	20. 45
2015	3679	175	190. 15	6809. 77	29. 4
2016	3834	245	251. 68	7306. 72	30. 37
2017	3647	314	337. 23	8305. 97	35. 02

资料来源：2014—2018 年《上海市统计年鉴》。

6.3　长三角高质量社会发展一体化面临的问题

通过上一节对长三角社会发展资源的现状梳理，明确了长三角现有社会发展资源的供给现状。现有资源的供给提出了两大方面的挑战：一方面是进一步增加长三角公共服务资源的供给；另一方面是充分利用现有资源，最大化地优化和配置资源，以实现长三角教育、医疗、文化等共同均衡发展。下面将分析长三角“高质量”社会发展一体化进程中所面临的问题，同时针对性提出促进长三角“高质量”社会发展一体化的对策。

6. 3. 1　共性问题

传统的长三角公共服务供给模式是以经济区域多元的单体中心体制为基础所形成的地方政府各自为政的政府垄断供给模式。政府垄断型供给模式以政府公共权力为后盾，通过权威手段和计划手段提供公共服务。由于长三角公共服务供给内容一般都是由各所辖地区政府分别决定，因此，更具体地说，长三角公共服务供给模式属于政府垄断—供给主导型模式。从严格意义上来说，长三角公共服务的功能是缺失的。因为基于这种各自为政的政府垄断—供给主导型的公共服务供给模式对于实现区域利益最大化以及区域的可持续性发展不具有可操作性。具体来看，可从以下几个方面分析长三角公共服务供给模式的困境。

（1）各自为政，不同地区主体之间的协调难度很大，统筹规划难以形成

单个行政主体的关注点聚焦于本行政区域内部的公共服务，从而形成区域公共服务供给不足和供给过剩并存的尴尬局面，既浪费了区域内的公共资源，又不利于经济区域的整合与发展。如长三角经济一体化过程中，“一窝蜂经济”现象以及太湖水污染和治理的尴尬困境等都是这些倾向的体现。

（2）合作困难：长三角公共服务合作协调机制不够完善

一般而言，中央和地方政府根据其财权和事权的大小来负责提供不同层次的公共服务。中央政府提供全国性公共服务，地方政府提供地方性公共服务，而区域性公共服务则由受益地区的地方政府协商解决，或者由中央出面协调，地方政府具体负责提供，中央政府通过转移支付负担一定比例的经费。但是长三角公共服务目前尚缺乏有效的合作协调机制，区域间合作组织过于松散，尚未形成一套功能性的组织机构。

长三角公共服务现有合作协调机制的缺陷主要表现为现有的区域合作协调组织大多由政府直接出面，对于行政权力的作用过分强调，忽视了行政权力以外的其他力量；合作的实体化程度和可操作性不够，缺乏有效的日常协调运作机制。合作的方式大多停留在协议、协调会、联席会、洽谈会、高层互访等；区域内地方政府间公共服务的资源配置范围和公共财政支出责任划分不清。此外，现有的行政体制和政绩评价体系使得区域公共服务的外部性进一步凸显。区域公共服务协调合作涉及包括区域政府在内的多元利益主体，在现有的行政体制和政绩评价体系之下，各利益主体均希望自身利益最大化，使得合作困难尤为突出；或者是每个地区政府都希望由其他地区提供区域公共服务来推动区域经济一体化，结果造成区域公共服务功能的缺失。

（3）各自为政的“政府垄断—供给主导型模式”无法反映真实需求

长三角公共服务供给以各自为政的“政府垄断—供给主导型模式”为

主，这种自上而下的决策机制带有很强的行政指令性，难以反映受益地区对区域公共服务的实际需求状况。地方政府及其官员往往依据各自的“政绩”和“利益”的需求进行决策，从而形成区域公共服务供给不足与供给过剩并存的尴尬。如长三角之间基本公共服务难以衔接的问题一直没有解决；相反，有些同一性质的区域公共服务在同一区域内的不同地区被重复提供，尤其是一些可能实现赢利的基础设施类区域公共服务等出现供给过剩的状况。

（4）区域公共服务供给模式单一

由于严格的政府管制和行政审批制度，长三角公共服务主要是由政府以及各级各类国有企事业机构来提供。私人部门参与配置区域公共服务资源的数量以及投资区域公共服务的活动范围极为有限。随着长三角经济的发展和人民生活水平的提高，社会对各类公共服务的需求种类、数量和质量不断提高，公共财政资源难以满足区域各类公共服务需求，但由于市场准入壁垒致使大量的民间资本无法进入公共服务的生产领域，资源在公共部门与私人部门之间难以实现自由流动和优化组合。由于长三角公共服务的提供过于集中于政府及公共部门手中，单一化的区域公共服务供给模式使得区域公共服务的竞争机制难以形成。

6.3.2 个性问题

6.3.2.1 长三角教育一体化面临的问题

虽然长三角教育合作进程在加快，但是由于以各级地方政府为代表的诸多利益主体的存在，长三角目前仍是一种以行政区经济为主体的发展模式，长三角城市间的战略联盟目前还没有形成，很多设施还处于分割状态，尚未形成学校布局协调、教育结构合理的理想范型，在一体化进程中也还存在诸多一时难以解决的矛盾和问题。

（1）分级管理制度的束缚

从现有的行政体制来看，长三角城市群包括长三角 26 个城市，各城市的政府只能在自己管辖的范围内以政策的形式来推动本地区社会经济、教育的发展。行政条线代替了经济区域，垂直管理代替了横向组合，造成大量的重复建设和资源浪费，以致出现了追求短期效益、地方保护主义等现象，成为区域经济、教育、文化发展的约束。

（2）缺乏有效的合作机制

长三角教育至今仍停留在浅层次的合作关系上，缺乏有效的合作机制。其主要表现之一是区域合作政策行政角度的要求多，制度性的安排少；二是区域合作始终未能摆脱道义上的约束，利益机制的激励少；三是区域合作关系的规范化、科学化不够，形式上的规定多，实质性的约束少；四是区域合作的相关配套政策供给不足，使地区间的协作关系出现不对称；五是区域合作的重点问题、重点区域、重点领域不够明确等。

（3）教育同构导致教育资源的浪费

长三角因区域整体协调不足及区域内部自然禀赋类似，都市圈内各城市的功能不明确，产业整体布局不规范，产业结构趋同现象严重。上海与江苏的产业结构相似系数为 0.82，上海与浙江的相似系数为 0.76，而江苏与浙江的相似系数竟高达 0.97。教育同质现象较明显。区域内高校在学科、专业设置和人才培养等方面千篇一律，没有特色，造成教育资源的极大浪费。

（4）政府主导与市场化的矛盾，以及由下而上的需求模式与由上而下的推动模式的冲突

区域教育一体化发展的直接含义是破除区域内部阻碍教育资源自由流动的体制性障碍，扩张每一个细分教育市场的市场空间，从而在促进存量教育资源实现优化配置的同时，吸引更多的教育投资，增加和丰富优质教育资源供给。实现这个目标有两种思路：一种是传统的政府主导思路，通过各地政府间协调达到规则统一的目的；另一种是市场化的思路，通过取消各地现行的不利于教育资源自由流动的行政规章，同时出台全面开放区域内教育市场的相关政策，全面推行基于公民权利的公共教育资源配置政策，学校在政策引导下自主办学。这两种政策思路存在一定的矛盾，但前者在现阶段已经成为政府思考的基本取向。另外，政府推动的教育合作领域及项目与群众多样化需求之间也存在一定的衔接问题。这也成为影响合作机制运转效率的重要因素之一。

6.3.2.2 长三角医疗一体化面临的问题

（1）医疗资源分布不均，优质资源高度稀缺

长三角资源分布不均，各城市发展差距明显，长期积累的区域发展矛

盾十分突出，尤其在社会公共服务领域问题更为严重。作为社会公共服务的重要组成部分，医疗卫生服务一直以来都受到各界的广泛关注。上海、杭州、南京、合肥等城市有全国最先进的医疗技术、医疗设备和医疗人才，是长三角其他城市难以企及的。长三角医疗资源不均衡的后果必然导致优质大医院患者众多，而小医院无人问津的局面。导致大量患者涌入上海、杭州等城市，加重这些城市就医难的局势，带来交通拥堵、人口密集、环境污染等“大城市病”，产生“虹吸效应”。

（2）人才合作和培养效果不佳

引进医疗卫生人才合作机制被认为是实现医疗一体化的突破口。医疗人才合作模式的建立旨在引进先进的管理经验、雄厚的技术力量和高素质的人才队伍，努力实现长三角医疗水平均质化。然而目前医疗人才合作效果不尽如如意。第一，人才合作模式单一化。第二，医疗合作单位距离远，路途及时间成本高，技术操作性差导致医疗人才合作流于形式，难以调动参与者的积极性。第三，缺乏资金支持，医疗人才合作的经费短缺，资金基本都是来自合作医院自筹经费，难以长期维持合作关系。

医疗卫生人才的培养对推动和实现人力资源优化与提升管理效率有着至关重要的作用。医院人才培养模式的建立旨在促进区域间的人才交流与培训，从而实现区域医疗技术水平和服务水平的均质化。当前医院人才培养存在诸多问题，阻碍了长三角医疗一体化的进展。第一，目前卫生人才培养存在地域化局限。部分城市由于地域条件的局限和经济发展的滞后，导致人才聚集能力的疲弱，不仅是现有医疗人才层次不高，而且制约了长期对人才的吸引力。第二，卫生人才的培养局限于模式化。所有的培养方案都是按照既定的活动进行的，然而医务人员的工作特性决定了医疗人才需要更加灵活的培养方式。第三，医疗人才培养合作水平低。以往省内卫生人才培养都是各医疗机构自行制订培养方案，如利用上海、杭州等优势资源仅仅体现在进修方面，且进修渠道并没有随着一体化而进一步深化，由此导致的合作水平不高，合作效果不甚理想，尚未形成一个有效的合作机制。主要表现在政策把握性不够，对合作认识不足、合作缺少资金支持、合作机制欠缺等问题。

（3）医联体运作模式不成熟

医联体作为新兴的医疗运作模式，目前还没有形成一个成熟的模式。

医院之间的双向转诊还存在明显的脱节，大医院的专家下不到社区，导致大医院门诊仍满负荷，社区基层接不住病人。双向转诊是区域医疗联合体分级诊疗的重要一环，但现行的省、市医保和新农合的相关规定，导致不同层级的医疗机构转诊住院的起付线、补偿机制不同，制约了患者双向转诊。另外，医联体中各个医疗机构成员间关系不紧密，联合体成员单位互派人员参与到所去单位诊疗中的行为，在现行的卫生行政部门管理规定下还未全面展开。再有，双向转诊工作的制度设计和流程还需完善。这些都是制约医联体发展的因素。

（4）长三角医保制度一体化有待优化

长三角医疗保险一体化是长三角医疗一体化的重要部分。在全国医疗保险制度还呈现碎片化的状态下，在短时间内率先在长三角实现不是一件容易的事。第一，长三角医保一体化面临资金筹集和管理成本高、难度大的问题。因为目前各地缴费比例和报销比例各不相同，长三角的医保资金又没有统一的管理。我国自有医保制度以来，由于经济发展不均衡等现实原因不能全面统筹，采取的是省辖市、自治区和县级的统筹，这就造成了统筹地区间政策各不一样。所以就导致现在医保支付标准和待遇水平包括管理都存在很大的差距。加上各地的财政收支不同，资金池较为分散，以至于异地结算就变得不太可能。第二，医疗保险一体化的资金管理和政府监管难度大。由于之前的筹资方式不同，在短时间内很难进行有效的整合统一。并且，在长三角医疗保险经办管理方面，如何统一管理，是否设立一个长三角联合的基金管理机构，都还没有结果，这就难以满足医保一体化的需要。长三角各个地区的医疗保险制度本身也存在很大的不同，分别由不同的部门设置和管理，每个地区都有自己的实施规则和收费标准，在报销中也规定了不同的医保定点机构和药品可报销的目录，每个地区医保的计算机系统也安装的不一样，所以从制度设计再到管理评估，都有很大的差别，如果要统筹，这些机构都要进行整合，会增加成本和转换的人力物力，甚至引起不必要的社会资源浪费。

6.3.2.3 长三角文化一体化面临的问题

（1）文化要素资源错配

文化要素资源的合理配置是区域文化协调发展的必然要求和前提条件

件。不同地区文化资源、条件、基础不同，使得区域内部和区域外部文化协调发展呈现出差异化特点，暴露出各种各样的问题。文化要素资源错配主要表现为省域之间、城市之间、区域内部以及连片地域之间人、财、物等文化要素资源配置缺乏统筹规划，存在文化要素资源洼地的同时也存在文化要素资源的集中区域。长三角，上海显然是文化要素资源的集中区域，南京次之，中部部分城市最弱，文化要素资源配置与人口规模等不相适应，同时文化要素资源的配置缺少市场作用力的参与，且政府监管存在误区。文化要素资源错配状况的存在，加剧了区域文化发展的供需矛盾，导致公共文化服务升级缓慢和产业发展步履蹒跚，影响公共文化服务和文化产业效率。此外，过强的文化意识形态与文化发展的经济社会属性之间的偏差直接导致了区域文化协调发展过程中资源配置效率低下。

（2）区域内文化意识亟待提高

文化建设是区域发展的重要内容之一。文化建设的过程就是要以高度的文化自觉，以强烈的责任意识，以文化促进居民的精神素质以及区域经济水平的提升，是区域文化协调发展的重要组成部分。党的十七届六中全会提出了深化文化体制改革，推动文化大发展大繁荣这一政策目标，将文化建设提到了一个新的高度，此后，诸多省区和城市紧紧围绕这一主题，在城市精神提炼、文化内涵挖掘、文化品牌培育、精神文明建设等方面下大力气。但是，文化建设多停留在区域战略层面，基层文化建设缺失，居民文化意识不强等现象依然较为广泛存在。

（3）文化产业效率普遍不高

“互联网+”、大数据等的发展带来了文化产业的革新，长三角区域文化产业加速发展，四面开花，实现了文化产业增加值的高速增长，固定资产投资增长迅速。这一方面与“十二五”以来我国提出的“把文化产业培育成为国民经济支柱产业”的战略部署有关，另一方面也与国内外产业转型发展的大趋势有关。长三角区域内文化产业发展与经济发展格局基本相同，无论在人才、资本、技术基础、产业规模上，还是在品牌、品质、市场、价值创造上，均呈现“东高中低”的态势。长三角的文化产业多在大城市形成产业集聚，上海、深圳、南京、杭州等重要的文化产业中心由于文化同源地区的存在，文化产业发展区域竞争压力大，恶性竞争导致规模效应难以发挥，难以对产业效率的提高形成拉力。

（4）区域文化服务结构差异较为明显

长三角文化一体化建设尚处于起步阶段，服务设施、内容等逐步升级。中部城市公共文化服务内容、质量和水平与东部较发达城市相比仍存在较大的差距，城市之间公共文化服务设施、内容等的差距较大。具体表现在：公共文化服务要素投入与现实需求不相适应，公共文化服务体系示范区建设与未来目标不相适应，公共文化服务能力与均等化要求不相适应，公共文化服务体制机制与解决突出问题不相适应。围绕均等化和标准化分解的任务目标偏离了区域发展的现实需求，导致空间结构性差异。

6.4　促进长三角高质量社会发展一体化的政策建议

6.4.1　共性建议

（1）构建多元的长三角公共服务供给模式

公共服务供给模式除前面所提到的政府垄断型供给模式以外，还包括市场主导型供给模式、社会自愿供给模式等。长期以来，长三角公共服务以政府垄断型供给模式为主导。但随着市场经济和社会自治力量的成长，该模式适用的范围有所收缩。市场主导型供给模式是市场各主体通过运用市场机制主导区域公共服务供给的形式。一般而言，区域公共服务市场供给的形式可以是市场主体的独立供给、私人与政府的联合供给以及私人与社区的联合供给等。1980 年以来，西方发达国家普遍实行了公共服务的市场化改革。政府通过制定优惠政策鼓励私人资本投入公共服务生产，如社会保险、医疗服务、中小学教育等公共服务，以弥补政府财力及服务能力的不足。但市场机制提供某些区域公共服务也具有一定的局限性。如在公共服务享用上的“选择性进入”、产权制度的保障以及相应的公共服务供给的政府规制等。社会自愿供给模式主要指社会各主体单独或联合的自愿供给区域公共物品的模式。社会自愿供给区域公共服务主要通过自愿机制、政府和企业组织的委托—代理机制来实施。如政府以授权的方式鼓励社区建立老人院、收容院、残疾人服务中心等公益事业。但该模式在运行过程中受到资金短缺、强制性手段缺乏等限制。从国际发展趋势来看，政府机构作为公共服务的唯一供给者的垄断地位已经不能令人信服，各种私人公司、独立机构和非政府组织参与了公共物品和服务的提供。并且，不同的政府机构也可以为提供相同的公共物品及服务而展开竞争。为了应对单一公共服务供给模式的弊端以满足长三角公众对于区域公共服务需求的多元化趋势，采用多元主体联合供给区域公共服务的复合模式是长三角公共服务供给模式的变革趋势。多元主体联合供给区域公共服务模式中，地方政府的职能主要定位于通过各种法规、政策以及其他规范性文件就区域公共服务供给的价值取向、行为方式、基本原则等方面作出规定，并予以组织与监督。区域公共服务合作供给形式可以通过项目、市场等多种形式来实现合作。如具有区域共同利益的项目合作（如高速公路、生态环境、人力资源等项目合作）；对于公共基础设施、公共安全等，既可通过政府间的服务合同、政府间服务转移形式来运作，也可通过政府向市场、向非政府组织购买的方式来实现政府间的合作等。

（2）构建和完善长三角公共服务的协商协调机制

为了促进长三角经济一体化，构建跨行政区划、跨行政层级以及吸纳非政府组织参与的区域公共服务的协商协调的合作机制是必要的。多中心合作并不仅仅建立在区域政府间合作基础之上，区域公共服务合作机制的主体应该是多元的，它包括政府、非政府组织、企业、公民等，从而形成多中心区域公共服务供给系统。协商、协调、共赢是区域公共服务合作机制的基本要义，这种合作建立在共同利益之上。随着区域经济一体化的发展，越来越多的跨区域公共服务超越了原有行政区单元政府的功能范围，需要通过政府间以及多元主体的合作来共同完成。根据不同公共服务的特性，通过各种方式来灵活地实现服务功能整合。

如在组织上建立跨区域的政府合作组织，跨区域公共服务协调的日常办公机构等方式来加强地区间的合作。此外，在长三角条件成熟的领域或行业可以通过组建长三角区域的民间组织，加强区域性公共服务供给的可持续性发展。在机制上，可通过制定认可度高、可操作性强的合作协议、章程等，通过将行政区政府协调结果法规化来约束各协议方共同遵守。区域公共服务功能整合的最终结果是使各行政区政府在某些公共服务的供给中遵守共同的规则、受制于共同约定的条款。其整合的方式可以是灵活的。

（3）以公共服务均等化的理念为引导，完善利益需求表达机制

长三角公共服务供给模式的变革要以公共服务均等化的理念为引导。中央提出逐步实现基本公共服务均等化主要是针对公共服务的城乡差距、地区差距和群体差距而言的。这些差距往往是由于个人禀赋之外的原因导致的。实现基本公共服务均等化是各级政府都应恪守的价值观和执政理念。基本公共服务均等化是世界上大多数国家社会政策的发展趋势。萨缪尔森和诺德豪斯将政府的作用归纳为效率、平等和稳定三个方面：效率包括源自不完全竞争、外部性的公共品和税收；平等主要是与再分配相关的累进税制、转移支付以及收入支持计划等；稳定主要包括宏观经济政策。从改革实践看，长三角应以政府为主导进行一系列以公共服务均等化为基本目标的区域公共服务供给制度的安排。如率先在长三角实现社会保险的区内可转移，扩大社会保险的覆盖面；率先改变公共资源的配置方式，让外来务工者享受同等的公共服务等。

在公共服务供给决策机制上逐步实现由“供给主导型”转向“需求主导型”，增强区域公共服务回应需求的及时性和完整性。公共选择理论认为，有效率的决策不是取决于经济学家和政治学家的智慧，而是源于决策规则。区域公共服务供给更高的透明度和民众参与是长三角公共服务发展的必然趋势。长三角公共服务应建立民主化决策的制度，如预算听证制度等等。同时通过法律程序公开公共服务决策，将信息提供给公众监督。

（4）通过制度创新消减区域公共服务的外部性，整合区域公共服务功能

长三角公共服务供给模式的变革要以制度创新为突破口。国外一些成功的区域协调机制在解决区域内各地方政府之间，甚至全球范围内各国政府之间的利益冲突方面，已取得了不少成功的经验。欧盟在一体化的每个

阶段都是制度创新先行，每一步重大行动，都是首先制定相关法律，然后，各成员国依此执行相关制度。欧盟对重大事项采取协商一致的议事规则、对主席国实行轮值制度等。欧盟由于各国产业结构、经济水平的差别而造成某一政策的实施导致各国损益不同时，采取补偿机制等形式，进而使政策实施的最终结果能够充分发挥集团的整体优势，使各国均衡受益等。从欧盟的发展历程中可以看到，以基金为核心的协调机制在区域协调中发挥了重要作用。长三角一体化背景下区域公共服务的协调供给过程中可以借鉴欧盟的经验，通过建立共同基金实行利益补偿等制度创新，消减区域公共服务的外部性，整合区域公共服务功能，从而促进长三角公共服务供给模式的变革以及区域经济社会的协调发展。

6.4.2 个性建议

6.4.2.1 充分发挥上海在长三角高质量一体化过程中的引领作用

上海地处长江的入海口，既是长江生态环境的“守门员”，也肩负着引领长江经济带迈向高质量发展的责任。当前，上海正在面向全球、面向未来，全面增强城市核心功能，在推动长三角地区更高质量一体化发展中发挥带头作用。当前，上海正在加快推进国际经济、金融、贸易、航运、科技创新“五个中心”建设，全力打响“上海服务”“上海制造”“上海购物”和“上海文化”四大品牌，不断增强城市吸引力和创造力，推动长三角在世界经济版图上拥有更强竞争力。作为长江经济带和海外市场的枢纽，上海应在金融、产业、贸易等各方面加大改革力度。核心竞争力是城市能级提升的关键支撑，坚持深化改革和扩大开放又是核心竞争力提升的关键。在一系列改革推动下，到 2035 年，上海将基本建成与我国综合国力和国际地位相匹配的卓越全球城市，具有世界影响力的社会主义现代化国际大都市和具有全球影响力世界级城市群的核心引领城市。因而如何充分发挥上海的引领作用在长三角高质量一体化过程中至关重要。

要积极发挥上海“五个中心”的城市功能，提高上海服务长三角和长江经济带的资源辐射和带动作用。上海四个中心建设和科创中心建设，作为国家战略，必须在加快建设中发挥对长三角地区的服务功能，发挥好上海国际金融中心、国际航运中心、国际贸易中心、国际经济中心和科创中心等具有的全球资源配置功能，为长三角一体化发展提供金融服务、航运服务、创新服务等，为长三角一体化发展中的产业升级、功能提升、技术创新等发挥积极的辐射和带动作用。这也是上海不断提高自身发展能力、拓展新的发展空间的重要选择。

要积极发挥上海“四大品牌”的支撑引领作用，为提升长三角地区高质量发展和建设世界一流城市群作出积极贡献。上海正在打造“上海服务”“上海制造”“上海购物”“上海文化”这“四大品牌”；要发挥“四大品牌”效应在长三角高质量一体化发展中的引领作用，特别是“上海服务”和“上海制造”，更是对提升长三角地区服务经济发展品质、推动长三角地区制造业转型升级，更好地服务和满足长三角地区人民对美好生活的需要等具有积极的辐射带动作用。从推动长三角高质量一体化发展的要求来看，上海正在打造的“四大品牌”，应当与长三角区域协同发展效应有效对接，发挥“四大品牌”与建设长三角世界一流城市群的叠加效应，有效提升和放大长三角区域一体化发展的内在品质和品牌。

要积极发挥上海在政府合作中的助推服务作用，为推动长三角地区各类对接、行动计划等作出积极贡献。上海作为长三角龙头城市，要积极主动融入和服务长三角一体化发展过程，要有效推动各类规划对接，推动政府合作，促使各类合作项目落地。目前，这方面的工作正在积极有效开展，如倡导组建长三角区域合作办公室，并在促进科技创新、人才共享、公共服务协同、综合环境治理等方面已产生了显著和积极的效果。下一步，要继续发挥上海的龙头带动作用，在推动长三角空间规划发展一体化、现代市场经济制度一体化以及打造长三角地区世界级的产业集群、建设富有区域特色的绿色发展的美丽家园等方面有更深层次的突破和创新发展。

要发挥上海开放经济发展和先行先试的制度创新作用，为长三角一体化发展和更高层次的开放发展提供有效的可复制、可推广的经验。要发挥上海自贸区建设和制度创新发展的先行先试作用，把在开放型经济发展中先行先试的经验同步在长三角地区进行推广和复制，特别是在自贸区建设中，把推动金融开放等现代服务业开放发展、先进制造业发展、科技创新中心建设等先行先试的发展经验，与长三角地区高质量一体化发展有机融合，及时有效地在长三角地区进行率先复制和推广，加快推动长三角地区的体制机制创新、开放经济发展转型以及开放与创新互动发展，持续放大上海自贸区先行先试和制度创新的外溢效应，积极带动长三角地区率先成为新时代我国开放型经济高质量发展的新高地。

要发挥上海在实施国家发展战略中的辐射和带头作用，为把长三角地区融入“一带一路”和长江经济带的发展中作出积极贡献。实施好“一带一路”建设和长江经济带发展，是新时代国家发展的两大战略。长三角处在“一带一路”建设和长江经济带发展两大战略的空间交汇点，上海又是这个交汇点的龙头城市，因此，上海在长三角一体化发展中的辐射带动作用，还体现在要把长三角一体化发展与“一带一路”建设、长江经济带发展两大战略有效衔接，在服务这两大国家战略的历史进程中，带动长三角地区积极融入国家战略，更好地服务国家战略，这也是更好地发挥上海在服务长三角一体化发展中辐射带动作用的集中体现。

6.4.2.2　长三角教育一体化建议

推进长三角教育一体化，实现长三角教育联动发展，关键在于体制建设与实践创新。首先，从宏观层次上来说，推进区域教育一体化的关键，在于形成区域共同发展的利益目标和共同利益机制。一是形成区域共同利益目标。区域发展不协调，一个重要原因在于区域内未能打破利益本位化。推进长三角教育联动发展，关键在于形成区域共同的利益目标。二是建立共同利益机制。区内各地的教育资源配置要眼于全区域教育的联动发展。努力发挥区域优势，充分整合长三角教育资源，打破利益本位化格局，推进区域共同发展，进而保障区域经济社会共同发展的成果为全区域共享，建立共同利益形成机制。其次，从操作层次上讲，着重在加强区域统筹、消除区域壁垒等方面下功夫。一是加强区域统筹。推行跨地区校际对口支援和结对子式的帮带措施，在师资、设备以及其他相关教育资源方面实行交流和共享，以此为基础，最终实现区域内教育资源的配置一体化。二是消除区域壁垒。在政策允许范围内，保证区域内教育参与的机会均等。同时推进区域内教育成效与教育资质认证一体化，保证区域内教育结果的实现机会均等。

（1）创新人才联合培养机制

根据区域经济社会发展和教育实际需要，长三角26个城市共同探索创新人才，尤其是高层次创新创业人才培养机制改革，建立长三角大区域内的创新人才培养协作机制。

第一，探索引导创新要素集聚、建立技术创新战略联盟、利用重大产业科技开发项目培养创新人才的新机制。借鉴欧盟创新研究院模式，鼓励有条件的企业与高校、科研院所合作，共建跨省区的“长三角技术创新联盟”，并纳入“国家级创新创业平台和载体”试验项目，面向制约长三角产业升级的核心、关键、共性技术瓶颈开展创新服务，选择跨地区、跨部门、跨行业的技术创新项目为载体，在招收、培养创新能力方面共同探索，率先在国内建立科学研究、技术创新、人才培养、产业发展、社会进步相互促进、一体化发展的机制，形成联合培养复合型创新人才的新机制。

第二，探索中学与大学联合培养拔尖创新人才的协作机制。通过共建中小学创新实验班、创新试验活动中心、高校课程学分认可、共建评估体系等方式，共享优质资源，在课程设置、教材编撰、教育质量评价、招生考试等各个培养环节进行系统化综合设计，打破不同地区、学校、学科之间创新性教育资源服务的局限性，探索共建创新人才培养的大中小学贯通的机制及保障支撑体系。

第三，利用《长江三角洲地区规划》中明确提出设立“区域发展促进基金”的契机，在高校确定一批创新人才合作培养的示范与引领项目，形成为创新人才培养争得更多资金支持的合作机制，为提高区域创新人才培养基础能力奠定基础。

第四，加强创新型人才的联合引进。通过发展多种形式的科技创新人才国际化培养模式，联合引进高层次创新人才、符合长三角新兴战略性产业需求的高科技人才。

第五，以合作推进高水平重点学科争创世界一流为目标，共建长三角高校卓越发展支持平台，提高创新人才培养的基础能力。综合运用国家科技和财政政策，结合长三角重大科技创新专项，统筹长三角高校与社会科研资源的资助对象，重点配置给最有可能争创世界一流的学科。联手加强中科院、工程院资源与区域内高校的联动，提升主要学科研究竞争力，助推重点院校和学科专业争创世界一流。

（2）联合推动办学体制机制创新

长三角 26 个城市联合探索共建政府主导、社会参与、办学主体多元、办学形式多样、充满生机活力的办学体制，推进长三角教育事业科学发展。

第一，联手推进职业教育办学机制创新。利用长三角经济社会发展基础好、经费保障能力强的有利条件，积极探索政府外行业、企业及社会各方投入职业教育建设的鼓励机制和政策，引导社会资金以多种方式进入教育领域；推动跨区域、跨行业职业教育集团化建设，推动行业企业参与职校培养计划、顶岗实习、职后培训，提升职业学校办学质量，探索相互委托培养技能人才的操作办法和补偿机制，促进资源共享。有目标、有重点地协商、扩大长三角与农村中等职业学校联合招生、合作办学的领域及规模。

第二，协作探索完善多元化办学体制。鼓励非营利组织、行业部门、社团办学，创新办学体制，培养更加符合市场需要的应用型人才。合作探索和完善各种社会力量办学的机制，在面向行业的学校中探索财政支持民办教育的新机制、公办吸收民办办学模式提高活力的机制，形成公办和民办优势互补、公平竞争、共同发展的办学格局。

第三，联合探索中小学向社区开放、社区有效参与的机制。探索引导基础教育向社区开放，通过建立家长委员会、社区各界参与的学校理事会等制度化方式，落实市民对学校管理的知情权、问责权。

第四，探索落实高等学校办学自主权的相关机制。率先在长三角探索建立现代大学制度，携手改革现有高校领导的选拔和任命模式，取消各级各类学校及其内部管理人员的行政级别，实行校长职级制和校内干部岗位制度；率先在长三角探索形成教育家办学的制度环境和政策环境。

第五，合作实施优质基础教育资源的辐射、共享机制。探索跨区域的托管代管制度、合作开展公办学校联合办学，扶持薄弱学校发展，扩大优质教育资源共享覆盖面。

（3）联手探索招生考试制度改革

针对长三角优质教育资源集中、群众对高质量教育需求旺盛的特点，长三角联合开展招生考试制度改革创新，尤其在以建立满足不同培养目标和发展要求的分类考试、多样化、多选择的高教和职教招生考试制度上突破创新，率先建立与素质教育要求相适应的学生综合评价机制，实现招考分离，推动素质教育全面实施。

第一，联合深化高考综合改革，建立形成长三角 26 个城市联合实施高考自主命题的机制。探索在考试内容上着重考查学生综合素质和能力的录取导向机制，探索区域内统一的高中学业水平考试内容。扩大地方高校自主招考的学校范围，更多地实现多次考试、多元录取。探索区域内高职院校学生的双注册机制，结合学分互认机制的建立，修满学分可获得不同院校的双证书。

第二，探索形成长三角内中小学教材与课程自主改革的机制。根据自主考试命题需要，长三角 26 个城市共同编写具有本土化、国际化特色的教材，并逐步成为特色课程。

第三，共建考试招生信息发布制度。长三角的所有高中学校尤其是示范性高中、特色高中有更多招生额度时，共同组织、协调学校及时在区域内公布，各类优质资源在满足本地基本需求的基础上优先在长三角内实现共享。

第四，探索提高区域内的部属高校对长三角招生的合作机制。探索长三角部属高校对区域招生规模与区域支持力度成正比的推进机制，提高区域内高水平大学为区域经济社会发展服务的意识和能力，推动部属高校为长三角培养更多人才。

（4）合作形成城乡教育一体化发展推进新机制

随着我国城镇化进程提速，长三角成为我国外来务工人员最为集中的区域之一，解决外来务工子女受教育的问题较为突出。推动教育城乡一体化发展不仅有利于推进区域内教育均衡发展、促进教育公平，也是为我国城镇化进程所作的重大贡献。长三角 26 个城市合作应把促进实现高水平的教育均衡发展作为长三角教育政策的重点之一，率先建立长三角城乡教育统筹新机制。

第一，研究、制定长三角教育城乡一体化发展的规划、实施步骤和基本标准。研究制定区县间、城乡间在投入、办学条件、师资、运行费用等方面的统一的标准，如上海崇明区与中心城区的标准统一、江苏苏南与苏北的标准统一等。

第二，共建长三角教育城乡一体化发展的信息收集和统计制度、动态监测体系。研究构建教育城乡一体化评价指标体系，形成目标与标准—运行监测和预警—综合评价—动态调整的综合支持系统，形成多层次、多方参与评价的监管体系。

第三，建立长三角内优质教师资源的城乡流动备案及促进机制，联合推进区域内基础教育城乡师资培训尤其是农村教师水平提升的共享合作。

第四，探索完善非户籍常住人口教育的管理、保障机制。探索长三角非户籍常住人口尤其是进城务工人员子女从入学到升学全过程在内的标准基本一致的教育管理制度和财政保障支持政策，设计进城务工人员子女在义务教育阶段入学、高中阶段升学、高考、就业等环节的制度安排。

第五，针对财政保障能力较弱地区的实际困难，在“区域发展促进基金”框架下，探索建立跨区域的教育城乡均衡发展专项经费资助和补偿的机制，形成优先向长三角落后的农村地区和薄弱地区倾斜的支持政策。

（5）协作建立区域教育咨询信息服务体系

在长三角现有人才交流合作的基础上，推动人才的开发、评估、预测、信息发布机制创新，形成教育研究与咨询的战略支持平台，共建长三角各行各业人才供需及教育发展科学决策的区域性教育信息服务体系。

第一，建立各行各业人才信息制度化的相互通报制度。共同开展人才信息的定期沟通公布的有效机制探索，并纳入政府信息公开工作考核内容，推进政府教育和人力资源信息公开。

第二，共建长三角人才需求、供给的预警和反馈机制。共同对区域人才需求的数量和质量进行前瞻性研究、预测和评估。

第三，开展人才服务标准业务创新。建立标准统一、资源共享、跨行业和区域的人才评价机制，为各类人才发展及用人单位用工提供人才标准服务。

第四，建立区域内教育发展研究和咨询的战略性支持平台。对国家和区域内教育和人力资源开发的若干重大问题进行联合立项和研究攻关，前瞻性地对区域教育资源整合进行先期研究和战略设计，为区域教育协作发展的科学化决策服务。

(6) 保障机制

通过一系列制度创新，建立跨省份治理的行政支持体系，完善区域教育联动推动机制，形成综合改革的风险防范机制，为推动教育一体化发展提供有力的保障。

第一，研究、制订国家区域合作工作条例。

推动试验区建设，需要进一步完善已有的区域合作框架，中央政府不仅提出合作领域，还要研究制定促进区域规划实施和区域合作的行政性工作条例，明确合作各方的责、权、利，把教育的区域合作框架协议上升为具有行政约束力的工作条例，指导不同区域跨省份的合作事宜。建议促请国务院研究、制定《关于促进国家区域经济社会一体化发展的工作条例》，使区域合作具有明确权责、利益主体归属清晰的行政工作推进依据，并以此作为推进长三角地区教育合作的行政保障。

第二，建立推动区域合作的高层次组织协调机构。

长三角合作必须有中央政府的介入，这不仅可以完善地方政府政绩的绩效问责与评估制度，而且还能避免由于博弈地位不等和本位主义倾向所导致的偏向，防止区域发展目标及政策偏离国家利益。从顶层设计、落实政策、指导执行的角度，建立高层次组织协调机构，有效推动长三角跨省综合改革与合作。建议成立“长三角合作协调委员会”和“长三角合作事务执行会”，合作协调委员会由国务院有关部门、省、区的行政首长组成，主要职能是制定合作目标及政策，审批事务执行会的项目提案，并协调、监督项目的执行。合作委员会不享有独立的行政权，但享有凭借各成员经谈判而自愿出让的权力，从而具有实际的行为能力。合作事务执行会作为一个政策的执行机构，由国务院有关部门的司局级负责人和省级政府职能部门负责人组成，具体负责政策执行及政策工具的运用。高层次的组织协调机构应承担指导区域教育综合改革试验的规划设计、协调执行、评估调整等管理职能，形成常规化的项目实施的指导机制。

第三，完善长三角 26 个城市教育合作协调机制。

加大长三角 26 个城市政府的行政协调推动力度，落实合作的责任。一是长三角 26 个城市出台支持区域合作的地方性政策法规条例，或在国务院指导下签订行政协定，尤其是教育行政部门要承担起教育合作的规划责任，将教育综合改革和联动融入长三角规划。二是完善区域教育合作的激励机制和补偿机制。联合制定统一的奖励和补偿政策，定期表彰长三角教育合作中有重大贡献的主体，对长三角教育合作中的利益牺牲予以补偿。三是在“区域发展促进基金”框架下建立区域教育合作专项基金，为创新人才合作等项目提供资金支持。由政府先出资启动引导性资金，然后按照国际基金会发展模式逐步扩大。

长三角 26 个城市应尽快建立重大教育改革项目的互通互报制度，形成制度化沟通渠道。一是强化长三角教育联动发展领导小组办公室的作用，协作加强机构建设，扩大宣传、拓展功能，为联动互通制度奠定组织基础。二是利用长三角教育联动发展领导小组办公室将长三角 26 个城市各类民间教育合作交流纳入区域教育一体化和综合改革的范畴，合作加强规范引导、协作制定支持政策，联手建立区域内相关交流的备案及公报制度，在此基础上共建相互通报制度。三是将互通互报制度作为《长三角教育联动发展规划纲要》的重要内容及其制定的制度基础。

健全教育综合改革风险防范机制。从风险管理的角度建立健全风险防范机制，关注、防范可能出现的风险。一是扩大区域教育综合改革的社会参与面，以此增强公共管理危机的防范能力。在发挥政府和教育行政部门的主导、主渠道作用的同时，加强政府与民众等多元社会力量的互动与沟通，疏通社会多元力量的政治参与和意见表达渠道，形成政府、企事业单位、基层学校、师生员工、社会群众等多方共同参与的区域合作格局。二是建立长三角教育综合改革的风险预警及纠正机制，形成系列化的评估指标，定期评估风险，及时预警，快速纠正，防止风险出现。

第四，建立区域教育行业性专业组织。

政府扶持建立跨省份、跨专业、跨部门的区域教育行业性专业组织和机构，加强行业协会之间的交流合作，充分发挥区域性专业组织的协调沟通作用，引导区域教育合作更加有利于合作共赢，有利于创造新的区域整体优势。充分利用各类教育行业性专业机构，形成第三方组织参与教育的决策、监督、评价的机制，健全社会性教育评价体系。加强对行业协会和专业组织的资助、监管和行业自律制度建设，激励、规范其参与教育治理和发展的行为，切实发挥它们在推进区域教育综合改革中的重要作用。

第五，明确上海定位，积极发挥推动作用。

上海在全国承担着实现“四个率先”、服务长三角、服务长江流域、服务全国的重大历史使命。上海的改革发展一直走在全国前列，长期以来对长三角各城市都有较强的辐射效应和拉动效应。《国务院关于进一步推进长江三角洲改革开放和经济社会发展的指导意见》明确要求上海要发挥龙头城市的作用，国家发改委《长江三角洲城市群发展规划》也明确要提升上海核心地位，强化上海国际大都市的综合服务功能，充分发挥服务全国、联系亚太、面向世界的作用，建成具有国际影响力和竞争力的大都市，发挥自主创新示范引领作用，带动长三角率先建成创新型区域。上海在长三角经济社会发展中的率先、引领和带动地位得到进一步确认。在长三角教育发展中，长三角 26 个城市教育都具有较高水平，各有优势和特点。总体来看，尽管也有不足，但上海不仅具有重要影响力的教育资源和品牌，是长三角教育综合实力最强、综合发展水平最高、教育国际竞争力优势最明显的省份；同时，上海教育改革也一直走在全国前列，发挥着率先改革的排头兵作用，积累了丰富的改革经验，形成了相对比较深厚的教育改革基础，目前更具有部市共建教育综合改革试验区的政策优势和先期探索。因此，综合考虑各种因素，上海在长三角教育综合改革大格局中的定位应是处于核心的主导地位，在战略上承担着带动区域加快发展的重要功能。基于此，我们认为，上海理应在共建教育综合改革试验区过程中发挥主导、引领和带动作用，率先明确参与试验区建设的重大战略，以实际行动推进长三角教育综合改革试验加快实施。

6.4.2.3 长三角医疗一体化建议

(1) 推动长三角医疗资源均衡化的对策建议

长三角医疗资源分布不均衡严重影响着医疗一体化的进展乃至整个长三角全方位、多层次协同发展的进程。患者为了享受优质的医疗服务，在医疗资源分布不均衡的情况下，就必然会涌入上海、南京等优质医疗资源富足的地方，从而加重“大城市病”。要想缓解目前不合理的医疗资源分布情况，不单单是要对医疗机构进行重新配置，重新布局，更重要的是要在政策、制度层面上，对其进行引导和规制，从而达到优化配置。

第一，建立长三角协同发展的分级诊疗制度。

所谓分级诊疗制度是指按照疾病的轻、重、缓、急及治疗的难易程度进行分级，不同级别的医疗机构承担不同的疾病治疗，实现基层首诊和双向转诊。分级诊疗制度是我国当前医疗体制改革的重要内容，扎实有序推进分级诊疗制度建设，标志着我国医疗体制改革进入了新的阶段，医疗服务发展的模式开始进行转型。如从过去重点建立和完善医疗保障制度，强化患者费用保障机制，到当前同步重视精细化管理服务；从强调包括公立医院改革在内的体制改革，到同步重视医疗资源配置和使用。分级诊疗制度能够将供方和需方有机连接起来，把社会改革和经济发展统一起来，把社会管理和医疗服务结合起来。

当前，分级诊疗制度为我国医疗服务体系的改革指明了方向。通俗来讲，分级诊疗就是让大医院的执业医师“流动”起来，由专科大夫经过一段时间的进修成为全科大夫来基层执业，让患者在自己的家门口就可以享受到优质的医疗服务，而不必长途跋涉跑到外地大型综合医院去排队等着看病。推动我国分级诊疗制度的建设，可以让长三角优质医疗资源惠及整个长三角，让三甲医院优质医疗资源“下沉”惠及基层，提高基层医疗机构的服务水平；疏解大医院门诊的就医量，把小病小痛都解决在基层，提高大医院的工作效率。因此，对于长三角医疗一体化来说，建立区域内的分级诊疗制度有助于合理优化配置区域内优质的医疗资源，缩小地区间医疗服务水平的差距，实现医疗服务均等化，构建地区间有序的就诊秩序，有效缓解人民群众看病难、看病贵问题。

第二，完善长三角医师异地多点执业制度。

为了稳步推动医护人员的合理流动，促进我国当前不同医疗机构之间人才的纵向和横向交流，研究探索注册医师多点执业。在国家推出执业医师多点执业政策制度后，长三角对此也都制定了相应的政策制度。但是，目前我国对注册医师多点执业的政策规定和长三角医师异地执业工作的开展不相适应，存在一些非常突出的矛盾。

医师异地多点执业制度可以优化医疗资源分布不均衡的局面，让患者在家门口就能享受优质医疗资源，避免了向上海等大城市就医，在一定程度上缓解了“大城市病”问题，能够为区域医疗一体化的发展带来诸多好处，是一项切实可行的制度。因此，在今后长三角医疗一体化政策制度的改革中，要求同存异，减少差异，一定要加快对医师异地多点执业制度的完善。

（2）促进人才合作和培养的建议

①人才合作

在当前人才总量不足的情况下，要解决这个问题必须转变理念，构建不求所有、但求所用的现代观念。要实现不求所有、但求所用的目标，就必须通过区域人才合作来实现。长三角医疗一体化是管理、临床、科研、教学四位一体的长三角合作发展，而长三角医疗人才合作不仅是输送上海优势的医疗资源到其他城市，快速提高长三角其他地区医护人员的能力，而且通过与上海医院管理人才的合作，有利于提升其他地区医院办院水平，提高医院综合实力，带动医务人员整体素质的提升。因此，研究长三角医疗人才合作机制能有效保障长三角医疗协同发展的实效，是实现长三角医疗协同发展目标的关键一环。

第一，建立政府统一规划。长三角要实现医疗人才合作，需要政府的统一规划，相关政策和法律的保障，以打破目前影响长三角医疗人才合作的壁垒和障碍。需要建立高层次的协调机制，最好是国家层面出台统一的政策协调推动长三角医疗人才合作。尽快出台国家的规划，明确长三角医疗卫生的功能定位，并从财政政策、办医政策、项目安排等方面形成具体的措施。尽快建立医疗卫生协同发展政策框架体系。建立高层次人才引进和科研协作优惠政策，加强重点学科和临床专科建设。通过提高能力水平，增强优质资源，打造专科优势，方便群众看病就医。

第二，建立长三角医疗人才合作协调机构。建立区域行政组织是有效促进区域内合作与发展的关键。因此，区域人才开发合作必然需要一个强有力的协调机构来组织实施。这类组织机构，应该既包含综合性协调机构，又包含专业性协调机构；既有政府主导的，又有行业协会、中介组织等参与的广泛的人才合作事务处理机构，从而形成囊括人才合作各个领域、纵向到底、横向到边的组织体系，负责全区域的规划、重大发展战略，以及整合中的其他重大问题。通过有组织、有计划地梳理和整合，健全组织机构，完善组织功能，解决区域内人才合作中的急难问题，实现人才合作的有序推进。就构成人员来看，还应吸收既具备丰富的立法工作经验，又能充分代表长三角利益的专家。

第三，强化医疗人才合作的实施效果。缓解压力因素提高医疗人才合作效果。单位及个人应当采取压力管理措施以减轻来自“工作繁重、经济损失、机会成本、绩效的考量、社会关系的压力、交通及住宿产生的压力”。一方面，受援单位应当提高外聘的专家的劳务费及出诊费，解决会议、培训、科研合作等经费不足导致经济压力的问题。另一方面，应当成立专门管理机构，安排好诸如专家交通及食宿等问题或给予经济补贴，对于长期驻支援单位的专家，应当解决家属及子女探望的后顾之忧。

第四，加强政府政策支持、医院双方政策支持、领导重视、资金支持等多方支持提高医疗人才合作效果。首先，需要政府制定统一的政策和法律保障以促进长三角医疗人才合作法律、法规的衔接。在人才引进、科研合作、人才交流、社保报销、绿色转诊通道建设等方面给予政策倾斜和支持。这将有利于加快长三角医疗人才合作的实施。其次，需要来自双方医院政策的支持，合作医院双方都应在人事、收入分配、福利待遇等制度方面给予倾斜。此外无论是政府还是医院双方或者是社会相关部门都应该加强领导重视。最后，各级政府应当设立专项经费，对医疗人才合作项目优先支持，保障经费支持。同时，还应鼓励医疗机构向各种社会力量、企业单位等渠道筹措资金，支持医疗人才合作。

第五，设置激励措施提高医疗人才合作效果，并满足专家在“收入提高、名誉、晋升、自我期许（自我成就）”等方面的激励因素的需要。一方面支援医院应当在收入、晋升、职称、绩效等方面给予政策倾斜，充分激发专家参与人才合作的积极性，使得参与医疗人才合作的专家无论在经济收入、专业技术提升、晋升优先等方面都优先于其他人员。另一方面对受援医院，鼓励学到新技术的医务人员独当一面，满足其自我成就的需要。

第六，增强基础设施建设提高医疗人才合作效果。承接单位应当根据本医院的专业特色，主动联系合作医院，并努力提升自身的综合实力、硬件配套设施、科研水平、医院文化等软环境方面的实力以提高医院人才合作效果，使医疗人才合作发挥最大效益。此外应当多方面联动共同建立医疗合作专家人才库，让专家信息在患者和医院间更加透明。在总结以往与长三角合作办医模式和经验的基础上，利用长三角协同发展的契机，采取共建共管、一体化管理提升医院人才间的交流与互动，探索建立起一条互利共赢、资源共享的医疗人才合作的新模式。

②人才培养

第一，培养专业人才打造办医特色。长三角一体化无疑促进了长三角间人才的自由流动，改变以往高端医疗人才聚集上海、杭州等大型医院的现状。因此长三角医疗资源欠发达的医疗机构在人才培养的过程中，应当充分利用长三角一体化所带来的资源和技术的辐射，牢牢把握长三角一体化带来的契机，抓紧人才培养和专业技术成果的向下转移。因此，各地应当结合地方实际，总结办医经验，找准在长三角一体化中的功能定位打造特色专业、优势专业，侧重培养重点发展专业人才、学科带头人及临床一线人员。

第二，建立长三角师资队伍专家库。师资队伍的建立不仅仅局限于筛选长三角内大型医院的专家，还应包括医学院校或者社会医疗机构的高层次的专业人员。专家信息库的建立应当包括专业技术特长、所在医疗机构、科研项目等。通过系统的自适应匹配功能，使得医院在人才培养时更加有针对性。除此之外，系统的设计还可以包括多通道、交互式的医疗知识获取及表达，甚至可以通过移动客户端向用户推送资讯。

第三，加强同高校人才培养的合作。在职人员学历继续教育是医务人员职业生涯发展的重要途径，因此要打通人才培养的通道，加强同长三角高等院校的人才合作。医院可以聘请高校教育团队举办短期或者中长期培训班；也可以鼓励职工有针对性地参加高校举办的继续教育培训班。此外，还可以利用高校的远程教育培训系统，如网络课堂、在线教育等线上培训活动。为此，各地医学院校应当对区域医疗人才的积累起到促进作用。

第四，科研合作是人才培养的捷径。临床技能、专业知识和学术科研具有相辅相成的作用，参与科研的过程也是开阔视野和人才培养的重要渠道。为此，科研机关可以建立科研项目参与合作机制，将立项的科研项目进行公示，有意愿且有能力的医务人员可以通过申请参与医院和医学高等院校的相关项目研究。这项双赢的政策解决了基层医院的科研贫困，又为大型科研项目提供了更为广泛的数据支持。

第五，远程医疗助力医疗人才培养。现如今“互联网+医疗”的飞速发展为医疗服务质量和专业技术的提升注入新的活力。遥感、遥测、遥控等技术在远程医疗系统中的应用，高速网络进行数字、图像、语音的综合传输使得远程会诊、远程看片、远程监护甚至远程操控手术成为可能。远程医疗同时加载了远程医学教育的功能，例如，北京协和医院等全国二十多个省市的数十家医院网站，已经为数百例各地疑难急重症患者进行了远程、异地、实时、动态电视直播会诊，成功地进行了大型国际会议全程转播，并组织国内外专题讲座、学术交流和手术观摩数十次。基层医院采用远程技术向上海、杭州等大型医院求助解决临床难题的同时，就是学习和请教的最佳途径，远程教育极大地促进了医疗人才的培养，并有效弥补了进修所带来的时间和地理上不便的缺陷。

第六，建立人才培养考核评价机制。制定包括医院、培养机构、科室和个人的多方协同考评机制，检测人才培养效果，促进达到培养标准。如人才培养计划考核标准可以包括“理论学习、临床实践、医疗水平、继续教育、科研能力、社会评价、组织实施”等方面，考核结果可以作为奖励性绩效工资发放的依据，培养机构和各科室的考评结果作为年底科室工作业绩的考核依据；医院考核结果作为三甲评定等各项考核的依据。

（3）加强医联体运作的建议

第一，加强政府主导作用，实现优质医疗资源的优化布局。

根据国家深化医药卫生体制改革的总体要求，结合长三角实际情况，探索构建长三角为基础的医联体服务体系，不断提高医疗资源的总体利用效率，有效控制医疗费用。明确基层医院在医联体中的作用，充分利用基层医院所具备的优势资源，使其起到承上启下、适当分流的作用。基层医疗卫生机构可以与二级以上医院、慢性病医疗机构等协同，为慢性病、老年病等患者提供老年护理、家庭护理、社区护理、互助护理、家庭病床、医疗康复等服务。充分发挥不同主体医疗机构在分工协作机制中的作用。

第二，支持更广泛的医疗合作，开通多点执业。

充分发挥专科医师、全科医师、健康管理师“三师”的组合作用，使各方人员充分熟悉对方，在条件允许的情况下，进行人员互动，并给予政策倾斜，积极鼓励专家医师进入基层对基层人员进行指导。医联体内医疗机构医师可根据工作需要，选择医联体内具有相应诊疗科目的医疗机构作为多点执业地点开展诊疗服务。医联体内医疗机构可根据工作需要，聘请医联体内非本机构医技人员和医疗管理人员在本机构兼职。

第三，强化医疗卫生与健康产业科技创新。

长三角应重视医疗健康产业技术创新，加快药品、器械、设备、技术等重点领域的科技研发和成果的转化，促进卫生与健康科技创新工作全面发展。

第四，推进远程医疗事业发展。

在医保支付制度和医院价格制定上给予远程医疗更宽松的发展空间，实现长三角医保政策的互联互通。同时，考虑属地化就诊需求，发挥医保的支撑和调配作用，并调动和利用当地医疗资源，完善网络医疗平台为医联体开通了更广阔的渠道。利用网络平台实现分诊、预约，实现长三角医师信息网络化。利用网络平台形成疑难病症转诊、会诊便捷，实现分级诊疗，有序转诊。

（4）优化医保制度一体化的建议

第一，健全医保异地结算。

长三角医保结算一体化的发展，重点是要打破各地利益的枷锁。有必要尽快地统一各地利益的机制，将医保资金合理地进行分配调整。长三角如果要统一医保制度，至少在总体上应该保持平衡，应该合理调节各方的利益。如果可以建立长三角医保异地结算平台，就可以实现长三角医保的一体化，医保卡可以用长三角医疗一卡通来代替，符合相应条件的居民可以去这个平台办理一卡通。信息平台的搭建是实现长三角医疗保险一体化的一个重要的技术支撑，只要有了这个结算平台，就可以实现医保的实时结算，使长三角医疗保险一体化成为可能。

第二，打破长三角商业保险壁垒促进医保一体化。

从技术层面分析，不仅在长三角地区，就算在全国范围看医疗保险结算和医保互通互联都不是一件难事，真正的难点就是行政体制上的利益分配。这就应该发挥市场的灵活性特征。

商业保险比社保更具有灵活性，商业保险的特色化服务和不同产品，可以适应更广泛的需求。可以鼓励居民加入商业保险来补充自己社会保险还不能整合的不足。政府可以为产业转移而迁移的职工或者退休职工提供一些商业保险上的补助和优惠条件，或者对商业保险公司进行税收优惠补助，鼓励保险公司为这类职工提供优质可靠的保险服务。政府可以发挥市场自身优势，利用商业保险的辅助作用，用商业保险的统一来起到过渡作用，配合实现长三角医疗保险一体化的发展。

6.4.2.4 长三角文化一体化建议

（1）整合区域文化要素，拓展文化协调空间

要打破地区间、部门间、产业间、行业间等文化要素资源的障碍和传统的文化意识形态，树立区域文化协调发展的观念，以文化企业为主体，充分发挥市场机制在区域发展中资源配置的基础性作用，实现文化、科技、人才、资金等文化要素资源的自由流动。发挥先发区域和大城市的优势带动作用，构筑依托先发区域和大城市的文化协调发展网络，通过构建区域文化协调发展联盟等形式，培育和激发其文化辐射能力，带动周边中小城市、农村地区文化建设，实现区域和城市内部的文化协调发展。转变传统的区域协调模式和自上而下的文化要素资源配置方式，加大区域横向文化要素资源整合和协调，正确处理好文化资源同质地区的文化发展竞合关系，走规模化和市场化的道路，不断提升文化发展的实力。构筑跨区域的文化要素展示、交流和交易平台，逐步实现文化协调空间的向外拓展。

（2）创新文化服务方式，丰富文化协调内容

在公共文化服务标准化均等化目标基础上，公共文化服务政策的着力点应放在促进公共文化服务设施的完善和提效利用上，以提高区域文化协调发展的效率。树立区域间、城市间公共文化服务设施及内容共享的理念，积极推动党政机关、国有企事业单位和学校的各类文体设施及场馆向社会免费或优惠开放等，促进“三馆一院”采用政府向社会组织购买服务的方式开展丰富的文体活动，不断创新公共文化服务的内容和方式，缩小区域之间的公共文化服务差距。可学习重庆市开展的全市公共文化服务物联网服务试点的经验，构筑高效的公共文化服务网络，强化平台管理，实现百姓“点单”，增加公共文化服务的活力。不断推动完善公共文化服务

立法，特别是加快《公共文化服务保障法》《公共图书馆法》《全民阅读促进条例》的立法进程和《文物保护法》的修订工作，推动区域间、城市间以政策文件的形式对文化服务内容合作进行规定和约束，提高区域文化协调的规范性和效率。

（3）瞄准文化产业方向，形成规模集聚合力

转变区域文化产业发展方式，改变部分城市跟风政策盲目发展文化产业的现状，根据产业首位度和辐射力优选文化产业方向，调整和优化文化产业结构。促进文化产业与公共文化服务、文化产业与其他产业形态融合发展，不断催生新的文化产业形态和具有区域特色的文化产品。依靠政府行政力量，对各地文化产业项目进行评估和监测，对盈利能力较弱和对区域环境造成威胁的文化产业项目叫停。整合区域内外文化要素资源，特别是同质化文化要素资源和位于同一产业链上下游的文化要素资源，以捆绑打包的方式集中开发，形成规模集聚的合力。引导区域文化产业规模布局，建设跨行政区划的文化产业集群。根据区域城市经济社会发展现状和文化要素资源特点，通过制定合理的区域文化产业发展规划，引导文化产业科学发展。积极培育区域文化产业品牌，塑造区域文化中心，提升区域文化产业竞争力。

（4）借力文化创新手段，优化文化协调品质

随着我国经济社会发展进入新常态，“互联网+”作为一种新型的驱动手段，必将在经济社会提质增效中发挥着积极的推动作用。“互联网+”具有高联通性、高知识性、高增值性等特征，可以带来文化发展的在线化、数据化，在互联互通、共建共享的模式下不断提高文化发展的质量和效率，更大程度地满足人民群众对于文化发展的需求，改善和保障文化民生，提升区域文化协调发展的品质。借力“互联网+”，构造中央和地方政府支持、市场和企业提供服务、社会（非营利组织）参与的文化协调发展供给主体组成模式。基于互联网的公共文化数据库和分析系统，通过互联网数据挖掘技术，设计文化服务“菜单”。通过移动网络技术使在场服务转变为在线服务，通过互联网交易平台、在线技术等打开区域外部市场，实现区域间文化资源无障碍自由配置。加强文化数字资源整合开发，加强多网、多终端应用开发，实现文化发展信息共享、多级关联。

参考文献

［1］李香者：《城乡公共服务一体化问题研究》，河北农业大学博士学位论文，2012 年。

［2］夏建勇等：《以改革为动力，构建长三角教育一体化发展平台》，《教育发展研究》2009 年第 Z1 期。

［3］陈国良等：《共建“长三角教育综合改革试验区”研究》，《科学发展》2012 年第 3 期。

［4］钱海梅：《长三角经济一体化与区域公共服务供给——基于区域公共服务供给模式的分析》，《政治与法律》2008 年第 12 期。

［5］张雪冬等：《京津冀一体化背景下促进医疗人才合作的对策研究》，《人力资源管理》2016 年第 9 期。

［6］张培等：《京津冀一体化背景下医疗人才培养模式的探究》，《人力资源管理》2017 年第 7 期。

［7］任学婧等：《京津冀医疗人才合作机制研究》，《合作经济与科技》2015 年第 21 期。

［8］高延：《京津冀医疗一体化发展政策法律问题研究》，河北大学硕士学位论文，2016 年。

［9］王以新：《完善医联体模式，实现京津冀医疗一体化》，《团结》2017 年第 3 期。

［10］张卫等：《长三角一体化与区域养老融合发展机制研究》，《现代经济探讨》2018 年第 4 期。

［11］权衡：《长三角高质量一体化发展：发挥上海的龙头带动作用》，《上海城市管理》2018 年第 4 期。

［12］刘敏等：《我国区域文化协调发展的基本思路》，《全球化》2017 年第 3 期。

7

长三角高质量一体化与环境治理

7.1 长三角区域环境质量及基本特征

7.1.1 长三角区域环境质量总体状况

区域环境是一个不可分割的整体，各环境要素之间相互影响。随着经济的快速发展，环境污染已成为我国主要区域共同面临的问题。环境的区域性和整体性在客观上要求打破行政区界限，加强区域环境治理协作。推进经济一体化与环境保护一体化的协调发展，是实现区域生态文明建设目标的必然要求。

长三角城市群地处亚热带中北部、中国东部沿海地区与长江流域的接合部，覆盖上海及江苏、浙江、安徽，由江浙沪皖的26个城市构成，分别为上海、南京、无锡、常州、苏州、南通、盐城、扬州、镇江、泰州、杭州、宁波、嘉兴、湖州、绍兴、金华、舟山、台州、合肥、芜湖、马鞍山、铜陵、安庆、滁州、池州、宣城。作为中国最发达、最成熟的城市群，其区域土地总面积21.17万平方公里，约占全国的2.21%。

如表7-1所示，2017年年末，长三角城市群人口总数为1.4亿人，约占全国的10.1%；GDP达到165212.8万元，约占当年全国GDP的20.1%；人均GDP为11.8万元，是全国水平的两倍。具体而言，从人口规模的角度来看，长三角城市群中上海的常住人口最多，为2418.3万人，舟山常住人口最少，为97.6万人；从经济规模的角度来看，上海的GDP最高，为30633.0亿元，池州的GDP最小，为624.4亿元。此外，铜陵的名义GDP增长率最高，为17.2%，舟山的增长率最低，为-1.7%；杭州的人均GDP最高，为21.6万元，安庆最低，为3.7万元。

表 7-1 2017 年长三角 26 市人口与经济规模

	常住人口（万人）	GDP（亿元）	GDP 增长率（%）	人均 GDP（万元）
全国	139008.0	820754.3	10.9	5.9
长三角 26 市	14022.4	165212.8	11.1	11.8
杭州	583.2	12603.4	11.4	21.6
宁波	509.1	9842.1	13.3	19.3
苏州	1068.4	17319.5	10.0	16.2
无锡	655.3	10511.8	12.0	16.0
南京	833.5	11715.1	9.9	14.1
常州	471.7	6618.4	12.6	14.0
嘉兴	316.3	4380.5	13.4	13.8
绍兴	399.7	5078.4	6.0	12.7
上海	2418.3	30633.0	8.7	12.7
镇江	318.6	4010.4	2.8	12.6
舟山	97.6	1219.8	-1.7	12.5
扬州	450.8	5064.9	12.1	11.2
南通	730.5	7734.6	12.3	10.6
泰州	465.2	4744.5	13.8	10.2
湖州	245.0	2476.1	8.4	10.1
金华	412.0	3848.6	4.4	9.3
台州	487.6	4407.4	13.0	9.0
合肥	796.5	7003.1	11.6	8.8
芜湖	369.6	2963.3	9.8	8.0
马鞍山	230.2	1710.1	14.5	7.4
盐城	724.2	5082.7	9.7	7.0
铜陵	160.8	1122.1	17.2	7.0
宣城	261.4	1185.6	12.1	4.5
池州	144.9	624.4	6.0	4.3
滁州	407.6	1604.4	12.8	3.9
安庆	464.3	1708.8	11.6	3.7

资料来源：根据国家统计局、各城市统计年鉴数据计算得来。城市按照人均 GDP 高低排序。

如表7-2所示，从产业结构角度来看，2017年年末，长三角城市群整体呈现“三二一”的产业结构，其中，第一产业产值为5306.5亿元，约占全国的8.5%，第一产业比重为3.2%，仅为全国水平的42.1%；第二产业产值为71289.3亿元，约占全国的21.4%，第二产业比重为43.1%，比全国水平高2.6个百分点；第三产业产值为425912亿元，约占全国的20.8%，第三产业比重为53.6%，比全国水平高1.7个百分点。具体而言，从第一产业的比重来看，除滁州、池州、舟山、盐城、安庆、宣城外，其他20市第一产业比重显著低于全国水平。从第二产业的比重来看，除南京、杭州、舟山和上海外，其余22市的第二产业比重均高于全国平均水平，其中铜陵、马鞍山、芜湖、嘉兴、宁波、滁州6市的第二产业比重高于50%，可见，长三角城市群中仍有大量工业型城市。从第三产业的比重来看，长三角城市群中有10个城市超过50%，其中，上海、杭州、南京、舟山、金华高于全国平均水平。

表7-2　2017年长三角26市产业结构概况

	第一产业		第二产业		第三产业	
	生产总值（亿元）	占GDP比重（%）	生产总值（亿元）	占GDP比重（%）	生产总值（亿元）	占GDP比重（%）
全国	62099.3	7.6	332742.7	40.5	425912.0	51.9
长三角26市	5306.5	3.2	71289.3	43.1	88617.1	53.6
上海	110.8	0.4	9330.7	30.5	21191.5	69.2
杭州	311.1	2.5	4362.5	34.6	7929.8	62.9
南京	263.0	2.2	4454.9	38.0	6997.2	59.7
舟山	140.5	11.5	402.9	33.0	676.4	55.5
金华	145.6	3.8	1626.6	42.3	2076.4	54.0
无锡	135.2	1.3	4964.4	47.2	5412.2	51.5
苏州	222.0	1.3	8235.9	47.6	8861.7	51.2
常州	157.1	2.4	3098.6	46.8	3362.7	50.8

续表

	第一产业		第二产业		第三产业	
	生产总值（亿元）	占 GDP 比重（%）	生产总值（亿元）	占 GDP 比重（%）	生产总值（亿元）	占 GDP 比重（%）
台州	266.6	6.0	1953.4	44.3	2187.4	49.6
南通	382.7	4.9	3639.8	47.1	3712.1	48.0
湖州	129.1	5.2	1171.8	47.3	1175.3	47.5
泰州	264.1	5.6	2238.1	47.2	2242.3	47.3
绍兴	207.5	4.1	2472.5	48.7	2398.3	47.2
镇江	142.4	3.6	1978.0	49.3	1889.9	47.1
合肥	272.8	3.9	3432.7	49.0	3297.6	47.1
扬州	262.0	5.2	2475.9	48.9	2327.0	45.9
池州	72.7	11.6	267.5	42.8	284.1	45.5
宁波	305.8	3.1	5119.5	52.0	4416.8	44.9
盐城	564.2	11.1	2256.7	44.4	2261.8	44.5
嘉兴	135.6	3.1	2317.9	52.9	1927.1	44.0
宣城	131.0	11.0	568.5	47.9	486.1	41.0
芜湖	129.7	4.4	1623.4	54.8	1210.2	40.8
安庆	194.0	11.4	828.5	48.5	686.4	40.2
马鞍山	85.2	5.0	961.4	56.2	663.5	38.8
滁州	226.8	14.1	815.9	50.9	561.7	35.0
铜陵	49.1	4.4	691.5	61.6	381.5	34.0

资料来源：根据国家统计局网站、各城市统计年鉴（2018）数据计算得到。城市按照第三产业占比高低排序。

如表 7-3 所示，2013—2017 年，伴随经济规模的扩张以及人民生活水平的提高，长三角“三省一市”能源消费总量和人均能源消费量呈现上升趋势；而得益于经济发展、技术进步和产业结构的调整，单位 GDP 能耗则呈现下降趋势。

表 7-3 2013 年、2017 年长三角三省一市能源消费概况

	能源消费量（万吨标准煤）		人均能源消费量（吨标准煤）		单位 GDP 能耗（吨标准煤/万元）	
	2013 年	2017 年	2013 年	2017 年	2013 年	2017 年
江苏	29205.38	31430.41	3.68	3.91	0.49	0.37
浙江	18640.00	21030.01	3.39	3.72	0.49	0.41
安徽	11696.39	13051.87	1.94	2.09	0.61	0.48
上海	11345.69	11858.96	7.92	8.15	0.52	0.39

资料来源：根据国家统计局、各省（市）统计年鉴数据计算得到。省市按照能源消费量大小排序。

20 世纪 90 年代以来，长三角地区作为“世界制造业基地”和国际化、工业化与城镇化发展标兵、世界第六大城市群、中国城镇分布密度最高、经济发展最具活力的地区之一，在为中国区域经济一体化发展开创道路的同时，环境恶化问题也逐渐显现。例如，在大气环境方面，PM2.5 浓度居高不下、臭氧污染日益严重、酸雨区规模扩大；在水环境方面，无锡与太湖的蓝藻大爆发、发生“黄浦江死猪事件”以及长三角流域跨界水体污染；在土壤环境方面，农业面源与土壤重金属污染日益严重。不可否认，粗放的生产方式曾经为长三角地区经济的飞速发展作出了重大贡献，但伴随经济社会快速发展而来的严重的环境问题警示着我们，长三角地区环境问题的解决已经刻不容缓。

据《2017 中国生态环境状况公报》显示，2017 年长三角地区空气质量优良天数比例为 74.8%，比 2016 年下降 1.3 个百分点；超标天数比例为 25.2%，其中轻度污染为 19.9%，中度污染为 4.4%，重度污染为 0.9%，严重污染为 0.1%。超标天数中以 PM2.5、O_3、PM10 和 NO_2为首要污染物的天数分别占污染总天数的 44.5%、50.4%、2.3% 和 3.0%，未出现以 SO_2和 CO 为首要污染物的污染天。其中，上海空气质量优良天数比例为 75.3%，比 2016 年下降 0.1 个百分点。出现重度污染 2 天，未出现严重污染，重度及以上污染天数与 2016 年持平。

与此同时，京津冀地区空气质量优良天数比例为 56.0%，比 2016 年下降 0.8 个百分点；超标天数比例为 44.0%，其中轻度污染为 25.9%，中度污染为10.0%，重度污染为6.1%，严重污染为2.0%。8个城市优良天数比例在50%—80%之间，5个城市优良天数比例低于50%。超标天数中，以PM2.5、O_3、PM10和NO_2为首要污染物的天数分别占污染总天数的50.3%、41.0%、8.9%和0.3%，未出现以CO和SO_2为首要污染物的污染天。其中，北京优良天数比例为61.9%，比2016年上升7.8个百分点。出现重度污染19天，严重污染5天，重度及以上污染天数比2016年减少15天。

珠三角地区空气质量优良天数比例为84.5%，比2016年下降5.0个百分点；超标天数比例为15.5%，其中轻度污染为12.5%，中度污染为2.4%，重度污染为0.6%，未出现严重污染。6个城市优良天数比例在80%—100%之间，3个城市优良天数比例在50%—80%之间。超标天数中，以O_3、PM2.5和NO_2为首要污染物的天数分别占污染总天数的70.6%、20.4%和9.2%，未出现以PM10、SO_2和CO为首要污染物的污染天。其中，广州优良天数比例为80.5%，比2016年下降4.2个百分点。出现重度污染2天，未出现严重污染，重度及以上污染天数比2016年增加1天。

表7-4　2016年、2017年长三角、京津冀、珠三角空气质量状况对比

地区	指标	2016年平均浓度（单位：CO：mg/m^3，其他：$\mu g/m^3$）	2017年平均浓度（单位：CO：mg/m^3，其他：$\mu g/m^3$）	环境空气质量二级标准（单位：CO：mg/m^3，其他：$\mu g/m^3$）	评价
长三角	PM2.5	46	44	35	超标
	PM10	75	71	70	超标
	O_3	159	170	160	超标
	SO_2	17	14	60	达标
	NO_2	36	37	40	达标
	CO	1.5	1.3	4	达标
京津冀	PM2.5	71	64	35	超标
	PM10	119	113	70	超标
	O_3	172	193	160	超标
	SO_2	31	25	60	达标
	NO_2	49	47	40	超标
	CO	3.2	2.8	4	达标

续表

地区	指标	2016 年平均浓度（单位：CO：mg/m^3，其他：μg/m^3）	2017 年平均浓度（单位：CO：mg/m^3，其他：μg/m^3）	环境空气质量二级标准（单位：CO：mg/m^3，其他：μg/m^3）	评价
珠三角	PM2.5	32	34	35	达标
	PM10	49	53	70	达标
	O_3	151	165	160	超标
	SO_2	11	11	60	达标
	NO_2	35	37	40	达标
	CO	1.3	1.2	4	达标

资料来源：《2016 中国生态环境状况公报》《2017 中国生态环境状况公报》。

如表 7-4 所示，2017 年长三角地区与京津冀地区空气质量状况较 2016 年整体有所改善，但长三角地区的 PM2.5、PM10、O_3年平均浓度依旧超过国家环境空气质量二级标准，京津冀地区的 PM2.5、PM10、O_3、NO_2年平均浓度仍旧超过国家环境空气质量二级标准，空气质量状况不容乐观；与此同时，2017 年珠三角地区空气质量状况较 2016 年则呈现恶化趋势，但其空气质量依旧显著优于长三角地区与京津冀地区，六项指标中只有 O_3 年平均浓度超过国家环境空气质量二级标准。此外，需要特别注意的是，2017 年长三角地区、京津冀地区和珠三角地区的 O_3浓度都呈现显著的上升趋势，且都超过国家环境空气质量二级标准。

伴随空气质量的提高，长三角地区水环境不断改善。据《上海市环境状况公报（2017）》显示，以河流断面水质为例，2017 年上海市主要河流断面中Ⅱ—Ⅲ类水质断面占 23.2%，Ⅳ—Ⅴ类水质断面占 58.7%，劣Ⅴ类水质断面占 18.1%（见图 7-1），主要污染指标为氨基和总磷。全上海市主要河流水质较 2016 年进一步改善，Ⅱ—Ⅲ类、Ⅳ—Ⅴ类水质断面比例分别上升 7 个百分点和 8.9 个百分点，劣Ⅴ类水质断面比例下降 15.9 个百分点。高锰酸盐指数平均浓度为 4.5 毫克/升，同比下降 6.1%；氨氮平均浓度为 1.37 毫克/升，同比下降 28%；总磷平均浓度为 0.21 毫克/升，同比下降 22%。

与此同时，据《北京市环境状况公报（2017）》显示，北京市地表水水

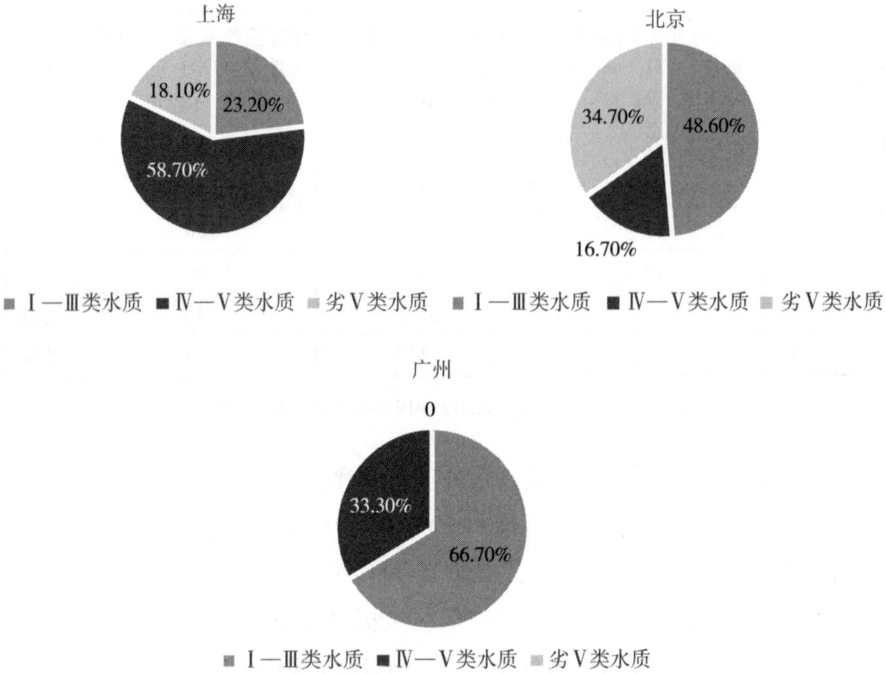

图 7-1　2017 年上海、北京、广州河流断面水质对比

资料来源：各城市 2017 年环境状况公报。

质也持续改善，主要污染指标年均浓度明显降低，劣Ⅴ类水质比例下降。全年共监测五大水系有水河流 98 条段，II 类、III 类水质河长占监测总长度的 48.6%；IV 类、V 类水质河长占监测总长度的 16.7%；劣 V 类水质河长占监测总长度的 34.7%（见图 7-1），比 2016 年下降 5.2 个百分点。全市地表水体监测断面高锰酸盐指数年均浓度值为 5.97 毫克/升，氨氮年均浓度值为 2.62 毫克/升，与上年相比分别下降 19.0%和 51.5%。其中水库水质较好，湖泊水质次之，河流水质相对较差。此外，据《广州市环境质量状况公报（2017）》显示，广州市纳入《广东省水污染防治目标责任书》的地表水国监测断面中，Ⅰ—Ⅲ类水质断面占 66.7%，Ⅳ—Ⅴ类水质断面占 33.3%，无劣Ⅴ类水质断面（见图 7-1）。受污染河段主要污染指标为氨氮和溶解氧。

综上所述，与 2016 年相比，2017 年长三角的环境质量整体变好，呈现逐渐改善的趋势。区域比较来看，长三角整体的环境质量优于京津冀，但仍显著低于珠三角的环境质量。

7.1.2 长三角区域大气环境质量及基本特征

大气作为一种纯公共物品，为人类所共享，良好的大气环境是人类生产和生活所必需的。但是，随着人类文明的发展，人为排放的污染物对大气环境造成了严重的破坏，如何治理大气污染、改善大气环境已成为人们普遍关心的问题。

7.1.2.1 大气环境有关的概念

（1）大气质量

大气质量是大气受污染的程度，反映了自然界空气中所含污染物质的多少。在未受人为影响的情况下，在水平方向上的空间中大气的组成成分几乎没有差异，大气质量的优劣主要取决于受人类污染的程度。大气质量主要用空气中污染物的含量来衡量，以对人体健康影响的程度为尺度。2012 年，国家发布了评价大气质量的新标准，即《环境空气质量标准》（GB3095—2012）和《环境空气质量指数（AQI）技术规定（试行）》（HJ633—2012），并于 2013 年在全国范围内开始实施。

（2）大气污染

大气污染是指大气中一些物质的含量达到有害的程度以至破坏生态系统和人类正常生存和发展的条件，对人或物造成危害的现象。大气污染主要发生在距离地面约 12 千米的范围内，随大气环流和风向的移动而漂移，因此大气污染是一种流动性污染，具有扩散速度快、传播范围广、持续时间长、造成的损失大等特点。

（3）大气污染物

大气污染物包括所有能使空气质量降低的物质，目前已知的大气污染物有 100 多种。按其存在状态可以将其分为气溶胶状态污染物、气体状态污染物两大类。气溶胶状态污染物主要有粉尘、烟液滴、雾、降尘、飘尘、悬浮物等；气体状态污染物主要有硫氧化物、碳氧化物以及碳氢化合物。

大气污染物主要包括：碳粒、飞尘、碳酸钙、氧化锌、二氧化铅、细颗粒物（PM2.5）、可吸入颗粒物（PM10）等粉尘微粒，二氧化硫、三氧化硫、硫酸等硫化物，一氧化氮、二氧化氮、氨气等氮化物，氯气、氟气、氯化氢、氟化氢等卤化物，一氧化碳、氧化剂、臭氧、过氧酰基硝酸酯等氧化物。区域不同、人类的生产结构和生活方式不同，大气污染物的结构也不一样。随着人类不断开发新的物质，大气污染物的种类和数量也在不断地变化。

（4）大气环境质量常用指标

AQI（Air Quality Index，空气质量指数）：指报告每日空气质量的参数。描述了空气清洁或者污染的程度，以及对健康的影响。环保部门计算空气质量指数通过五个主要污染标准：地面臭氧、颗粒物污染（也称颗粒物）、一氧化碳、二氧化硫、二氧化氮。

细颗粒物（PM2.5）：指环境空气中空气动力学当量直径小于等于 2.5 微米的颗粒物。其粒径小，面积大，活性强，易附带有毒、有害物质（如重金属、微生物等），且在大气中的停留时间长、输送距离远，因而对人体健康和大气环境质量的影响很大。

可吸入颗粒物（PM10）：指粒径在 10 微米以下的颗粒物，因其在环境空气中停留的时间很长，对人体健康和大气能见度的影响都很大。

二氧化硫（SO_2）：其具有酸性，可与空气中的其他物质反应，生成微小的亚硫酸盐和硫酸盐颗粒。当这些颗粒被吸入时，它们将聚集于肺部，容易引发呼吸系统症状和疾病、呼吸困难。如果与水混合，再与皮肤接触，便有可能发生冻伤。与眼睛接触时，会造成红肿和疼痛。

氮氧化物（NOx）：其主要来自高温燃烧过程的释放，比如机动车尾气、锅炉废气的排放等。NOx 对环境的损害作用极大，它既是形成酸雨的主要物质之一，也是形成大气中光化学烟雾的重要物质和消耗 O_3 的一个重要因子。

臭氧（O_3）：臭氧是强氧化剂，对植物、动物及很多结构材料如塑胶、橡胶有害。它还会损害肺组织，严重的会导致肺出血而死亡，因此当空气中臭氧含量过高时，一般建议老人和幼儿不宜于户外做剧烈运动，以免吸入过量臭氧。低层空气中臭氧有时称为“有害的”臭氧，主要源于汽机车排气中二氧化氮产生的光化学烟雾。由于工业和汽车废气的影响，尤其在大城市周围农林地区，在地表臭氧会形成和聚集。地表臭氧对人体，尤其是对眼睛、呼吸道等有侵蚀和损害作用。地表臭氧也对农作物或森林有害。

7.1.2.2　长三角大气环境质量情况及特征

1）长三角大气环境质量现状

长三角大气污染一体化和同步化趋势较为突出。根据环境保护部发布的《中国环境状况公报（2017）》，2017 年长三角地区空气质量优良天数比例仅为 74.8%，超标天数比例为 25.2%，与此同时，全国平均空气质量优良天数比例为 78%，珠三角地区优良天数比例范围为 84.5%。对比可知，长三角地区空气质量低于全国平均水平，且远低于珠三角地区空气质量水平。

《中国环境状况公报（2017）》显示，长三角地区空气质量超标天数中以 O_3、PM2.5、NO_2和 PM10 为首要污染物的天数分别占污染总天数的 50.4%、44.5%、3.0%和 2.3%。可以看出，长三角地区的污染物主要为 O_3和 PM2.5，大气污染已随着城市群的扩张由局地污染演变为区域性、复合型特征。与此同时，京津冀地区空气质量超标天数中，以 PM2.5、O_3、PM10 和 NO_2为首要污染物的天数占比分别为 50.3%、41.0%、8.9%和 0.3%；珠三角地区以 O_3、PM2.5 和 NO_2为首要污染物的天数占比分别为 70.6%、20.4%和 9.2%。此外，江浙沪三地空气质量呈现显著的优化趋势，空气质量逐步提高，而安徽省空气质量则逐年下降，并已低于江浙沪三地（见图 7-2）。

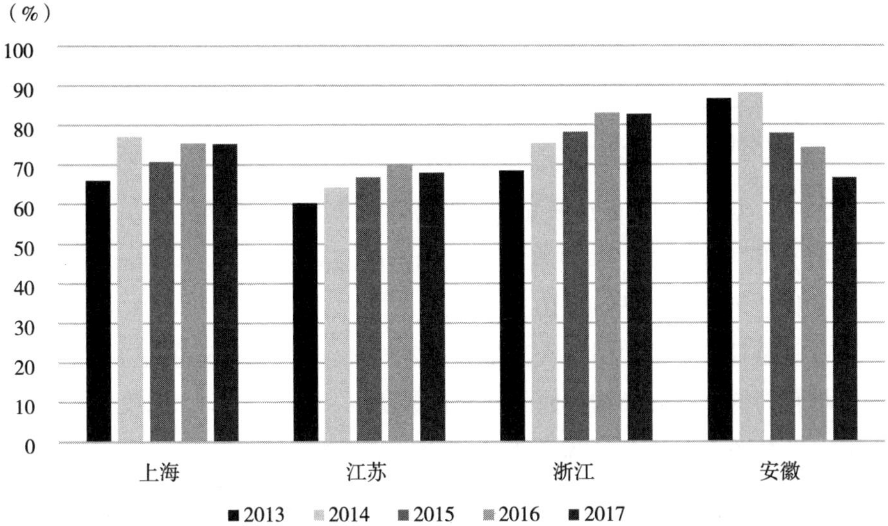

图 7-2　2013—2017 年长三角三省一市空气质量指数优良率

资料来源：各省市环境状况公报。

如表 7-5 所示，2017 年长三角 26 市空气质量指数优良率差距较大，其中台州市空气质量指数优良率达到 96%，合肥市仅为 61%。此外，长三角 26 市空气质量指数优良率整体较低，除台州、舟山、池州、宁波、绍兴五个城市，其他 21 个城市空气质量指数优良率全部低于 80%。

表 7-5　2017 年长三角 26 市空气质量指数（AQI）优良率

城市	AQI 优良率（%）	城市	AQI 优良率（%）
台州	96	嘉兴	73
舟山	92	安庆	73
池州	88	南京	72
宁波	85	苏州	72
绍兴	83	镇江	71
宣城	79	铜陵	71
盐城	78	湖州	69
金华	78	芜湖	69
常州	75	无锡	68
上海	75	马鞍山	66
泰州	74	扬州	63
杭州	74	滁州	62
南通	73	合肥	61

资料来源：各城市环境状况公报。

2）长三角大气污染现状和污染源分析

（1）长三角 PM2. 5 与 PM10 现状和污染源分析

①长三角 PM2. 5 与 PM10 现状

雾霾是目前导致中国空气污染的主要因素。以 PM2. 5 为例，由于长三角区域较高的大气污染物排放强度和排放密度，区域 PM2. 5 浓度水平总体较高。在秋冬季节不利气象条件作用下，雾霾污染事件频发（王春梅等，2016）。2013 年 1 月，中国中东部地区出现长时间、大范围、高强度的雾霾天气，污染面积达 130 万平方公里。其间，上海、南京和杭州大气 PM2. 5 日均浓度超标达 20—25 天（王跃思等，2014）。2013 年 12 月初，中国中东部地区再次遭受长时间大范围严重大气污染的袭击，长三角区域成为整个污染事件的重灾区，南京、杭州、上海等多个城市大气中 PM2.5 最大小时浓度超过 600 微克/立方米，空气污染达到严重污染水平（上海市环境科学研究院课题组，2016）。但是，自 2013 年实施新《环境空气质量标准》以来，长三角地区的治霾力度得到提升，雾霾治理初见成效。2013—2017 年江浙沪三地的 PM2.5 呈现显著的下降趋势，安徽 PM2.5 浓度保持稳定（如图 7-3，安徽 PM2.5 数据最早可得年份为 2015 年），长三角三省一市的 PM10 也是逐年降低（见图 7-4）。

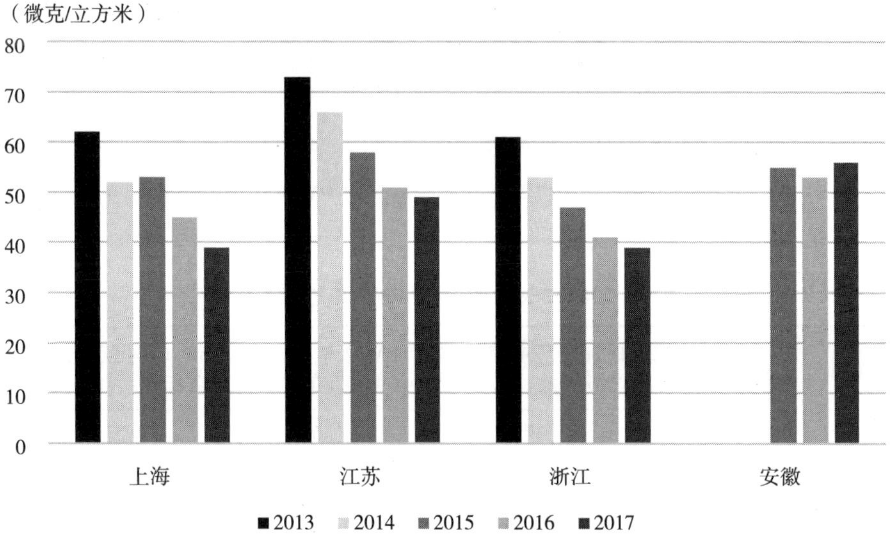

图 7-3　2013—2017 年长三角三省一市 PM2.5 年均浓度

资料来源：各省市环境状况公报。

虽然治霾效果已初见成效，但是长三角 26 市的 PM2.5 与 PM10 的现状依旧不容乐观。如表 7-6 所示，2017 年，除舟山、台州以外，其他 24 市 PM2.5 年日均浓度均超过国家环境空气质量二级标准，且安徽、江苏各市整体超标较为严重；从 PM10 角度来看，共有 10 个城市低于国家环境空气质量二级标准，而扬州、镇江则超标较为严重。

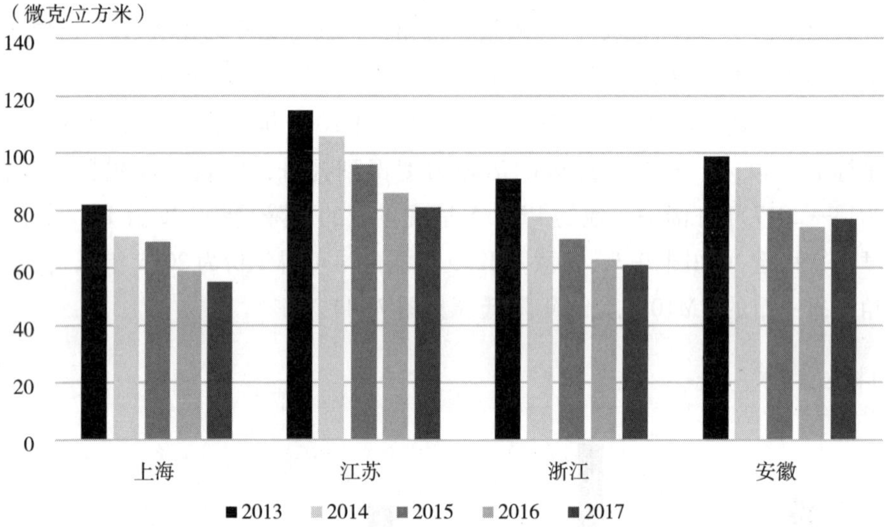

图 7-4　2013—2017 年长三角三省一市 PM10 浓度年均值

资料来源：各省市环境状况公报。

表 7-6　2017 年长三角 26 市 PM2.5 与 PM10 状况

城市	PM2.5 年日均值（微克/立方米）	评价（环境空气质量二级标准：35μg/m³）	PM10 年日均值（微克/立方米）	评价（环境空气质量二级标准：70μg/m³）
上海	39	超标	55	达标
南京	40	超标	76	超标
无锡	45	超标	79	超标
常州	47	超标	73	超标
苏州	43	超标	66	达标
南通	39	超标	65	达标
盐城	43	超标	74	超标
扬州	54	超标	95	超标
镇江	56	超标	90	超标
泰州	48	超标	79	超标
杭州	45	超标	72	超标

续表

城市	PM2. 5 年日均值（微克/立方米）	评价（环境空气质量二级标准：35μg/m^3）	PM10 年日均值（微克/立方米）	评价（环境空气质量二级标准：70μg/m^3）
宁波	37	超标	<70	达标
嘉兴	42	超标	<70	达标
湖州	39	超标	60	达标
绍兴	41	超标	63	达标
金华	39	超标	60	达标
舟山	<35	达标	<70	达标
台州	32	达标	54	达标
合肥	56	超标	80	超标
芜湖	49	超标	82	超标
马鞍山	50	超标	83	超标
铜陵	58	超标	88	超标
安庆	56	超标	80	超标
滁州	56	超标	83	超标
池州	60	超标	89	超标
宣城	50	超标	76	超标

资料来源：各省市环境状况公报。

②长三角 PM2. 5 与 PM10 污染源分析

长三角地区 PM2. 5、PM10 污染源可以归类为以下四个方面：一是产业污染，包括秸秆焚烧烟（粉）尘、化肥施用溢出氨气、工业烟（粉）尘以及服务业的油气、油烟、有机废气等；二是城市扬尘，包括建筑、交通、水利、市政等工程施工扬尘和码头、仓库、矿山等作业扬尘以及城市道路与工厂浮尘；三是机动车船尾气，主要包括汽车尾气、船舶尾气、非道路移动源排放；四是生活和其他污染，包括家庭餐厨油烟、燃煤烟（粉）尘、燃放烟花爆竹等（刘晓斌，2018）。

在可吸入颗粒物（PM10）中，城市扬尘、机动车船排放以及产业排放依次为三个最主要的来源，其中汽车尾气对可吸入颗粒物的多环芳烃贡献最大，是多环芳烃的主要来源。在细颗粒物（PM2.5）中，产业排放、机动车船排放以及城市扬尘依次为三个最主要的来源。烧秸秆、餐饮、放鞭炮在特定时段和区域对污染有贡献，但是不是污染的决定性因素。近年来，流动源和城市扬尘产生的污染占比上升，工业生产污染在大气颗粒物中的占比下降，工业技改和减排取得了明显效果。

（2）长三角烟（粉）尘现状与污染源分析

①长三角烟（粉）尘现状

如表 7-7 所示，2013—2016 年长三角地区烟（粉）尘总体排放量较大，其中江苏烟（粉）尘排放量最大，2013 年和 2016 年的烟（粉）尘排放量分别为 50 万吨、47.17 万吨。此外，三省一市呈现不同程度的下降趋势，其中浙江、安徽两省下降势头迅猛，分别由 31.97 万吨、41.86 万吨下降至 18.23 万吨、32.13 万吨。

表 7-7　2013 年、2016 年长三角三省一市烟（粉）尘排放概况

单位：万吨

	2013 年	2016 年
上海	8.09	7.95
江苏	50.00	47.17
浙江	31.97	18.23
安徽	41.86	32.13

资料来源：上海市大气环境保护情况统计数据、安徽环境统计公报、江苏统计年鉴、浙江自然资源与环境统计年鉴。

②长三角烟（粉）尘污染源分析

烟（粉）尘污染主要来源于钢铁、有色金属冶炼、火力发电、水泥和石油化工企业的生产过程，车辆和飞机的排气，以及垃圾燃烧、采暖锅炉和家庭炉灶排出的烟气等。如表 7-8 所示，长三角三省一市的烟（粉）尘排放量主要来源于工业排放，上海、江苏、浙江、安徽四地的工业烟（粉）尘排放占比分别为 91.6%、91.1%、89.7%、82.4%；生活烟（粉）尘和机动车烟（粉）尘占比则均不足 20%。由此可见，长三角烟（粉）尘污染主要来源于工业。

表 7-8 2016 年长三角三省一市烟（粉）尘排放结构

	总量（万吨）	工业（万吨）	生活（万吨）	机动车（万吨）	集中污染治理（万吨）
上海	7.95	7.28	0.15	0.52	0.0009
江苏	47.17	42.97	2.09	2.1	0.01
浙江	18.23	16.35	0.61	—	—
安徽	32.13	26.46	3.43	2.24	0.002

资料来源：2016 年上海市大气环境保护情况统计数据、2016 年度安徽环境统计公报、江苏统计年鉴（2017）、浙江自然资源与环境统计年鉴（2017）。

工业是烟（粉）尘排放的最主要来源，这里我们详细分析长三角城市群 26 市的工业是烟（粉）尘的排放情况。表 7-9 显示，2016 年，烟（粉）尘排放量最大和最小的城市分别为马鞍山和舟山，排放量分别为 81449 吨、2066 吨；万人烟（粉）尘排放量最大和最小的城市分别为马鞍山和台州，排放量分别为 355.7 吨、15.3 吨；单位 GDP 烟（粉）尘排放量最大和最小的城市分别为马鞍山和舟山，分别为 54.5 吨/亿元、1.7 吨/亿元。此外，通过对比 2011 年与 2016 年长三角 26 市的工业烟（粉）尘的排放情况我们可以看到，芜湖烟粉尘减排力度较大，总排放量由 2011 年的 79358 吨降至 2016 年的 37115 吨，而马鞍山的烟（粉）尘排放增幅较大，总排放量由 2011 年的 31427 吨增长到 2016 年的 81449 吨，但整体而言，长三角 26 市烟（粉）尘排放量、万人烟（粉）尘排放量、单位 GDP 烟（粉）尘排放量呈现显著的下降趋势。

表 7-9 2011 年、2016 年长三角 26 市工业烟（粉）尘排放量

	2011 年			2016 年		
	烟（粉）尘排放量（吨）	万人烟（粉）尘排放量（吨）	单位 GDP 烟（粉）尘排放量（吨/亿元）	烟（粉）尘排放量（吨）	万人烟（粉）尘排放量（吨）	单位 GDP 烟（粉）尘排放量（吨/亿元）
长三角 26 市	907919	71.3	6.1	699151	53.8	4.7
上海	66446	46.8	2.4	72782	50.2	2.6

续表

	2011 年			2016 年		
	烟（粉）尘排放量（吨）	万人烟（粉）尘排放量（吨）	单位 GDP 烟（粉）尘排放量（吨/亿元）	烟（粉）尘排放量（吨）	万人烟（粉）尘排放量（吨）	单位 GDP 烟（粉）尘排放量（吨/亿元）
南京	49842	78.3	4.7	48592	73.3	4.6
无锡	64418	137.6	7.0	67638	139.2	7.3
常州	38482	106.0	6.7	57542	153.4	10.0
苏州	50929	79.3	3.3	61777	91.1	4.0
南通	49094	64.2	7.3	13821	18.0	2.0
盐城	21727	26.5	4.7	21934	26.4	4.8
扬州	12849	27.9	2.9	9092	19.7	2.0
镇江	36521	134.3	9.5	20637	75.9	5.4
泰州	25347	50.0	6.2	9794	19.3	2.4
杭州	38297	55.2	3.4	20414	27.7	1.8
宁波	31816	55.2	3.7	24009	40.6	2.8
嘉兴	27386	79.8	7.1	10978	31.2	2.8
湖州	27730	106.2	12.1	19565	73.8	8.6
绍兴	22999	52.3	4.8	14441	32.5	3.0
金华	30280	64.5	8.2	16390	34.1	4.4
舟山	7081	73.0	5.7	2066	21.3	1.7
台州	16619	28.3	4.3	9152	15.3	2.3
合肥	40062	56.7	6.4	11483	15.7	1.8
芜湖	79358	205.9	29.4	37115	95.7	13.7
马鞍山	31427	137.5	21.0	81449	355.7	54.5
铜陵	17296	233.1	18.1	17339	101.4	18.1
安庆	19241	31.1	12.6	11039	20.9	7.2
滁州	40134	88.6	28.2	11236	24.7	7.9
池州	13865	85.9	23.5	15590	96.2	26.5
宣城	48673	174.2	46.0	13276	47.4	12.6

资料来源：根据《中国城市统计年鉴》数据计算而得。

（3）长三角臭氧污染现状和污染源分析

①长三角臭氧污染现状

秋冬季节雾霾污染事件频现，夏秋季节则易引发臭氧污染。城镇化、工业化、机动化的高速推进以及大气活性物质的大量排放，使得长三角沿海城市群在夏秋季节面临严峻的以高浓度臭氧为典型特征的光化学污染问题（易睿等，2015）。2013 年夏季，在副热带高压控制下，上海、杭州、苏州、宁波、南通、嘉兴、湖州等城市连续出现大范围高浓度臭氧污染，臭氧最大小时浓度超过 400 微克/立方米，是国家二级空气质量 1 小时浓度标准限值（200 微克/立方米）的 2 倍之多。其中有 29 天臭氧日最大小时浓度超过二级标准，累计超标小时数长达 177 小时。以日最大 8 小时浓度计，共有 22 天臭氧最大 8 小时浓度超过二级标准限值（160 微克/立方米）。根据环保部发布的实时空气质量监测数据，上海及周边城市（杭州、湖州、嘉兴、宁波、舟山、苏州、南通）光化学污染具有较强的区域同步性。

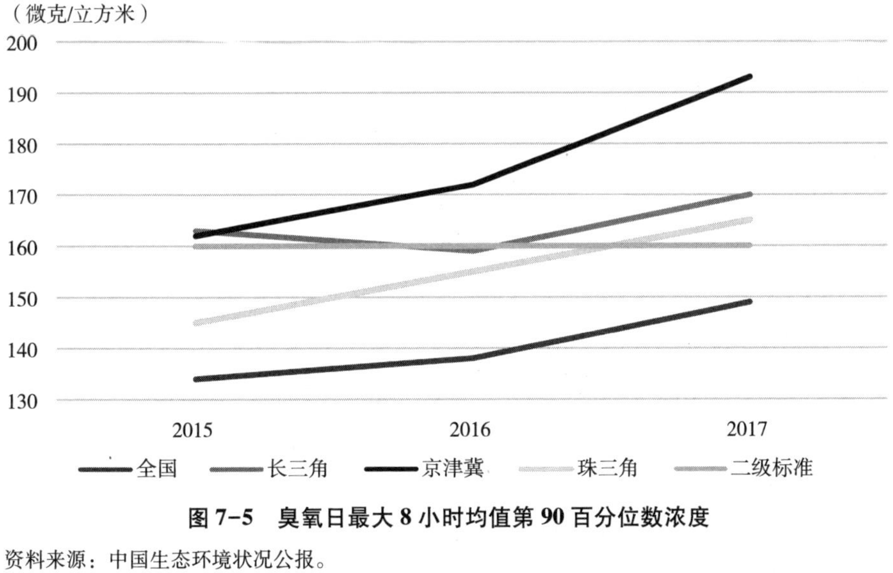

图 7-5 臭氧日最大 8 小时均值第 90 百分位数浓度

资料来源：中国生态环境状况公报。

从图 7-5 可以看出，2015 年、2016 年，长三角地区臭氧浓度一直维持在国家环境空气质量二级标准附近，而到了 2017 年，臭氧浓度出现显著增长，超过二级标准限值，达到 170 微克/立方米。同期，京津冀、珠三角地区臭氧浓度均超过二级标准限值，分别为 193 微克/立方米、165 微克/立方米，而全国平均水平仅为 149 微克/立方米，低于二级标准。

表 7-10　2017 年长三角 26 市臭氧浓度状况

城市	O_3第 90 百分位数值（微克/立方米）	评价（环境空气质量二级标准：160μg/m^3）	城市	O_3第 90 百分位数值（微克/立方米）	评价（环境空气质量二级标准：160μg/m^3）
上海	181	超标	湖州	>160	超标
南京	>160	超标	绍兴	>160	超标
无锡	184	超标	金华	>160	超标
常州	170	超标	舟山	<160	达标
苏州	170	超标	台州	83	达标
南通	>160	超标	合肥	170	超标
盐城	157	达标	芜湖	—	—
扬州	>160	超标	马鞍山	188	超标
镇江	>160	超标	铜陵	84	达标
泰州	>160	超标	安庆	136	达标
杭州	>160	超标	滁州	115	达标
宁波	<160	达标	池州	138	达标
嘉兴	181	超标	宣城	142	达标

资料来源：各省市环境状况公报。

从表 7-10 可以看出，2017 年长三角 26 市臭氧超标情况较为严重，除盐城、宁波、舟山、台州、铜陵、安庆、滁州、池州、宣城以外（芜湖数据缺失），其余 16 市臭氧浓度均超过国家二级标准限值，超标城市占长三角 26 市的 62%。

②长三角臭氧污染源分析

近地面大气中的臭氧除少量是雷电产生的，绝大部分是由人类活动排放到大气中的氮氧化物、挥发性有机物等多种前体物，在阳光的作用下，通过一系列复杂的光化学反应生成。近年来，越来越多的研究指出，强光照、高温的夏秋季节是长三角地区臭氧浓度超标频发的典型季节；长三角城市群的氮氧化物和挥发性有机物主要来自机动车尾气，随着机动车数量的增多，臭氧污染已经成为长三角城市群三大污染物之一。

如图 7-6 所示，长三角地区 NO_2 浓度整体呈现下降趋势，安徽 NO_2 呈微弱上升趋势。2017 年，上海、江苏、浙江、安徽 NO_2 年日均值为分别为 12 微克/立方米、39 微克/立方米、34 微克/立方米、38 微克/立方米，较 2013 年分别下降 8%、5%、19%和上升 31%。

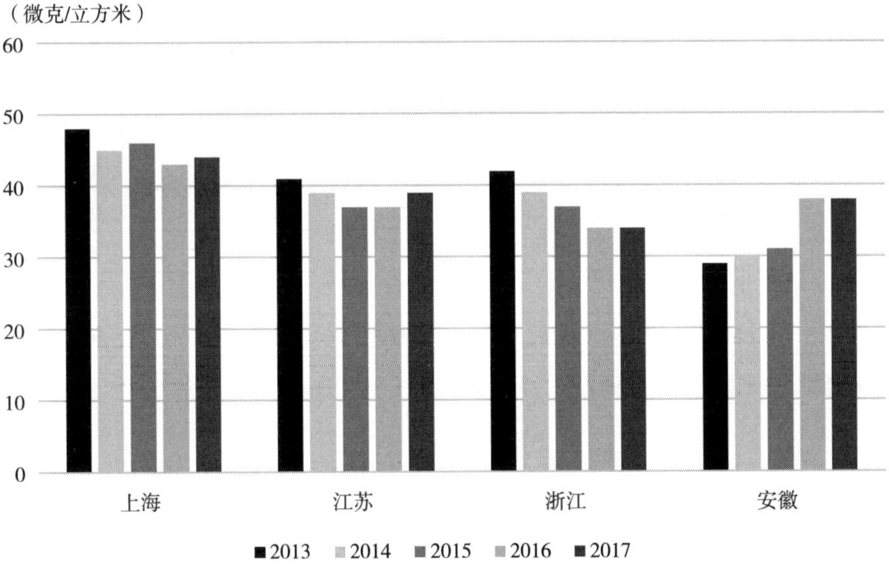

图 7-6　长三角三省一市 NO_2 浓度年日均值

资料来源：各省市环境状况公报。

进一步将研究对象扩展到长三角 26 市时，从表 7-11 我们可以看到，2017 年长三角 26 市中近半数城市 NO_2浓度超过国家环境空气质量二级标准限值，其中合肥、铜陵超标竟达到 25%以上，分别为 52 微克/立方米、50 微克/立方米；台州和盐城 NO_2浓度较低，分别为 22 微克/立方米、23 微克/立方米。

表 7-11　2017 年长三角 26 市 NO_2 浓度状况

城市	NO_2浓度年日均值（微克/立方米）	评价（环境空气质量二级标准：$40\mu g/m^3$）	城市	NO_2浓度年日均值（微克/立方米）	评价（环境空气质量二级标准：$40\mu g/m^3$）
上海	44	超标	湖州	29	达标
南京	47	超标	绍兴	31	达标
无锡	46	超标	金华	29	达标
常州	41	超标	舟山	<40	达标
苏州	48	超标	台州	22	达标
南通	38	达标	合肥	52	超标
盐城	23	达标	芜湖	49	超标
扬州	40	超标	马鞍山	39	达标
镇江	43	超标	铜陵	50	超标
泰州	<40	达标	安庆	39	达标
杭州	45	超标	滁州	40	超标
宁波	<40	达标	池州	35	达标
嘉兴	<40	达标	宣城	32	达标

资料来源：各省市环境状况公报。

（4）长三角 SO_2排放现状和污染源分析

①长三角 SO_2排放现状

如表 7-12 所示，2013—2016 年长三角三省一市 SO_2 排放下降显著，各地区下降趋势均比较迅猛，上海、江苏、浙江、安徽四地分别由 21.58 万吨、94.17 万吨、59.34 万吨、50.13 万吨下降至 7.42 万吨、57.01 万吨、26.83 万吨、28.16 万吨，分别下降了 65.6%、39.5%、54.8%、43.8%。

表 7-12　2013 年、2016 年长三角三省一市 SO_2 排放概况

单位：万吨

	2013 年	2016 年
江苏	94.17	57.01
安徽	50.13	28.16

续表

	2013 年	2016 年
浙江	59.34	26.83
上海	21.58	7.42

资料来源：2013 年、2016 年上海市大气环境保护情况统计数据；2013 年、2016 年度安徽环境统计公报；江苏统计年鉴（2014、2017）；浙江自然资源与环境统计年鉴（2014、2017）。

②长三角 SO_2排放污染源分析

长三角地区的 SO_2 污染源可归纳为三个方面：一是硫酸厂尾气中排放的二氧化硫。二是有色金属冶炼过程中排放的 SO_2。如铜、铅、锌、钴、镍、金、银等矿物，都含硫化物，在冶炼过程中排放出大量的 SO_2。三是燃煤烟气中的 SO_2。长三角地区煤炭资源相对匮乏，但能源消费依旧以煤炭为主，煤炭燃烧过程中排放出大量的 SO_2，会造成严重的大气污染。

从表 7-13 可以看出，长三角地区的 SO_2主要来源于工业排放。上海、江苏、浙江、安徽工业 SO_2 排放占比分别为 90.8%、92.1%、91.4%、82.5%。此外，工业生产过程中煤炭的燃烧排放的 SO_2以及金属的冶炼过程中排放的 SO_2为长三角地区 SO_2排放的主要来源。

表 7-13 2016 年长三角三省一市 SO_2 排放结构

	总量（万吨）	工业		生活		集中污染治理	
		排放量（万吨）	占比（%）	排放量（万吨）	占比（%）	排放量（万吨）	占比（%）
上海	7.42	6.74	90.8	0.68	9.1	0.002	0.1
江苏	57.01	52.51	92.1	4.48	7.8	0.02	0.1
浙江	26.83	24.52	91.4	2.3	8.6	—	—
安徽	28.16	23.24	82.5	4.92	17.4	0.003	0.1

资料来源：2016 年上海市大气环境保护情况统计数据、2016 年度安徽环境统计公报、江苏统计年鉴（2017）、浙江自然资源与环境统计年鉴（2017）。

将研究对象扩展到长三角 26 市时，据表 7-14 我们可以看到，整体而言，长三角 26 市工业 SO_2排放量、单位 GDP 工业 SO_2排放量、人均工业

SO_2排放量都呈现显著的下降趋势。具体而言，2016 年，从工业 SO_2排放量的角度来看，苏州最高而舟山最低，排放量分别为 10.96 万吨、0.19 万吨；从单位 GDP 工业 SO_2排放量的角度来看，铜陵最高而合肥最低，分别为 1.29 千克/万元、0.14 千克/万元；从人均工业 SO_2排放量的角度来看，铜陵最高而上海最低，分别为 6.64 千克/人、1.09 千克/人。

表 7-14　2011 年、2016 年长三角 26 市工业 SO_2 排放概况

	工业 SO_2排放量（万吨）		单位 GDP 工业 SO_2排放量（千克/万元）		人均工业 SO_2排放量（千克/人）	
	2011 年	2016 年	2011 年	2016 年	2011 年	2016 年
上海	21.01	6.74	1.09	0.24	14.80	1.09
南京	12.22	2.86	1.99	0.27	19.19	1.99
无锡	9.64	6.16	1.40	0.67	20.60	1.40
常州	4.37	3.17	1.22	0.55	12.05	1.22
苏州	19.19	10.96	1.79	0.71	29.88	1.79
南通	6.53	3.71	1.60	0.55	8.53	1.60
盐城	3.73	2.97	1.35	0.65	4.55	1.35
扬州	5.63	1.52	2.14	0.34	12.25	2.14
镇江	8.69	3.25	3.76	0.85	31.95	3.76
泰州	5.27	1.51	2.18	0.37	10.40	2.18
杭州	9.17	3.95	1.31	0.35	13.22	1.31
宁波	15.26	4.19	2.52	0.48	26.47	2.52
嘉兴	8.00	2.74	2.99	0.71	23.33	2.99
湖州	4.03	2.83	2.65	1.24	15.43	2.65
绍兴	6.04	2.75	1.81	0.57	13.73	1.81
金华	4.14	1.63	1.68	0.44	8.82	1.68
舟山	1.53	0.19	1.98	0.16	15.75	1.98
台州	4.90	1.32	1.78	0.34	8.35	1.78
合肥	4.95	0.90	1.36	0.14	7.01	1.36

续表

	工业 SO_2 排放量（万吨）		单位 GDP 工业 SO_2 排放量（千克/万元）		人均工业 SO_2 排放量（千克/人）	
	2011 年	2016 年	2011 年	2016 年	2011 年	2016 年
芜湖	3. 63	3. 19	2. 19	1. 18	9. 42	2. 19
马鞍山	6. 65	1. 89	5. 81	1. 27	29. 07	5. 81
铜陵	3. 85	1. 23	6. 64	1. 29	51. 86	6. 64
安庆	1. 77	0. 80	1. 45	0. 52	2. 86	1. 45
滁州	1. 72	1. 12	2. 03	0. 79	3. 81	2. 03
池州	1. 66	0. 56	4. 45	0. 94	10. 26	4. 45
宣城	1. 70	0. 86	2. 54	0. 82	6. 09	2. 54

资料来源：根据《中国城市统计年鉴（2012）》《中国城市统计年鉴（2017）》计算得来。

（5）长三角氮氧化物排放现状和污染源分析

①长三角氮氧化物排放现状

表 7-15 2013 年、2016 年长三角三省一市氮氧化物排放概况

单位：万吨

	2013 年	2016 年
上海	38. 03	16. 63
江苏	133. 8	93. 03
浙江	75. 3	38. 04
安徽	86. 37	50. 76

资料来源：2013 年、2016 年上海市大气环境保护情况统计数据；2013 年、2016 年度安徽环境统计公报；江苏统计年鉴（2014、2017）；浙江自然资源与环境统计年鉴（2014、2017）。

如表 7-15 所示，2013—2016 年长三角三省一市氮氧化物排放下降显著，上海、江苏、浙江、安徽四地分别由 38. 03 万吨、133. 8 万吨、75. 3 万吨、86. 37 万吨下降至 16. 63 万吨、93. 03 万吨、38. 04 万吨、50. 76 万吨，分别下降 56. 27%、30. 47%、49. 48%和 41. 23%。

②长三角氮氧化物排放污染源分析

长三角地区的氮氧化物排放主要有三个来源：工业排放、生活排放和机动车排放。从表 7-16 可以看出，长三角地区的工业氮氧化物排放、机动车氮氧化物排放占比较大。具体而言，上海的氮氧化物排放最主要来源是机动车排放，排放量为 8.3 万吨，占比为 49.91%；江苏、浙江、安徽的氮氧化物排放最主要来源是工业排放，排放量分别为 62.19 万吨、23.25 万吨、28.64 万吨，占比分别为 66.85%、61.07%、56.42%。

表 7-16　2016 年长三角三省一市氮氧化物排放结构

	总量（万吨）	工业		生活		机动车	
		排放量（万吨）	占比（%）	排放量（万吨）	占比（%）	排放量（万吨）	占比（%）
上海	16.63	7.87	47.32	0.43	2.59	8.3	49.91
江苏	93.03	62.19	66.85	0.7	0.75	30.11	32.37
浙江	38.04	23.25	61.07	0.25	0.66	—	—
安徽	50.76	28.64	56.42	0.88	1.73	21.23	41.82

资料来源：2016 年上海市大气环境保护情况统计数据、2016 年度安徽环境统计公报、江苏统计年鉴（2017）、浙江自然资源与环境统计年鉴（2017）。

3）长三角大气环境质量特征总结

长三角地区大气环境质量不高，从空气质量指数优良率的角度来看，2017 年长三角城市群 26 个城市中有 21 个城市空气质量指数优良率低于 80%。《中国环境状况公报（2017）》显示，长三角地区空气质量超标天数中以 O_3、PM2.5 为首要污染物的天数分别占污染总天数的 50.4%、44.5%，臭氧和 PM2.5 污染的治理成为长三角大气环境治理的重中之重。

受气候影响，长三角地区的 PM2.5 和臭氧污染具有显著的季节趋势，秋冬季节 PM2.5 污染较为严重，夏秋季节则易引发臭氧污染。从 PM2.5 角度来看，工业污染物的排放、机动车尾气排放是长三角 PM2.5 污染的两大元凶。2017 年，长三角城市群 26 个城市中除舟山、台州外，其他 24 市 PM2.5 年日均浓度均超过国家环境空气质量二级标准。从臭氧角度来看，机动车、船尾气排放的氮氧化物和挥发性有机物则是造成长三角地区臭氧浓度居高不下的重要原因，2017 年，长三角城市群 26 个城市中有 16 市臭氧浓度均超过国家二级标准限值。

此外，烟（粉）尘、SO_2、氮氧化物的排放也对长三角地区的大气环境质量具有重要影响。三种污染物的排放最大的污染源均为工业生产，其中，长三角地区的烟（粉）尘、SO_2超过 90%的排放量来源于工业排放，而长三角的氮氧化物约有 50%的排放量来源于工业排放，约有 45%的排放量来源于机动车尾气排放。

7.1.3 长三角区域水环境质量及基本特征

7.1.3.1 水环境有关的概念

水是人类赖以生存的主要物质之一，伴随长三角地区人口的不断流入以及经济规模的不断扩张，生活污水以及工业污水排放不断增加，长三角水环境面临巨大挑战。防治水污染、保护水环境成为提高长三角环境质量的一项重要工作。

1）水环境质量

水环境质量是指水环境对人群的生存和繁衍以及社会经济发展的适宜程度，通常指水环境遭受污染的程度。为贯彻《环境保护法》和《水污染防治法》，加强地表水环境管理，防治水环境污染，保障人体健康，我国早在 2002 年就制定了《地表水环境质量标准》（GB3838—2002），以及《地表水和污水监测技术规范》（HJ/T91—2002），并于 2006 年批准《生活饮用水卫生标准》（GB5749—2006）。由于水污染的特殊性，跨界河流治理成为制约区域水环境治理成效的关键问题。2015 年 4 月 2 日，国务院发布《水污染防治行动计划》明确指出，加强部门协调联动，建立全国水污染防治工作协作机制，定期研究解决重大问题。2017 年 3 月 20 日，环境保护部召开发布会，介绍我国水污染防治工作进展及下一步工作安排。围绕《水污染防治行动计划》，国家建立了全国水污染防治工作协作机制，京津冀、长三角、珠三角等区域分别建立了水污染防治联动协作机制，新安江、九洲江、汀江—韩江、东江等流域建立了跨省界上下游生态补偿机制，北京、河北、浙江、广东等 9 省（市）实现了行政区内全流域生态补偿。同时发布会还指出将进一步建立健全全国水污染防治工作协作机制。

2）水污染

水污染是由于有害化学物质造成水的使用价值降低或丧失，造成环境污染。水污染一般分为化学型污染、物理型污染和生物型污染三种类型。化学型污染是指随着废（污）水及其他废物排入水体的无机和有机污染物质造成的水污染。物理型污染是指排入水体的有色物质、悬浮物、放射性物质及高于常温的物质造成的污染。生物型污染是指随生活污水、医院污水等排入水体的微生物造成的污染。

污染物进入水体后，首先被稀释，随后进行一系列复杂的物理、化学变化和生物转化，如挥发、絮凝、水解、络合、氧化还原及微生物降解等，使污染物浓度降低，该过程称为水体自净。但是，当污染物排入量超过水体自净能力时，就会造成污染物积累，水质急剧恶化，也就造成了水污染（奚旦立和孙裕生，2010）。

3）水环境指标

（1）地表水环境质量标准

《地表水环境质量标准》（GB 3838—2002）依据水域环境功能和保护目标，将地表水按功能高低依次划分为五类：Ⅰ类主要适用于源头水、国家自然保护区；Ⅱ类主要适用于集中式生活饮用水地表水源地一级保护区、珍稀水生生物栖息地、鱼虾类产场、仔稚幼鱼的索饵场等；Ⅲ类主要适用于集中式生活饮用水地表水源地二级保护区、鱼虾类越冬场、洄游通道、水产养殖区等渔业水域及游泳区；Ⅳ类主要适用于一般工业用水区及人体非直接接触的娱乐用水区；Ⅴ类主要适用于农业用水区及一般景观要求水域。对应地表水上述五类水域功能，将地表水环境质量标准基本项目标准值分为五类，不同功能类别分别执行相应类别的标准值。

（2）水污染衡量指标

水污染的衡量指标种类繁多，一般常用的水污染衡量指标包括：氨氮、化学需氧量、五日生化需氧量、总磷和总氮浓度等。

氨氮，是水体中的营养素，可导致水富营养化现象产生，是水体中的主要耗氧污染物，对鱼类及某些水生生物有毒害。氨氮主要来源于人和动物的排泄物。雨水径流以及农用化肥的流失也是氮的重要来源。另外，氨氮还来源于化工、冶金、石油化工、油漆颜料、煤气、炼焦、鞣革、化肥等工业废水。

化学需氧量（COD），是指在一定的条件下，采用一定的强氧化剂处理水样时，所消耗的氧化剂量。它是表示水中还原性物质多少的一个指标。水中的还原性物质包括各种有机物、亚硝酸盐、硫化物、亚铁盐等。但主要的是有机物。因此，化学需氧量又往往作为衡量水中有机物质含量多少的指标。化学需氧量越大，说明水体受有机物的污染越严重。

五日生化需氧量（BOD5），是指在一定期间内，微生物分解一定体积水中的某些可被氧化物质，特别是有机物质所消耗的溶解氧的数量。以毫克/升或百分率、ppm 表示。它是反映水中有机污染物含量的一个综合指标。如果进行生物氧化的时间为五天就称为五日生化需氧量（BOD5），相应地还有 BOD10、BOD20 的浓度等。

总磷（TP），是指水中磷的总含量，是水样经消解后将各种形态的磷转变成正磷酸盐后测定的结果，以每升水样含磷毫克数计量，是反映水体营养化的指标。

总氮（TN），指水中各种形态无机和有机氮的总量，是衡量水质的重要指标之一，常被用来表示水体受营养物质污染的程度。

7.1.3.2　长三角水环境质量及特征

1）长三角水污染现状及污染源分析

长三角地区湖泊众多，水网稠密，水资源非常丰富。从自然地理意义上来说，长三角可分为三个流域区：长江干流区、太湖干流区和巢湖干流区。丰富的水资源为长三角地区的经济和社会发展作出了重要贡献，却同时也遭受了极为严重的污染。

（1）长三角江河水系污染现状和污染源分析

①长三角江河水系污染现状

长三角地表水污染较轻，从地表水监测断面水质情况来看，2017 年，江苏、浙江、安徽三地的地表水监测断面以Ⅰ—Ⅲ类水质断面为主，比重分别为 71.2%、82.4%、73.6%；上海地表水监测断面以Ⅳ—Ⅴ类水质断面为主，占比为 58.7%（见表 7-17）。

表 7-17　2017 年长三角三省一市地表水监测断面总体概况

	Ⅰ—Ⅲ类水质断面比重（%）	Ⅳ—Ⅴ类水质断面比重（%）	劣Ⅴ类水质断面比重（%）
上海	23.2	58.7	18.1
江苏	71.2	27.8	1
浙江	82.4	17.6	0
安徽	73.6	21.4	5

资料来源：各省市环境状况公报。

从表 7-18 我们可以看出，长三角主要江河水系水质情况较为理想，其中，长江口、淮河流域、长江流域（江苏段）、钱塘江、曹娥江、椒江、瓯江、飞云江、苕溪、新安江流域Ⅰ—Ⅲ类水质断面比重均为 100%。部分水系存在少量污染，主要污染指标为氨氮、总磷、化学需氧量以及五日生化需氧量。以上海为例，2017 年全市主要河流氨氮平均浓度为 1.37 毫克/升，同比下降 28%，达到Ⅰ类标准，而总磷平均年浓度为 0.21 毫克/升，同比下降 22%，仍旧处于Ⅳ类。

表 7-18　2017 年长三角三省一市主要江河水系水质概况

		Ⅰ—Ⅲ类水质断面比重（%）	Ⅳ—Ⅴ类水质断面比重（%）	劣Ⅴ类水质断面比重（%）	主要污染指标
上海	黄浦江	83	17	0	氨氮、总磷
	苏州河	0	43	57	氨氮、总磷
	长江口	100	0	0	氨氮、总磷
江苏	环太湖流域	73	27	0	总氮、总磷
	淮河流域	100	0	0	总磷、化学需氧量、氨氮
	长江流域	100	0	0	—

续表

		Ⅰ—Ⅲ类水质断面比重（%）	Ⅳ—Ⅴ类水质断面比重（%）	劣Ⅴ类水质断面比重（%）	主要污染指标
浙江	钱塘江	100	0	0	—
	曹娥江	100	0	0	—
	椒江	100	0	0	—
	瓯江	100	0	0	—
	飞云江	100	0	0	—
	苕溪	100	0	0	—
	甬江	85.7	14.3	0	化学需氧量、石油类
	鳌江	75	25	0	—
	京杭运河	57.1	42.9	0	石油类、化学需氧量、总磷
	平原河网	38.1	61.9	0	氨氮、总磷、五日生化需氧量
安徽	长江流域	88.1	11.9	0	—
	淮河流域	56.1	24.9	9	化学需氧量、总磷和氟化物
	新安江流域	100	0	0	—
	环巢湖流域	69.7	12.1	18.2	氨氮、总磷和五日生化需氧量

资料来源：各省市环境状况公报、中国环境状况公报（2017）。

②污染源分析

河道水质中氨氮、总磷超标原因众多，其中，农业排放的农药、化肥等污染物，以及工业废水、生活污水的排放是造成长三角江河水系氨氮、总磷超标的主要原因。含磷洗衣皂等生活污水、含磷化肥等工业废水未经严格处理，直接向河道排放，会使河水污染物超标。此外，受畜禽养殖业污水排放，以及雨水径流等原因，也会导致河道水氨氮、总磷超标现象。如表7-19所示，长三角工业废水排放量较大，2016年26个城市排放总量达到332197万吨，其中苏州、上海和杭州排放量较大，分别达到48437万吨、36599 万吨和 28382 万吨，对城市河流水污染具有重大威胁。

表 7-19　2016 年长三角 26 市工业废水排放概况

城市	工业废水排放量（万吨）	城市	工业废水排放量（万吨）
上海	36599	湖州	8532
南京	21624	绍兴	24383
无锡	20935	金华	6467
常州	12178	舟山	1439
苏州	48437	台州	5725
南通	15367	合肥	5130
盐城	14207	芜湖	3302
扬州	8233	马鞍山	7558
镇江	7981	铜陵	3935
泰州	5687	安庆	4018
杭州	28382	滁州	3799
宁波	15760	池州	945
嘉兴	19763	宣城	1811

资料来源：《中国城市统计年鉴（2017）》。

（2）长三角湖泊污染现状及污染源分析

①长三角湖泊污染现状

长三角湖泊污染情况比较普遍，长三角地区两大湖——太湖和巢湖污染状况不容乐观。

据表 7-20 显示，太湖湖体为轻度污染，主要污染指标为总磷；巢湖湖体为中度污染，主要污染指标为总磷。《2017 中国生态环境状况公报》显示，太湖湖体 17 个水质点位中，Ⅲ类水质点位 2 个，占 11.8%；Ⅳ类 9 个，占 52.9%；Ⅴ类 6 个，占 35.3%；无Ⅰ类、Ⅱ类和劣Ⅴ类。与 2016 年相比，Ⅲ类水质点位比例下降 11.7 个百分点，Ⅳ类下降 17.7 个百分点，Ⅴ类上升 29.4 个百分点，其他类均持平。太湖湖体 8 个水质点位中，Ⅳ类水质点位 3 个，占 37.5%；Ⅴ类 5 个，占 62.5%；无Ⅰ类、Ⅱ类、Ⅲ类和劣Ⅴ类。与 2016 年相比，Ⅳ类水质点位比例下降 25.0 个百分点，Ⅴ类上升 25.0 个百分点。

此外，长三角地区湖库存在不同程度的富营养化，营养状态为轻度富营养到中度富营养之间。如表 7-20 所示，太湖和巢湖均为轻度富营养化。

江苏太湖湖体高锰酸盐指数和氨氮年均浓度分别处于Ⅱ类和Ⅰ类；总磷年均浓度为 0.081 毫克/升，处于Ⅳ类；总氮年均浓度为 1.65 毫克/升，处于Ⅴ类。与 2016 年相比，高锰酸盐指数、氨氮浓度稳定在Ⅱ类以上，总氮浓度下降 5.2%，总磷浓度上升 26.6%；巢湖主要污染指标总磷由 0.092 毫克/升上升为 0.107 毫克/升（地表水总磷Ⅳ类水质标准为 0.1 毫克/升）。

表 7-20　2017 年太湖、巢湖水质状况

	平均水质	污染状况	营养状态	主要污染指标
太湖	Ⅳ类	轻度污染	轻度富营养	总氮、总磷
巢湖	Ⅴ类	中度污染	轻度富营养	总磷

资料来源：2017 年浙江环境状况公报、2017 年安徽环境状况公报、《2017 中国生态环境状况公报》。

②长三角湖泊污染源分析

长三角湖泊污染指标以总氮、总磷为主。在对长三角河流污染源进行分析时我们发现，农业排放的农药、化肥等污染物，以及工业废水、生活污水的排放会造成长三角江河水系污染物超标。而江河中融入的氮、磷等营养物质会随着水系进入湖体致使湖泊富营养化，并形成沉积物。沉积淤泥中的氨氮磷物质会不断释放，继而导致湖泊污染物超标。

2）长三角水环境质量特征总结

长三角地表水污染较轻，从地表水监测断面水质情况来看，江苏、浙江、安徽三地的地表水监测断面以Ⅲ类以上水质断面为主，水质状况优良；上海地表水监测断面也以Ⅰ—Ⅴ类水质断面为主，劣Ⅴ类水质断面占比较小。但是，长三角水环境依旧存在一定程度的污染。

长三角地区丰富的水资源对地区经济的发展带来了诸多便利，分布广泛的湖泊以及纵横交错的水网在带来经济效益的同时也为水环境污染埋下了隐患。如前文所述，长三角地区水污染主要来源于农业排放的农药、化肥等污染物，以及工业废水、生活污水的排放。长三角江河水系融入氮、磷等营养物质后，会随着水流进入流湖体逐渐富营养化，并形成沉积物，继而导致湖泊污染物超标。沉积淤泥中的氨氮磷物质会不断释放，并会伴随水循环将污染物再带回江河水系。

7.1.4 长三角区域土壤环境质量及基本特征

土壤和空气、水一样是环境的基本要素之一，也是人类赖以生产、生活和生存的物质基础。随着长三角地区工业化发展、城镇化进程的加快，人类活动范围不断扩大，人为因素对土壤环境的污染与破坏也日益严重，土壤成为许多有害废弃物处理和容纳的场所。

7.1.4.1 土壤环境有关的概念

1）土壤环境质量

土壤环境质量通常是指土壤遭受污染的程度，而土壤环境质量标准则是土壤中污染物的最高容许含量。污染物在土壤中的残留积累，以不致造成作物的生育障碍、在籽粒或可食部分中的过量积累（不超过食品卫生标准）或影响土壤、水体等环境质量为界限。为贯彻《中华人民共和国环境保护法》防止土壤污染，保护生态环境，保障农林生产，维护人体健康，我国制定了《土壤环境质量标准》（GB15618—1995）。

2）土壤污染

土壤污染是指，土壤生态系统由于人为活动，有意或无意地将对人类和其他生物有害的物质施加到土壤中，其数量超过土壤的净化能力，从而在土壤中逐渐积累，致使这些成分明显高于原有含量，引起土壤质量恶化、正常功能失调，甚至某些功能丧失的现象。但从环境科学角度讲，人类活动所产生的污染物，通过多种途径进入土壤，当污染物向土壤中输入的数量和速度超过土壤净化作用的能力时，自然动态平衡即遭到破坏，造成污染物的积累过程占优势，就会引起土壤的组成、结构和功能发生变化，微生物活动受到抑制，有害物质或其分解产物在土壤中逐渐积累通过“土壤→植物→人体”，或通过“土壤→水→人体”间接被人体吸收，达到危害人体健康的程度，就是土壤污染。

土壤污染物大致可分为无机污染物和有机污染物两大类。无机污染物主要包括酸、碱、重金属，盐类、放射性元素铯、锶的化合物，含砷、硒、氟的化合物等。有机污染物主要包括有机农药、酚类、氰化物、石油、合成洗涤剂、3，4—苯并芘以及由城市污水、污泥及厩肥带来的有害微生物等（环境保护部自然生态保护司，2013；洪坚平，2010）。

3）土壤污染物

土壤污染物是指输入土壤环境中足以影响土壤环境正常功能、降低农作物产量和品质，对人体健康有害的物质。根据污染物的性质，环境保护部自然保护司（2013）将土壤环境污染物大致分为无机污染物、有机污染物、生物性污染物和放射性污染物四大类。

（1）无机污染物

土壤无机污染物包括对生物有危害作用的元素和化合物，主要是重金属、营养物质和其他无机物质等。有害重金属主要有汞、镉、铅、铬、铜、锌、镍，以及类金属砷、硒等；营养物质主要指氮、磷、硫、硼等；其他化合物质主要指氟卤化物、酸、碱、盐等。其中尤以重金属的污染危害最为严重，因为其具有潜在威胁性，而一旦污染了土壤，就难以彻底消除，并较易被植物吸收，通过食物链进入人体，危及人类健康。

（2）有机污染物

土壤有机污染已成为国际上关注的热点，有毒、有害的有机化合物在土壤环境中不断积累，到一定时间或在一定条件下有可能给整个生态系统带来灾难性后果。

土壤有机物污染，根据污染来源可分为石油、农药、畜禽饲养、木材防腐剂、能源燃烧引起的多环芳烃（PAHs）污染等类型。目前在世界范围内大量使用的农药有50余种，如有机氯类、有机磷类、氨基甲酯类、苯氧羧酸类、苯酰胺类等。其中尤以有机氯农药、有机汞制剂、稠环芳烃等性质稳定不易降解的有机物在土壤环境中易累积，造成污染危害。另外，酚类物质、氰化物、石油、多环芳烃、多氯联苯、二噁英、洗涤剂、高浓度耗氧有机物等都是主要的土壤有机污染物。

（3）生物性污染物

未经消毒处理的人畜粪便，企业生产、城市生活垃圾和排污水中含有大量的细菌、病毒、真菌、寄生虫等，它们可通过各种途径进入土壤。土壤是人畜共患传染病的传播途径，人类通过接触土壤和生吃被污染的蔬菜、瓜果就可感染疾病。

（4）放射性污染物

土壤环境中放射性物质有天然来源和人为来源。自然界中天然放射性元素和同位素主要有 40K、87Ra、14C。人类对天然放射性元素的照射水平已适应，主要是人工放射性物质污染对人体健康构成威胁。在一般情况下，这些放射性元素在土壤中的污染并不严重。但意外发生的裂变、泄漏事件，如原子武器散落的放射性微粒，核试验、核泄漏、铀矿采冶和放射性同位素的生产和利用等均可使土壤受到污染。

4）土壤污染的主要衡量指标

农业面源污染：指农村生活和农业生产活动中，溶解的或固体的污染物，如农田中的土粒、氮素、磷素、农药重金属、农村禽畜粪便与生活垃圾等有机或无机物质，从非特定的地域，在降水和径流冲刷作用下，通过农田地表径流、农田排水和地下渗漏，使大量污染物进入受纳水体（河流、湖泊、水库、海湾）所引起的污染。

重金属污染：土壤重金属污染属于无机污染，污染物主要有汞、镉、铅、铜、铬、砷、镍、铁、锰、锌等，污染成因是重金属不能为土壤微生物所分解，而易于积累、转化为毒性更大的甲基化合物，甚至有的通过食物链以有害浓度在人体内蓄积，严重危害人体健康。土壤中重金属元素主要有自然来源和人为干扰输入两种途径。在自然因素中，成土母质和成土过程对土壤重金属含量的影响很大。而在各种人为因素中，工业、农业和交通等来源引起的土壤重金属污染所占比重较高。

7.1.4.2　长三角土壤环境质量概况

1）长三角土壤污染现状和污染源分析

（1）长三角农业面源污染现状及污染源分析

①长三角农业面源污染现状

闵继胜等（2016）指出，农业面源污染的排放总量具有显著的区域异质性。2002—2006 年，从各省市排放的 COD、TP 和 TN 的平均值来看，江苏与安徽等属于农业面源污染排放总量较大的地区。吴义根等（2017）指出，从 COD、TN 和 TP 的污染排放来看，安徽的污染排放量排在全国前列，污染极为严重；而江苏作为主要的蔬菜生产基地，产生了大量的秸秆量，造成了农业面源污染排放压力猛增。农业面源污染的主要污染物包括：重金属、硝酸盐、NH4+、有机磷、六六六、化学需氧量、DDT、病毒、病原微生物、寄生虫和塑料增塑剂等。

②长三角农业面源污染源分析

在农业生产中，为追求农作物增产需要不断地施用化肥、农药，同时为给农作物提供更好的生长环境，还需要使用农用塑料膜、地膜等。然而，化肥、农药、地膜等的使用是一把双刃剑，在为植物生长发育营造良好生长环境、提供营养物质的同时，也为土壤环境污染埋下了隐患。

表 7-21　2011 年、2016 年长三角化肥施用概况

	农用化肥施用量（万吨）		氮肥（万吨）		磷肥（万吨）		钾肥（万吨）		复合肥（万吨）	
	2011 年	2016 年	2011 年	2016 年	2011 年	2016 年	2011 年	2016 年	2011 年	2016 年
上海	12.0	9.2	6.4	4.6	0.8	0.6	0.6	0.4	4.2	3.5
江苏	337.2	312.5	173.9	158.2	47.5	40.9	20.4	18.9	95.4	94.6
浙江	92.1	84.5	51.6	44.2	11.9	9.7	7.4	6.6	21.3	24.0
安徽	329.7	327.0	114.4	104.9	36.1	32.1	32.8	30.7	146.4	159.3

资料来源：《2012 年中国农村统计年鉴》《2017 年中国农村统计年鉴》。

从表 7-21 可以看出，江苏、安徽两省农用化肥施用量较大，而上海、浙江两地农用化肥施用量较少。整体而言，长三角农用化肥施用量呈现下降趋势，上海、江苏、浙江、安徽的农用化肥施用量分别由 2011 年的 12 万吨、337.2 万吨、92.1 万吨、329.7 万吨下降至 9.2 万吨、312.5 万吨、84.5 万吨、327 万吨。这种下降情况对农业面源污染的控制有着积极作用。具体而言，上海和江苏的氮肥、磷肥、钾肥、复合肥施用量都有不同程度的下降，而浙江、安徽两省的复合肥施用量则呈现微弱的上升趋势。此外，通过对比长三角各类化肥的施用量情况可以看出，氮肥、复合肥的施用量显著高于磷肥和钾肥。

表 7-22　2011 年、2016 年长三角农膜、农药使用概况

	农用塑料膜使用量（吨）		地膜使用量（吨）		地膜覆盖面积（公顷）		农药使用量（吨）	
	2011 年	2016 年	2011 年	2016 年	2011 年	2016 年	2011 年	2016 年
上海	20489	17062	6167	4536	24004	18152	6295	3913
江苏	106440	113941	41904	45481	568904	610513	86500	76184
浙江	58416	67300	26580	29082	163109	157962	63854	49482
安徽	86114	96966	39231	42728	437166	428897	117475	105704

资料来源：《2012 年中国农村统计年鉴》《2017 年中国农村统计年鉴》。

从表 7-22 可以看出，江苏、浙江、安徽三省农用塑料膜、地膜的使用量呈现显著的上升趋势，其中农用塑料膜使用量分别由 2011 年的 106440 吨、58416 吨、86114 吨增长至 113941 吨、67300 吨、96966 吨，地膜使用量则分别由 2011 年的 41904 吨、26580 吨、39231 吨增长至 45481 吨、29082 吨、42728 吨；而上海的农用塑料膜、地膜的使用量则逐年减少，分别由 20489 吨、6167 吨下降至 17062 吨、4536 吨。从地膜覆盖面积的角度来看，上海、浙江、安徽三地的地膜覆盖面积都有不同程度的下降，而江苏则呈现微弱的上升趋势。此外，长三角“三省一市”的农药使用量呈现显著的下降趋势，其中上海和浙江的农药使用量下降明显，分别由 2011 年的 6295 吨和 63854 吨下降至 3913 吨和 49482 吨。

（2）长三角土壤重金属污染现状及污染源分析

①长三角土壤重金属污染现状

我国城市、城郊和农村均存在不同程度的农田重金属污染问题，涉及全国 83.9%的省份和 22.5%的地级市。赵其国和骆永明指出我国区域农田土壤重金属污染严重，以西南（云南、贵州等地）、华中（湖南、江西等地）、长江三角洲及珠江三角洲等地区较为突出。

②长三角土壤重金属污染源分析

长三角土壤重金属污染较为严重，其中工业废水、危险固体废弃物对土壤重金属污染具有较大的影响。工业废水中含有许多有毒、有害物质，成分十分复杂，如若未经妥善处理而让其流入土壤，会造成土壤环境的严

重污染。固体废弃物在土壤表面堆放或处理，不仅占用土地面积，而且可通过大气扩散或降水淋滤，使周围地区的土壤受到污染，主要造成土壤环境的重金属污染。

表 7-23　2011 年、2016 年长三角 26 市工业废水、工业固体废物概况

	工业废水排放量（万吨）		一般工业固体废物综合利用率（%）	
	2011 年	2016 年	2011 年	2016 年
上海	44626	36599	96.56	95.7
南京	24268	21624	90.40	85.8
无锡	26972	20935	91.20	94.9
常州	19324	12178	93.50	98.1
苏州	71307	48437	91.50	88.8
南通	19589	15367	97.50	95.6
盐城	20449	14207	97.30	94.5
扬州	9168	8233	98.50	97.3
镇江	11173	7981	98.10	91
泰州	12558	5687	95.40	98.9
杭州	47954	28382	92.70	85.12
宁波	19797	15760	89.76	94.86
嘉兴	22381	19763	91.08	92.12
湖州	11980	8532	96.34	99.25
绍兴	33124	24383	91.09	94.58
金华	10436	6467	96.94	96.8
舟山	2125	1439	93.44	92.7
台州	6305	5725	89.82	95.36
合肥	5978	5130	93.90	73.65
芜湖	2691	3302	72.69	91.62
马鞍山	7391	7558	68.40	91.02
铜陵	4351	3935	72.30	92.37

续表

	工业废水排放量（万吨）		一般工业固体废物综合利用率（%）	
	2011 年	2016 年	2011 年	2016 年
安庆	4615	4018	97.10	97.33
滁州	3972	3799	81.00	77.31
池州	1572	945	74.33	88.34
宣城	4673	1811	97.72	77.15

资料来源：《中国城市统计年鉴（2012）》《中国城市统计年鉴（2017）》。

如表 7-23 所示，整体而言，长三角 26 市工业废水排放量不断减少，一般工业固体废物综合利用率增减各半。从工业废水排放量的角度来看，除芜湖、马鞍山外，其他 24 市工业废水排放量皆有不同程度的减少，但上海、南京、无锡、苏州、杭州、绍兴 6 市工业废水排放规模依旧超过两亿吨，对土壤重金属污染具有较大威胁。从一般工业固体废物综合利用率的角度来看，芜湖、马鞍山、铜陵增长明显，分别从 72.69%、68.4%、72.3% 提高至 91.62%、91.02%、92.37%；而杭州、合肥则分别从 92.7%、93.9%下降至 85.12%、73.65%。

2）长三角土壤环境质量特征总结

长三角土壤污染主要表现为农业面源污染和土壤重金属污染。

从农业面源污染的角度来看，化肥、农药、地膜等的使用对长三角地区的农业面源污染作用显著。具体而言，在长三角地区的化肥施用中，氮肥、复合肥所占比重较大，但整体呈现下降趋势；农药的使用量也在逐年减少，其中上海、浙江的农药使用量下降趋势明显；在长三角地区的农膜使用中，地膜的使用量呈现微弱的上升势头。

从重金属污染的角度来看，长三角的污染源主要来自工业。工业废水以及工业固体废物的排放对长三角的土壤重金属污染影响较大。具体而言，上海、南京、无锡、苏州、杭州、绍兴 6 市工业废水排放规模较大，对土壤重金属污染具有较大威胁；杭州、合肥的一般工业固体废物综合利用率呈现明显的下降趋势，当地有关部门需要提高警惕。

7.2 长三角区域环境治理的模式及问题

7.2.1 长三角区域大气环境治理的模式及问题

7.2.1.1 长三角区域大气环境的治理模式概况

长三角区域大气环境治理已经摆脱“单打独斗”的局面，转入联防联治、协同治理阶段。

2013年9月，国务院印发了《大气污染防治行动计划》（简称“大气十条”），明确要求建立长三角区域大气污染防治协作机制，协调解决区域突出环境问题。为保长三角地区可持续发展，处理好经济与环境之间的关系便成了地区发展的重中之重。

2014年1月，根据国务院《大气污染防治行动计划》相关精神，为加强长三角区域大气污染联防联控，经国务院同意，建立长三角区域大气污染防治协作机制。长三角三省一市会同八部委成立了长三角区域大气污染防治协作小组，并首次召开长三角区域大气污染防治协作机制工作会议。会议明确了“协商统筹、责任共担、信息共享、联防联控”的协作原则，建立了“会议协商、分工协作、共享联动、科技协作、跟踪评估”五个工作机制，明确五项具体职能，并进一步确定了控制煤炭消费总量、加强产业结构调整、防治机动车船污染、强化污染协同减排等六大重点。为推进联防联治工作的开展，此次会议讨论了《长三角区域落实大气污染防治行动计划实施细则》，并于同年4月经审议后通过。自此，长三角区域大气环境转入联防联治、协同治理阶段。

2014年以来，长三角区域对接和联防联控工作得到重视，三省一市将联防联治合作机制切实落到实处，在区域法规制定、标准对接、目标协同、任务实施和技术协作等方面做出诸多努力。

在法规建设方面，2014年，长三角区域大气污染防治协作小组讨论并完善了《关于长三角区域空气重污染应急联动工作方案》。同年，上海开始施行《上海市大气污染防治条例》，江苏、安徽紧随其后，于 2015 年开始分别施行《江苏省大气污染防治条例》《安徽省大气污染防治条例》，浙江的大气污染防治条例经过 13 年的修订完善，最终于 2016 年开始实施《浙江省大气污染防治条例》。各省市大气污染防治条例的出台强化了大气污染防治区域协作，使得应急联动、信息共享、沟通协调、联合执法有法可依。

在标准对接方面，三省一市加强研讨交流和相互借鉴，努力建立环保标准制修订的区域协商和征询工作机制，落实区域重点行业执行基本相同的大气污染物排放标准，逐步探索相关产业准入、淘汰、节能环保指标要求的对接。上海市出台大气综合等 6 项排放标准，修订在用机动车排放限值标准 2 项；江苏省启动生物制药、铅蓄电池、半导体行业排放标准编制工作；浙江省发布纺织染整工业排放标准，基本完成化学合成制药工业排放标准。

在目标制定方面，三省一市协商制定实施了《长三角区域落实大气污染防治行动计划实施细则》，统筹安排区域防治目标，规划从以下六大重点领域开展工作：一是控制煤炭消费总量，大力发展清洁能源；二是加强产业结构调整，优化空间布局；三是统筹区域交通发展，防治机动车船污染；四是实施综合治理，强化污染协同减排；五是强化政策引逼，加强科技支撑；六是加强组织领导，强化监督考核。

在重点任务实施方面，2014 年，三省一市燃煤电厂实现脱硫、脱硝、高效除尘治理工作高效推进；禁燃区建设与黄标车和老旧车辆淘汰工作超额完成任务；秸秆禁烧和综合利用得到明显加强。2015 年，长三角区域煤电节能减排全面启动；清洁能源替代超额完成；工业污染防治自我加压；机动车污染防治迈向区域协同监管；港口船舶污染防治取得突破；秸秆禁烧和综合利用成效明显。至 2017 年年末，长三角区域基本完成燃煤机组超低排放改造，共完成 9 万余台锅炉清洁能源替代与关停和 1.3 万家企业挥发性有机物治理，淘汰黄标车和老旧车辆 322 万辆，新增高低压岸电设施 700 余台套。

在技术协作方面，长三角区域依托“一个区域中心+四个分中心”框架，在2014年计划建设区域空气质量监测数据共享平台、区域污染物排放清单、可视化业务会商系统、预报预警业务平台等。2015年，长三角区域组建大气污染防治专家小组，环保部和科技部有关区域大气污染防治的2项联合科研项目顺利推进；完成区域空气质量预测预报中心一期建设，与区域环境气象预报预警中心共同发挥科学决策支撑作用，实现区域空气质量五天预报的实时发布。2016年长三角区域继续推进环境空气质量数据共享工作，空气质量预测预报中心开发了系统平台，实现了区域废气污染源、区域部分空气自动监测超级站和光化学VOCs监测站的联网与数据实时共享，并集成开发了“长三角区域空气质量预测预报系统”，推出AQI实时监测、数值预报、在线源解析、污染源在线监测、综合预报等板块，为开展区域空气质量预测预报提供了全面的信息化平台支撑，推进了区域大气数据共享。2017年，出台实施区域机动车和船舶港口协同治理专项工作方案，区域机动车信息共享平台投入试运行，船舶排放控制区建设从核心港口扩大到区域内全部港口。在大气污染防治立法及排放标准的对接统一上迈出了重要一步，基本建成区域空气质量预测预报体系和城市大气复合污染成因与防治重点实验室，为区域联防联控提供技术支撑。

长三角区域协作机制日趋完善，基本形成了常态化、实体化、分层次的协商推进工作机制，各省市切实履行主体责任，充分结合实际情况，坚持发展联动，推进区域整体改善，充分发挥协作机制平台作用，不断完善机制，深化协作内容，体现了区域联防联治、协同治理的特色。

7.2.1.2 长三角大气环境治理模式存在的问题

(1) 地区之间存在行政壁垒

长三角地区有沪、江、浙、皖四条省界以及数不胜数的市界、县界。根深蒂固的行政壁垒不但制约了长三角地区的未来发展，而且阻碍了区域大气污染联防联治、协同治理工作的推进。长三角地区复杂的行政隶属关系增加了地区之间协商调解以及区域政策法规制定的难度，影响了长三角区域统一有效市场的建立。例如，政策的制定具有一定的溢出效应，然而溢出效应边界与行政辖区的利益边界的不一致将影响政策的制定与实施，导致一些区域性交通基础设施和环境治理工程进度缓慢，从而影响区域整体资源的合理配置（杨建华，2007）。政治壁垒的阻碍作用体现在以下三个方面：

首先，现有行政边界的划分使得各行政主体的边界与一体化目标出现冲突（高淑桂，2018）。长三角地区环境治理是一个整体工作，大气的流动性决定了大气污染的治理需要各行政单位紧密合作，同为一个目标努力。然而，在长三角地区大气污染治理过程中，由于地方之间的环境认定标准尚未完全统一，且各行政主体自身大气污染情况以及经济发展水平参差不齐，个体在制定环境目标时难免与长三角地区整体目标发生冲突，从而限制了长三角地区整体大气污染联防联治水平的提高。

其次，区划边界的存在使得目标制定“不公平”。长三角地区协同治理是一个整体的系统性工作，各行政区域既有分工又有协作，相辅相成，互相促进。但由于长三角地区之间资源禀赋以及产业布局等方面存在差异，在目标制定时，整体设计与个体取向往往并不一致，需对部分地区提供合理的生态补偿。

最后，行政界限的划分使得长三角地区行政权力分散，从而导致环境保护结构分散，使得各个地区各自为政。松散的管理制度阻碍了地区之间有效地开展交流，影响了环境问题的及时解决。

（2）地区之间法规不统一

统一的治理目标需要统一的法规与政策，长三角地区大气污染的协同治理不但需要大局意识和有关机制支持，而且还要在政治举措和法律法规的指引之下建立科学的治理方法以及合理的运行体制。

协同治理工作是牵涉广泛的多方事务，不应将整体任务简单分派给地方行政机构由其单独开展，而应在系统的顶层设计及防控路径的基础之上，地区之间积极协商、通力合作，共同完成协同治理工作。然而，目前各省市的法规标准、控制方案尚未统一，地区之间在违法认定、行政处罚以及排污收费等方面的法规依旧存在差异。这种现象会导致两方面不良后果：一方面，地区法规差异不利于城市群资源的合理流动和高效配置，不利于打击违法行为（刘晓斌，2018）；另一方面，这种差异反映了地区间不同的污染管制力度以及治污态度，不利于区域协同治理的开展。

在违法认定方面，地区之间规定不一、要求不同，有些行为在个别地区被严令禁止，而在其他地区则被允许。例如，上海、杭州实行机动车限牌制度，在移动源排放控制方面作出表率，而区域内其他城市并未实行限牌。

在行政处罚方面，不同地区对同样的违法污染行为的处罚力度不同，企业面临不同的污染违法成本，使企业通过污染转移途径可以规避法规，但对长三角地区整体污染协同治理并无帮助，甚至会加重整体污染程度。长三角三省一市分别实行各自的大气污染防治条例，不同地区处罚办法存在差异。例如，《上海市大气污染防治条例》指出，针对未按照规定配置、使用大气污染物排放自动监控设备，或者拒绝纳入同一监测网络，或者未保持在线监测设备正常运转的，处两万元以上二十万以下的罚款；而这对同样的违法行为，浙江和安徽分别处以两万以上十万以下和五万以上二十万以下的罚款。

此外，长三角地区排污交易和行政收费标准也存在一定的差异。江苏省严格管控行政收费，为企业营造了优良的政务环境，《2015 年全国企业负担调查评价报告》显示，江苏省的企业负担总指数很低，仅为 0.584，位列全国第二；《2017 年全国企业负担调查评价报告》指出，为帮助企业进一步降低成本，江苏省设立了专门的减负工作机构，人员编制和工作经费保证了减负工作常态化进行，“降本减负”工作成果明显。合理的收费标准降低了企业生产成本，有利于营造更好的企业经营环境，上海、浙江也开始积极行动。《2018 年全国企业负担调查评价报告》显示两地多措并举优化环境，其中，上海参照世行营商环境报告制定优化营商环境行动方案，浙江省以“最多跑一次”为引领大力实施“放管服”改革。

7.2.2 长三角区域水环境治理的模式及问题

7.2.2.1 长三角区域水环境的治理模式概况

伴随长三角区域大气环境“联防联控”取得显著成果，协同治理的成功经验也被逐渐应用在水污染治理上。

2015 年 4 月，国务院印发《水污染防治行动计划》（以下简称“水十条”），要求“建立全国水污染防治工作协作机制，京津冀、长三角、珠三角等区域要于 2015 年年底前建立水污染防治联防联动协作机制”。同年 11 月，环境保护部向国务院上报《关于成立水污染防治相关协作机制的请示》获批通过。

2016 年长三角地区主要抓机制建设，三省一市和环境保护部等 12 个部委新组成了长三角地区水污染防治协作机制，并专项印发了《长三角区域水污染防治协作机制工作章程》，在运行机制上与大气污染防治协作机制相衔接，机构合署、议事合一。与此同时，在共同努力落实"水十条"重点工作之外，三省一市还将协同推进跨界临界饮用水水源保护，开展长江经济带饮用水水源地环保执法专项行动，逐步实现污染源清单共享。在长三角区域空气质量预报预警中心建成，对大气污染防治实现信息共享之后，正摸索研究区域水环境大数据信息库，逐步实现水环境质量、污染源、生态状况等信息共享。

2017 年，长三角地区以跨界临界水源地风险防控为重点，全面落实长江经济带共抓大保护和"水十条"要求，大力推进重点流域治理、黑臭水体整治和水源地保护。2016—2017 年，三省一市全面实施河长制，完成"十小"企业取缔，新增污水收集管网 4.8 万公里，完成城镇污水处理厂一级 A 提标改造 127 座，累计取缔或整治违规畜禽养殖场 11 万户，完成两万多个建制村的环境综合整治。

2018 年，长三角区域水污染协作小组办公室出台了《长三角区域大气和水污染防治协作近期重点任务清单》，明确了水污染联防联控、执法互查、数据共享、科研合作等 14 项重点任务和分工责任。尤其强调，在水污染联防联控方面，将重点推进跨界河流上下游联动，建立区域水污染防治科研协作机制，启动水环境共性问题的联合攻关研究。

7.2.2.2 长三角水环境治理模式存在的问题

（1）地区之间权责不清，区域跨界污染严重

水资源具有公共性质，从经济学角度来看，流域水污染治埋具有消费的非竞争性又具有收益的排他性，也就是要求谁污染，谁治理；谁治理，谁受益（黄佳凤和单思洁，2017）。然而，水污染不同于其他污染，水资源是流动的，因此在局部产生的水污染往往会破坏整个地区的水环境，甚至会引发类似于"多米诺骨牌效应"的污染事件（吴坚，2010）。现实中上游地区污染下游地区买单就是水污染特性的真实写照，这种不公平的污染转移一方面损害了下游地区利益，另一方面使上游地区受益，从而降低

其治理水污染的积极性。在水污染协同治理过程中，各地政府从己方利益出发，必然会积极争取地方区域边界的利益最大化，或者地方行政区域边界内的治理成本最小化。各地区会从以下两方面做出努力：一方面，争取留存利益，防止区域内部利益外溢；另一方面，争取污染转移，使其他地区承担本地发展成本。然而，个体的理性往往导致总体的非理性，互相推卸责任延缓了区域整体水质量的改善进度。

长三角地区水资源丰富、湖泊众多、河道分布密集，这也导致流域上、下游不同地区之间易出现跨界水污染。以长江为例，其干流依次流经安徽、江苏、上海三地，其中安徽境内长江流域水体质量一般，而江苏、上海的水体也必将受其牵连。在水污染协同治理的模式下，明确水污染权责对促进区域水污染治理、缓解互踢皮球现象具有重要意义。

（2）水污染防治法律体系不完善

目前，在水污染治理和水环境保护的立法方面，我国已颁布《中华人民共和国水法》《中华人民共和国水污染防治法》和《城市污水处理及污染防治技术政策》，并制定了《地表水环境质量标准》《农田灌溉水质标准》《污水综合排放标准》《城镇污水处理厂污染物排放标准》以及《污水排入城市水道水质标准》等具体标准，长三角各地在管制地区内水环境时都有翔实的法律依据与政策标准。然而，在跨区域水环境方面却缺乏相关法规政策的约束，导致地方间合作无法可依。2016 年以来，在加强区域流域联防联控方面，长三角三省一市不断创新举措，正在形成共商共治共享的“手拉手”密切合作格局。然而，要想进一步加深长三角协作联动，将联防联治的优势发挥到极致，则需要尽快形成长三角水污染防治法。

此外，执法部门需进一步加强执行力度以维护环境制度的威严。部分地区执法力度薄弱，一方面是因为地方行政官员的水污染防治意识不强，以及地方政府“保护主义”的影响；另一方面，上游地区凭借自身区位优势为地区发展“谋福利”，却牺牲了区域整体水环境。

7.2.3　长三角区域土壤环境治理的模式及问题

7.2.3.1　长三角土壤环境的治理模式概况

与早已展开的空气和水环境治理相比，土壤环境治理仍不成熟。

2016 年 5 月 28 日，《土壤污染防治行动计划》由国务院印发，即日起实施。长三角地区各省市积极响应该计划，但与空气和水污染联防联治的模式不同，长三角地区的土壤污染治理采用“单打独斗”模式。2016 年 12 月 31 日，上海最先出台《上海市土壤污染防治行动计划实施方案》，制订全市土壤污染状况详查工作方案，率先开展全市土壤污染状况详查，并陆续开展土壤及地下水环境质量监测网络建设等工作。

2017 年，江、浙、皖三省纷纷出台土壤污染防治工作方案。

江苏省成立以分管省长为组长的省土壤污染防治工作协调小组，与设区市政府签订目标责任书。省政府批准实施《江苏省土壤污染状况详查实施方案》，先后开展重点行业企业筛选、空间点位遥感核实、详查实验室筛选、农用地详查布点及核实、农产品及其土壤采样、流转中心和省级样品库建设等工作。

与此同时，浙江省政府召开土壤污染防治工作电视电话会议，全面动员部署土壤污染防治工作，建立了工作推进机制。根据国家统一部署，启动全省土壤污染状况详查，详查总体进展居全国前列。加强了重金属污染减排等土壤污染源头控制措施，组织 10 个县（市、区）开展农用地土壤重金属污染治理试点，初步形成一批适合轻、中度重金属污染农田的治理模式，完成污染场地治理修复工程 17 个。

此外，安徽省政府与各市政府签订《土壤污染防治目标责任书》，明确土壤污染防治工作目标、任务和措施。积极开展全省土壤污染状况详查，印发《安徽省土壤污染状况详查实施方案》，并编制《安徽省土壤污染治理与修复规划》，建立土壤污染治理与修复项目库，推进污染地块治理与修复。

7.2.3.2 长三角土壤环境治理模式存在的问题

（1）土壤监测体系以及污染预警机制滞后

正所谓“苏湖熟，天下足”，长三角地区位于长江中下游的冲积平原，土壤肥沃，一直以来农业发达，是我国粮食供应的重要来源地。当前，长三角农业面源污染和土壤重金属污染问题突出，污染物会通过植物的吸收作用进入植物体，并可长期累积富集，当含量达到一定数量时会影响作物的产量和品质，更会进一步影响人的健康状况。

此外，土壤污染具有较强的累积性，污染物在土壤环境中不像在水体和空气中那样容易扩散和稀释，容易不断累积而达到很高的浓度，而土壤污染一旦发生，仅仅靠切断污染源的方法往往很难恢复，有时需要靠换土、淋洗土壤等方法才能解决，成本较高且治理周期较长（环境保护部自然生态保护司，2013；洪坚平，2010）。因此，土壤环境污染的预警机制就显得格外重要。然而，长三角地区目前还未形成较为成熟的土壤环境监测体系和土壤环境预警机制。有鉴于此，长三角各地需要尽快落实土壤监测体系，建立土壤环境预警机制。

（2）区域环保基础设施建设各自为政

长三角地区土壤污染中重金属超标问题突出，其中，危险固体废物的处置以及工业废水的排放对土壤重金属超标影响较大，严重威胁了区域土壤环境安全。有鉴于此，长三角地区环境治理设施的建设便显得尤其重要。

目前，长三角地区环境治理设施建设各自为政，地区之间技术、经验共享不充分，因此，有必要促进长三角地区环境治理设施的共建共享。一方面，加强区域环境监测设施共建共享，进一步加强长三角各地区环境监测工作的合作，使各地区能够及时、完整地掌握区域环境质量数据及其变化趋势，为区域土壤污染防治提供科学依据。另一方面，引导相邻地市共建共享环境治理设施，避免重复建设和资源浪费，比如在区域内共建垃圾焚烧发电、固体废物安全填埋、工业危险废物以及医疗废物综合利用等重大环保基础设施，强化危险废物的区域集中处置，鼓励邻近城市的污水处理厂联合建立跨区污泥处置设施。

7.3 长三角区域环境治理的整体思路与政策建议

这一节结合第一节得出的大气、水和土壤环境的主要污染源以及第二节分析的目前的环境治理模式存在的问题，并结合发达国家的大气、水和土壤环境治理的经验提出整体思路和政策建议。

7.3.1 长三角区域环境治理的指导思想与整体思路

（1）指导思想

以党的十九大精神为指导，深入贯彻落实习近平生态文明思想以及习近平总书记关于推动长三角更高质量一体化发展的重要指示精神，全面贯彻落实全国生态环境保护大会精神。把长三角地区环境治理与经济发展紧紧结合在一起，深入推进长三角区域污染防治协作工作。实现“三个转变”，即从生产领域向生活领域转变，从末端治理向源头防治转变，从单一行政手段向经济、技术、法律、信息等多种手段综合转变（刘晓斌，2018）。以更大的勇气、更强的决心、更顽强的作风，采取更有针对性的措施，推动长三角地区环境质量持续改善，坚决打好打胜污染防治攻坚战。

（2）整体思路

一是区域联防与地方管制。在整体上，建立健全长三角大气污染、水污染、土壤污染联防联控管理机制，将“水气联防”的成功经验引入土壤污染防治工作中，逐步实现区域“统一规划、统一监测、统一监管、统一评估、统一协调”；在地方上，根据各地区社会经济发展水平、自然生态条件以及环境污染状况，对不同地区实施差异化要求与管理，明确地方的管制标准与减排责任。

二是重点突破与整体改善。在污染防治问题上，要紧抓最关键的问题，优先整治关键污染物、重污染行业以及最敏感地区。在环境整治工作中，发挥优势、补齐短板，以大气污染、水污染防治的丰富实践推动土壤污染防治工作的开展，以上海等城市的成功经验带动整个长三角地区的环境改善。

三是污染防治与经济发展。协调长三角地区污染治理、环境保护与经济增长之间的关系，通过制定合理有效的污染防治标准以及经济发展目标，推动区域整体产业结构优化升级，加快淘汰落后产能，从而实现区域整体污染水平降低与经济水平提高的全面发展。

四是立足当前与着眼长远。大力推进《大气污染防治行动计划》《水污染防治行动计划》和《土壤污染防治行动计划》的实施，从解决当前最紧迫、最突出的大气污染问题入手，重点研究和解决臭氧、PM2.5等污染问题。同时着眼于未来社会经济发展，进一步推动水污染协同治理的发展；同时建立健全土壤污染防治办法，科学谋划污染防治长效机制，推动防治事业长远发展。

7.3.2 长三角区域环境治理的政策建议

（1）进一步推进环境治理的区域合作

健全长三角区域合作管理机制。在长三角区域大气污染、水污染防治协作小组的协调下，进一步加强江、浙、沪、皖三省一市之间的统筹协作；健全长三角地区污染防治管理运行机制，建立有效的区域环境合作机制，推进长三角地区大气污染、水污染以及土壤污染的协同防治；完善长三角跨界污染防治的协调和处理机制，协调解决区域环境纠纷；加强环境治理经验共享，实现区域环境治理水平同步提高。

制定统一的环境法规、政策与标准。努力实现长三角区域环保法规、政策与标准的对接，共同制定和完善地方性的环保法规，建立区域统一执行的环境标准与处罚标准，统一跨界环境污染防治目标要求；建立长三角区域市场准入标准，统一重点产业的技术、能耗、环保等准入标准，根据长三角地区生态环境的实际情况，应统一设立高于国家标准的区域污染排放标准，并相应提高超标排污收费标准；制定区域内江河湖泊和水库等的水污染防治及水域保护条例与管理办法，共同立法和执法解决区域性的环境污染问题；建立区域环境监测网络及联合环境执法队伍，建立区域协同治污联动机制（李宁宁，2015）。同时，为协同长三角地区整体发展，对个别地区可适度放宽排放标准，但要严格监督地区市场准入以及污染排放情况，避免其成为污染“避难所”。此外，完善区域横向生态补偿机制，建立长三角环境保护基金，加大对重污染地区的治污扶持力度。

（2）优化升级产业结构，推动循环经济发展

在产业发展规律的基础上，优化升级长三角区域产业结构，并着手从以下三方面开展工作：首先，加快淘汰落后产能，严格整治“小散乱污”

企业，并通过资金投入、技术进步加速传统行业的升级改造；其次，为区域环境保护、污染防治制定可持续发展规划，并着重扶持环保产业、新能源产业的发展；最后，充分发挥互联网、物联网的带动作用，积极发展生态农业、生态工业、生态服务业，同时，发掘能量物料信息、积极搭建生态链网，构建复合型循环产业链，构建区域产业共生网络，建成产业共生、政府与企业互动的信息服务与交流平台，推进产品生产、加工、营销、服务相配套，减少区域废物排放，促进资源高效利用（张慧等，2017）。

尤其在环保产业的培育中，长三角各地区环保产业尚未形成合力，技术合作以及市场共享仍有很大空间。因此，长三角地区应以点带面，逐步营造区域环保产业优势。一方面，发挥上海、杭州等地先进环保技术的溢出效应，增强对长三角地区的辐射服务功能，在政府采购、税收减免等领域采取相同的区域优惠政策；另一方面，构建长三角环保产业联盟，为区域环保产业的合作搭建更加市场化的平台，发挥产业联盟中企业强项，实现优势互补，提高行业竞争力，保障区域环保产业稳步发展（程进，2017）。

（3）明确政府职能，推动公众参与

各级政府对本行政区域内的环境质量负总责，进一步明确政府各主管部门的职能，明确部门的职责与分工，避免部门之间的职能重叠以及分工不明；建立严格的考评机制、追责机制，对推进工作不力的负责人进行约谈，对工作进度严重滞后的负责人要追究责任；增强地区之间互联互动，打破以行政边界划分的责任边界，建立跨地区的协调委员会，推动部门之间、地区之间的分工合作（刘晓斌，2018）。

公众参与是生态文明建设的基石。信息公开是公众参与的前提条件。长三角各级政府应积极健全环境信息相关制度，建立更加透明的信息管理和公开制度；积极推动《关于建立长三角地区政协联动机制的协议》的实施，围绕长三角地区构建区域创新共同体，健全公众参与环境保护的保障机制，建立健全公众参与的环境决策平台、环境监督平台和环境司法救助平台；同时，鼓励民间环保公益组织的发展，使社会公众真正成为环境保护的骨干力量（李宁宁，2015）。让民众参与到环境污染防治的工作中来，为改善长三角环境质量贡献更多智慧和力量。

（4）多污染治理协同，预防与治理协同

大气环境、水环境以及土壤环境相互影响、相互作用，是一个不可分割的整体系统。党的十九届中央委员会第三次全体会议提出“全力以赴打好污染防治的攻坚战”“全面推进生态文明建设”，污染防治工作以及生态文明建设需要对大气污染、水污染以及土壤污染进行协同治理。

为更好地防治环境污染，长三角地区需进一步完善环境预警体系，加强环境预警预报能力和警情反应能力建设；着重对区域内环境敏感区、环境脆弱区以及重要的环境功能区和环境保护目标要加强防范，防止发生重大的环境污染和不可逆转的生态破坏；此外，加强跨行政区交界断面水质达标管理，对跨行政区污染事故进行应急协调处理，解决跨地区、跨流域重大环境问题（李宁宁，2015）。

参考文献

［1］艾丽丽、朱永青：《长三角水环境治理区域合作机制研究》，《上海资源环境发展报告（2016）》。

［2］陈坤：《长三角跨界水污染防治法律协调机制研究》，复旦大学出版社2014年版。

［3］程进：《长三角一体化背景下环境治理协作重点研究》，《上海资源环境发展报告（2016）》。

［4］高淑桂：《打破行政壁垒，实现长三角社会治理一体化》，《社会科学报》2018年第3期。

［5］洪坚平：《土壤污染与防治》，中国农业出版社2011年版。

［6］环境保护部自然生态保护司：《土壤污染与人体健康》，中国环境科学出版社2012年版。

［7］上海市环境科学研究院课题组、李莉：《深化长三角区域大气污染防治联动研究》，《科学发展》2016年第2期。

［8］黄佳凤、单思洁：《新常态下区域水污染治理的法律规制研究》，

《青年时代》2017 年第 10 期。

［9］李宁宁：《长三角生态环境形势与对策》，《长三角蓝皮书（2014）》。

［10］林兰：《长三角地区水污染现状评价及治理思路》，《环境保护》2016 年第 17 期。

［11］刘晓斌：《协同治理：长三角城市群大气环境改善研究》，浙江大学出版社 2018 年版。

［12］阮杰：《环境监测预警对于环境保护工作的重要性探讨》，《环境与发展》2018 年第 2 期。

［13］石铭、徐涛、石进：《区域发展中的土地质量保护探讨——以长三角地区为例》，《上海国土资源》2018 年第 4 期。

［14］宋建波、武春友：《城市化与生态环境协调发展评价研究——以长江三角洲城市群为例》，《中国软科学》2010 年第 2 期。

［15］王春梅、叶春明：《长三角地区重雾霾污染的溢出效应》，《城市环境与城市生态》2016 年第 4 期。

［16］王跃思等：《2013 年元月我国中东部地区强霾污染成因分析》，《中国科学：地球科学》2014 年第 1 期。

［17］奚旦立、孙裕生、刘秀英：《环境监测》，高等教育出版社 2004 年版。

［18］徐盈之、高嘉颖：《基于源头控制视角的长三角环境污染治理研究》，《中国科技论坛》2016 年第 10 期。

［19］阳成贵：《导致河道水中氨氮和总磷超标的主要污染物成因及防治探析》，《环境与发展》2018 年第 4 期。

［20］张慧、高吉喜、宫继萍、张毅敏：《长三角地区生态环境保护形势、问题与建议》，《中国发展》2017 年第 2 期。

［21］张乐：《中国长三角地区环境污染的现状及应对策略研究》，《科技视界》2016 年第 4 期。

［22］张学良、刘乃全：《2016 中国区域经济发展报告——长江经济带建设与中国城市群发展》，人民出版社 2017 年版。

［23］赵其国、骆永明：《论我国土壤保护宏观战略》，《中国科学院院

刊》2015 年第 4 期。

［24］周冯琦、程进：《长三角环境保护协同发展评价与推进策略》，《环境保护》2016 年第 11 期。

［25］Wang，C.，Li，W.，Yang，Z. F.，Chen，Y.，Shao，W. J.，Ji，J. F.，"An Invisible Soil Acidification：Critical Role of Soil Carbonate and its Impact on Heavy Metal Bioavailability"，*Scientific Reports*，2015（5），pp. 1–9.

8

长三角城市群可持续发展竞争力分析

8.1 城市群可持续发展竞争力

8.1.1 城市群可持续发展竞争力的内涵

竞争是世界各国在国际交往中必不可少的一环，而竞争的本质在于各国能否实现资源的最优配置，并由此创造出更高的生产效率，赢得在国际市场的发展空间。经济全球化和区域一体化的推动促使产业分工以及城市专业化和多样化的生产成为现实，但信息技术革命的发展以及便利的交通运输条件，又加快了资本、技术和人才等生产要素的流动速度。城市群作为不同城市规模的聚合，能够在更大的空间范围内进行资源配置，因而在聚合要素优势，提高整体生产效率方面的作用显得更为突出，由此不仅解决了行政体系条块分割导致的产业趋同与市场壁垒，而且也为推进区域高质量一体化提供了强有力的支撑。然而城市群在推动城市规模扩张的同时，也面临着城市内部交通拥堵、资源消耗以及环境污染等问题。城市群作为当今世界各国寻求经济增长的主体形态，促进经济可持续增长的同时也应该保障社会与生态的平衡发展，只有在经济、社会与生态平衡发展的基础上，城市群经济才能实现可持续发展，才能真正发挥集聚经济的效应。

城市群的可持续发展依赖于区域内各个城市的可持续发展能力，但与城市可持续发展相比，将城市群作为可持续发展的载体又具有特定的优势。空间集聚已从“产业集聚”演化为“城市集聚”，即“城市群经济”。“城市群经济”是经济活动空间组织及运行的一种形式，是基于社会分工深化、市场深度扩张、要素高度空间集聚而演化出来的一种区域经济形态，是集聚经济在区域尺度上的体现。“城市群经济”作为中国区域总体发展战略的载体，引领着经济发展方式转变，对经济发展具有重要的意义。第一，以中心城市为核心、以产业分工形成的专业化城市与多样性城市为基础，能够有效发挥各个城市的比较优势，提高资源利用效率；第二“城市群经济”能够推动生产的专业化，同时促进劳动力、资本和信息的充分流动，这有利于技术的创新、知识的溢出以及信息的共享，从而提高生产的集约化程度和经济环境效率；第三，城市集聚为建设资源节约型和环境友好型社会提供了优势，为生态保护的联动和社会公共服务的共享提供了条件。通过城市群内各个城市之间建立相对完整的产业体系、相应的合作机制，来共同推动地区的可持续发展。与单个城市相比，城市群的发展具有一定的特殊性和复杂性，主要表现在群内各城市之间的要素流动更加频繁和复杂、相互影响作用更加明显、环境污染往往形成叠加效应。城市群涉及多个单体城市，对未来城市的发展至关重要，其可持续发展越来越受到重视。

由此可知，城市群可持续发展是一项复杂的系统任务，通过对比一般竞争力和可持续发展竞争力分析城市可持续发展和城市群可持续发展的联系与区别，本书认为城市群可持续竞争力应该具有这样的内涵：在全球化和信息化背景下，通过城市群各个城市之间的协同发展来实现经济、社会和生态三个子系统的统筹，妥善平衡和处理好“城与城”“城与自然”“人与城”“人与自然”“人与人”之间的关系，从而维护和拓展由一定资源环境条件构成的城市群地理空间，同时提高地理空间转化为经济空间和人文空间的能力，最终实现城市群空间价值的最大化。

8.1.2 城市群可持续发展竞争力指标体系设计

指标体系的构建与选择是一个系统动态的过程，需要随着时间的推移以及研究的深入对相关指标进行调整，从而实现对所研究的经济现象和问题进行系统合理的表述。本书在现有研究的基础上，结合当前发生的新情况、新问题，对城市群可持续发展竞争力的指标体系进行了相应的调整与更新，并从经济、社会和生态三个角度构建了整个指标体系框架，分别对应经济可持续发展、社会稳定发展以及人与自然和谐发展，因此，在综合前人研究和结合研究领域发生新情况的基础上有了进一步的完善。

8.1.2.1 城市群经济可持续发展竞争力

经济可持续发展是社会和生态可持续发展的基础，也是城市群提升竞争力的前提和关键。正是由于城市内部经济发展到了一定程度，产生了和其他城市联动发展的需求，才推动了城市群的形成。由此可知，经济发展是城市群得以存在和发展的关键，没有经济起支柱性的作用，城市群其他方面的发展都无从谈起。在城市群经济可持续发展方面，我们重点关注以下几个方面：

（1）经济规模。城市的经济规模发展到了一定程度，才产生了和周边城市联动的需求，才产生了对城市群可持续发展研究的必要。我们主要采用 GDP 总量、规模以上工业总产值、工业用电量和社会消费品零售总额来度量经济规模。

（2）产出效率。经济学的本质在于在有限的选择中优化求解，即对稀缺资源进行合理的优化配置以实现效用最大化。即如何实现效用最大化的问题，不能全部靠无限制的要素投入，技术的进步和要素配置效率的提升也起到了关键性的作用，提高单位产出效率是核心。我们采用的是人均 GDP 和地均 GDP 来度量产出效率。

（3）收入水平。衡量城市群中城市人口的幸福程度的重要指标就是收入水平，城市群可持续发展的宗旨之一就是让城市群的居民可支配收入能够增加，能够得到更多的商品与服务，能够享受发展带来的红利，这也折射出城市群生产力水平高低。这里用在岗职工平均工资、城镇居民人均可支配收入和农村居民人均纯收入来衡量收入水平。

（4）增长潜力。在索罗古典增长模型中，技术、劳动力、资本和土地是决定一个地区和国家在一定时期里所能生产的产品和服务的市场价值总和的关键因素。城市群的可持续发展不仅要看当前的发展水平，更要关注未来的发展潜力。因此我们采用 GDP 增长率、就业人数、全社会固定资产投资总额、每万人在校大学生数、政府科技支出作为这些因素的代理变量。

（5）产业结构。产业是城市群可持续发展的承载介质，由于不同产业的资源消耗和产出效率对城市环境的压力是不一样的，因此能否优化产业结构直接影响着城市群的未来。这里采用非农产业比重和第三产业与第二产业产值比来衡量产业结构。

（6）金融财政。金融和财政对城市群的发展至关重要。我们采用地方财政一般预算收入和金融机构人民币贷款额来反映城市群的金融和财政状况。

（7）对外开放。城市群对外开放主要包括内向和外向两个方面：即一方面城市群外面的经济体对城市群进行投资，包括直接和间接的投资方式；另一方面城市群和外面的经济体进行合作。这两方面都有利于各种要素的高效流通，提升城市群自身可持续发展水平。这里我们采用货物进出口总额和外商直接投资实际使用额来表示对外开放水平。

（8）基础设施。基础设施的建设是城市群能够持续正常运营的根本保障，城市群不仅需要人力、资本、商品等必备要素实现顺畅流通，而且还需要不断完善和提升基础设施水平来满足城市群日益增长的各方面需求。目前大流通概念中的物流、资金流、信息流、人才流以及商品流对城市群的基础设施要求越来越高，基础设施的作用日益凸显。我们采用公路网密度、人均城市道路面积、每万人拥有公共汽车、邮电业务总量、移动电话用户数、互联网宽带接入用户数来衡量基础设施水平。

8.1.2.2 城市群社会可持续发展竞争力

城市群可持续发展更加注重人的发展，根据马斯洛的需求层次理论，人的需求从低到高分别为生理需求、安全需求、社交需求、尊重需求和自我实现需求。经济发展以及由此带来的财富增加是满足社会人基本需求的必要条件，而社会可持续发展则是为需求实现提供了相应的保障，尤其是高层次需求的实现，更加需要一个和谐稳定的社会环境。城市群的可持续发展是践行以人为本的社会主义核心价值观的一种途径，霍桑实验曾经得出过学界普遍接受的一个重要结论：人是社会人，而非完完全全的经济人。良好的社会环境为城市群可持续发展提供了必不可少的保障。具体来说，城市群社会可持续发展应包含以下几个方面：

（1）社会稳定。改革开放以来，我国经济飞速发展，一跃成为全球第二大经济体，而这个过程中，以往的收入分配机制随着经济的高速发展显得越来越不适应，城乡差别以及二次收入分配不合理这些社会问题日益凸显，严重影响到城市群社会可持续发展。虽然我国在城乡社会保障方面做出了很多重要改革，但是农村劳动力到城市就业和享受的公共服务仍然有差别。由于数据的缺失，无法衡量城市内部的二元结构。这里只采用城乡居民收入差距和城镇登记失业率来反映社会稳定度。

(2) 人口结构。合理的人口结构能为整个城市群的可持续发展提供源源不断的劳动力，并由此为城市群的经济发展带来极强的活力。人口结构中一定比例的农村人口和城市人口流动也是至关重要的，它有利于生产效率的提升。我们在此考虑人口城镇化率指标反映城市群的人口结构。

(3) 社会保障。社会保障能让低收入者和贫困人口有最基本的社会生活条件，是城市群安定发展和经济平稳运行的基石，也是能够反映社会公平的重要窗口，对整个城市群社会可持续发展的意义不言而喻。这里我们采用城镇职工基本养老保险、城镇基本医疗保险和失业保险参保比例来度量社会保障水平。

(4) 居民住房。住房是居民最基本的生活需求，随着经济的发展，房价不断攀高、城市人口的上升对居民住房需求的满足产生了不小的压力。提升住房条件是维护社会稳定的重要方法，对城市群可持续发展具有重要意义。这里我们采用农村人均住房面积和城镇人均住房建筑面积来表示居民住房水平。

(5) 教育文化。教育文化对城市群中居民整体素质的提升，以及熟练工人的培养、高端人才的培育、人力资本的提升，对社会可持续发展的软环境的建设不可替代。这里我们采用普通中学师生比、中学生每百人拥有教师数、生均财政教育支出、每百人拥有公共图书馆藏书量和影剧院、剧场个数来衡量教育文化水平。

(6) 医疗卫生。医疗卫生体系的健全与否对城市群中的伤病患者、重大疾病的防御以及居民平均寿命的延长等方面至关重要。这里我们采用每万人拥有医生数和每万人拥有卫生机构床位数来进行度量。

8.1.2.3 城市群生态可持续发展竞争力

资源环境构成了支撑城市群可持续发展的地理空间，但由于粗放型的经济发展模式以及环保理念的薄弱，导致我国城市群的生态环境问题日益凸显，雾霾天气、PM2.5 超标更是引起了人们极大关注，这严重威胁到了城市群未来的经济社会发展，实现并保证生态环境的可持续发展是城市群目前面临的最重要的任务。改革开放以来，由于一段时期的粗放式发展经济路径和唯 GDP 论的错误思想在一些地区盛行，生态环境保护在一定程度上遭到忽视，不论是东部沿海地区，还是内陆省份都出现了一些人为的生态环境破坏。经济转型过程中，在城市群可持续发展的要求下，生态环境建设将是必须要研究的一项课题。根据城市发展以及生态可持续发展的特征，我们主要从以下两个方面进行研究：城市群自然条件禀赋和人类行为活动对环境的影响。具体包含以下几个方面：

（1）资源禀赋。现代经济理论中，一个地区和国家的发展蓝图都需要根据它本身所具备的资源禀赋来进行定位，较好的资源禀赋和合理的发展方式是城市群可持续发展的不竭动力。我们采用人均生活用电量、人均生活用水量、人均煤气用量和人均液化石油气用量来度量资源禀赋。

（2）绿化状况。绿化状况是一个城市生态环境的参考指标，随着城镇化的推进，绿化用地的保留比例和建设用地的扩张情况都是城市群生态可持续发展的掣肘，这里用人均绿地面积和建成区绿化覆盖率来度量绿化状况。

（3）环境污染。环境污染是一个地区和经济体发展过程中必须要面对的问题，一个环境污染严重的城市群是不可能持续发展下去的，国际上公认的成熟可持续发展城市群环境都良好，“三废”都得到了良好的控制。我们用单位 GDP 工业废水排放量、单位 GDP 工业二氧化硫排放量和单位 GDP 工业烟（粉）尘排放量来反映污染状况。

（4）污染治理。污染治理是城市群生态可持续发展面临的挑战，污染治理一定是从系统整体的角度出发，统筹规划、协调推进，城市与农村、工业与农业都得兼顾。我们选取一般工业固体废物综合利用率、污水处理厂集中处理率和生活垃圾无害化处理率来度量污染治理水平。

表 8-1　城市群可持续发展竞争力评价指标体系

目标层	一级指标	二级指标	序号	三级指标
城市群可持续发展竞争力	经济可持续	经济规模	1	GDP（亿元）
			2	规模以上工业总产值（亿元）
			3	工业用电量（万千瓦时）
			4	社会消费品零售总额（亿元）
		产出效率	5	人均 GDP（元）
			6	地均 GDP（万元/平方公里）
		收入水平	7	在岗职工平均工资（元）
			8	城镇居民人均可支配收入（元）
			9	农村居民人均纯收入（元）
		增长潜力	10	GDP 增长率（%）
			11	就业人数（人）
			12	全社会固定资产投资总额（亿元）
			13	政府科技支出（万元）
			14	每万人在校大学生数（人）
		产业结构	15	非农产业比重（%）
			16	第三产业与第二产业产值比
		金融财政	17	地方财政一般预算收入（元）
			18	金融机构人民币贷款额（元）
		对外开放	19	货物进出口总额（万美元）
			20	外商直接投资实际使用额（万美元）
		基础设施	21	公路网密度（公里/万人）
			22	人均城市道路面积（平方米）
			23	每万人拥有公共汽车（辆）
			24	邮电业务总量（万元）
			25	移动电话用户数（万户）
			26	互联网宽带接入用户数（万户）

续表

目标层	一级指标	二级指标	序号	三级指标
	社会可持续	社会稳定	27	城镇登记失业率（%）
			28	城乡居民收入差距（元）
		人口结构	29	人口城镇化率（%）
		社会保障	30	城镇职工基本养老保险参保比例（%）
			31	城镇基本医疗保险参保比例（%）
			32	失业保险参保比例（%）
		居民住房	33	农村人均住房面积（平方米）
			34	城镇人均住房建筑面积（平方米）
		教育文化	35	普通中学师生比
			36	中学生每百人拥有教师数（人）
			37	生均财政教育支出（元）
			38	每百人拥有公共图书馆藏书量（册）
			39	影剧院、剧场个数（个）
		医疗卫生	40	每万人拥有医生数（人）
			41	每万人拥有卫生机构床位数（张）
	生态可持续	资源禀赋	42	人均生活用电量（千瓦时）
			43	人均生活用水量（吨）
			44	人均煤气用量（立方米）
			45	人均液化石油气用量（吨）
		绿化状况	46	人均绿地面积（平方米）
			47	建成区绿化覆盖率（%）
		环境污染	48	单位 GDP 工业废水排放量（万吨/元）
			49	单位 GDP 工业二氧化硫排放量（万吨/元）
			50	单位 GDP 工业烟（粉）尘排放量（吨/元）
		污染治理	51	一般工业固体废物综合利用率（%）
			52	污水处理厂集中处理率（%）
			53	生活垃圾无害化处理率（%）

8.1.3 数据来源和指标说明

本书城市群可持续发展竞争力评价指标体系数据统计口径是以全市为单位，数据来源于2017年《中国城市统计年鉴》和第六次全国人口普查的数据。各项指标简要说明如下：

（1）对于指标总量，城市群的数据是城市群范围内各个城市数据的叠加。

（2）对于人均GDP、地均GDP、在岗职工平均工资、非农产业比重、第三产业与第二产业产值比、公路网密度、人均城市道路面积、每万人拥有公共汽车、城镇职工基本养老保险参保比例、城镇基本医疗保险参保比例、失业保险参保比例、普通中学师生比、生均财政教育支出、每百人公共图书馆藏书量、每万人拥有医生数、每万人拥有卫生机构床位数、人均生活用电量、人均生活用水量、人均煤气用量、人均液化石油气用量、人均绿地面积、建成区绿化覆盖率、单位GDP工业废水排放量、单位GDP工业二氧化硫排放量和单位GDP工业烟（粉）尘排放量这些指标，采取的是总量比值的计算方法，其中人口采用的是常住人口，各个指标的来源就是分别对应的加总分子和加总分母相除。另外，人均城市道路面积、每万人拥有公共汽车、人均生活用电量、人均生活用水量、人均煤气用量、人均液化石油气用量、人均绿地面积、建成区绿化覆盖率的统计口径为市辖区，由于市区常住人口的数据在年鉴中统计不完全，因此市区常住人口在这里采用的是第六次全国人口普查的相应数据。

（3）对于城镇居民人均可支配收入、农村居民人均纯收入、每万人在校大学生数、城镇登记失业率、农村人均住房面积、城镇人均住房建筑面积和生活垃圾无害化处理率这些指标，城市群的指标数据是以常住人口作为权重对各个城市相应的数据进行加权平均。

（4）对于一般工业固体废弃物综合利用率和污水处理厂集中处理率这些指标，城市群的数据是以工业总产值作为权重对各个城市相应的数据进行加权平均。

（5）对于GDP增长率指标，城市群的指标数据是以各地GDP作为权重对各个城市相应的数据进行加权平均。

（6）对于城乡居民收入差距指标，城市群的指标数据是通过城市群的农村居民人均纯收入与城市群的城镇居民人均可支配收入相比得到。

（7）对于人口城镇化率指标，由于城镇人口数据在年鉴中统计不完全，在这里城镇人口和常住人口采用的都是第六次全国人口普查的相应数据，此指标是基于第六次全国人口普查数据求得。所以人口城镇化率指标是用城市群总的城镇人口作为分子除以总的常住人口得到。

（8）对于人口老龄化率指标，由于分年龄段人口在年鉴中没有统计，此指标也是基于第六次全国人口普查数据求得。所以人口老龄化率指标是用城市群 65 岁以上人口数量作为分子除以总的常住人口得到。

（9）由于一些指标定义的特殊性，对城镇登记失业率和人口老龄化率指标采用取负值法，对单位 GDP 工业废水排放量、单位 GDP 工业二氧化硫排放量、单位 GDP 工业烟（粉）尘排放量采用取倒数法。这些指标逆向代表城市群可持续发展竞争力，本书采取了负值法和倒数法处理。

（10）由于各个指标的度量单位不一样，采取主成分分析的时候对数据都进行无量纲标准化处理。

8.2 长三角城市群可持续发展竞争力评价分析结果

8.2.1 长三角城市群演变过程及其空间范围

长三角城市群位于我国华东地区的长江中下游平原地区，是“一带一路”与长江经济带的交汇地带。改革开放以来，作为我国经济发展的排头兵，通过积极吸引外资，承接产业转移，鼓励资源自由流动，逐渐成长为我国经济最具活力、开放程度最高、创新能力最强以及吸纳外来人口最多的区域之一，并成功跻身于世界六大城市群，同时在我国现代化建设大局和全方位开放格局中也具有举足轻重的战略地位。据相关数据统计显示，2017 年长三角城市群共完成生产总值165194亿元，即相当于以全国2.2%的土地面积和全国11%的人口，创造了20%的GDP。由此也可以看出，城市群作为发展主体所展现出的优越性。众所周知，城市以及城市群都处于不断变化的状态中，长三角城市群作为我国最具活力的区域之一，其空间范围及所容纳的城市也经历了多次变化。本书以2016年国务院批准的《长江三角洲城市群发展规划》中的26个城市作为长三角城市群可持续发展竞争力的研究对象。具体而言，长三角城市群的演变历程及其空间范围如表8-2所示。

表8-2　长三角城市群演变过程及其空间范围

时间	空间范围	城市数量	备注
1982年	上海、苏州、无锡、常州、南通、杭州、嘉兴、湖州、宁波、绍兴等	9	《关于成立上海经济区和山西能源基地规划办公室的通知》
1992年	上海、苏州、无锡、常州、南通、杭州、嘉兴、湖州、宁波、绍兴、舟山、扬州、南京、镇江等	14	成立长三角经协委（办）主任联席会
1996年	上海、苏州、无锡、常州、南通、杭州、嘉兴、湖州、宁波、绍兴、舟山、扬州、南京、镇江、泰州等	15	成立长三角城市经济协调会
2003年	上海、苏州、无锡、常州、南通、杭州、嘉兴、湖州、宁波、绍兴、舟山、扬州、南京、镇江、泰州、台州等	16	长三角首次扩容
2010年	上海、苏州、无锡、常州、南通、杭州、嘉兴、湖州、宁波、绍兴、舟山、扬州、南京、镇江、泰州、台州、徐州、淮阴、连云港、宿迁、盐城、金华、温州、丽水、衢州等	22	《长江三角洲地区区域规划》
2013年	上海；南京、苏州、无锡、常州、扬州、镇江、南通、泰州、盐城、淮安、芜湖、连云港、徐州、宿迁；杭州、宁波、湖州、嘉兴、舟山、绍兴、台州、金华、衢州、丽水、温州；合肥、马鞍山、滁州、淮南等	30	长三角经济协调会第十三次会议
2016年	上海；南京、无锡、常州、苏州、南通、盐城、扬州、镇江、泰州；杭州、宁波、嘉兴、湖州、绍兴、金华、舟山、台州；合肥、芜湖、马鞍山、铜陵、安庆、滁州、池州、宣城等	26	《长江三角洲城市群发展规划》

资料来源：作者整理。

8.2.2 长三角城市群内部城市可持续发展竞争力格局

近年来，城市群逐渐成为国家参与国际竞争的重要平台，然而城市群能否发挥规模以及集聚力量，则要取决于内部组成单元——各城市的发展状态。为此，本书首先对长三角城市群各城市的可持续发展竞争力格局进行详细的介绍。本书主要从经济、社会和生态三个方面构造了城市可持续发展竞争力评价指标体系，由于三级指标数量较多，因此我们在以整个指标体系对长三角城市群的 26 个城市做可持续发展竞争力的分析过程中，首先对各方面的指标做主成分分析，得到每个城市的经济、社会和生态的因子得分，然后再根据每个城市的因子得分取其平均值计算出城市可持续发展的综合得分，最后对各个城市的可持续发展竞争力做出总体评析。长三角城市群各城市经济、社会和生态可持续发展的排名情况如表 8-3 所示。

表 8-3 2016 年长三角城市群各城市可持续发展竞争力因子分析结果

长三角城市	经济可持续发展		社会可持续发展		生态可持续发展		可持续发展竞争力	
	因子得分	排名	因子得分	排名	因子得分	排名	因子得分	排名
上海市	1.9399	1	0.6462	3	0.7176	1	1.1012	1
宁波市	0.5561	5	0.7378	2	0.7060	2	0.6666	2
苏州市	1.0095	3	0.5069	6	0.3328	5	0.6164	3
杭州市	1.0505	2	0.1190	11	0.3462	4	0.5053	4
南京市	0.9105	4	0.1256	10	-0.0716	16	0.3215	5
嘉兴市	-0.0551	11	0.8699	1	-0.0785	17	0.2454	6
无锡市	0.4651	6	0.0072	14	0.2298	6	0.2340	7
合肥市	0.3237	7	-0.2184	18	0.5112	3	0.2055	8
舟山市	-0.1510	13	0.5950	5	0.1234	10	0.1891	9
绍兴市	-0.1361	12	0.6110	4	0.0594	13	0.1781	10
金华市	-0.2140	15	0.2884	8	0.1606	9	0.0783	11
常州市	0.2054	8	-0.1857	17	0.1845	8	0.0681	12
扬州市	-0.1809	14	0.2514	9	0.0695	11	0.0467	13
芜湖市	-0.2493	16	0.4091	7	-0.0385	14	0.0405	14

续表

长三角城市	经济可持续发展		社会可持续发展		生态可持续发展		可持续发展竞争力	
	因子得分	排名	因子得分	排名	因子得分	排名	因子得分	排名
南通市	0.0263	9	-0.0203	15	0.0691	12	0.0250	15
台州市	-0.2941	18	0.1056	13	0.2064	7	0.0060	16
泰州市	-0.2536	17	0.1139	12	-0.0522	15	-0.0640	17
镇江市	-0.0163	10	-0.1260	16	-0.1636	19	-0.1019	18
湖州市	-0.3453	19	-0.2894	19	-0.1659	20	-0.2669	19
盐城市	-0.4001	20	-0.4751	20	-0.2309	21	-0.3687	20
马鞍山市	-0.4468	21	-0.5425	21	-0.2755	22	-0.4216	21
安庆市	-0.7768	24	-0.6273	22	-0.1289	18	-0.5110	22
铜陵市	-0.5819	22	-0.7784	26	-0.3846	23	-0.5816	23
宣城市	-0.7862	25	-0.7182	24	-0.5517	24	-0.6854	24
滁州市	-0.7175	23	-0.6632	23	-0.8571	26	-0.7459	25
池州市	-0.8821	26	-0.7427	25	-0.7177	25	-0.7808	26

资料来源：根据《中国城市统计年鉴（2017）》、第六次全国人口普查数据以及相关网站数据，作者计算得到。

8.2.2.1 长三角城市群内部城市经济可持续发展分析

经济发展是一个城市或国家全面发展的基石，因此在分析可持续发展竞争力时也成为人们最为关注的特征。图 8-1 给出了 2016 年长三角城市群内部城市经济可持续发展竞争力的得分排名情况，从总体上来看，长三角城市群内部城市之间差距较大，分布较不均匀，排名第一的上海市经济可持续发展竞争力得分是排名最后的池州市的将近三倍左右，大致呈现出两头突出城市较少，中间城市较多的分布格局。从各城市具体得分情况来看，可以以南通市和马鞍山市为分界线将长三角城市群的城市划分为三个梯队：南通市以左并包括南通市的 9 个城市得分均在 0 分以上，为第一梯队；南通市和马鞍山市之间并包括马鞍山市的 12 个城市得分均在 0 到 -0.5 分之间，为第二梯队；马鞍山市以左的五个城市得分均小于-0.5 分，为第三梯队。从不同梯队包含的城市来看：第一梯队，江苏省共有 5 个城市，浙江省共有 2 个城市，安徽省仅有 1 个城市，加上海市；第二梯队，江苏省共有 4 个城市，浙江省共有 6 个城市，安徽省仅有 2 个城市；第三梯队的城市均属于安徽省。由此可知，江苏省经济可持续发展竞争力略强于浙江省，而浙江省又强于安徽省，安徽省整体经济可持续发展竞争力较弱，亟待提高。

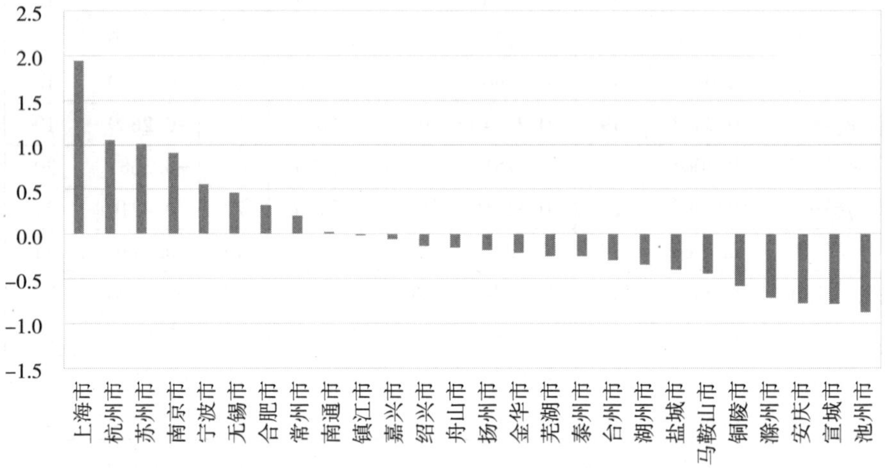

图 8-1　长三角城市群各城市经济可持续发展竞争力得分

从经济可持续发展竞争力的各项指标来看，第一梯队 9 个城市的生产规模和规模以上工业总产值分别占长三角城市群 26 个城市的 68.74%和 62.23%。而在这些城市中，作为长三角经济发展引擎的上海市，经济可持续发展竞争力得分最高，而且在经济规模、收入水平、产业结构、金融财政以及对外开放等分项指标中均居首位。2016 年，上海市的生产总值和规模以上工业总产值分别达到了 28179 亿元和 31136 亿元，占长三角城市群总量的 18.96%和 12.68%，是长三角城市群经济体量最大的城市，遥遥领先于排名第二和第三的杭州市和苏州市。杭州市虽不及上海市，但在长三角城市群的 26 个城市当中，邮电业务总量最高，移动电话用户数、外商直接投资总额、金融机构贷款余额以及第三产业与第二产业产值比仅次于上海市，排名第二位，同时地方一般预算财政收入和 GDP 增长率的排名也比较靠前。通过这些数据指标可知杭州市的基础设施较为完善、对外开放水平较高、经济活力较为充足、产业结构较为合理。苏州市虽不是江苏省省会，但作为距离上海市较近的城市，受上海市经济发展辐射的影响较深，经济可持续发展竞争力比较强。其中，苏州市的人均 GDP 排名第一，是长三角城市群均值的 1.67 倍。而南京市作为江苏省省会，虽然略低于苏州市，但整体水平也比较高。南京市每万人在校大学生数最多，发展潜力比较大。合肥市是安徽省唯一进入第一梯队的城市，合肥市的 GDP 增长率、固定资产投资、政府科技支出、每万人在校大学生数以及每万人拥有公共汽车数均排名第二位，这些数据特征表明合肥市的基础设施较完善、发展潜力较为充足。

第二梯队的城市有四个属于江苏省，分别是镇江市、扬州市、泰州市和盐城市。这些城市虽不及第一梯队，但在某些指标上具有一定的优势。如镇江市的人均 GDP 和地均 GDP 排名比较靠前，表明其产出效率比较高；泰州市规模以上工业总产值占比排名第七，盐城市的就业规模排名第六，扬州市的人均 GDP 和邮电业务总量排名也比较靠前。指标的排名状况反映了这些城市在经济发展方面的长处所在。浙江省的城市多集中于第二梯队的前半段：舟山市的 GDP 增长率在这 26 个城市中最高，达到 11.35%，农村居民人均可支配收入和第三产业与第二产业产值比分别排名第三和第四；嘉兴市的农村居民人均可支配收入最高，绍兴市的城镇和农村居民人均可支配收入均排名第五位，从这两项指标上看，这两个城市的收入水平比较高；同时，嘉兴市在产出效率、基础设施、产业结构以及对外开放水平等方面的表现也比较好，其地均 GDP 位列第七位，每万人拥有公共汽车辆排名第六位，非农产业比重、货物进出口总额以及外商直接投资排名均为第八位。芜湖市和马鞍山市是安徽省进入第二梯队的两个城市，其中芜湖市的 GDP 增长率为 9.7%，排名第三位，同时每万人在校大学生数排名第四位，这两个指标表明芜湖市的发展潜力和空间比较大。

第三梯队的城市均属于安徽省，这些城市的经济可持续发展竞争力得分均比较低，在各项指标上排名也比较靠后，说明安徽省的城市与其他两省的城市存在一定的差距，安徽省作为新加入的区域，融入长三角城市群还需要一定的时间。

8.2.2.2 长三角城市群内部城市社会可持续发展分析

城市群经济可持续的发展离不开良好的社会环境，较好的社会结构以

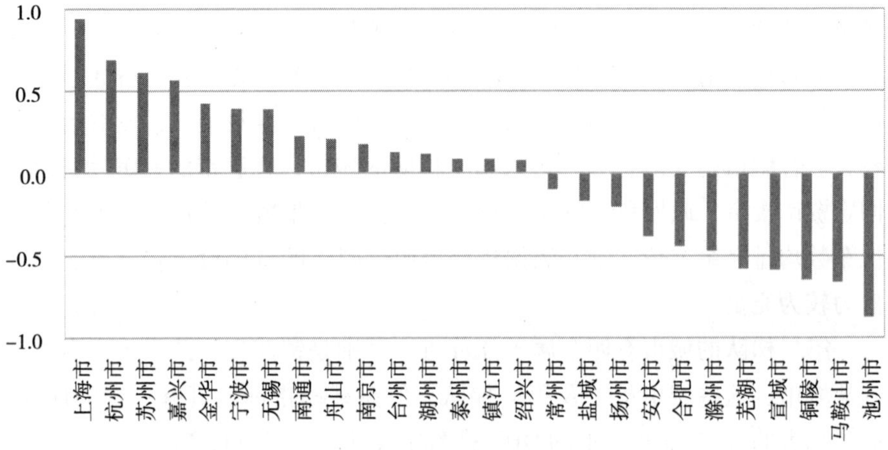

图 8-2　长三角城市群各城市社会可持续发展竞争力得分

及完善的保障设施将为经济发展提供强有力的支撑。图 8-2 给出了长三角城市群各城市社会可持续发展竞争力的得分排名情况，从图 8-2 可以看出，长三角城市群内部城市在社会可持续发展竞争力得分方面依然差距较大，而且表现出比经济可持续发展更为极端化的趋势。具体而言，可以以绍兴市为分界线将其大体上分为两个阵营：绍兴市以左并包括绍兴市的社会可持续发展竞争力得分均在 0 分以上，而右边城市得分均在 0 分以下，上海市、杭州市以及苏州市仍然稳居前三位。从不同省份城市的排名情况来看，浙江省有 8 个城市得分高于 0，江苏省仅有 6 个城市，同时浙江省城市多在江苏省城市的前面，而安徽省所属城市的排名均靠后。由此可知，就社会可持续发展竞争力的得分情况来看，浙江省优于江苏省，而江苏省又强于安徽省。

具体从社会可持续发展竞争力的各项指标来看，上海市的人口城镇化率、城镇基本医疗保险参保比例、生均财政教育支出、每百人拥有公共图书馆藏书量以及影院、剧院个数的排名均居榜首，失业保险参保比例也位列前三，这表明上海市的人口结构较为合理、社会保障体系较为完善，教育文化设施的建设也比较充足。紧随其后的是杭州市，拥有最低的城镇失业率、最高的农村人均住房面积以及城镇职工基本养老保险参保比例。与此同时，杭州市的失业保险参保比例、城镇基本医疗参保比例、人口城镇化率以及影院、剧院个数均排名前三位，表明杭州市在社会保障和居民住房方面所提供的服务较为全面。苏州市虽不及上海和杭州市，但其拥有最高的失业保险参保比例，排名第二位的城镇医疗参保比例，说明苏州市的社会保障体系较为完善。嘉兴市的每万人拥有卫生机构床位数和每万人拥有医生数分别排名第二和第三，农村人均住房面积排名第二，每百人拥有公共图书藏书量排名第五，这些指标充分体现了嘉兴市在医疗卫生、教育文化以及居住环境等方面所提供的服务相对较好。金华市与嘉兴市的社会环境较为相似，金华市的城镇人均居住建筑面积最大，每万人拥有的卫生机构床位数也最多，同时普通中学师生比也排名第二位。南京市虽然作为江苏省的省会，但社会可持续发展竞争力不及经济表现，仅人口城镇化率和每百人拥有公共图书馆藏书量排名较靠前，这表明南京市的人口结构以及文化建设方面存在一定的优势，其他方面的建设仍需提升。宁波市和舟山市的城镇职工基本养老保险参保比例较高，排名分别为第三和第四，其中舟山市的生均财政教育支出排名第二，教育支出力度较大。镇江、盐城、无锡、南通市、常州市的城镇登记失业率仅高于杭州市，整体失业率较低，说明城市为促进经济发展的保障措施比较完整。虽然安徽省的几个城市排名均在最后，但铜陵市、安庆市以及滁州市的城乡居民收入差距较小，城乡之间并无明显的割裂现象。与此同时，滁州市的医疗卫生条件较好，其每万人拥有医生数和每万人拥有卫生机构床位数排名分别位列第一和第三。池州市的普通中学师生比最高，表明该市教育资源相对比较充足。

8.2.2.3 长三角城市群内部城市生态可持续发展分析

城市群经济和社会的可持续发展需要以生态环境为依托，若无良好的生态环境，经济和社会的发展将会是不可持续的。图 8-3 显示了长三角城市群各城市生态可持续发展竞争力的得分情况，从图 8-3 可以看出，生态可持续发展竞争力得分较高的地区仍然以上海及江浙两省的城市为主，整体分布呈现出哑铃状，即两头小、中间宽的分布格局。位列前段的城市主要有上海市、宁波市、合肥市，尾端的城市主要有宣城市、池州市和滁州市。与前两项排名略微不同，此次虽然安徽省的城市依然堆积在后半段，但合肥市却排名第三，表明安徽省内部各城市间的生态发展水平存在较大

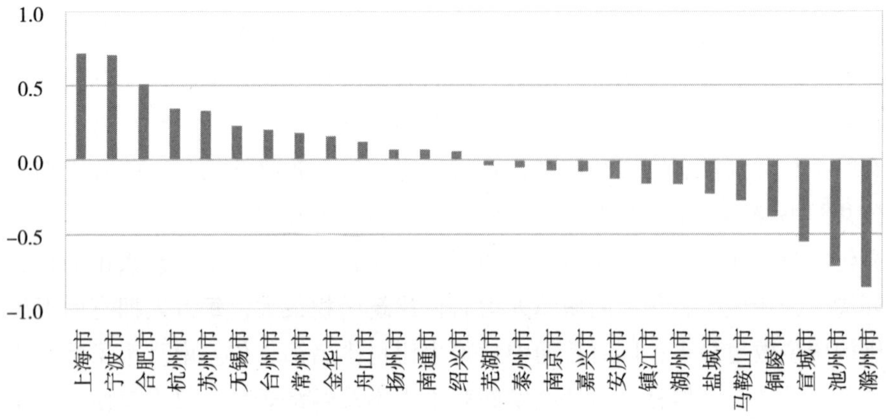

图 8-3　长三角城市群各城市生态可持续发展竞争力得分

差异。从中间城市的分布来看，浙江省的城市比江苏省的城市靠前，安徽省的城市数量依然比较少，仅有芜湖市和安庆市两个城市。江浙两省以及上海市的经济发展水平较高，可以采用较为先进的生产技术进行生产，从而在降低污染的同时提高生态水平。

从生态可持续发展竞争力的各项指标来看：上海市的人均资源相对比较丰富，人均煤气用量居于首位，人均生活用水量和用电量排名分别为第三和第四。从绿化角度来看，上海市的建成区绿化覆盖率最低，仅为 38.59%。环境污染与治理方面表现较好：一方面各种废弃物排放量较少，另一方面污染治理水平也比较高。

浙江省的城市生态可持续发展竞争力虽弱于上海市，但却强于江苏省和安徽省的城市：宁波市的资源禀赋较为丰富，其人均生活用电量与用水量均排名第一位，人均液化石油气用量排名第二位，而且污染治理的水平也比较高，宁波市的生活垃圾无害化处理率与一般工业固体废弃物综合利用率分别达到了 100%和 94.86%。杭州市人均生活用电量较充足，排名仅次于宁波市，其在环境污染与污染方面也颇有建树，单位 GDP 工业烟（粉）尘排放量倒数第二，仅次于舟山市；污水处理厂集中处理率排名第三，高达 94.46%，生活垃圾无害化处理率也达到了 100%。舟山市不仅绿化方面较好，而且对环境也比较友好。舟山市的人均绿地面积在长三角城市群的 26 个城市中最大，单位 GDP 工业废水排放量和工业二氧化硫排放量均为倒数第二，工业烟（粉）尘排放量最少。绍兴市的人均资源也比较丰富，其人均煤气用量仅次于上海市，排名第二；湖州市的一般工业固体废弃物综合利用率最高，高达 99.25%，说明湖州市的污染治理技术较为先进。

从江苏省的城市来看，苏州市的资源禀赋较为丰富，其中人均生活用电量和用水量分别排名第三和第四名，而且其污染治理方面水平也较高，生活垃圾无害化处理率高达 100%。南京市的绿化状况较好，其中人均绿地面积排名第二，每万人达到 138.27 公顷，建成区的绿化覆盖率为 44.74%。同时南京市的单位 GDP 工业二氧化硫排放量也比较小，排名为倒数第四位。泰州市的一般工业固体废弃物综合利用率为 98.9%，排名第二。镇江市和无锡市的人均煤气用量较为充足，排名分别为第三和第四。

安徽省虽然整体排名靠后，但也有一些城市在某些生态方面做得比较好，如合肥市的人均生活用水量排名第二，单位 GDP 工业废水排放量和工业二氧化硫排放量在长三角城市群 26 个城市中最少，单位 GDP 工业烟（粉）尘排放量为倒数第三。安庆市的人均液化石油气用量最多，而且其一般工业固体废弃物综合利用率比较高，为 97.33%，排名第四位。铜陵市的建成区绿化覆盖率最高，芜湖市的单位 GDP 工业废水排放量也比较少，排名倒数第三。滁州市、马鞍山市以及宣城市的污水处理厂集中处理率也比较高，排名分别为第一、第二和第四。由以上可知，尽管安徽省在整体上不如其他省市，但在某些方面如污水处理和绿化状况方面，相对比较完善。

8.2.2.4 长三角城市群内部城市可持续发展竞争力综合分析

平均长三角城市群各城市的经济、社会和生态可持续发展竞争力得分，可以得到各城市可持续发展竞争力的综合排名。由图 8-4 可以看出，长三角城市群各城市可持续发展竞争力综合得分在总体上依然呈现出一超多强的现象：上海市依然位居榜首，杭州、苏州和宁波市紧随其后，与此同时，安徽省仅有省会城市——合肥市排名靠前，其他城市均在末端。在得分的分布方面，呈现出两端陡峭、中间平缓的特征，大部分城市的得分分布在-0.5 到 0.5 的区间内。上海市是长三角城市群中可持续发展竞争力

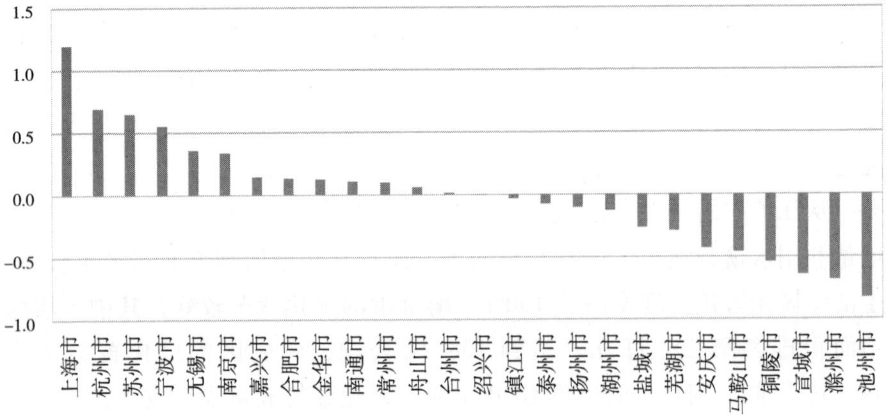

图 8-4 长三角城市群各城市可持续发展竞争力得分

最强的城市，无论是经济、社会还是生态可持续发展方面，其优势都十分明显。杭州市、苏州市、宁波市、无锡市和南京市作为第一梯队的成员，具有较强的可持续发展竞争力，但与上海市相比依然存在一定的差距。嘉兴市、合肥市、金华市、南通市、常州市、舟山市以及台州市作为第二梯队的综合得分大于 0 的城市，整体可持续发展竞争力高于长三角城市群的平均水平，但相对于第一梯队的城市而言，仍存在一定的提升和改善空间。绍兴市、镇江市、泰州市、扬州市、湖州市、盐城市、芜湖市、安庆市和马鞍山市，综合可持续发展竞争力得分在 0 到-0.5 之间，这些城市虽然低于平均水平，但在某些方面具有一定的优势，如社会保障或者生态方面，上升空间很大。铜陵市、宣城市、滁州市和池州市是处于末端的第三梯队城市，其经济、社会和生态发展均缺乏竞争力，可持续发展竞争力较低。总体上看，长三角城市群各城市可持续发展竞争力与其所处的发展阶段相吻合，上海一直处于龙头地位，作为经济强省成员的杭州市、苏州市、宁波市、无锡市和南京市也早已成为万亿俱乐部的成员，整体发展能力较强，而安徽省各城市整体实力较弱，虽然成长空间较大，但仍需一定的时间。

8.2.2.5 小结

城市空间的本质特征是集聚，城市群是城市空间集聚的高级阶段。城市群的出现，是一个国家在现代化进程中空间结构由增长极模式到点轴模式，再向网络模式发展的必然结果。当前我国区域经济发展正逐渐由过去传统的“带状经济”、省域经济和行政经济向城市群经济转变（张学良，2013），城市群不仅仅是西部大开发、中部崛起和振兴东北老工业基地等战略实施的主要平台，同时也是实现区域一体化高水平建设的重要载体，其可持续发展水平直接关系到区域总体竞争水平能否快速提升。长三角城市群作为我国城市体系中发育最好的城市群之一，拥有较为完善的大中小城市群规模等级结构，城市间联系较为紧密，而且具有便利的交通网络和较高的一体化程度。但不可否认，长三角城市群内部城市之间在经济、社会和生态发展方面仍存在一定的差距，这些差距可能会阻碍城市群内部各城市之间的协同发展，应尽快缩小城市间的差距，促进长三角城市群内部高质量一体化发展，实现规模经济。

8.2.3 上海可持续发展竞争力分析

8.2.3.1 上海在长三角城市群中的地位与作用

上海市作为长三角城市群中的特大城市，其在长三角区域发展过程中有着重要地位。首先，从地理区位上来看，上海位于我国东部海岸线、长江入海口以及太平洋国际航线的交汇点，其特殊的地理位置使其成为亚太地区以及长三角地区的交通枢纽，并逐渐成长为长三角地区资源配置、文化交流以及对外贸易的中心城市。在这种背景下，上海以占全国0.06%的土地面积，1%的全国人口，完成了全国GDP的3.6%，经济总量远超其他长三角城市，目前已成为引领长三角城市群发展的标杆及增长极。其次，上海凭借着独特的区位条件、强劲的发展趋势、优惠的政府政策，吸引优质资源源源不断地汇聚，并产生较大的发展能量，同时这种能量又通过各种机制以及渠道辐射到长三角城市群内其他城市，由此带动长三角城市群其他城市也快速发展。从以上两点可以看出，上海不仅是长三角城市群发展的枢纽，同时也是其得以持续快速发展的引擎。

作为长三角城市群的核心城市，上海市在长三角城市群一体化过程中的作用主要包括以下几个方面：第一，服务作用。上海作为国际金融中心、航运中心、贸易中心、经济中心以及科创中心，应充分发挥这些中心对长三角其他地区的服务功能，如资金支持、技术支撑、方向引领、贸易平台和航运条件等，为长三角一体化发展过程中的产业升级、功能提升、技术创新等发挥积极的辐射和带动作用，这也是上海不断提高自身发展能力、拓展新的发展空间的重要选择。第二，连接作用。上海作为长三角地区的核心城市，应积极主动融入长三角一体化发展过程中，积极推动各类规划对接，推动政府间实现合作互通，促使各类合作项目尽快实施。第三，制度创新作用。上海的发展水平以及特殊的地理位置，使其可以开发促进经济发展的相关创新的制度，从而为长三角一体化发展和更高层次的开放发展提供有效的可复制、可推广的经验。第四，发挥实施国家发展战略的辐射和带头作用。长三角处在国家“一带一路”建设和长江经济带发展两大战略的空间交汇点，上海又是这个交汇点的龙头城市，因此，上海对长三角城市群的带动作用有利于将这三大战略进行有效衔接，从而将长三角地区的发展融入国家整体发展进程中。

8.2.3.2 上海可持续发展竞争力分析

由前面的分析可知，上海市在长三角城市群中可持续发展竞争力最强，无论是在经济、社会还是生态领域，得分均排名第一。了解上海发展的优势，同时熟悉上海在发展过程中所面临的问题，有助于上海市继续保持并发挥带动长三角城市群的引擎领导作用。

我们首先通过指标了解一下上海的各项优势。从经济总量的各项指标来看，上海的 GDP、规模以上工业总产值、工业用电量以及社会消费品零售总额均在其他城市之上，这四项指标从总量上体现了上海作为长三角城市群发展的增长极地位，同时也反映了上海市对其他城市的引领作用；从产出结构来看，上海地均 GDP 是排名第二位无锡市的两倍多，但人均 GDP 却排名第七位，明显低于其他城市；从收入水平来看，上海的在岗职工平均工资以及城镇居民人均可支配收入仍排名第一，农村居民人均纯收入排名靠后；从反映增长潜力的指标来看，就业人口数、全社会固定资产投资总额以及政府科技支出排名第一位，说明上海市对劳动力具有较强的吸引力，同时政府对城市建设以及教育培养较为重视，但上海的 GDP 增长率排名倒数第二，为 6.9%，仅高于绍兴市；与此同时，上海市的每万人在校大学生数排名也仅位于第五，远低于排名第一的南京市；从产业结构来看，上海市的非农产业比重以及第三产业与第二产业产值比均排在首位，这说明上海的第三产业发展较为迅速，已成为支撑经济发展的重要动力；从金融财政的指标来看，上海的地方财政一般预算收入以及金融机构人民币贷款余额也远高于其他城市，说明上海的企业数量较多，政府的税基基础较充足，且整个城市的经济活跃度也比较高；从对外开放的指标来看，上海的货物进出口总额是排名第二的苏州市的三倍左右，而外商直接投资实际使用额是排名第二的杭州市的两倍多，由此可以看出，上海市的地理区位以及发展环境对外资以及外贸具有较强的吸引力，而这些吸引力通过外资与外贸又促进了上海市的经济发展；最后从基础设施来看，上海的移动电话用户数以及国际互联网用户数数量最多，这说明上海的信息化水平较高。但其他指标，如人均城市道路面积、每万人拥有公共汽车的排名则靠后，说明上海的公共服务已经出现了较为拥挤的状况。以上是从经济指标分析上海市的经济可持续发展状况，尽管有几个指标排名靠后，但大部分指标均位居前列。

从社会可持续发展竞争力的指标来看，上海的社会可持续发展竞争力水平虽然也高于其他城市，但已不具备经济可持续发展竞争力一骑绝尘的地位。具体而言，上海的城镇登记失业率最高，达到了4.1%，同时城乡居民收入差距也排名靠前，这两项指标说明上海的社会稳定程度较低，内部差距较大；人口城镇化率排名第一，说明上海市的城镇化进程比较快，发展程度较高；上海市的城镇基本医疗保险参保比例、城镇职工基本养老保险参保比例以及失业保险参保比例分别排名第一、第二和第三位，说明城市的社会保障体系相对完善，人们的参保意识也比较强；从教育文化的指标来看，生均财政支出以及每百人拥有公共图书馆藏书量在长三角城市群中最多，表明上海市对教育的投入以及公共文化的培育比较重视，但普通中学师生比较低，教师资源不太充足；最后从医疗卫生条件来看，上海市每万人拥有医生数以及每万人拥有卫生机构床位数排名均靠后，虽然上海的医疗水平比较高，但由于常住人口较多，使得医疗卫生资源较为紧张。从整体来看，虽然上海的社会可持续发展竞争力排名第一，但一些指标并不是特别突出，说明上海市的社会可持续发展能力还有待整合与提高。

最后从生态可持续发展的指标来看，上海虽然在整体上排名第一，但发展优势并不突出。具体而言，上海市的资源禀赋相对较充足，其人均煤气用量和生活用水量分别位列第一位和第三位，人均生活用电量和液化石油气用量排名也比较靠前；从绿化状况而言，虽然上海市人均绿地面积排名第三，但建成区绿化覆盖率却位居尾端，说明上海市的绿化状况还有待改善；从环境污染的相关指标来看，上海市单位 GDP 工业废水排放量以及工业二氧化硫排放量较大，表明上海市在生产过程中需要对废弃物的排放引起重视，降低对环境的污染程度；最后从污染治理程度来看，上海的一般工业固体废弃物利用率以及污水处理厂集中处理率得分相对较高，但整体上排名靠后，说明还有待进一步提高。

8.3 长三角城市群与国内其他城市群可持续发展竞争力对比分析

8.3.1 国内其他城市群的划分及发展阶段

城市群是城市发展到成熟阶段的最高空间组织形式，是指在特定地域范围内，一般以 1 个以上特大城市为核心，由至少 3 个以上大城市为构成单元，依托发达的交通通信等基础设施网络所形成的空间组织紧凑、经济联系紧密并最终实现高度同城化和高度一体化的城市群体。城市群是在地域上集中分布的若干特大城市和大城市集聚而成的庞大的、多核心、多层次城市集团，是大都市区的联合体。当前，中共中央和国务院在《中共中央国务院关于建立更加有效的区域协调发展新机制的意见》中明确指出，以京津冀城市群、长三角城市群、粤港澳大湾区、成渝城市群、长江中游城市群、中原城市群以及关中平原城市群等城市群作为推动国家重大区域战略融合发展的重要平台。为明确长三角城市群发展现状，本书在国家批准以及待批准的城市群中寻找在发展程度、城市数量、人口总量以及国土面积大致相似的城市群作为长三角城市群的对比城市群。经过对比，我们最终确定了京津冀城市群、珠三角城市群、中原城市群、成渝城市群以及长江中游城市群等作为长三角城市群的对比城市群。这些城市群的空间范围具体如表 8-4 所示。

表 8-4 长三角城市群及对比城市群空间范围

序号	城市群	空间范围	城市数量（个）	总人口（亿）	面积（万平方公里）
1	长三角城市群	上海；南京、无锡、常州、苏州、南通、盐城、扬州、镇江、泰州；杭州、宁波、嘉兴、湖州、绍兴、金华、舟山、台州；合肥、芜湖、马鞍山、铜陵、安庆、滁州、池州以及宣城等	26	1.5	21.17
2	京津冀城市群	北京、天津、石家庄、唐山、保定、秦皇岛、廊坊、沧州、承德、张家口等	9	1.4	22
3	珠三角城市群	广州、深圳、佛山、东莞、中山、珠海、江门、肇庆、惠州等	9	0.7	5.6
4	中原城市群	郑州、洛阳、开封、南阳、安阳、商丘、新乡、平顶山、许昌、焦作、周口、信阳、驻马店、鹤壁、濮阳、漯河、三门峡、济源；长治、晋城、运城；邢台、邯郸；聊城、菏泽；宿州、淮北、蚌埠、阜阳、亳州等	30	1.6	28.7
5	成渝城市群	重庆大部；成都、自贡、泸州、德阳、遂宁、内江、乐山、南充、眉山、宜宾、广安、资阳及绵阳、达州、雅安部分地区等	16	0.91	18.5
6	长江中游城市群	武汉、黄石、鄂州、黄冈、孝感、咸宁、仙桃、潜江、天门、襄阳、宜昌、荆州、荆门；长沙、株洲、湘潭、岳阳、益阳、常德、衡阳、娄底；南昌、九江、景德镇、鹰潭、新余、宜春、萍乡、上饶及抚州、吉安部分地区等	31	1.25	32.61

资料来源：《中共中央国务院关于建立更加有效的区域协调发展新机制的意见》及作者整理。

8.3.2 长三角与其他国内城市群可持续发展竞争力对比分析

本节按照前文分析的指标，继续从经济、社会和生态三个方面构造长三角城市群以及其他城市群的可持续发展竞争力评价指标体系。由于在统计其他城市群的相关数据时，人口老龄化率、农村人均住房面积、城镇人均住房建筑面积、影剧院与剧场个数缺失，故在测算其他城市群的社会可持续发展竞争力得分中将其去掉。具体得分情况如表 8-5 所示。

表 8-5 2016 年长三角城市群及对比城市群可持续发展竞争力因子分析结果

城市群	经济可持续发展		社会可持续发展		生态可持续发展		可持续发展竞争力	
	因子得分	排名	因子得分	排名	因子得分	排名	因子得分	排名
珠三角城市群	-0.0468	2	1.2791	1	1.1049	1	0.7791	1
长三角城市群	1.3604	1	-0.1145	2	0.1816	3	0.4758	2
京津冀城市群	-0.2625	4	-0.1262	3	0.2064	2	-0.0607	3
长江中游城市群	-0.1787	3	-0.3657	5	-0.3874	4	-0.3106	4
成渝城市群	-0.3971	5	-0.2523	4	-0.4722	5	-0.3739	5
中原城市群	-0.4754	6	-0.4205	6	-0.6332	6	-0.5097	6

资料来源：根据《中国城市统计年鉴（2017）》以及相关网站数据，作者计算得到。

8.3.2.1 长三角与国内对比城市群经济可持续发展对比分析

城市群作为经济和人口集聚的主要空间载体，可以在更大范围内实现对资源的有效配置，从而实现优势互补、融合发展，并减少对资源的浪费，降低企业的交易成本，以此促进整个区域的快速发展。各个城市群在发展过程中因资源禀赋、区位条件、发展过程等均存在差异，因而在资源配置效率以及经济发展动力方面也存在诸多不同，为了解各城市群的发展状况，本小节对各城市群的经济可持续发展竞争力进行了详细分析，以明晰各城市群的发展优势与不足。

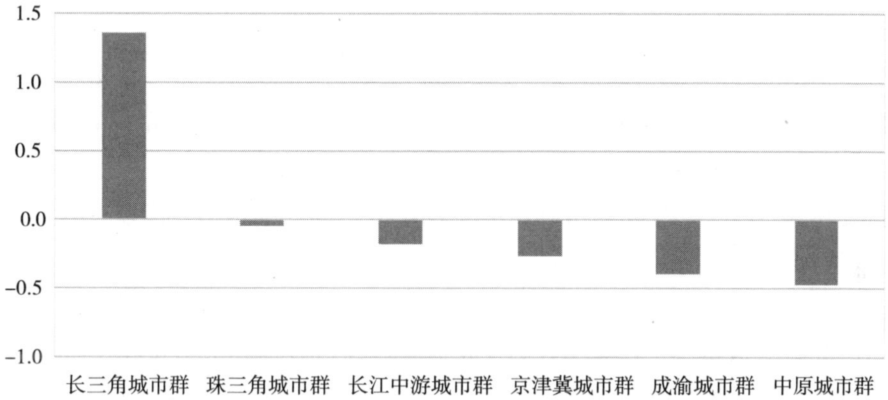

图 8-5 长三角城市群及对比城市群经济可持续发展竞争力得分

从图 8-5 可以看出，长三角城市群经济可持续发展竞争力得分不仅大于 0，而且远高于其他城市群；珠三角城市群、长江中游城市群和京津冀城市群得分略小于 0，相对而言存在一定的追赶空间；成渝城市群和平原城市群的经济可持续发展竞争力较弱，整体水平有待提高。

从具体指标来看，特别是加总指标，如 GDP 总量、规模以上工业总产值、工业用电量、社会消费品零售总额、就业人口数、全社会固定资产投资、政府科技支出、地方财政一般预算收入、金融机构人民币贷款余额、外商直接投资实际使用额、互联网宽带接入用户数等指标，长三角城市群均位居第一位。不可否认，长三角城市群的城市数量以及人口规模在这些加总指标上占据一定的优势地位，但在城市数量和人口规模相当的城市群中，如中原城市群、长江中游城市群以及京津冀城市群，这些城市群经济规模的各项指标均低于长三角城市群，如在 GDP 总量、规模以上工业总产值以及社会消费品零售总额等指标，长三角城市群均是排名第二城市群的两倍左右。与此相对应的，珠三角城市群虽然城市数量和人口规模均少于其他城市群，但其在工业用电量和政府科技支出方面仅次于长三角城市群，表明珠三角城市群经济活跃度较高，增长潜力也比较充足。长三角城市群在居民收入水平以及基础设施方面排名也比较靠前，如城镇居民和农民人均可支配收入、人均城市道路面积、每万人拥有公共汽车数均排名第一，珠三角城市群则在这些指标方面紧随其后。与此同时，珠三角城市群在产业结构以及产出效率方面好于其他城市群，无论是代表产业结构的非农产业比重和第三产业与第二产业产值比还是表示产出效率的人均 GDP 和地均 GDP 均高于其他城市群。京津冀城市群在邮电业务总量、在岗职工平均工资这两个指标上排名首位，在代表金融财政和对外贸易的指标方面，如地方财政一般预算收入、金融机构人民币贷款余额以及外商直接投资实际使用额仅次于长三角城市群，但其 GDP 增长率排名最后，代表产出效率指标排名也比较靠后。由此可以看出，京津冀城市群的经济发展程度弱于长三角城市群和珠三角城市群。

在城市数量和人口规模方面与长三角城市群较为相似的长江中游城市群和中原城市群虽然整体发展水平一般，但也有一些指标排名相对靠前，如长江中游城市群的 GDP 总量、社会消费品零售总额、全社会固定资产投资总额以及 GDP 增长率均排名第二，这些指标反映了长江中游城市群的经济规模较大，以及存在一定的发展潜力。中原城市群虽然在规模以上工业总产值以及就业人口方面仅次于长三角城市群，但其他指标，如代表居民收入水平、产业结构以及金融财政等方面的指标均排名靠后，表明中原城市群的发展动力以及促进发展的基础设施还有待加强与提升。以上是中东部城市群的发展状况，作为唯一可以与长三角城市群对比的西部城市群——成渝城市群，虽然整体发展水平较低，各项指标排名靠后，但其 GDP 增长率却明显高于其他城市群。较高的 GDP 增速有助于地区快速发展，但能否实现可持续发展则依赖于地区内部的经济结构和生产效率。然而从指标所处的位置来看，成渝城市群的发展动力明显不及其他城市群。

8. 3. 2. 2 长三角与国内其他城市群社会可持续发展对比分析

经济的快速发展离不开稳定的社会环境，良好的社会基础的构建则需要考虑社会成员——个人在发展过程中的需求以及生活保障。具体而言，城市群社会可持续发展竞争力应满足社会成员的生活和工作所需的各种服务与设施建设，这不仅反映了城市群社会软环境的建设能力，也与人民的生活福祉息息相关。本部分对城市群社会可持续发展竞争力的研究主要从社会稳定、人口结构、社会保障、教育以及医疗条件等几个方面进行分析。

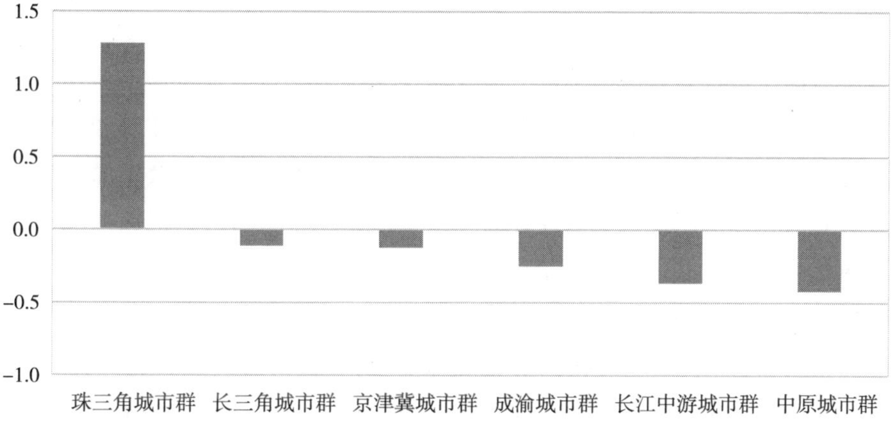

图 8-6 长三角城市群及对比城市群社会可持续发展竞争力得分

从反映社会稳定的两个指标来看，珠三角城市群的城镇登记失业率和城乡居民收入差距均最小，长三角城市群的城镇登记失业率排第四位，城乡居民收入差距最大，京津冀城市群的城镇登记失业率最高，这两个指标反映了城市群社会成员的稳定情况及内部差距，数值越小，排名越靠后，说明城市群内部更协调。从人口城镇化率指标来看，珠三角的城镇化率指标值最大，长三角次之，说明珠三角城市群和长三角城市群的城镇化水平较为发达，高城镇化率有利于提升城市群中整体的人口结构水平。其他城市群的城镇化率与珠三角城市群和长三角城市群有一定的差距，需要持续推进城镇化进程，优化城乡人口结构，从而使各城市群的人口分布更加有利于社会的可持续发展。社会保障的三个指标在这六个城市群中的排名相同，珠三角城市群、长三角城市群、京津冀城市群排名前三，成渝城市群、长江中游城市群以及中原城市群分别占据后三位，基本上与经济发展水平相一致，由此可看出，经济与社会发展是相辅相成的，经济发展水平较高的地区，社会保障等相关设施的建设也比较完善。最后从教育和医疗卫生条件来看，长三角城市群的生均财政教育支出、每万人拥有医生数以及每万人拥有卫生机构床位数排名均居首位，表明长三角城市群的教育文化和医疗卫生等方面的建设相对完善。珠三角城市群每百人拥有图书馆藏书量以及普通中学师生比排名分别为第一位和第二位，可以看出珠三角城市群对教育文化的投资力度较大，但其每万人拥有卫生机构床位数最少，说明医疗卫生条件还有待提高。京津冀城市群的生均财政教育支出、每万人拥有医生数排名均居第二位，但普通中学师生比排名却位居最后，每万人拥有卫生机构床位数排名倒数第二，表明京津冀城市群在教育和医疗卫生方面的资源分配不均衡。长江中游城市群、成渝城市群以及中原城市群在教育文化以及医疗卫生条件方面均不如以上三个城市群，但这些城市群在某些指标方面也具有一定的优势，如中原城市群的普通中学师生比最高，成渝城市群的每万人拥有卫生机构床位数排名第二位等。

8.3.2.3　长三角与国内其他城市群生态可持续发展对比分析

生态环境不仅指人类生存活动所在空间范围的统称，同时还包括活动空间的质量情况；不仅提供人类所需的各类自然生态资源，而且还受到人类对于自然环境的各种影响。生态环境的可持续发展是人类经济和社会可持续发展的基础，在整体发展过程中，应将经济、社会和生态环境都纳入到发展前景中。本部分主要从资源禀赋、绿化状况、污染程度以及智力水平对各城市群的可持续发展竞争力进行分析。图 8-7 显示了长三角城市群及对比城市群的生态可持续发展竞争力的得分情况，从图 8-7 可以看出，珠三角城市群、京津冀城市群以及长三角城市群得分均在 0 以上，而其他城市群得分均小于 0。从整体上来看，长三角城市群的生态可持续竞争力不及珠三角，但与京津冀生态可持续发展水平相当。

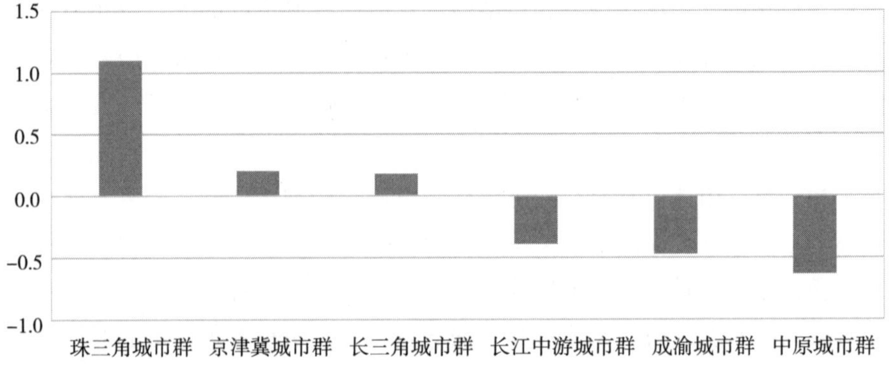

图 8-7　长三角城市群及对比城市群生态可持续发展竞争力得分

分析生态可持续发展的各项指标可以发现：珠三角城市群在多项指标中均排名首位，如人均生活用电量、人均生活用水量、人均液化石油气用量、人均绿化面积、单位 GDP 工业二氧化硫排放量和工业烟（粉）尘排放量以及污水处理厂集中处理率，这些指标表明珠三角城市群的资源禀赋较丰富、绿化状况较好、单位 GDP 废弃物排放量较少，污染治理水平较高，由此解释了珠三角城市群生态可持续发展竞争力得分较高的原因。长三角城市群在污染治理方面水平较高，如一般工业固体废弃物综合利用率以及生活垃圾无害化处理率均排名第一，但其在人均资源禀赋方面略低于珠三角城市群和京津冀城市群，而且单位 GDP 工业废水排放量也比较多，影响了整体的环境质量。京津冀城市群的人均煤气用量最多，与之相对应的单位 GDP 工业烟（粉）尘排放量较多，京津冀城市群作为我国雾霾污染较为严重的地区，虽然整体建成区绿化覆盖率较高，但治理烟（粉）尘的技术水平以及以煤取暖的生活方式使得环境污染不能得到有效治理，影响了整体生态可持续发展水平。长江中游城市群、中原城市群以及成渝城市群在资源禀赋以及绿化状况方面的排名基本锁定在后三位，这些地区人口较多，人均资源禀赋整体偏少；从污染排放物的三项指标来看，中原城市群的排放量均高于其他城市群，说明中原城市群在生产过程中的生产技术还有待进一步提高；而长江中游城市群的部分城市如长沙、株洲、湘潭、武汉及周边城市分别提出以资源节约和环境友好为建设宗旨和“以生态优先”为指导思想推动城市发展，这些思想的提出使长江中游城市群在发展过程中不断强化生态环境的保护，重视城市绿化以及对污染的控制，因而从整体上来看对保护环境取得了一定的成果。

8.3.2.4 长三角与国内其他城市群可持续发展竞争力综合对比分析

综合长三角城市群及其他城市群的经济、社会和生态可持续发展得分，可以得到这六个城市群可持续发展竞争力的综合排名，结合图 8-5、图 8-6、图 8-7 以及图 8-8 来看，虽然长三角城市群的经济可持续发展竞争力得分远高于其他城市群，但珠三角城市群在社会和生态可持续发展方面要优于长三角城市群，因而珠三角城市群的综合可持续发展竞争力得分高于长三角城市群。京津冀城市群作为我国第三大城市群，与长三角城市群和珠三角城市群相比依然存在一定的差距。长江中游城市群、成渝城市群和中原城市群整体可持续发展竞争力比较弱，但存在一定的提升和改善空间。

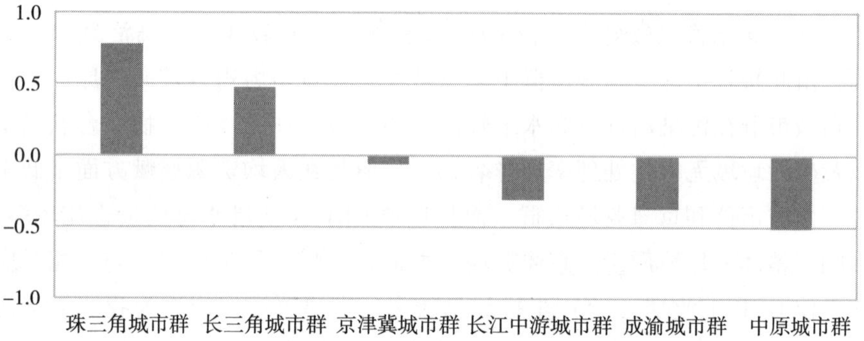

图 8-8 长三角城市群及其他城市群综合可持续发展竞争力得分

从总体上来看，各城市群可持续发展竞争力水平与其所处的发展阶段相吻合，珠三角城市群、长三角城市群和京津冀城市群作为成熟型城市群的可持续发展竞争力综合得分在前三位，长江中游城市群、成渝城市群以及中原城市群作为发展型城市群的可持续发展竞争力具有一定的潜力与提升的空间。

8.4 小 结

长三角城市群位于我国东部沿海与长江入海口的交汇地带，是连接国际、辐射国内的重要平台，同时也是助推国家发展战略的重要力量。随着经济发展的变化，长三角城市群自身的空间范围也在逐步调整，所属成员的变化及其彼此间的协调发展关系到长三角城市群一体化的融合程度，同时也会影响长三角城市群规模经济的发挥和整体竞争力的快速提升。

可持续发展的竞争力强调的是在竞争格局中实现并保持长期的发展优

势，是各城市之间经济、社会和生态环境等目标的兼容，是在生态良好和社会公平的基础上可持续经济效率的提升，并最终实现国民生活质量和社会福利的提升。从长三角城市群与其他城市群及其内部城市的对比分析来看：长三角城市群虽然在经济可持续发展方面竞争力较强，但社会和生态可持续发展竞争力不及珠三角城市群；内部城市间的发展差距也比较大，上海市作为核心城市，各方面竞争力高于其他城市，而新加入的安徽省的城市，整体水平不及江苏省和浙江省的城市。一个城市群能够实现并保持较强的可持续发展竞争力离不开经济、社会与生态三方面的协调发展，同时也离不开内部城市的协同发展，各城市应根据自身的发展优势，采取相应措施，积极融合并形成优势互补的发展格局，以此推进长三角城市群一体化的进程，并在此基础上提升长三角城市群的可持续发展竞争力。

参考文献

[1] 张学良：《2017 中国区域经济发展报告——“一带一路”建设与中国城市群发展》，人民出版社 2018 年版。

[2] 杨晓兰、倪鹏飞：《城市可持续竞争力的起源与发展评述》，《经济学动态》2017 年第 9 期。

[3] 胡锡琴、李刚磊、瞿伟：《基于因子分析法的城市群综合竞争力研究——以四川省四大城市群为例》，《国土资源科技管理》2016 年第 5 期。

[4] 孙亚南：《长三角城市群综合竞争力评价及发展定位研究》，《南京社会科学》2015 年第 4 期。

[5] 张学良、林永然、孟美侠：《长三角区域一体化发展机制演进：经验总结与发展趋向》，《安徽大学学报（哲学社会科学版）》2019 年第 1 期。

[6] 李影影、黄琪、曹卫东、张宇：《经济联系视角下泛长三角网络结构研究》，《世界地理研究》2019 年第 1 期。

[7] 国家发展改革委国土开发与地区经济研究所课题组、黄征学：

《上海在推进长三角一体化过程中发挥中心城市作用研究》，《科学发展》2018 年第 12 期。

[8] 范金、张强、落成：《长三角城市群经济发展质量的演化趋势与对策建议》，《工业技术经济》2018 年第 12 期。

[9] 张学良：《中国区域经济转变与城市群经济发展》，《学术月刊》2013 年第 7 期。

[10] 曾刚、曹贤忠、王丰龙、叶雷：《长三角区域一体化发展推进策略研究——基于创新驱动与绿色发展的视角》，《安徽大学学报（哲学社会科学版）》2019 年第 1 期。

[11] 魏勇强、张振宇：《长三角城市群协同发展机制研究》，《现代管理科学》2019 年第 3 期。

[12] 陆铭、冯皓：《集聚与减排：城市规模差距影响工业污染强度的经验研究》，《世界经济》2014 年第 7 期。

[13] 王海波、倪鹏飞、龚维进、徐海东：《从全球视角看中国城市格局、层级与类型——基于全球城市竞争力数据的研究》，《北京工业大学学报（社会科学版）》2019 年第 1 期。

[14] 齐乐乐：《我国主要城市群竞争力与内部联系度研究》，重庆大学，2018 年。

[15] 陈艳、邓光君：《长江中游城市群城市竞争力研究——基于黄石、岳阳、九江的比较》，《湖北师范大学学报（哲学社会科学版）》2018 年第 1 期。

9

长三角高质量一体化及区域协调发展的政策与建议

9.1 城市群协调发展治理的国外经验借鉴

9.1.1 国外城市群协调发展的实践

美国城市群的产生和发展与其国内制造业的兴起有直接关系。20世纪后期，美国大城市开始向外蔓延。自1970年开始，美国的逆城市化就导致美国郊区人口超过城市中心人口，逐步形成了多中心的大都市区。随着城市的不断发展和向外蔓延，使得大都市区的范围不断扩大。由于美国国家政治体制的原因，城市之间缺乏有效的协调机制，联邦和州对城市发展规划调控能力较弱。各个城市在制定发展规划时主要从自身角度来制定，为提升城市在国家中的竞争力，在城市之间难免造成重复建设、资源浪费和过度竞争的现象。随着经济的发展和制造业的发展，使得美国城市群加速形成，在城市之间的联系日益密切的形势下，宏观层面协调就显得非常重要。因此，美国联邦政府制定了协调规划确定城市及社区发展目标，制定了相应的城市发展规划方案，以引导城市经济、社会发展和生态环境改善。安排城市群内部各项基础设施建设，协调影响城市群发展的各项事业，为各部门及社团提供相应的技术服务。美国区域综合经营管理的思想丰富了城市群协调发展的理论和实践。它把城市与区域有机结合起来，城市政府不仅从城市本身，而且也从区域的层面考虑发展规划。城市与区域一体化，对于推进城市群、城市密集带的协调发展是十分有益的，并且经营管理的思想促进了经济增长，挖掘了城市的潜力，增加了城市政府的财政收入，促进了城市群的协调发展。

日本是亚洲地区城市群发展程度最高的国家，已形成典型的城市群。日本城市群又称为“东海道太平洋沿岸城市群”，由东京、名古屋、大阪三大都市圈组成。日本城市群的协调发展过程中，政府起着主导作用。早在1950年日本政府就制定了地区发展的根本法《国土综合开发法》，该法明确规定了全国各地方综合开发模式，而且强调构筑城市群来解决大都市问题。1969 年通过了第二次全国综合开发计划着重解决东京—大阪城市经济带过度聚集的问题。1977 年通过了第三次全国综合开发计划则要求克服城市群人口、产业的地方分散倾向。1987 年通过了第四次全国综合开发计划强调促进城市群产业空间的多极分散布局。1998 年通过了第五次全国综合开发计划强调城市群发展要形成多个产业轴型结构。在整个城市群的协调发展中，日本重视发挥区位条件改善的基础作用和交通网络的支撑功能，统筹空间规划，协调产业集聚与扩散格局，对于全国经济的协调发展起着重要作用。

德国城市的发展程度大致相当，比较均衡，德国城市间合作的主要因素是城市及地方政府的严峻财政形势，确保为市民进一步提供公共服务，处于经济带上的城市逐渐结成合作性的联盟，目标是整合现有资源并确保人员和设施在使用上更有效率。对于德国而言，区域联盟是其最有特色、最为典型的区域发展模式，是指大都市区域内公共部门、私人部门、第三部门和市民阶层等不同主体之间结成的稳定联合体。其特点是区域联盟的各个主体通过区域制定的政策相互调节各个主体之间的关系与行动的目的性，并结成网络合作伙伴，若是达到共同的目的便会自行运作。联盟模式事实上扮演着一个多数民主、等级制管理结构、职能分化网络以及合作冲突管理的有序的混合体。从区域联盟组织形式来讲，一方面区域联盟具有正式的组织形式和实体结构，区域直接选举产生区域议会来履行区域内的控制职能、区域长远规划、公共交通、教育、医疗等重大问题的决策和部署。在官员的选举上实行公民民主直接选举，在很大程度上保证了区域管理活动的民主性、权威性、合法性以及公民的认可程度，选民选举出区域议会的行政官员，赋予官员管理的权力，同样议会官员要受到选民的监督对其负责。另一方面，区域联盟多种非正式的组织与正式的组织具有十分密切的联系，通过网络化非正式的交流与合作，对非正式组织既有自治权又与其相互紧密联系共同解决区域发展面临的问题。由于德国具有庞大数量的行政单位以及地域上的紧密相连引导德国城市群的协作，以应对资源、人力、信息、交通等生产要素的互通互有。相比较联邦政府以及州政府的垂直管理，城市与城市间横向的、灵活的协调发展方式更符合德国的发展方向。

1965年英国设置大伦敦地区，由大伦敦都市区、自治市、选区的三级治理体制。大伦敦区域治理的经费主要来自企业股份、政府税收和各种非政府的私人组织机构的各种自愿的发展基金。大伦敦市政府的主要功能是制定区域发展的战略规划、跨地区的整合、多地区交通连接的规划与治理等，由与其相对应的职能机构来具体实行而本身并不参与具体服务的提供。大伦敦市区拥有很多的半官方机构，虽然这些机构由政府来委派或任命，机构隶属于上级政府，但是由于这些机构中有诸多的非官方机构的参与，因此机构的性质为半官方性机构。大伦敦都市区域治理在体制上层级少，与自治市是合作关系而并非传统隶属关系，强调的是各司其职、协调互助、职能互补，以互动的合作协同关系来替代以往僵硬、缺乏弹性与应变能力的体制，为区域治理提供制度保护，完善了公共服务的供给。大伦敦市区建立的政府、半官方机构、私人组织等构成一个开放的政策制定、政策决策、政策执行、咨询与监督相对分离的网络式结构，多元化的参与和各方面的意见融合，促进了区域治理的积极性，发挥凝聚合力，强化区域公共问题处理能力，促进了大伦敦都市区的区域发展。1985年英国《地方政府法案》公布实施后，伴随着职权的下放，英国诸多地区获得单一管理地区的自治单位，激发了各个城市乃至区域的自治活动和行为的自由，进而推动了城市群的发展。20世纪90年代英国设计单一复兴预算用于改善区域范围内城市政策的协调。主要包括三项内容：第一，倡导将多个城市的政策建议的预算合并起来，由英国成立的城市基金组织通过一个单一计划来统一交付和使用；第二，接受单一预算基金款项的前提条件是将地方项目由来自公众、私人部门的联合伙伴关系进行传送；第三，成立区域一体化办公室，对款项进行统一的管理。因此，从大伦敦地区城市群的发展可以得知：在单一复兴预算政策的推动下，极大地加强了英国各个地区的区域治理，实现了区域整体发展的系统性的再造，针对区域难题进行有效的治理。单一复兴预算促进了公共组织机构与私人组织机构关系的升温，形成的伙伴关系网是区域发展的必要条件，也是区域发展基金运用的必要手段和重要的途径。各个城市为了获得区域发展基金，不会像以往一样仅仅依靠政府的财政拨款而是更加积极与非官方、私人组织机构联系，达成相互合作的意向，期望找到更多的共同目的获得多方面的合作。英国地方政府从以往的狭隘的财政动机转向更加开放的、透明单一复兴预算的伙伴关系，不仅加强了资金的利用效率，更促进了区域的协调发展。

9.1.2 国外城市群协调发展的模式

由上文可以看出国外城市群的形成和发展既是区域经济一体化发展的结果，如在条件优越的区域集聚了大量生产资源，并形成了高度发达的协作分工体系，同时也是政府干预的结果，如各国政府当局为了改善单一中心大城市人口过于集中、交通拥挤、生态环境恶化、失业人口增加而有意识地将产业和人口向大城市周围的地区扩散，并且对区域进行合理规划，采用城市群的布局方式。所以国外城市群的发展过程给长三角城市群的协调发展积累了很多有参考价值的发展模式，也给长三角城市群下一步一体化的发展提供了良好的案例。下文将对国外城市群的发展模式进行总结。

国外城市群的形成和发展历程，可以用空间主体之间主次关系作为一类划分方式，具体来说有两大发展方式，它们分别是核心城市带动型的城市群发展模式和多中心齐头并进型的城市群发展模式。核心城市带动型的城市群是国外城市群的主要发展模式。以纽约为中心的美国东北部大西洋沿岸城市群、以洛杉矶为中心的美国西南部太平洋沿岸城市群、以东京为中心的日本太平洋沿岸城市群、以伦敦为中心的英国伦敦城市群等都是这一模式的发展典型。其共同特点就是有一个超级城市，如同一座高耸的塔，伟岸地耸立在这个城市群之中，并以极强的辐射带动功能影响着城市群内的每一城市。但从具体的发展模式上看又有所不同，美国东北部大西洋沿岸城市群和英国伦敦城市群属于“点—轴”发展模式，日本太平洋沿岸城市群属于“点—轴—带”发展模式。

美国东北部大西洋沿岸城市群，该城市群位于波士顿与华盛顿之间沿着大西洋海岸的东北地区，从缅因州南部绵延到弗吉尼亚州北部，东临大西洋，西至阿巴拉契亚山脉。以波士顿—纽约—费城—巴尔的摩—华盛顿为主轴线，包括以纽约为核心的 5 个大都市和周围 40 多个小城市。虽然城市群仅占美国国土面积的 2%，但却是美国人口密度最高、经济产出最大的地区。以伦敦为核心的城市群是英国主要的生产基地和经济核心区。总面积为4.5万平方公里，人口约3650万，是城市发展最早、人口密度最大的世界级城市群。它以伦敦为核心城市，沿伦敦—利物浦发展轴，向外扩散，包括大伦敦地区、伯明翰、谢菲尔德、利物浦等大城市和众多的小城镇。作为亚洲发展程度最高的城市群，日本太平洋沿岸城市群是由东京—横滨都市圈、京阪神都市圈、名古屋都市圈组成。核心城市东京是世界金融中心、日本的政治中心、经济中心、文化中心。日本太平洋沿岸城市群人口密度大、产业集聚程度高。该城市群的人口占日本全国总人口的63.3%，工业产值、工业就业人口分别占日本全国的75%和67%。

多中心齐头并进型的城市群的特点是城市群内存在多个中心城市，这些城市在功能上各有所长、相互依存，共同带动区域经济发展。比较典型的是具有“双核”特征的北美五大湖城市群和比较松散的“多核”为特征的欧洲西北部城市群。北美五大湖城市群跨越美国和加拿大，分布于五大湖沿岸，由众多大城市组成，包括美国的芝加哥、底特律、克利夫兰、匹兹堡以及加拿大的多伦多和蒙特利尔。该城市群是以芝加哥、多伦多为核心城市的多个中心城市共同发展的城市群，是两国工业化程度最高、城市化水平最高的地区。群内共有大小城市35个，但没有一个处于绝对优势地位的城市，这些城市在产业功能上各有所长，相互依存，共同推动了整体的协调发展。欧洲西北部城市群是一个相对较为松散的多核心城市群，主要由德国、法国、荷兰、比利时4个国家的部分地区组成。由于这几个国家地理位置较近，经济发展水平接近，文化相似，且实现了生产要素的自由流动，因此是世界上罕见的由多国城市组成的城市群。该城市群又可以分为以巴黎为核心包括鲁昂、勒阿弗尔等城市在内的大巴黎地区带状城市群；包括波恩、科隆、杜塞尔多夫、埃森等城市，以工矿业发展形成的莱茵—鲁尔城市群；包括阿姆斯特丹、鹿特丹、海牙、安特卫普和布鲁塞尔等城市的荷兰—比利时城市群。但这些城市群中的每个城市都有各自的产业分工，如莱茵—鲁尔城市群中，波恩是政治文化中心，埃森是机械、煤化工业中心，科隆是全国的交通枢纽和商业中心，杜塞尔多夫是金融中心。这种分工明确、错位发展的格局是整个城市群协调发展的保证。

9.1.3 国外城市群协调发展的经验总结

基于上文对于国外城市群发展实践和发展模式的总结，可以从国外城市群长期发展过程中取得以下经验，大致包括五个方面。

（1）城市群协调发展遵循的原则

在国外城市群发展过程中不断改变自己发展方向以使得城市群向着一体化的方向发展，其遵循的原则大致有以下几点：第一，合作共赢。与转移支付的财富分配方式不同，国外城市群发展是建立在合作共赢基础上的，是财富共同增加的过程，而不是一方财富增值，另一方财富受损。第二，激励促进。任何地区的繁荣都需要通过地区自身努力，外界的转移支付只能短时间内解决问题，却不能获得财富生产能力。城市群的发展可以让经济发达的城市与经济发展较为落后的城市相互协调，让落后城市找到自身的经济发展点，让落后地区进入自我发展繁荣的道路。第三，创新发展。城市群内部城市间的协调发展是针对新情况所做出的反应，因此要有创新的精神去寻找城市间协调发展的方式。这对国民经济整体发展有着重要意义，因为通过创新可以发现制度潜力，充分动员资源，使得城市群内部经济联系更加紧密。第四，公平协商。城市群内部发展要体现自愿和自主的原则，体现双方利益平等，这是实现区域协同的基础。

（2）各城市间分工协作关系十分紧密

以美国东北部大西洋沿岸城市群为例。纽约是该城市群的核心，是全世界的金融中心和国际大公司总部的集中地，同时又是各种专业管理机构和服务部门的聚集地。费城是该城市群的第二大城市，重工业发达，它是美国东海岸的主要炼油中心和钢铁、造船基地。波士顿是有名的文化中心和微电子技术中心，这里是全世界闻名的哈佛大学、麻省理工学院所在地。华盛顿是美国的首都，是政治中心。这一城市群内有多个港口，各港口在发展中形成了合理的分工：纽约港是商港，以集装箱运输为主；费城港主要从事近海货运；巴尔的摩港作为矿石、煤和谷物的转运港；而波士顿则是以转运地方产品为主的商港，同时兼有海港的性质。在日本东京都市圈内，城市之间的分工也十分明确：千叶为原料输入港，横滨专攻对外贸易，东京主营内贸，川崎为企业输送原材料和制成品。从以上可以看出，这些城市群内部各城市都有自己特殊的职能，都有占优势的产业部门，而且彼此间又紧紧相连，在共同市场的基础上，各种生产要素在城市群中流动，促使人口和经济活动更大规模地集聚，形成了城市群巨大的整体效应。

（3）重视核心城市辐射对城市群发展的带动作用

城市群内各城市之间都具有相互吸引，分工协作的趋势。但是，在特定范围之内，核心城市却具有增长极的作用，对周围城市的发展具有较强的辐射带动作用，它的发展变化影响着城市群内的每一城市。因此，国外十分重视培育这样的核心城市来带动城市群的整体发展。日本在第二次世界大战后将东京培育成了集多种功能于一身的“纽约+华盛顿+硅谷+底特律”型的世界级城市。东京有五大功能：一是全国的金融、管理中心。全日本 30%以上的银行总部、50%销售额超过 100 亿日元的大公司总部设在东京。二是全国最大的工业中心。该地区制造业销售额占全国的 1/4。三是全国最大的商业中心。销售额占全国的 29. 7%，批发销售额占全国的 35. 3%。四是全国最大的政治文化中心。东京是首都，还有著名的早稻田大学、东京大学等几十所高等学府。五是全国最大的交通中心。东京湾港口群是国内最大的港口群，以东京和成田两大国际机场为核心，组成了联系国内外的航空基地。这一集多种功能于一身的城市不仅是该城市群的核心，而且也是整个日本的中心城市。

（4）注重建设发达基础设施网络并发挥其沟通作用

发达的基础设施网络是城市群快速发展的重要支撑。基础设施的发展对城市群产业空间演化具有重大的影响。一方面促进了城市群空间扩展并改变着城市外部形态，对城市空间扩展具有指向性作用；另一方面直接改变着城市群的区域条件和作用范围，产生新的区位优势、新城市或城市功能区，进而改变原有的城市群产业空间结构。随着区域经济的发展，城市群产业空间结构内部向心集聚的同时，扩散辐射作用也不断强化。在这一过程中，沿交通通道的轴线集聚与扩散是城市群产业空间结构扩展最普遍的形式。交通运输业和信息产业的快速发展是国外城市群快速发展的重要条件和主要驱动力。特别是在现代条件下，各城市之间要彼此合作，形成各具特色的劳动地域分工的城市群体系，就必须以发达的交通运输和通信网为依托。国外城市群大多拥有由高速公路、高速铁路、航道、通信干线、运输管道、电力输送网和给排水管网体系所构成的区域性基础设施网络，同时也构成了城市群空间结构的骨架和连接枢纽。

（5）注重发挥各级政府的协调作用

1964 年，英国创建了“大伦敦议会”，专门负责大伦敦城市群的管理与发展问题。1985 年《地方政府法案》颁布以后，中央政府又通过当时的环境部来承担这一地区的战略规划职能。但是，撒切尔夫人当政期间，在公共政策领域中鼓励采纳市场规律，结果直接造成了一些大型项目规划无法实施，投资无法加以协调，环境保护效果不好。1990 年以来，大伦敦地区又先后引入了战略规划指引，以维持整个城市群战略规划的一致和协调。法国巴黎城市群也是在政府的推动下发展起来的。1958 年巴黎制定了地区规划，并于 1961 年建立了“地区整顿委员会”，1965 年制定的《巴黎地区战略规划》，摈弃在一个地区内建设一个单一的大中心的传统做法，代之以规划一个新的多中心布局的区域，把巴黎的发展纳入新的轨道。在政府规划实施的过程中，法国巴黎—里昂—勒阿弗尔城市群就逐渐发展起来。早在 1940 年，日本政府就制定了国土开发纲要，1950 年制定国土综合开发法，从 1962 年至 1998 年，先后五次制定国土综合开发计划，从而优化了日本城市群的产业空间布局。

9.2 长三角一体化发展过程中政府治理机制建设

9.2.1 建立完善有效的城市群协调机制和政府机构

长三角城市群的协调发展不仅是各产业和各企业等微观主体在集聚和扩散机制作用于微观选择的自组织过程，也是以政府主导的制度变迁的他组织过程。长三角城市群的协调发展离不开协调机制的构建，因此必须充分发挥各级政府在协调机制供给中的主导作用，推进长三角城市群协调机制的创新，为长三角城市群的协调发展提供了充足的保障。而由于某些体制因素，我国的地方政府一直充当着全能的角色，主导了地方的经济、社会、文化生活的方方面面，是社会利益链条上非常重要的一个利益主体，这就导致在地方政府针对经济发展制定政策和规划过程中有着非常强的地方保护主义倾向。这种地方保护主义倾向的存在将导致包括多个省份和城市的长三角城市群进行协调发展的难度极大。因此长三角城市群要想协调发展就必须最大限度地消除各地方政府出现的地方保护主义倾向，通过构建合理的城市群协调机制，加强城市群各级政府之间的沟通和联系，使得城市群中的城市都能融入长三角一体化的进程，从而推动长三角城市群的整体发展。由此可见长三角城市群构建科学、合理的城市群协调机制显得尤为重要。从协调的组织方式来看，要进一步发挥长三角地区主要领导座谈会在重大问题上的谋划和决策作用，提高政治站位、深入交流思想，凝聚区域一体化发展共识，谋大事、议大事、定大事。提高长三角地区合作与发展联席会议的协调能力，提高协调层级，建立有省市分管领导牵头的工作协调平台，着力解决跨省份合作的重点难点问题。提高联席办层面的执行力和工作合力，创新做实长三角区域合作办公室，发挥好三省一市联席办统筹协调和专题组基础性支撑作用，形成各方共同支持参与的高效务实工作网络。明确跨区域协调重点事项和责任分工，对有共识、有条件实施的重大事项和项目，要落实相关责任主体和保障措施，协调推进重点任务的落实。要梳理摸排突出问题清单，明确阶段性主攻方向和突破口，细化目标任务，形成重点工作项目化推进机制。结合国家重点战略任务和区域合作发展需要，聚焦重点领域，适时优化调整重点合作专题设置，强化专题组轮值方的牵头组织作用，提高专业化能力和协调工作能力。

另外，要加强政府机构舆论引导和宣传的作用，及时向社会公布长三角一体化工作进展情况，收集了解社会反应和各方诉求，要拓宽宣传渠道，创新宣传方式，增强社会各方对长三角一体化发展的认同感，形成全社会大力支持和积极参与长三角一体化发展的良好氛围。

9.2.2 培育城市群经济发展的民间协调组织

民间协调部门作为非营利组织机构主要是从事政府“做不好”和私营部门“不愿做”的事情。民间协调部门所涵盖的社会组织机构众多，在区域协调发展的过程中，民间协调机构可以作为政府部门与非政府部门和个人之间的沟通桥梁，是政府政策偏误和市场失灵的补充和纠正的重要的力量。完全靠市场来推动区域经济发展并不能在保证整体利益增长的同时也保证区域内各城市利益的公平性，此时需要民间协调组织，来纠正市场失灵所带来的区域内部发展不平衡的问题。地方政府由于负责工作较多，且多关注当地的发展，对于区域协调发展的信息获取和与其他同级政府沟通方面难免出现工作失误，所以这就需要民间协调组织作为独立的组织力量为政府提供咨询和对政府工作失误进行弥补。民间协调组织作为一种独立力量，游走于政府部门、非政府部门和个人之间，对克服市场机制的外部效应、政府组织行为缺失等问题具有重要的意义，也是弥补市场失灵和政府失灵的重要手段。基于民间组织有以上优势，长三角地区应该鼓励建立民间的跨区域合作组织，以及加强对他们的间接管理。例如，对各种跨行政区联合商会、行业协会等的指导与管理，以便所组建的行业协会具有真正的行业协调、组织和管理能力，通过行业协会的中介作用，促进企业、产业在整个城市群内部的合理配置。从而充分发挥跨行政区的商会、行业协会等在政府、市场、企业间的桥梁与纽带作用。另外，还应促进各种形式的发展研究院和地区发展研究中心等，进行区域内多层次、多维度的合作与交流，发挥公众在城市群协调中的作用，广泛发动公众参与，增强公众在城市群规划、建设和管理上的知情权、参与权和管理权。

9.2.3 实现法律法规政策的有效保障

城市群在发展过程中没有良好的法规政策保障前提下，无法保证区域主体发展的有效性和合理性，以及城市群内部其他参与者的权利的保障。由于长三角地区在政策制定和实施过程中，受传统经济体系的影响，长期存在人为政治、全能政府和市场配置资源作用不充分等诸多问题，协同发展意识不足，政出多门，存在地域分割状况，阻碍区域政策的制定和执行。因此应该根据长三角发展所面临的问题及区域自然禀赋出台具有针对性的政策法规，重点协调区域内部各个地方政府法律法规差异性的矛盾问题。构建较为完善的区域发展政策法规，进而明确区域内部各城市的职能分工及权责划分，界定利益主体及其协调内容的范畴，区域发展经费的来源与使用，区域总体规划的进度、激励与惩罚机制等方面的内容以保证区域发展目标的实现。对于法律法规建设主要可以概括为两个方面：首先在于“制”，制定完善的政策法规，例如环境保护、生产安全、社会保障等完善的区域发展规章制度；另一方面在于“协”，政策法规的构建其目的不仅仅是行为规范的条文，更要得到其他城市的认可。以“法”促“协”是保障长三角城市群协调发展的重要手段。从纵向上促进长三角城市群各个地方性法规和相关制度的融合，横向上可以削减不同区域相同组织规章制度的矛盾。所有的组织机构与个体所产生的行为都无法超然于环境之外而独立存在并运行。各地方政府必然与所在的环境相互作用、相互影响，并通过环境的影响对组织形成约束或促进的作用。一方面，区域发展是以共赢为本，并与自然和谐共生；另一方面，外部环境也对区域主体产生外部效应，包括自然环境、法律环境、社会环境、市场环境、生态环境、人文环境等。

从目前长三角发展现状来看其主要症结在于区域发展与内部、外部环境不匹配。主要表现在：首先，在城市群发展的过程中，必须以自然环境为依托，人与自然的和谐共生是区域协调发展的根本价值体现，也是区域发展的行为基础。在外部环境中，政策法规所营造的环境是对区域发展形成巨大的约束力与推动力，是长三角城市群发展的准则和根本。长三角地区，由于区域发展相关的政策法规的缺失和不足，在处理公共事务和区域发展的问题上存在诸多矛盾和问题，并常常遇到无法可依的尴尬局面，很大程度上影响其行为的合理性。“人为治理”“主观管理”等不规范的现象时有发生，导致区域发展预期与实际情况偏差较大，究其根本原因是区域发展的外部环境与政策法规不匹配。其次，社会组织的发展程度与公众参与度对城市群的发展产生至关重要的作用。由于我国的社会公众参政意识相对薄弱，民间组织、社会团体影响力相对弱小，重视程度较低、参与热情不高、缺少相关的政策法规的认可，在区域发展过程中往往处于被忽略的境地。这是长三角地区发展的一大障碍，也影响区域协同的力度和区域发展的认可度。亟须制定具有系统性、关联度高的政策法规体系，吸引社会公众参与区域发展，积极培育社会公众对地区发展的热情，保障社会公众、社会团体与相关政府部门的沟通渠道，充分发挥政府、社会组织、公民个体的多层次、多主体、多中心网络式的区域发展体系，优化长三角地区协调发展环境。

9.3 长三角一体化发展过程中市场机制建设

9.3.1 城市群内市场一体化建设

区域市场分割是区域一体化发展的重要障碍。改革开放以来我国为了加快生产要素的合理配置采取了一系列的政策措施来消除原有的地方保护主义和市场分割的状况。自 1984 年《中共中央关于经济体制改革的决定》中指出要“对外开放，国内各地区之间更要相互开放”。到党的十六届三中全会《中共中央关于完善社会主义经济体制若干问题的决定》提出，要消除区域壁垒的设想，废止妨碍公平竞争、设置行政壁垒、排斥外地产品和服务等妨碍市场一体化进程的阻碍，打破行业垄断和区域市场封锁的现状。再到十九大报告中关于加快完善社会主义市场经济体制中提出的“要推动要素自由流动、竞争公平有序，清理废除妨碍统一市场和公平竞争的各种规定和做法，打破行政性垄断，防止市场垄断”。总体而言，我国区域商品市场的开放程度随着改革开放进程逐步发展到较高的水平，但是在一些事关本地经济增长贡献方面，地方保护主义和市场分割仍然会以不同的形式存在。随着服务业在产业升级过程中对于地区经济发展的影响不断提高，区域服务业市场尤其是生产性服务业市场分割对区域协调发展的阻碍作用日益显现。

因此，对于长三角城市群来说虽然城市群内市场开放程度要高于全国水平，但要进一步促进区域一体化的发展必须进一步推动区域市场一体化建设。首先，要依托国家供应链体系建设试点，重点在快消品、农产品、药品等适用领域推广标准体系，推动商超、电商普及全链条。构建区域物流标准化循环共用体系，鼓励生产企业标准化生产，支持运营服务商健全运营网络体系、提高供应链服务能力，力促长三角地区统一使用标准体系。引导培育一批掌握行业大数据的供应链平台，提高供应链协同效率。建立完善长三角农产品产销联盟，深入实施《长三角地区农产品流通战略合作协议》，推动农产品冷链物流标准制定实施，培育一批农产品冷链流通标准化示范企业。其次，强化区域市场监管联动，完善长三角执法协作及信息共享机制，健全联席会议、线索通报、证据转移、案件协查等制度，加强跨地区综合执法联动。依托长三角建立打击侵权假冒工作联席会议机制，持续开展“云剑联盟”专项行动，对侵权假冒商品的生产、流通、销售形成全链条打击、约谈等工作机制，加强舆论宣传引导，增强消费者自觉抵制侵权假冒商品意识，共同防范和打击侵权假冒违法犯罪。

9.3.2 城市群内要素市场体系建设

要素在区域间的自由、充分的流动是区域一体化发展的必要条件之一。区域要素市场可以分为区域劳动力、资源、资本、技术、信息市场等。目前我国区域要素市场建设存在着分割和不完善的问题，要素流动受到来自制度、行政管理的约束，以及市场缺失或功能不健全的限制，所以对于长三角来说区域要素市场体系建设应该遵循以下几点：一是要建立长三角市场体系建设的工作小组，对长三角目前的要素市场体系进行总体规划，逐步推进建设区域内部统一的要素市场。二是要以体制改革和制度创新为突破口从根本上解决要素市场分割问题。由于要素市场改革牵扯到过多领域，并且各领域间存在着相互制约的关系，因此对于要素市场改革要采取综合配套的方式才能有效推进。三是要处理好区域内有形市场和无形市场的关系，在建设有形市场时应该遵循市场内要素资源的分布进行合理的布局，形成若干区域性能发挥组织分配作用的要素市场中心。在无形市场建设方面，重点要加强信息基础设施建设，逐步建立市场监管制度。

区域劳动力市场是区域经济发展必不可少的要素基础，建立与完善长三角劳动力市场，一方面使劳动力供给信息能传递给企业和投资者，将劳动力供给结构与区域发展状况相结合，选择相应的产业发展。另一方面根据劳动力市场的需求信息吸引人才，才能实现长三角一体化，没有区域开放的劳动力市场的支撑、引进相应的人才，则无法实现长三角城市群的协同发展。因此，区域劳动力市场建设的重点在于完善区域劳动力市场平台建设与信息服务，使劳动力供给信息能够在长三角各城市之间充分传递；建立健全长三角人才交流中心和人才市场；建立通过劳动力需求信息来影响劳动力供给结构的机制，使劳动力供给结构与需求结构相适应。

城市群资源市场主要是基于区域内固有的自然资源，包括区域内的土地、森林、矿产、水、气候等资源形式。在区域及发展过程中自然资源的基础状况是区域内部分工的原始条件，是影响区域一体化的基础条件。资源市场不完善、资源价格扭曲都不利于区域一体化进程的推进。所以基于这些重要性本书认为建设资源市场应该：一是，应该引导和规范各类市场主体合理开发区域内资源，建立有效的资源补偿机制，城市群内应该明确生态环境保护与修复方面的责任和义务。二是，在目前长三角地区资源价格形成机制还不完善的情况下，应该进一步建立资源产业链上下游之间、资源主产区和资源加工区域之间合理的价格利益调节机制以及对部分弱势行业和弱势群体进行适当的补贴机制等。三是，调整税收政策，将对要素市场上的资源由从量征税改为从价征税。

区域资本市场是区域经济发展不可缺少的要素市场。资本主要包括物质资本、人力资本、金融资本等形式。长三角城市群之前的区域经济增长充分证明了资本积累在区域经济发展过程中有着重要作用，区域资本总量的大小直接决定着区域经济的发展水平，区域资本存量的增加是区域经济增长的前提。对于资本市场发展良好的长三角，在接下来的发展中应该加强资本市场的交易秩序，公开资本市场信息，增加资本监管力度，使之规范有序地发展。然而对于长三角区域技术市场，要尽快结合长三角发展战略制定完善的技术市场中长期发展战略与纲要性规范，使技术市场沿着健康、有序、协调的方向发展，对于区域技术市场要做好配套性的规划避免重复建设。建立区域技术市场联盟，有效整合区域内各行业领域的科技资源，带动技术市场整体发展。市场经济背景下，信息作为重要的生产要素，是经济活动中不可缺少的元素。信息市场是实现信息服务社会经济活动的机制。加强区域间信息要素交易，健全信息要素市场，是完善市场机制、促进区域协调发展的重要手段。所以要完善区域信息市场：首先，要加强信息基础设施建设，网络和媒体机构作为承载信息的媒介，是发展信息市场的基础。其次，信息市场的信用机制建立、信息市场法规完善是信息市场的保证。再次，在信息产品商品化的前提下实现信息市场化。

9.3.3 引导企业在城市群内跨区域发展

企业跨区域发展是企业基于自身发展需要和利益考虑所采取的一种行为。但是，在客观上，这种行为产生了促进区域一体化发展的多种效应。首先，企业跨区域发展不仅能够在企业内实现要素、产品的跨区域流动，还能够带来相关企业要素和产品跨区域流动，进而扩大区域之间要素和产品流动的规模，提升区域间的相互依赖程度。而且，企业的内部组织网络把相关区域稳定、紧密地连接在一起，同时能够有效地突破区域市场分割，从而有利于区域要素市场、产品市场与服务市场体系的建立。其次，企业跨区域发展可以形成区域之间的利益纽带，增加区域共同利益，促进区域地方政府间的合作。目前，企业跨区域发展大致有四种方式，即横向一体化、纵向一体化、混合一体化与无关多样化。企业跨区域横向一体化是企业在相同或相近产品方向上通过兼并等形式进行空间扩张，目的是为了在不同领域内扩展企业自身的经营范围，通过跨区域兼并或投资扩建新的生产经营单位，提高原有企业的规模。企业跨区域纵向一体化发展是企业基于产品价值链，通过跨域投资、兼并及控股的方式，把自己产品向前或向后关联相关企业，把企业由市场契约关系转变为企业内部关系的过程。企业进行跨区域混合一体化的最终目的是在于通过一体化扩张能够同时享有横向一体化和纵向一体化的共同优势。企业的无关多样化跨区域扩张是指企业通过投资或兼并活动进入到与原有行业完全不相关新的产品领域，有利于分担企业在市场中的经营风险，也有利于企业进行合理转型。

可见企业跨区域发展既有其自身的利益需求，同时也能够促进企业所跨区域间的经济交流，进而发挥其促进区域一体化发展的作用，所以对于企业跨区域发展应该从以下几个方面进行：第一，企业跨区域发展的前提条件在于企业必须成为真正的市场主体，应该拥有独立的经营权、管理权和发展权。所以，必须深化企业制度和政府管理职能的改革，切实维护企业的主体地位。第二，完善区域市场体系，统一的市场体系是区域经济发展的客观要求，是企业内部实现区域分工、企业实现跨区域扩张的重要条件。第三，健全产权交易市场的法律体系，保证产权市场的健康发展。第四，为保障企业跨区域发展的自由应该减少行政干预，实现市场交易成本、体制运作成本和企业跨区域投资成本的有效减少。

9.3.4 引导产业在城市群内跨区域转移

产业跨区域转移可以产生多种相关联的区域一体化发展的效应。对于产业转出区域，一部分产业转出后，减少了地区的资源环境压力，为产业结构调整和产业升级创造了机会，同时也为促进产业集聚创造了条件。对于产业转入区域，产业转移意味着新产业的进入，一方面为本地资源利用提供了机会，进而推动产业结构调整；另一方面也可以为本地区劳动力提供就业机会，进而推动产业结构调整；此外也可以带来产业的集聚发展。于是，产业转移促进了转出区域和转入区域之间的分工使他们之间联系更加紧密，有利于形成区域一体化。

在长三角城市群内部进行产业转移能够形成新的经济增长点，为区域经济发展注入新的活力，有利于转入区域参与长三角一体化发展及地区经济发展。同时，通过产业转移在相关地区形成产业集聚，可以在长三角地区形成多个经济增长极，有利于区域内部均衡发展。另外产业转移也可以推动转入地区的产业结构调整和升级以及城市空间的优化，进入下一步的发展。

基于以上几点本书认为要推进长三角一体化发展必须从全局出发，统筹规划，合理引导长三角城市群内部产业跨区域转移，应该做到以下几点：第一，要制定合理的产业跨区域转移规划。产业跨区域转移是一种市场行为，为了有效发挥产业跨区域转移所带来的促进区域一体化发展的效应，就必须要对企业跨区域转移进行合理的规划。所以要切实结合长三角地区产业发展已有条件和基础，在区域产业规划指导下，针对培育长三角经济新的经济增长极的要求，对长三角内部产业跨区域转移进行全面规划。该规划目的在于对需要转移的产业中的相关企业进行合理的方向性引导，同时也是区域内部制定促进产业跨区域转移的依据。第二，制定促进产业跨区域转移的配套政策。在产业转入区域建设产业转移园区，引导转移产业集聚，形成产业集群，成为产业转入区域新的经济增长点。把产业转移园区与城市发展建设相结合，以加快转入城市形成新的经济增长极。同时设立促进产业转移的专项资金，用于支持企业转入区域的基础设施建设和公共服务水平，支持企业在转移过程中得到优质的发展条件。第三，采取一定的激励措施，引导骨干企业转移，从而带动相关配套企业转移；统一规划和帮助产业集群的整体性转移。同时，也应该鼓励企业把握发展机遇，调整产业运营方式，把生产性部门转移到成本较低的城市，把企业管理、运营、销售及研发部门转移到大都市区，这有利于转出区域和转入区域的经济关联，进而构建区域价值链。第四，有必要在坚持市场机制的基础上加强宏观政策指导，制定鼓励产业合作和转移的政策。根据长三角城市群内部各城市所具有的资源优势，在确保技术质量、环境标准和安全标准的前提下，降低引入产业的进入门槛，并为承接产业转移区域提供金融支持。以吸引产业在长三角城市群内部进行产业转移，让希望转移产业的相关企业在区域内转移受到更少的约束。

9.4　长三角一体化发展过程中空间组织机制建设

9.4.1　规划新型主体功能区

主体功能区是“十一五”规划中提出的一种区域概念，在“十一五”规划纲要中提出要根据现有的开发密度及资源环境承载能力，统筹经济布局、人口分布及国土利用，将国土开发空间划分为优化开发区域、重点开发区域、限制开发区域和禁止开发区域等四类主体功能区，并依据不同区域的资源环境可承载能力、比较优势、地域特色、现有开发强度以及未来开发潜力进行产业空间布局和规划，进而实现了从区域均衡增长向空间功能协调的思路转换。2010 年，国务院发布《全国主体功能区规划》，明确了科学开发国土空间的行动纲领和远景蓝图，并明确该规划是中国国土空间开发的战略性、基础性和约束性规划。继续推进建设主体功能区方面，在“十三五”规划中重新提出了主体功能区的建设要求，即要求主体功能区布局基本形成有度有序的利用自然，调整优化空间结构，推动重点开发区域产业集聚和人口聚集。建立国家空间规划体系，以主体功能区规划为基础统筹各类空间性规划，推进“多规合一”。2017 年，党的十九大报告指出，构建国土空间开发保护制度，完善主体功能区配套政策，建立以国家公园为主体的自然保护地体系。长三角城市群实施主体功能区战略，对于推进形成人口、经济和环境相协调的国土空间开发格局，加快转变经济发展方式，促进经济长期平稳较快发展，实现区域经济协调发展，推动城市群一体化进程，进而实现社会主义现代化建设长远目标具有重要的现实意义。

针对长三角地区规划新型主体功能区有以下政策建议：第一，将经济区划与现有的主体功能区规划进行耦合，即经济区划所确定的区域经济功能是基于各区域的经济比较优势和区际分工要求，现有主体功能区划所确定的区域主体功能是基于满足发展和资源环境协调、人与自然和谐的要求。这两种区域功能相结合，就可以形成各区域新的主体功能。这种新主体功能即体现发展权、满足发展要求，发挥经济比较优势、促进区域合理分工，同时又能实现发展与资源环境协调、人与自然和谐。因此，新主体功能区划不仅为区域分工提供了空间基础，而且能够统筹规划区域分工的整体格局，增强区域之间的联系，更好地发挥主体功能区对促进一体化的作用。第二，强化制度设计，统筹重大政策研究和制定。完善组织推进机制由行政区到功能区，有利于逐步打破行政区划分割，改善政府空间开发和管理的模式和机制，是市场经济条件下政府职能转变在区域管理方面的探索和体现。在这一过程中，思维方式和发展模式的转换是根本，必须更加注重合作、协同，走共建共治共享的道路。完善政策支撑机制重点功能区需要有效的政策组合，发挥财政政策、投资政策、产业政策、土地政策、农业政策、人口政策、环境政策等政策合力。只有相辅相成、相互支撑，才能达到理想的效果。由于各功能区的重点功能有所不同，迫切需要完善各方面的政策，特别是要完善生态补偿等方面的政策，注重差别化，增强系统性和整体性，形成与功能区发展要求相适应的政策体系。促进不同功能区之间的经济联系，增强发展的内生性，丰富发展的内涵性。加大政府购买生态产品力度，制定科学合理的补偿和财政转移支付政策。完善考核评价机制，针对主体功能区不同定位，实行不同的绩效评价指标和政绩考核办法。在某一重点功能区内部，着重考核团结协作抱团取暖的能力和合力下好“一盘棋”的问题，形成与功能区发展相适应的评价取向。优化发展区域要强化经济结构、资源消耗、自主创新等的评价，生态经济区的关键是绿色产业的支撑问题，突出生态建设和环境保护等的评价，从体制上引导人们在发展理念、发展目标、发展路径等方面进行调整，建立优化开发、重点开发、保护开发和禁止开发等不同功能区域的评价标准和机制。第三，建立有关部门沟通协商机制。长三角地区各级政府要建立健全工作机制，研究制订具体政策措施和工作方案；各级发展和改革委员会作为空间规划的协调机构，应协调解决经济发展、空间布局、生态保护中的重大问题，全面落实主体功能区战略确定的目标和任务。第四，建立专家咨询制度和公众参与制度。成立具有广泛代表性的专家委员会，加强规划编制实施的咨询论证。建立健全公众参与制度。主体功能区作为新的理念和战略，必须形成全民共识及较高的认同度。加大宣传力度，增强公众对科学、高效、集约利用国土空间重要性的认识，提高全社会参与实施主体功能区战略的积极性，营造有利于依法、依规开发利用国土空间的良好氛围。

9.4.2 开展空间战略规划

空间战略规划是空间规划中的一种新规划类型。它是对区域发展的总体空间格局、空间组织体系、空间联系网络等进行全局性和战略性的谋划，旨在指引区域空间开发的方向，协调相关区域的空间开发活动。所以对于区域一体化来说空间战略规划有如下几点功能：第一，提出区域内空间发展的总体构想，能够引导劳动力和经济活动在区域空间内部更合理的分布，促进区域内部各城市从经济、社会及环境方面形成发展特色，并通过区域分工建立相互关联的区域价值链，从而形成平衡的、可持续的空间开发次序；第二，设计空间组织体系，能够规划区域内部增长极，引导形成多极带动的开放型空间联系；促进区域之间的空间结合，形成新型的互动发展关系推动一体化进程；第三，设计区域内部各城市间的共享基础设施、知识与信息、生态环境的网络系统，把所有的区域纳入这种网络系统中，增进区域之间发展机会的平等和开展多种形式的合作，促进区域共同发展和共享发展。

基于以上几点，我们可以看出空间战略规划对促进区域一体化发展具有重要作用。这种作用是主体功能区划所不能替代的。所以，当前长三角地区开展空间战略规划的重点应该要遵循以下几点：第一，要确定空间战略规划的目标。由于空间战略规划属于建立区域协调发展空间组织机制的一个组成部分。因此，应该以促进区域协调发展为取向，以引导形成合理的空间秩序为总体目标。并围绕这个总体目标，提出优化区域空间结构、实行有效空间开发和管制的重点。第二，要确定空间战略规划的基本空间单元。欧盟在开展空间战略规划时，首先划分了标准地域统计单元，即NUTS，把 NUTS 作为空间战略规划的基本空间单元，用于分析各类区域的发展情况，以及制定区域政策。根据目前长三角地区发展情况以及国家行政区划以地级市作为规划单元较为合适。第三，划分空间经济系统。按照合理分工、形成区域价值链的要求，以地市为基本空间单元划分经济区域。确定各经济区域的经济发展方向、产业结构和主导产业，引导形成区域经济循环和国内经济循环有机结合，有利于区域经济稳定持续发展。第四，确定区域增长极及重要发展轴线。按照服务于所在的次级空间经济系统、整合次级空间经济系统、支撑长三角空间经济系统的思路，规划以核心城市为主体的区域增长极，以及连接增长极的空间组织网络，形成空间组织体系骨架。第五，确定区域内部发展重点。按照发挥区域增长极作用，形成空间经济系统的要求，遵循市场经济规律，突破行政区划界限，重点解决产业发展与布局、基础设施建设、生态环境治理等方面的跨区域事务。产业方面，重点规划劳动密集型和资源密集型产业转移的空间方向及主要承接区域，引领产业结构升级的高新技术产业和现代服务业的重点发展区域，引导产业空间集聚发展，形成若干具有国际竞争力的大型产业基地。在基础设施方面，重点规划跨区域的高速交通网络和信息网络。在生态环境方面，重点规划跨流域水资源利用工程、跨区域污染治理工程和环境保护工程。

9.4.3 构建多极网络空间组织体系

区域发展存在空间极化与空间经济网络发育并存的阶段，增长极与空间经济网络有机结合和共生，演化出一种新的空间组织模式——多极网络空间组织模式。这种空间组织模式在广阔的经济发展空间中表现明显。在经济发展过程中，由于历史因素和自然禀赋的相互影响，使得在一个广阔的经济发展空间中不能只存在一个经济增长极，而是出现多个经济增长极共存的局面。在各个增长极拥有分区组织经济活动，建立起以其为中心的经济极化空间。在增长极发展过程中逐渐形成了以其为枢纽的空间经济网络。这些空间经济网络与增长极之间形成互动共生的关系。一方面，增长极的发展会促进空间组织网络的形成和发展；另一方面，空间这种网络扩展了增长极的发展空间，把资源和要素纳入增长极的组织体系之中，促进增长极的发展。这两个方面相互交织，从而形成以增长极为中心和主导的空间经济形态。多极网络空间组织模式对于区域协调发展的基本路径是依靠区域内的经济增长极对其进行重点发展，进而促进增长极之间空间组织网络发展，进而推动区域内部的一体化发展。所以多极网络空间组织对于区域一体化的作用在于：放大各增长极对所在大区域发展的组织与带动作用；有效地在区域内部传递生产要素，激活区域的经济发展潜力；促进要素有序流动和产业空间优化布局，建立区域内部经济空间秩序；有利于区域内部企业借助空间网络拓展发展空间。基于以上几点在长三角地区建立多极网络空间组织对于长三角区域一体化有着十分重要的作用。

针对如何建设长三角一体化的多极网络空间组织来说，本书给予以下建议：第一，应该从长三角城市群整体出发制定区域内部经济增长极的发展规划，指导其经济发展。这种经济发展规划应该避免只着眼于经济增长极自身发展的规划，应该从区域一体化发展总体战略构想出发，重点构建其带动所在区域发展的功能，以达到其促进长三角一体化发展的目的。第二，要给予这些经济增长极相对较高的自由度，敢于让他们根据自身发展需要对经济发展方式和产业转移方式进行改革。这样才能形成多样化、有活力的发展局面。第三，要积极促进长三角地区增长极之间的合作，积极探索区域增长极之间合作的新模式。通过多种形式的合作，创造发展机遇，改善发展条件。第四，以服务于所在区域发展为导向，在长三角城市群内部建设铁路、公路和航空、水运合理组合，区际区内高效连接的现代化交通体系。

9.5 长三角一体化发展过程中协调制度建设

9.5.1 城市群内区域基础设施协调制度建设

城市群是由城市组成的网络，所以城市群是由各级城市作为节点，各基础设施作为连线，各生产要素在其中流动构成的。其中基础设施是形成城市群的基础，是城市群各项功能正常运转的支撑，是促进城市群一体化的重要必备条件，它们使得城市群内的城市之间各种生产要素提供畅通的传输通道，将城市各功能单元与所需的各种资源联系起来，充当各种生产要素畅通的传输通道，充当各种生产要素的传播媒介。基础设施定义是指为社会生产和居民生活提供公共服务的物质工程设施，是用于保证国家或地区社会经济活动正常进行的公共服务系统。它是社会赖以生存发展的一般物质条件。基础设施包括交通、邮电、供水供电、商业服务、科研与技术服务、园林绿化、环境保护、文化教育、卫生事业等市政公用工程设施和公共生活服务设施等。基础设施的协调发展是社会经济发展的必然要求。在当今交通和通信手段的不断发展，许多大型基础设施的服务范围已经远远超过目前城市行政区域的边界，并且所有设施的建设和运营都有一定的“规模门槛”约束。如果允许各城市仅从自身利益出发，仅仅在自己行政管理区内进行大型基础设施建设，将降低设施的利用效率，造成建造成本的上升和资源的极大浪费。因此城市群在建设过程中需要在大型公共设施建设上进行协调，形成功能互补、共同享用的公共设施体系。此外，由于经济和社会活动的跨地界性，对于区域范围内的基础设施的整体系统运行提出了更高要求，使得各城市范围内自行规划建设的设施之间的衔接变得十分重要。唯有如此才能大大提高设施的整体运行效率。

虽然，长三角相较于其他地区拥有较好的基础设施网络，但是就其定位世界第六大都市圈的战略目标要求来说还存在着较大的差距。其问题集中体现在：第一，交通基础设施总体规模不足，虽然长三角是我国客货量最大的区域之一，但铁路和公路每公里的承载人数是全国的 1.27 倍和 3.37 倍，而公路货运量每公里承载重量是全国的 2.2 倍。第二，基础设施空间布局体系不均匀，从路面交通运输体系来看存在最大问题的在于以沪宁线、沪杭线和杭甬线为主干道的交通体系，使得主干道地区经济发展迅速，在一定程度上造成区域内部经济发展不平衡。第三，区域内部基础设施协调性有待加强。由于行政区划造成的各地基础设施水平不协调，一直是长三角地区经济发展的一个重要问题。从目前各城市基础设施布局来看，各地区早已形成了自己的网络，比如苏南地区依托沪宁线为主干道的交通体系，但各地区基础设施衔接问题还未完全解决，主要体现在地区之间存在着大量的行政收费，提高了地区间交易成本；另一方面，地区间的基础设施衔接薄弱，主要体现在江浙间的交通设施衔接相对薄弱，长三角地区机场密度高但大部分使用率偏低不足以维持日常运营，另外，宁波港和上海港在一些方面成为直接竞争者，而不是产生互补作用。第四，长三角互联网络基础设施还需要进一步升级。尽管长三角地区由于经济发展拥有国内最好的网络基础设施，但相比发达国家覆盖率相对偏低。另一方面，普遍的网络质量从传输速率和传输质量来看与发达国家有着较大差距。

基于以上长三角基础设施协调发展所面临的问题，我们可以从以下几个方面来提高长三角地区城市的协作，促使长三角地区基础设施协调发展。第一，加大区域基础设施规模建设，特别是发展以城际交通为主的交通网络建设，由高速铁路、城际高速轨道交通、市郊铁路构成的轨道交通网，提高交通设施建设质量，缓解目前日益增加的交通压力。逐渐形成以上海、杭州和南京为三点的“半日交通圈”。第二，根据长三角区域经济总体发展战略，改善区域内基础设施的分布状况，带动目前由于基础设施落后而导致经济落后的地区发展。加快苏沪浙交通网络建设，以加快上海等发达地区的产业转移到安徽中部等落后地区，实现区域的产业梯度转移，优化区域产业结构。第三，加强长三角地区基础设施网络的协调。就是坚持各项基础设施之间协调发展策略，满足各项基础设施之间的对接与配套要求，形成基础设施整体合理布局，利于节约用地、方便运营管理和提供高效服务，避免用地过度分割。根据基础设施建设在占用空间时的共享特性，应从整个长三角城市群，甚至更大区域来整合交通运输、供水、电力线路、通信光缆、微波通道建设，形成高效、配套、完善的区域基础设施网络。如根据交通方式之间的互补特性，重点加强快速公路交通和轨道交通的建设，为各城镇发展轴线提供设施配套、方式多样、快慢有致、功能互补的交通联系；同时，加强各城镇物流设施之间的协调，形成“纵向协同调度、横向联合、设施完善、功能互补”的城市群现代物流网络。第四，加快网络基础设施建设，尽量消除人为设置造成的地区之间的交易成本，另外还要继续加快网络基础设施建设，提升网络质量。

9.5.2 城市群内区域环境协调制度建设

城市群是一个人地关系非常紧密与频繁作用的特殊区域。虽然城市群一般孕育在原本生态环境系统比较优良的区域，但城市群区域内集中了大量的人类活动，包括人口和工农业活动高度密集，以及土地利用高度城市化等，这不可避免地会对原有的生态环境系统造成巨大的破坏、改观和重整。在自然界中生态环境是一个整体，不以人为划分的区域边界而表现出不连续性。任何局部对于生态环境的破坏都会影响到整个区域生态系统的有效运转，其影响范围有可能扩散到全球。如空气污染和水体污染都是跨行政区和流域性的，而有害气体的排放，如碳和氟氯烃化合物等大量排放造成的大气温室效应和臭氧层的破坏则是全球性的影响。然而，由于行政区划及相应的利益分割，使得行政区划的刚性约束与生态环境系统地域空间整体性之间存在矛盾，导致了区域生态环境系统保护与建设的失调。区域失调是城市群生态环境问题产生的重要原因。因此，城市群生态环境问题需要从整体上统筹协调解决。对于城市群生态系统协调发展而言其内涵在于城市群内部各细分单元间在生态环境保护及环境污染治理方面采取协调一致的措施，改善城市群内居民生活的同时尽量不危及城市群整体生态环境的稳定，不仅能使得整个城市群的生态环境系统内部形成一种良性协调关系，而且能够使得城市群经济发展与生态环境系统之间形成良性循环，从而保证城市群能够可持续发展。城市群保护生态环境的最根本目的就是实现城市群经济系统与生态环境系统这两个系统之间的协调发展。

基于目前长三角环境协调制度状况，借鉴国内外城市群生态环境协调管理的一般模式，本书对于长三角城市群生态环境协调制度建设提出以下建议：

第一，应该以政府为主导对生态环境协调制度进行建设。由于市场的逐利性导致在没有政府的协调下，企业和个人倾向于使自身利益最大化进而产生了大规模的环境污染，所以市场本身不具备环境保护的能力，反而是环境破坏的主要推手，所以政府必须要主动承担起保护环境和自然资源的主要责任。另一方面，由于生态保护和环境治理工作的复杂性以及相关利益主体的多元性，导致单纯强调政府作用的生态环境管理体制是无法应对生态环境的所有问题，政府不应是生态环境保护与治理的唯一主体，还应该包括企业、民间组织和广大公众。城市群中各级政府在城市群生态环境的协调治理中的作用，主要体现在有关生态环境保护与治理的政策制定、规划、管理和投资等各个层次上。例如，从城市群区域的整体利益出发，坚持生态优先原则，建立以绿色 GDP 为导向的政绩考核制度；制定环境影响评价制度，对区域的发展规划以及重大经济和技术政策、流域开发计划进行环境影响评价，在重大决策的研究和论证阶段，进行环境审议，完善环境准入制度；制定城市群生态环境保护与治理规划，明确各级政府的权益与责任，协调各方之间的利益关系；完善生态环境保护与治理的法规制定，建立区域性环保执法机构，消除地方保护主义，改变环境管理政出多门的现象，集中统一执法，加强环保执法力度，以保证环境规划目标的实现；另外，政府应该制定比较完备的保护环境的法律，首要任务是完善环境监管体制立法，实现机构设置与职责配置的法制化，无论是机构的设置，还是职责的配置，均应有详尽的成文法规定，以避免和消除机构设置和职能配置的任意性和盲目性。长三角城市群可以借鉴西方发达国家的有关经验，完善各项法律法规的制定，建立强有力的执法机构，走法制化的协调管理道路。

第二，把作为外部性的生态环境转化为企业生产成本的内部性问题，进而使得作为公共物品的生态环境资源变为企业生产的一部分。这样就可以使得通过采取税收、补贴、收费、押金退还等方式，让使用者付费、污染者付费和受益者付费，使外部环境成本内在化，从而激励企业改进生产技术，集约利用生态环境资源，对生态环境进行主动保护，如在生产中主动采用低物耗、低能耗、少污染或无污染的工艺和设备，对排放物进行无害化处理等。资源化管理其实质是一种经济手段，与传统的政府命令控制性手段相比，具有明显的成本优势和更强的激励抑制作用。它不需要设置庞大臃肿的部门机构，不需要花费高额的执行监测费用，可以减少政府政策推行的成本。它以市场为基础，通过间接调控改变市场信号，影响当事人的经济利益，引导其改变行为方式，以较低的成本实现预期的目标。它可以通过市场，把保护和管理环境的责任从政府转移给环境责任当事人，使生态环境外部效应内部化，对企业的生产行为产生激励和抑制作用，从而优化资源配置和提高资源的利用率。

第三，要调动公众的积极性，让公众参与到城市群生态环境保护和污染治理中去。广泛的公众参与，不仅能使人们在日常的工作与生活行动中就能有意识自觉地进行生态环境保护与治理，而且能够直接参与各种保护与治理的决策，对各种破坏与污染生态环境的行为进行广泛的监督，从而有利于克服政府环境保护与治理的信息不完全、减少公共决策中的不对称利益与成本问题，从而提高生态环境保护与治理的绩效。基于此政府应该加强对公众环保知识的普及力度，使公众具有积极的环保意识创造良好的公众参与氛围，完善公众参与制度，如通过立法将公民对生态环境管理的知情权、讨论权、建议权等具体化、制度化；鼓励成立各种民间环保组织，积极发挥民间组织的参与作用；加强电子政务建设，促进生态环境信息的披露与反馈处理，为公众参与提供信息渠道支持；建立健全公众监督机制，进一步完善政务公开制度，增加信息透明度，改变目前对环境整治的监督主要以上级对下级监督和部门的自我监督为主、缺乏有效外部监督机制的局面。

第四，长三角城市群应该建立跨行政区和跨行业的生态环境协调机构。其具体做法是：由各级地方政府组成跨区域的生态环境协调管理机构，跨区域的生态环境协调管理机构负责制定整个大区域的生态环境保护与治理规划，负责监督实施和协调各方的利益关系，并管理跨区域生态环境问题，各级地方政府生态环境保护部门负责对本地区内（包括下级行政区）的各类环境问题进行统一的协调管理，从而打破区域之间、行业之间以及区域与行业之间的管理界限。这种协调管理模式是与城市群生态环境系统的整体性、外部性、公共性特征相符合的，是适应现代社会生态环境管理的客观需要的。因为，同一区域内有不同的行业和不同的环境要素，同一行业和同一环境要素也牵涉不同的区域，区域与区域之间、行业与行业之间以及区域与行业之间相互依存、相互影响、相互作用，在环境管理上，不能割裂它们之间的有机联系，各自为政，而必须将区域与行业有机结合起来。实施这种协调管理模式对城市群的协调发展具有重要意义。一方面有利于推进跨区域生态环境管理的实践，实现城市群生态环境管理的一体化；另一方面又有利于保护市场经济的公平、效率原则，加快经济体制和经济增长方式的根本性转变，促进区域经济的持续稳定增长，推进可持续发展战略。

长三角地区一体化一定要注重生态环境的协同保护。长三角地区一体化的过程，也是“长三角人”建设自身家园的过程，“长三角家园”建设也是“经济、政治、文化、社会和生态文明”5个建设并重。长三角地区本身也是我国生态保护的一个重心，地处开放前沿，是我国生态文明建设的“脸面”工程，具有环境保护的系统性、多样性。长江以北饮用水、南水北调、生态保护问题等，都关乎国家战略，迫切需要沿江各省市尤其是经济较发达的长三角四省市协同起来，制定政策，进行环境保护。例如，协同解决多年来提到的生态补偿问题，新安江等流域有限制开发区，这些地区的保护与发展不仅是四省市自身问题，更需要整个流域一起来协同解决，在国家统筹下实现合理、互利的生态补偿机制。

9.5.3 城市群内公共财税制度改革和创新

财税政策是各国政府长期以来用于调控宏观经济的手段，它对区域经济的协调发展起着至关重要的作用。财税政策对于区域协调发展的影响主要在于，按照政府制定的区域经济发展战略，引导人口、资金、技术等资源在不同区域间实现结构配置和布局，继而推动各区域经济的协调发展。财税政策主要可以分为税收和财政支出两个方面。其中，税收作为财政收入的主要形式，是调节区域经济运行的重要工具，对区域经济的发展起着至关重要的作用。在推动区域经济协同发展的过程中，对不同区域、不同产业、不同纳税人和课税对象进行差异化对待，可以影响生产要素的流向，调节区域内的经济总量和经济结构。对于有利于区域经济发展促进区域一体化的项目，可以在税收上给予一定的优惠，鼓励企业在区域内打破原有边界进行发展。对于区域内部重复建设和破坏生态环境的项目，通过开征资源税、环保税等来进行限制。财政支出按照是否能够得到等价补偿可以分为购买性支出和转移性支出。财政支出结构反映了财政资金的流向，它的调整直接关系到政府的公共品的供给。政府通过一定比例的财政收入分配增强区域内相对落后地区提供公共物品和服务的能力，有利于缩小区域内部财力差距，进而促进区域经济均衡发展。其主要表现在为区域经济一体化提供良好的交通、通信等基础设施条件；通过调节不同区域对教育、医疗、养老等的投入，使区域公共服务均等化，以利于区域人才的自由流动；通过财政转移支付，缩小区域内部经济差异，加快落后地区的发展步伐。

目前长三角地区在区域一体化发展过程中面临的财税体制和政策问题主要有以下几个方面：第一，地方政府间的财权和事权不统一。1994 年我国形成了财税体制的基本框架，按照事权和财权统一的原则，确定了中央与地方政府的收入分成比例。并且通过转移支付机制平衡区域内各方政府的财政差异。区域在协同发展过程中，要实现公共服务均等化、产业结构均衡化和生态环境治理一体化，需要区域内政府打破原有的事权分配模式。发达地区需要外迁产业进行瘦身，而后发地区需要承接产业。生态环境方面，区域生态涵养地要承担大部分环保事权，这就要求各地政府财力不能只服务于本地区发展，而要更多地按照一体化协同发展中实际承担的事权比例进行分配。第二，财政转移支付均等化作用有限。财政转移支付制度的目的是使基本公共服务均等化。在当前的转移支付体系中，税收返还占据最大比重。而税收返还采用“基数法”，这种基数法有利于调动财政收入高的地区积极性，却产生了返还不均的情况，容易形成富裕地区越富，穷地方越穷。所以按照现行办法不利于区域经济发展的协同。第三，财税政策差异造成地区间无序竞争。我国各地方政府现行税收优惠政策过多，还有一些地区和财税部门执法不严或者出台“土办法”，通过税收返还等方式变相减免税收。这种现行税收优惠政策从未从区域协同发展的角度出发，将不利于区域市场主体的公平竞争和生产要素的自由流动。第四，区域间横向税收分配制度有待完善，亟须为产业转移创新税收分享机制。企业总分机构处于不同地区将会导致分支机构税收汇总到总部纳税，导致产业转入地无法享受产业转入带来的税收好处，还要承担产业转入后的环境污染等代价，这在很大程度上影响经济欠发达地区承接产业转移的积极性。另外以政府为主导的大型企业的搬迁，目前缺少相应的税收分享制度，短期内将给产业转出地的财政收入筹集带来很大的难题。产业转出地出于自身利益考虑，可能会通过其他手段减缓企业转移速度。因此如何对跨区域经营的企业产生的税收实行分享机制，成为促进区域经济一体化亟待解决的问题。政府应该根据产业类型和地区实际情况制定合理的税收分享机制。

基于以上问题长三角地区应该构建有利于区域协同发展的财税政策。第一，要改革现有的财税体制，科学划分政府财权、事权范围。在继续实施分税制的同时，中央应该逐渐下放给地方一定的税权，使得地方政府能够因地制宜地实行最有效的政策。另外，应该逐步提高共享税中地方所占有的比例，既能增加地方政府的财政收入，也可以平衡地区财力差距。对于财政自给能力不强的地区，应该给予地方政府更大的自由度。科学划分中央与地方的事权范围，按照公共品服务的不同层次来确定不同地方和层级政府的事权和支出范围。对于跨区域的公共品项目，由区域内的政府共同提供，并根据成本—效益原则，进行支出与收益配比，减少可能出现的争端。第二，完善转移支付体系。在区域内实行均衡化转移支付主要发挥平衡财力的功能，其目的在于解决不同地区财政能力不足和不协调的困境。在简化转移支付形式的同时，还要注意转移支付数额。第三，优化区域税收优惠政策。首先，要对各区域现行的税收优惠政策逐一进行清理，取消“即征即退”“财政返还”等妨碍区域公平竞争的招商引资政策，营造良好的区域发展环境。其次，为减少区域内横向税收不良竞争，应该加快区域税收优惠政策向产业税收优惠政策转变，税收政策制定部门应该鼓励地区希望引进的产业，给予其优惠的产业税收政策，对于不适宜发展的产业逐步取消优惠政策，同时，对区域内为淘汰落后产能而新上项目以及转型升级的重大项目，给予固定资产加速折旧政策，对压缩过剩产能的企业，按企业压缩产能的比例，相应抵扣企业所得税。另外，对符合地方协同发展需要的优惠政策要进一步加强执行力度，确保政策落到实处发挥政策效用；对带有试点性质且具有推广价值的政策，应该在地区内推广。第四，建立合理的区域税收利益协调机制，完善横向转移支付。区域内政府间应该开展税收合作，建立合理的税收利益协调机制。首先，各地方政府需要共同制定区域内税收利益分配协调机制。其次，成立区域税收利益协调机构，明确日常征管职责、税款的征收与分成等。再次，建立税收利益争端处理机制，对税款征收、税款政策矛盾和问题进行协调处理，及时纠正和杜绝有害的税收竞争。最后，加强地区间税收信息的沟通和交流，实行对跨区域纳税人的信息互通，确保税收有效进行。

参考文献

[1] 安虎森：《产业空间分布、收入差异和政府的有效调控——三论区域协调发展》，《广东社会科学》2007 年第 4 期。

[2] 樊纲、王小鲁、张立文、朱恒鹏：《中国各地区市场化相对进程报告》，《经济研究》2003 年第 3 期。

[3] 樊明：《市场经济条件下趋于均衡发展问题研究》，《经济经纬》2006 年第 2 期。

[4] 范剑勇、谢强强：《地区间产业分布的本地市场效应及其对区域

协调发展的启示》，《经济研究》2010 年第 5 期。

［5］干春晖、郑若谷、余典范：《中国产业结构变迁对经济增长和波动的影响》，《经济研究》2011 年第 5 期。

［6］徐现祥、李郇：《市场一体化与区域协调发展》，《经济研究》2005 年第 12 期。

［7］国务院发展研究中心课题组：《主体功能区形成机制和分类管理政策研究》，中国发展出版社 2008 年版。

［8］国家发改委国土地区所课题组：《协调空间开发秩序和调整空间结构研究》，《经济学动态》2005 年第 2 期。

［9］孙红玲：《中国横向区域经济协调发展》，经济科学出版社 2007 年版。

［10］邹璇：《要素空间优化、宏观经济增长与通货膨胀》，《南方经济》2010 年第 2 期。

［11］齐晶晶、何自力：《创新型经济圈的组织模式：国际经验与启示》，《改革》2010 年第 1 期。

［12］孙红玲：《论产业纵向集聚与财政横向均衡的区域协调互动机制》，《中国工业经济》2010 年第 4 期。

［13］张耀辉、何小钢：《推进区域创新体系建设与区域协调发展》，《宏观经济管理》2010 年第 10 期。

［14］卓凯、殷存毅：《区域合作的制度基础：跨界治理理论与欧盟经验》，《财经研究》2007 年第 1 期。

［15］杜鹰：《全面开创区域协调发展新局面》，《求是》2008 年第 4 期。

［16］范恒山：《我国促进区域协调发展的理论与实践》，《经济社会体制比较》2011 年第 6 期。

［17］皮建才：《中国区域经济协调发展的内在机制研究》，《经济学家》2011 年第 12 期。

［18］姜文仙：《区域经济协调发展的动力机制研究》，博士学位论文，暨南大学，2011 年。

［19］覃成林：《区域协调发展机制体系研究》，《经济学家》2011 年

第 4 期。

［20］王乃静：《国外城市群的发展模式及经验新探》，《技术经济与管理研究》2005 年第 2 期。

［21］范剑勇：《长三角一体化、地区专业化与制造业空间转移》，《管理世界》2004 年第 11 期。

［22］彭翀、顾朝林：《城市化进程下中国城市群空间运行及其机理》，东南大学出版社 2011 年版。

［23］郁鸿胜：《崛起之路：城市群发展与制度创新》，湖南人民出版社 2005 年版。

［24］肖金成，袁朱：《中国十大城市群》，经济科学出版社 2009 年版。

［25］顾朝林：《城市群研究进展与展望》，《地理研究》2011 年第 5 期。

［26］陈美玲：《城市群相关概念的研究探讨》，《城市发展研究》2011 年第 3 期。

［27］朱俊成：《基于多中心与区域共生的长三角地区协调发展研究》，《中国人口·资源与环境》2011 年第 3 期。

第三部分　数据分析

10

中国城市群基本情况

10.1　2016年中国城市群基本情况

10.1.1　城市群范围

2010年12月，国务院印发《全国主体功能区规划》（以下简称《规划》），《规划》基于不同区域的资源环境承载能力、现有开发强度和未来发展潜力将我国国土空间分为优化开发区域、重点开发区域、限制开发区域和禁止开发区域。优化开发区域是经济比较发达、人口比较密集、开发强度较高、资源环境问题更加突出，从而应该优化进行工业化、城镇化开发的地区。重点开发区域是有一定经济基础、资源环境承载能力较强、发展潜力较大、集聚人口和经济的条件较好，从而应该重点进行工业化、城镇化开发的地区。限制开发区域包括农产品主产区和重点生态功能区。禁止开发区域是依法设立的各级各类自然文化资源保护区域，以及其他禁止进行工业化、城镇化开发、需要特殊保护的重点生态功能区。

《规划》将优化开发区域和重点开发区域落实到24个城市群，分别为京津冀、辽中南、山东半岛、长三角、珠三角、太原、呼包鄂榆、哈长、东陇海、江淮、海峡西岸、中原、武汉、长株潭、环鄱阳湖、北部湾、成渝、黔中、滇中、关中—天水、兰州—西宁、宁夏沿黄、天山北坡、藏中南等城市群。按照地理位置，优化开发区所含城市群分布在我国东部沿海地区，故又称东部城市群；重点开发区包括的城市群多分布于相对落后的中西部地区，故又称为中西部城市群。表10-1为各城市群的划分，各城市群包含的城市均依据已有规划文件得到。

表 10-1　中国主要城市群及其空间范围

序号	城市群名称	空间范围
优化开发区域	京津冀城市群	包括两个直辖市北京、天津以及河北省的石家庄、唐山、秦皇岛、邯郸、邢台、保定、张家口、承德、沧州、廊坊、衡水，共 13 个城市
	长三角城市群	包括一个直辖市上海以及江苏省的徐州、宿迁、连云港、淮安、盐城、扬州、泰州、南通、镇江、常州、无锡、苏州、南京和浙江省的舟山、杭州、嘉兴、温州、宁波、绍兴、湖州、丽水、台州、金华、衢州，共 25 个城市
	珠三角城市群	包括广东省的深圳、广州、珠海、佛山、江门、肇庆、惠州、东莞、中山，共 9 个城市
	辽中南城市群	包括辽宁省的沈阳、大连、鞍山、抚顺、本溪、辽阳、丹东、营口、盘锦、铁岭，共 10 个城市
	山东半岛城市群	包括山东省的济南、青岛、烟台、淄博、威海、潍坊、东营、日照，共 8 个城市
重点开发区域	哈长城市群	包括黑龙江省的哈尔滨、大庆、齐齐哈尔、绥化、牡丹江及吉林省的长春、吉林、四平、辽源、松原、延边朝鲜族自治州，共 11 个市州
	东陇海城市群	包括江苏省的徐州、连云港和山东省的日照，共 3 个城市
	江淮城市群	包括安徽省的合肥、芜湖、马鞍山、铜陵、安庆、滁州、池州、六安、宣城，共 9 个城市
	海峡西岸城市群	包括福建省的福州、厦门、莆田、三明、泉州、漳州、南平、龙岩、宁德，共 9 个城市
	中原城市群	包括河南省的郑州、济源、开封、洛阳、平顶山、新乡、焦作、许昌、漯河，共 9 个城市
	武汉城市群	包括湖北省的武汉、黄石、鄂州、黄冈、孝感、咸宁、仙桃、天门、潜江，共 9 个城市
	环长株潭城市群	包括湖南省的长沙、株洲、湘潭、岳阳、衡阳、常德、益阳、娄底，共 8 个城市
	环鄱阳湖城市群	包括江西省的南昌、景德镇、鹰潭、九江、新余、抚州、宜春、上饶、吉安，共 9 个城市
	成渝城市群	包括一个直辖市重庆以及四川省的成都、自贡、泸州、德阳、绵阳、遂宁、内江、乐山、南充、眉山、宜宾、广安、达州、雅安、资阳，共 16 个城市
	关中—天水城市群	包括陕西省的西安、铜川、宝鸡、咸阳、商洛、渭南和甘肃省的天水，共 7 个城市
	太原城市群	包括山西省的太原、晋中、阳泉、吕梁、祈州，共 5 个城市

续表

序号	城市群名称	空间范围
	北部湾城市群	包括广西的南宁、北海、钦州、防城港，共4个城市
	兰州—西宁城市群	包括甘肃省的兰州、白银、定西、临夏回族自治州和青海省的西宁，共5个市州
	滇中城市群	包括云南省的昆明、曲靖、玉溪和楚雄，共4个市州
	黔中城市群	包括贵州省的贵阳、遵义、安顺、毕节、黔东南州、黔南州，共6个市州
	呼包鄂榆城市群	包括内蒙古的呼和浩特、包头、鄂尔多斯和陕西省的榆林，共4个城市
	宁夏沿黄城市群	包括宁夏的银川、石嘴山、吴忠和中卫，共4个城市
	天山北坡城市群	包括新疆的乌鲁木齐、克拉玛依、石河子、昌吉回族自治州、伊犁哈萨克自治州、博尔塔拉蒙古自治州、塔城地区、吐鲁番地区、哈密地区，共9个市州地区
	藏中南城市群	包括西藏的拉萨、日喀则地区、那曲地区、山南地区、林芝地区，共5个市州地区

资料来源：《全国主体功能区规划》及各地方政府规划。

10.1.2　城市群在中国经济中的重要作用

随着经济发展，城市群在区域竞争中发挥着重要作用。城市群集中了区域的优势资源，带动了区域整体发展。2016年我国城市群总面积占全国面积的25.3%，集中了全国66.8%的人口，创造了85.6%的GDP，城市群的经济密度（人均GDP、地均GDP）领先于全国平均水平。其中第一产业增加值占全国的61.0%，第二产业增加值占93.9%，第三产业增加值占83.3%，工业总产值占全国的82.8%。另外，全国72.9%的固定资产投资在城市群地区，城市群的公共财政支出占全国的77.9%，同时，城市群地区吸引了全国92.3%的外商直接投资。

表10-2　2016年城市群在中国经济发展中的重要地位分析

	土地面积（万平方公里）	常住人口（万人）	GDP（亿元）	第一产业增加值（亿元）	第二产业增加值（亿元）
24个城市群合计	242.7	92836.4	637217.9	38839.0	278215.3

续表

	土地面积（万平方公里）	常住人口（万人）	GDP（亿元）	第一产业增加值（亿元）	第二产业增加值（亿元）
占全国比重（%）	25.3	66.8	85.6	61.0	93.9

	第三产业增加值（亿元）	全社会固定资产投资（亿元）	工业总产值（亿元）	外商直接投资实际使用额（亿美元）	公共财政支出（亿元）
24 个城市群合计	320162.8	442310.1	949833.4	2611.1	101946.8
占全国比重（%）	83.3	72.9	82.8	92.3	77.9

资料来源：《中国城市统计年鉴（2017）》。

10.1.3 城市群功能定位

《规划》依据各城市群的自然条件和经济基础，分别为各城市群进行了功能定位。可以看到，城市群的确定与功能定位与其位置和交通条件有关，东部城市群濒临太平洋，水陆空运输体系发达，《规划》要求东部城市群既要联系内陆，又要扩大对外交流，中西部城市群多分布在重要的交通枢纽附近，或者是与我国北、西、南国家相邻的地区。根据资源的富集程度，太原城市群、呼包鄂榆地区、哈长地位、天山北坡地区等被定位为全国重要的能源基地。近些年来我国高新产业发展迅速，一些城市群坚持培育高新产业，形成了发展优势。《规划》将山东半岛、冀中南、哈长、江淮、中原、长江中游、成渝、关中—天水等城市群定位为全国高新技术产业基地。依托强大的人力优势与良好的科研基础，东部城市群均被定位为全国重要的科技创新与技术研发基地。

表 10-3　中国城市群的功能定位

城市群	功能定位
京津冀城市群	“三北”地区的重要枢纽和出海通道，全国科技创新与技术研发基地，全国现代服务业、先进制造业、高新技术产业和战略性新兴产业基地，我国北方的经济中心

续表

城市群	功能定位
辽中南城市群	东北地区对外开放的重要门户和陆海交通走廊，全国先进装备制造业和新型原材料基地，重要的科技创新与技术研发基地，辐射带动东北地区发展的龙头
山东半岛城市群	黄河中下游地区对外开放的重要门户和陆海交通走廊，全国重要的先进制造业、高新技术产业基地，全国重要的蓝色经济区
长三角城市群	长江流域对外开放的门户，我国参与经济全球化的主体区域，有全球影响力的先进制造业基地和现代服务业基地，世界级大城市群，全国科技创新与技术研发基地，全国经济发展的重要引擎，辐射带动长江流域发展的龙头，我国人口集聚最多、创新能力最强、综合实力最强的三大区域之一
珠三角城市群	通过粤港澳的经济融合和经济一体化发展，共同构建有全球影响力的先进制造业基地和现代服务业基地，南方地区对外开放的门户，我国参与经济全球化的主体区域，全国科技创新与技术研发基地，全国经济发展的重要引擎，辐射带动华南、中南和西南地区发展的龙头，我国人口集聚最多、创新能力最强、综合实力最强的三大区域之一
冀中南城市群	重要的新能源、装备制造业和高新技术产业基地，区域性物流、旅游、商贸流通、科教文化和金融服务中心
太原城市群	资源型经济转型示范区，全国重要的能源、原材料、煤化工、装备制造业和文化旅游业基地
呼包鄂榆城市群	全国重要的能源、煤化工基地、农畜产品加工基地和稀土新材料产业基地，北方地区重要的冶金和装备制造业基地
哈长城市群	我国面向东北亚地区和俄罗斯对外开放的重要门户，全国重要的能源、装备制造基地，区域性的原材料、石化、生物、高新技术产业和农产品加工基地，带动东北地区发展的重要增长极
东陇海城市群	新亚欧大陆桥东方桥头堡，我国东部地区重要的经济增长极
江淮城市群	承接产业转移的示范区，全国重要的科研教育基地，能源原材料、先进制造业和科技创新基地，区域性的高新技术产业基地
海峡西岸城市群	两岸人民交流合作先行先试区域，服务周边地区发展新的对外开放综合通道，东部沿海地区先进制造业的重要基地，我国重要的自然和文化旅游中心

续表

城市群	功能定位
中原城市群	全国重要的高新技术产业、先进制造业和现代服务业基地，能源原材料基地、综合交通枢纽和物流中心，区域性的科技创新中心，中部地区人口和经济密集区
武汉城市群	全国资源节约型和环境友好型社会建设示范区，全国重要综合交通枢纽、科技教育以及汽车、钢铁基地，区域性的信息产业、新材料、科技创新基地和物流中心
环长株潭城市群	全国资源节约型和环境友好型社会建设的示范区，全国重要的综合交通枢纽以及交通运输设备、工程机械、节能环保装备制造、文化旅游和商贸物流基地，区域性的有色金属和生物医药、新材料、新能源、电子信息等战略性新兴产业基地
环鄱阳湖城市群	全国大湖流域综合开发示范区，长江中下游水生态安全保障区，国际生态经济合作重要平台，区域性的优质农产品、生态旅游、光电、新能源、生物、航空和铜产业基地
北部湾城市群	我国面向东盟国家对外开放的重要门户，中国—东盟自由贸易区的前沿地带和桥头堡，区域性的物流基地、商贸基地、加工制造基地和信息交流中心
成渝城市群	全国统筹城乡发展的示范区，全国重要的高新技术产业、先进制造业和现代服务业基地，科技教育、商贸物流、金融中心和综合交通枢纽，西南地区科技创新基地，西部地区重要的人口和经济密集区
黔中城市群	全国重要的能源原材料基地、以航天航空为重点的装备制造基地、烟草工业基地、绿色食品基地和旅游目的地，区域性商贸物流中心
滇中城市群	我国连接东南亚、南亚国家的陆路交通枢纽，面向东南亚、南亚对外开放的重要门户，全国重要的烟草、旅游、文化、能源和商贸物流基地，以化工、冶金、生物为重点的区域性资源精深加工基地
藏中南城市群	全国农林畜生产加工、藏药产业、旅游、文化和矿产资源基地，水电后备基地
关中—天水城市群	西部地区重要经济中心，全国重要先进制造业和高新技术产业基地，科技教育、商贸中心和综合交通枢纽，西北地区重要科技创新基地，全国重要历史文化基地
兰州—西宁城市群	全国重要的循环经济示范区，新能源和水电、盐化工、石化、有色金属和特色农产品加工产业基地，西北交通枢纽和商贸物流中心，区域性的新材料和生物医药产业基地

续表

城市群	功能定位
宁夏沿黄城市群	全国重要的能源化工、新材料基地，清真食品及穆斯林用品和特色农产品加工基地，区域性商贸物流中心
天山北坡城市群	我国面向中亚、西亚地区对外开放的陆路交通枢纽和重要门户，全国重要的能源基地，我国进口资源的国际大通道，西北地区重要的国际商贸中心、物流中心和对外合作加工基地，石油天然气化工、煤电、煤化工、机电工业及纺织工业基地

资料来源：《全国主体功能区规划》。

10.2　2016年中国城市群比较分析

10.2.1　经济总量比较分析

选取GDP、第一、第二和第三产业增加值、工业总产值、固定资产投资、社会消费品零售总额、公共财政收入、外商直接投资实际使用额作为经济总量的衡量指标（见表10-4）。

表10-4　2016年中国城市群经济总量

城市群	GDP（亿元）	第一产业增加值（亿元）	第二产业增加值（亿元）	第三产业增加值（亿元）	工业总产值（亿元）	固定资产投资（亿元）	社会消费品零售总额（亿元）	公共财政收入（亿元）	外商直接投资实际使用额（亿美元）
京津冀	76552.2	3961.7	28186.0	44404.5	93527.1	51291.1	31005.6	10121.3	520.0
辽中南	19607.2	1527.3	7908.2	10172.5	18563.2	5545.6	11601.2	1900.2	42.6
山东半岛	41550.0	2259.8	19275.5	20013.2	86557.9	31888.3	18422.2	3796.4	144.9
长三角	153778.0	5777.6	65162.9	82839.4	254721.8	85588.1	61624.5	18834.1	622.0
珠三角	67841.8	1204.5	28594.8	38040.5	109624.5	22321.2	25048.7	6923.9	225.9
太原	6381.0	274.3	2706.5	3400.1	6015.4	6242.8	3313.5	583.6	11.9

续表

城市群	GDP（亿元）	第一产业增加值（亿元）	第二产业增加值（亿元）	第三产业增加值（亿元）	工业总产值（亿元）	固定资产投资（亿元）	社会消费品零售总额（亿元）	公共财政收入（亿元）	外商直接投资实际使用额（亿美元）
呼包鄂榆	14232.2	479.1	6848.5	6905.0	13289.8	9113.0	4030.5	1224.6	38.8
哈长	24772.0	3115.7	10202.6	11453.7	27857.6	18932.1	12341.5	1396.1	131.8
东陇海	9987.5	991.6	4415.7	4580.6	22078.7	8780.3	4252.8	856.3	26.3
江淮	17133.9	1349.6	8774.9	7009.4	31795.6	19132.6	6486.4	1738.9	106.1
海峡西岸	28414.6	2363.7	13826.0	12225.6	44544.1	23107.5	11548.6	2384.3	80.7
环鄱阳湖	15294.8	1456.5	7761.3	6076.9	28583.1	15851.0	5506.3	1656.2	88.7
中原	23236.0	1488.3	11584.8	10162.9	47447.1	21694.9	9848.4	2031.6	107.9
武汉	18426.8	1463.3	8321.5	8642.0	23004.0	14623.3	8858.8	1812.6	95.1
环长株潭	25513.2	2356.3	11988.7	11167.1	32208.3	19966.5	10091.9	2071.9	100.1
北部湾	6488.1	874.3	2810.8	2803.0	8657.0	6321.0	2691.2	468.0	5.8
成渝	48359.0	4572.6	22787.1	20999.4	61451.8	41302.4	21216.0	4538.0	182.8
黔中	7888.8	976.1	3126.8	3785.9	6836.0	7704.4	2435.2	736.8	18.6
滇中	7387.1	670.9	3227.5	3488.6	5852.3	6607.8	3201.8	810.5	8.1
藏中南	425.0	15.1	162.8	247.0	109.0	582.3	229.7	70.8	0.0
关中—天水	13670.3	1194.5	6218.4	6257.4	15709.7	16029.5	6284.0	954.0	45.4
兰州—西宁	4285.7	240.4	1639.2	2406.2	4429.8	4516.6	2087.7	344.5	4.3
宁夏沿黄	2912.8	192.5	1548.8	1171.5	4014.3	3364.0	785.1	267.2	0.9
天山北坡	3080.0	33.4	1135.9	1910.4	2955.5	1803.9	1299.4	448.8	2.4

资料来源：《中国城市统计年鉴（2017）》。

（1）GDP 方面，长三角城市群优势突出，GDP 超过 15 万亿元；京津冀城市群、珠三角城市群、成渝城市群、山东半岛城市群列第二梯队，GDP 超过 4 万亿元；辽中南城市群、哈长城市群、海峡西岸城市群、中原城市群、武汉城市群、环长株潭城市群、江淮城市群、鄱阳湖城市群、关中—天水城市群、呼包鄂榆城市群 GDP 在 1 万亿元以上。东陇海城市群、黔中城市群、太原城市群、北部湾城市群、滇中城市群 GDP 在 1 万亿元至 5000 亿元之间；宁夏沿黄城市群、兰州—西宁城市群、天山北坡城市群、藏中南城市群生产规模较小，GDP 不足 5000 亿元。

（2）第一产业方面，长三角城市群第一产业增加值最高，达到5777.6亿元；成渝城市群、京津冀城市群和哈长城市群均达到3000亿元以上；山东半岛城市群、环长株潭城市群、海峡西岸城市群、辽中南城市群、中原城市群、武汉城市群、江淮城市群、环鄱阳湖城市群、珠三角城市群、关中—天水城市群也在1000亿元以上；宁夏沿黄城市群、兰州—西宁城市群、太原城市群、藏中南城市群的第一产业增加值则均不足300亿元。

（3）第二产业方面，长三角城市群第二产业增加值超过6.5万亿元，远高于其他城市群；珠三角城市群、京津冀城市群、成渝城市群水平相当，位于第二梯队；山东半岛城市群、海峡西岸城市群、环长株潭城市群、中原城市群和哈长城市群的第二产业增加值均在1万亿元以上；第二产业增加值排在最后五位的城市群是太原城市群、兰州—西宁城市群、宁夏沿黄城市群、天山北坡城市群、藏中南城市群。

（4）第三产业方面，长三角城市群第三产业增加值高达8.3万亿元，在全国范围内占据绝对优势；京津冀城市群、珠三角城市群、山东半岛城市群和成渝城市群的第三产业增加值超过了2万亿元；第三产业增加值最低的五个城市群分别为北部湾城市群、兰州—西宁城市群、天山北坡城市群、宁夏沿黄城市群和藏中南城市群。

（5）工业总产值方面，长三角城市群工业总产值遥遥领先，达到25万亿元；珠三角城市群、京津冀城市群和山东半岛城市群的工业总产值均在8万亿元以上；海峡西岸城市群、中原城市群和成渝城市群的工业总产值均超过了4万亿元；工业总产值最低的五个城市群分别为滇中城市群、兰州—西宁城市群、宁夏沿黄城市群、天山北坡城市群和藏中南城市群。

（6）固定资产投资方面，长三角城市群最高，其次为京津冀城市群，再次为成渝城市群；山东半岛城市群、海峡西岸城市群、珠三角城市群、中原城市群的固定资产投资额超过2万亿元；天山北坡城市群、宁夏沿黄城市群、兰州—西宁城市群、辽中南城市群、藏中南城市群等的固定资产投资处于较低水平。

（7）社会消费品零售额方面，长三角城市群零售总额（61624亿元）几乎为第二名京津冀城市群（31005亿元）的二倍；成渝城市群和珠三角城市群零售总额均超过2万亿元，也处于较高水准；山东半岛城市群、哈长城市群、辽中南城市群、海峡西岸城市群和环长株潭城市群超过 1 万亿元。

（8）地方财政收入方面，长三角城市群最高（18834 亿元），京津冀城市群为 10121 亿元，排名其后的是珠三角城市群（6924 亿元）；成渝城市群和山东半岛城市群超过 3000 亿元；太原城市群、天山北城市群、宁夏沿黄城市群、兰州—西宁城市群和北部湾城市群等地方财政收入水平较低。

（9）外商直接投资实际使用额方面，长三角城市群、京津冀城市群均超过 500 亿美元，珠三角城市群、成渝城市群、山东半岛城市群、哈长城市群、中原城市群、江淮城市群和环长株潭城市群实际使用外商直接投资超过 100 亿美元，其余城市群则均处于较低水准。

10.2.2 经济发展水平比较分析

在表 10-5 中，我们选取了人均 GDP、地均 GDP 和各产业比重来表示经济发展水平。

表 10-5 2016 年中国城市群经济发展水平

城市群	人均 GDP（元/人）	地均 GDP（万元/平方公里）	第一产业比重（%）	第二产业比重（%）	第三产业比重（%）
京津冀	70319.1	3562.8	5.2	36.8	58.0
辽中南	58607.8	2033.5	7.8	40.3	51.9
山东半岛	93345.5	5566.7	5.4	46.4	48.2
长三角	97005.5	7087.0	3.8	42.4	53.9
珠三角	118702.2	12345.9	1.8	42.1	56.1
太原	40192.8	857.7	4.3	42.4	53.3
呼包鄂榆	127585.9	813.8	3.4	48.1	48.5
哈长	50610.2	886.5	12.6	41.2	46.2
东陇海	62933.1	4037.1	9.9	44.2	45.9
江淮	51723.3	1953.1	7.9	51.2	40.9
海峡西岸	75290.5	2296.0	8.3	48.7	43.0

续表

城市群	人均 GDP（元/人）	地均 GDP（万元/平方公里）	第一产业比重（%）	第二产业比重（%）	第三产业比重（%）
环鄱阳湖	43875.0	1225.2	9.5	50.7	39.7
中原	55081.2	4051.0	6.4	49.9	43.7
武汉	59947.8	3614.9	7.9	45.2	46.9
环长株潭	62567.6	2632.6	9.2	47.0	43.8
北部湾	51896.2	1474.4	13.5	43.3	43.2
成渝	49834.1	2018.7	9.5	47.1	43.4
黔中	30084.6	1052.9	12.4	39.6	48.0
滇中	41931.5	1133.6	9.1	43.7	47.2
藏中南	18293.2	144.0	3.6	38.3	58.1
关中—天水	46994.8	1536.0	8.7	45.5	45.8
兰州—西宁	34612.2	696.7	5.6	38.2	56.1
宁夏沿黄	54980.0	600.1	6.6	53.2	40.2
天山北坡	25437.5	1431.0	1.1	36.9	62.0

资料来源：《中国城市统计年鉴（2017）》。

从人均 GDP 来分析，24 个城市群的人均 GDP（68638.8 元/人）领先于全国平均水平（53531.3 元/人），呼包鄂榆城市群受益于其丰厚的资源，人均 GDP 超过 12 万元/人；珠三角城市群、长三角城市群、山东半岛城市群位列其后，人均 GDP 均超过 9 万元/人；接下来的海峡西岸城市群（75290 元/人）、京津冀城市群（70319 元/人）、东陇海城市群（62933 元/人）、环长株潭城市群（62567 元/人）、武汉城市群（59947 元/人）、辽中南城市群（58607 元/人）、中原城市群（55081 元/人）、宁夏沿黄城市群（54980 元/人）等 12 个城市群的人均 GDP 均高于全国平均值。

从地均 GDP 来分析，第一梯队的珠三角城市群遥遥领先，地均 GDP 为 12346 万元/平方公里；排在第二梯队的是长三角城市群（7087 万元/平方公里）、山东半岛城市群（5567 万元/平方公里）；排在第三梯队的有中原城市群（4051 万元/平方公里）、东陇海城市群（4037 万元/平方公里）、武汉城市群（3615 万元/平方公里）、京津冀城市群（3563 万元/平方公里）；地均 GDP 不及全国平均值（775 万元/平方公里）的城市群有兰州—西宁城市群（697 万元/平方公里）、宁夏沿黄城市群（600 万元/平方公里）和藏中南城市群（144 万元/平方公里）。

产业结构能够较好地反映一个地区在经济发展中所处的阶段。在东部 5 个城市群中，珠三角城市群第一产业比重最低，京津冀城市群的第二产业比重最低，东部城市群第三产业比重则显著高于其他城市群，第三产业比重均已经超过第二产业，已表现出去工业化的特点；宁夏沿黄城市群和江淮城市群第二产业比重较高，分别为 53.2%和 51.2%，第三产业比重仅略微超过 40%；受区域发展政策影响，天山北坡城市群和藏中南城市群的第三产业比重处于较高水平，分别为 62%和 58.1%；北部湾城市群第一产业比重（13.5%）最高，第二产业和第三产业比重低，处于经济发展初级阶段。

10.2.3 工业化进程比较分析

本报告选取了工业总产值和工业所有制结构等指标来表示工业化进程（见表 10-6）。

工业总产值最高的是长三角城市群，共计超过 25 万亿元，其中内资企业占比 65.6%，外商投资企业比重较高，达到 22.8%；珠三角城市群工业总产值排第二位，为 109625 亿元，珠三角的所有制结构与长三角城市群相比，外商投资企业占比持平，港澳台商投资企业比重则高出 11.1 个百分点；紧接着，京津冀城市群、山东半岛城市群、成渝城市群位于同一梯队，工业总产值均超过 5 万亿元；北部湾城市群、黔中城市群、太原城市群、滇中城市群、兰州—西宁城市群、宁夏沿黄城市群、天山北坡城市群、藏中南城市群 8 个城市群工业总产值不足 1 万亿元。

工业所有制结构方面，我国城市群与全国差异最大的地方在内资企业比重低，而外商投资企业比重高。外资企业高比重现象在沿海区域尤为明显，例如辽中南城市群、长三角城市群、珠三角城市群的外商投资企业占比分别为 25.2%、22.8%、22.4%。相反，内陆地区则多为内资企业，且具有从沿海到内陆依次增多的趋势，珠三角城市群、长三角城市群、海峡西岸城市群内资企业占比均不足 70%，而天山北坡城市群、黔中城市群、兰州—西宁城市群内资企业占比则高达95%。

表10-6 2016年中国城市群工业化进程

城市群	工业总产值（亿元）	所有制结构		
		内资企业比重（%）	港澳台商投资企业比重（%）	外商投资企业比重（%）
京津冀	93527.1	78.2	5.7	16.0
辽中南	18563.2	69.4	5.4	25.2
山东半岛	86557.9	81.3	3.7	14.9
长三角	254721.8	65.6	11.6	22.8
珠三角	109624.5	54.9	22.7	22.4
太原	6015.4	84.7	11.7	3.6
呼包鄂榆	13289.8	93.9	1.6	4.5
哈长	27857.6	90.3	2.7	7.0
东陇海	22078.7	85.4	4.4	10.2
江淮	31795.6	84.9	6.3	8.7
海峡西岸	44544.1	66.1	21.5	12.5
环鄱阳湖	28583.1	87.5	7.9	4.6
中原	47447.1	88.9	7.7	3.4
武汉	23004.0	78.1	5.2	16.7
环长株潭	32208.3	90.9	5.0	4.1
北部湾	8657.0	78.5	12.4	9.2
成渝	61451.8	83.1	6.2	10.7
黔中	6836.0	97.1	1.2	1.7
滇中	5852.3	94.5	2.6	2.9
藏中南	109.0	90.7	4.5	4.9
关中—天水	15709.7	90.3	3.0	6.7
兰州—西宁	4429.8	95.2	1.9	2.9
宁夏沿黄	4014.3	92.1	5.8	2.1
天山北坡	2955.5	98.3	0.4	1.3

资料来源：《中国城市统计年鉴（2017）》。

在表 10-7 中，我们选取规模以上工业企业数、流动资产合计、固定资产合计、利润总额、本年应缴增值税来反映工业经济效益。可以看到，城市群的各个指标均由沿海地区向内陆递减，综合来看，长三角城市群工业经济效益最高；珠三角城市群和京津冀城市群效益水平相近，位于第二梯队；山东半岛城市群、成渝城市群、海峡西岸城市群、中原城市群紧随其后，排在第三阶梯；西部城市群各指标值都较低，工业发展空间较大，发展水平有待提升。

表 10-7　2016 年中国城市群工业经济效益

城市群	工业企业数（个）	流动资产合计（亿元）	固定资产合计（亿元）	利润总额（万元）	本年应缴增值税（万元）
京津冀	23300	46184.5	36078.4	64707649	22466992
辽中南	6959	15862.3	10142.3	5052019	5371865
山东半岛	19251	30154.1	22583.7	51910729	19118845
长三角	96403	121022.9	63438.8	178909921	29862722
珠三角	32204	54659.0	20275.4	67944826	20563328
太原	1784	6771.8	5537.9	398065	2097041
呼包鄂榆	2088	7635.7	10416.2	12744175	5835424
哈长	7106	11733.9	11289.3	13360374	7343295
东陇海	5464	5640.5	5997.2	16888552	593247
江淮	12739	12105.9	8238.3	17437385	6882153
海峡西岸	17262	16286.1	9931.7	28892561	9955302
环鄱阳湖	8616	7918.1	7934.1	20042083	7366122
中原	12049	18310.6	14472.3	33631402	8435365
武汉	7393	9471.2	7260.3	11535215	5661305
环长株潭	10253	9984.5	7886.7	16117660	7756049
北部湾	1586	2280.8	1951.2	5317848	2302839
成渝	19049	24196.5	20083.2	39059495	19299092
黔中	2537	3917.1	3808.5	6678768	2317833
滇中	2038	4021.8	4088.3	5560712	2383572
藏中南	72	138.5	402.3	132800	30800

续表

城市群	工业企业数（个）	流动资产合计（亿元）	固定资产合计（亿元）	利润总额（万元）	本年应缴增值税（万元）
关中—天水	3946	7431.8	6227.2	9197293	3946067
兰州—西宁	946	2384.8	2718.6	289380	1077908
宁夏沿黄	1129	2739.0	3308.5	1915394	177524
天山北坡	447	1874.1	3279.8	-150679	1246947

资料来源：《中国城市统计年鉴（2017）》。

10.2.4 城镇化进程比较分析

选取年末全市人口、市辖区人口、城镇单位从业人数和人均固定资产投资来表示城镇化进程（见表10-8）。

表10-8 2016年中国城市群城镇化进程

城市群	年末全市人口（万人）	年末市辖区人口（万人）	城镇单位从业人员数（万人）				人均固定资产投资（元/人）
			总数（万人）	第一产业单位从业人员数	第二产业单位从业人员数	第三产业单位从业人员数	
京津冀	10111	4513	1712.2	8.4	540.8	1163.0	47114.8
辽中南	3121	1770	464.1	20.8	203.6	239.8	16576.4
山东半岛	4161	1898	687.5	0.6	372.9	314.0	71639.7
长三角	14137	6860	3208.1	9.7	1850.7	1347.7	53990.3
珠三角	3334	2563	1536.5	1.2	923.8	611.5	39055.2
太原	1534	502	223.6	0.6	100.4	122.6	39322.4
呼包鄂榆	1006	375	153.4	1.3	64.2	87.9	81694.7
哈长	4481	1774	495.1	18.6	192.5	284.0	38679.1
东陇海	1875	697	178.4	2.2	94.9	81.2	55326.2
江淮	3530	1067	427.7	5.0	186.1	236.6	57756.9
海峡西岸	3770	1095	665.1	4.4	407.9	252.8	61228.1
环鄱阳湖	3784	955	382.1	3.8	208.6	169.8	45470.6
中原	4490	1315	588.1	0.6	325.7	261.9	51428.0

续表

城市群	年末全市人口（万人）	年末市辖区人口（万人）	城镇单位从业人员数（万人）				人均固定资产投资（元/人）
			总数（万人）	第一产业单位从业人员数	第二产业单位从业人员数	第三产业单位从业人员数	
武汉	2789	907	439.2	3.6	232.8	202.8	47573.9
环长株潭	4308	1057	412.6	1.4	186.6	224.6	48965.0
北部湾	1432	644	143.5	3.1	59.1	81.3	50559.6
成渝	11024	5104	1380.1	6.0	579.6	794.6	42562.2
黔中	2420	755	200.2	0.5	80.5	119.3	29381.4
滇中	1430	428	208.7	0.8	94.6	113.4	37507.9
藏中南	54	26	47.7	9.3	5.6	32.8	25065.6
关中—天水	3004	1224	397.5	2.0	163.8	231.7	55105.0
兰州—西宁	1012	399	134.4	0.5	55.3	78.6	36477.3
宁夏沿黄	522	239	60.4	1.2	22.8	36.4	63496.3
天山北坡	298	292	89.4	1.1	34.6	53.7	14898.6

资料来源：《中国城市统计年鉴（2017）》。

从城市人口数量来看，长三角城市群、成渝城市群、京津冀城市群容纳了最多的常住人口，三者相加共容纳了3.5亿人，中原城市群、哈长城市群、环长株潭城市群和山东半岛城市群各自承载了4000万以上的常住人口。

从城镇单位从业人数来看，长三角城市群、京津冀城市群、珠三角城市群、成渝城市群均容纳了1000万以上的城镇单位从业人员。从各产业从业人员数量来看，第三产业从业人员数量前三位分别为长三角城市群、京津冀城市群、成渝城市群，第二产业从业人员数量位于前列的分别是长三角城市群、珠三角城市群、成渝城市群，第一产业单位从业人员数最高的是辽中南城市群和哈长城市群，分别为20.8万人和18.6万人。

从人均固定资产投资来看，2016年呼包鄂榆城市群的人均固定资产投资超过8万元/人，山东半岛城市群、宁夏沿黄城市群、海峡西岸城市群均超过6万元/人，24个城市群中共有15个超过4万元/人。相比其他东部城市群而言，珠三角城市群和辽中南城市群人均固定资产投资较低，分别为3.9万元/人和1.7万元/人。

10.2.5 国际化进程比较分析

在表10-9中，我们选取了外商直接投资实际使用额、人均外商直接投资实际使用额和外商直接投资合同项目个数来表示各城市群国际化进程。

从外商直接投资实际使用额来看，我国外商直接投资量最集中的城市群为长三角城市群和京津冀城市群，分别达到622亿美元、520亿美元。外商投资多集聚于东部沿海地区，例如珠三角城市群、山东半岛城市群等城市群均达到了100亿美元以上；而内陆地区如兰州—西宁城市群、宁夏沿黄城市群则不足5亿美元，由此可见，各城市群对外商的吸引力差距是巨大的。从人均外商直接投资实际使用额来看，外商投资密度最高的地区为京津冀城市群（478美元/人），其次为珠三角城市群（395美元/人）和长三角城市群（392美元/人），呼包鄂榆城市群、山东半岛城市群、江淮城市群和武汉城市群均达到人均外商投资实际使用额300美元/人。外商直接投资合同项目个数排名前五位的均为东部城市群。

从表10-9可以看出，国际化水平较高的地区主要分布于东部，尤其是东南沿海的城市群，中西部个别地区如关中—天水城市群、呼包鄂榆城市群、成渝城市群等，因其具有独特的旅游资源、矿产资源或优越的投资条件，也加快了国际化进程。

表10-9 2016年中国城市群国际化进程

城市群	外商直接投资实际使用额（万美元）	人均外商直接投资实际使用额（美元/人）	外商直接投资合同项目个数（个）
京津冀	5199660	477.6	2355
辽中南	425752	127.3	404
山东半岛	1449317	325.6	1314
长三角	6220198	392.4	10547
珠三角	2258978	395.3	7819

续表

城市群	外商直接投资实际使用额（万美元）	人均外商直接投资实际使用额（美元/人）	外商直接投资合同项目个数（个）
太原	118551	74.7	24
呼包鄂榆	387528	347.4	49
哈长	1318401	269.4	131
东陇海	263476	166.0	308
江淮	1060512	320.1	224
海峡西岸	807166	213.9	2115
环鄱阳湖	886772	254.4	475
中原	1079084	255.8	142
武汉	951139	309.4	183
环长株潭	1000750	245.4	503
北部湾	58019	46.4	68
成渝	1827791	188.4	580
黔中	186438	71.1	55
滇中	81237	46.1	79
藏中南	0	0.0	0
关中—天水	454361	156.2	83
兰州—西宁	42829	34.6	15
宁夏沿黄	9036	17.1	20
天山北坡	23700	19.6	24

资料来源：《中国城市统计年鉴（2017）》。

10.2.6 财政金融比较分析

表 10-10 提供了 2016 年我国城市群年末金融机构人民币各项存款余额、年末金融机构人民币各项贷款余额、居民人民币储蓄存款余额、人均储蓄存款、公共财政支出、科学技术支出和教育支出等指标，来反映城市群金融和财政状况。

金融方面，我国城市群的金融机构人民币存款额和贷款额体量前五位均为长三角城市群、京津冀城市群、珠三角城市群、成渝城市群和山东半岛城市群。人均储蓄存款能够表明该地区人民的富裕程度，可以看到，珠三角城市群的人均储蓄额高达79139元/人，位列各城市群之首，其次是长三角城市群（66551元/人）、京津冀城市群（64104元/人）和辽中南城市群（58852元/人）。人均储蓄在5万元以上的城市群还有呼包鄂榆城市群（56830元/人）、太原城市群（54716元/人）、山东半岛城市群（54103元/人）。黔中城市群人均储蓄额水平较低，与藏中南城市群相当，均不足2万元/人。

财政方面，2016年财政预算支出前两位为长三角城市群（22399亿元）、京津冀城市群（15329亿元），属第一梯队；珠三角城市群和成渝城市群也具有较高的公共财政支出，分别达到9284亿元和9259亿元。财政支出水平较高的城市群基本位于东部沿海地区，而内陆地区如宁夏沿黄城市群、天山北坡城市群、藏中南城市群的公共财政支出均不足1000亿元。从表10-10可以看出，各城市群的教育支出明显高于科学技术支出，其中教育支出排名靠前的有长三角城市群、京津冀城市群、成渝城市群、珠三角城市群，均超过1000亿元，而科学技术支出排名靠前的有长三角城市群、珠三角城市群、京津冀城市群，都超过400亿元。

表10-10　2016年中国城市群地区财政金融状况

城市群	年末金融机构人民币各项存款余额（亿元）	居民人民币储蓄存款余额（亿元）	人均储蓄存款（元）	年末金融机构人民币各项贷款余额（亿元）	公共财政支出（亿元）	科学技术支出（亿元）	教育支出（亿元）
京津冀	216169.1	69786.3	64104.1	116394.7	15328.9	463.7	2401.8
辽中南	43950.7	19689.1	58852.5	33198.2	3170.1	49.3	412.8
山东半岛	56193.7	24082.2	54102.7	42918.7	4641.2	104.7	946.9
长三角	320708.7	105499.7	66550.8	225018.7	22399.2	937.3	3624.9
珠三角	150645.6	45230.3	79139.1	93057.2	9284.4	678.0	1352.2
太原	18366.0	8686.7	54716.1	13954.5	1290.4	13.1	241.2
呼包鄂榆	15563.1	6339.4	56830.0	14344.0	1867.1	17.8	254.9
哈长	33137.5	17227.3	35196.0	27621.6	4187.8	24.0	587.0

续表

城市群	年末金融机构人民币各项存款余额（亿元）	居民人民币储蓄存款余额（亿元）	人均储蓄存款（元）	年末金融机构人民币各项贷款余额（亿元）	公共财政支出（亿元）	科学技术支出（亿元）	教育支出（亿元）
东陇海	10055.2	5364.7	33803.8	7861.9	1376.2	33.3	284.0
江淮	28116.1	11378.3	34348.6	22329.7	3052.0	203.1	474.2
海峡西岸	38277.3	14832.9	39303.0	34806.8	3807.1	66.4	714.9
环鄱阳湖	23762.3	11116.2	31888.2	17892.9	3129.4	51.0	555.3
中原	34884.6	15816.5	37493.2	25744.5	3397.8	49.5	535.4
武汉	29883.3	11526.7	37499.7	23695.4	2871.3	114.6	469.0
环长株潭	31331.2	14453.7	35445.8	21693.2	3730.7	47.6	549.9
北部湾	11186.1	4355.0	34834.8	11065.4	1058.7	10.0	186.3
成渝	89944.0	41553.5	42821.0	63739.0	9258.5	123.4	1456.4
黔中	16992.3	5176.7	19741.7	13254.4	1721.6	28.5	386.5
滇中	16200.1	5339.9	30310.9	15756.3	1321.9	20.8	245.1
藏中南	2566.1	408.9	17600.9	2011.5	248.1	0.9	34.5
关中—天水	28508.6	13309.3	45753.9	19956.2	2458.4	38.3	431.1
兰州—西宁	13827.3	4979.7	40217.3	14283.6	1073.2	7.7	193.2
宁夏沿黄	4986.3	2310.0	43602.0	5403.1	755.6	7.9	91.9
天山北坡	8486.3	2591.7	21405.2	5881.7	517.1	10.9	93.0

资料来源：《中国城市统计年鉴（2017）》。

10.2.7 城市建设比较分析

我们采用人口密度、人均城市道路面积、城市建设用地占市区面积比重、人均生活用水、人均生活用电、万人公交车拥有量、建成区绿化覆盖率、城镇生活污水处理率、生活垃圾无害化处理率来表示城市建设水平，见表 10-11。

表 10-11 2016 年中国城市群基础设施状况

城市群	人口密度（人/平方公里）	人均城市道路面积（平方米）	城市建设用地占市区面积比重（%）	人均生活用水（吨）	人均生活用电（千瓦时）	万人公交车拥有量（辆）	建成区绿化覆盖率（%）	城镇生活污水处理率（%）	生活垃圾无害化处理率（%）
京津冀	506.7	4.9	8.0	15.9	351.6	5.6	45.5	97.5	64.6
辽中南	347.0	6.2	7.4	18.4	373.4	5.4	42.3	92.0	60.0
山东半岛	596.4	8.2	8.4	12.1	382.6	4.9	41.8	100.0	97.1
长三角	730.6	6.6	8.8	21.4	523.6	4.6	41.8	99.6	74.9
珠三角	1040.1	8.9	15.5	52.7	1033.5	12.0	44.0	82.4	82.2
太原	213.4	4.8	2.9	11.0	237.1	2.7	29.5	92.8	56.6
呼包鄂榆	63.8	8.8	4.5	9.6	429.3	3.9	41.1	96.3	92.8
哈长	175.2	4.7	4.8	8.0	190.1	3.8	28.8	85.6	85.6
东陇海	641.5	5.5	7.1	8.4	260.4	2.6	42.8	100.0	89.8
江淮	377.6	5.5	7.1	14.6	218.6	2.9	42.4	98.3	92.7
海峡西岸	304.9	3.7	5.6	13.3	480.9	3.6	42.9	98.4	89.9
环鄱阳湖	279.3	3.3	6.4	10.4	190.9	1.9	44.1	87.0	63.9
中原	735.5	3.5	18.2	9.9	218.9	3.2	39.4	98.3	96.0
武汉	603.0	5.0	12.4	22.0	322.6	3.8	39.9	99.2	90.6
环长株潭	420.8	3.4	10.4	16.7	315.8	3.5	37.5	99.4	92.1
北部湾	284.1	6.1	2.8	29.4	461.0	3.5	40.3	99.1	80.4
成渝	405.1	5.2	4.6	18.3	341.0	2.8	39.1	73.8	68.4
黔中	350.0	1.9	4.1	8.9	96.0	1.9	17.8	90.3	54.8
滇中	270.3	4.3	6.4	11.8	50.2	4.1	38.5	73.4	71.1
藏中南	78.7	4.2	2.2	21.7	0.0	2.2	26.6	0.0	0.0
关中—天水	326.9	4.7	4.4	14.5	350.2	3.7	40.2	95.4	92.7
兰州—西宁	201.3	3.3	4.6	16.4	256.2	4.6	35.7	35.2	59.8
宁夏沿黄	109.1	9.6	3.0	20.2	144.3	5.4	45.9	97.3	70.7
天山北坡	562.6	3.7	3.0	12.8	186.7	4.3	41.2	97.2	89.1

资料来源：《中国城市统计年鉴（2017）》。

城市群中珠三角的人口密度最高，超过了1000人/平方公里，中原城市群（736人/平方公里）超越长三角城市群（731人/平方公里），成为全国人口密度第二的城市群区域。人口密度超过500人/平方公里的区域还包括东陇海（642人/平方公里）、武汉（603人/平方公里）、山东半岛（596人/平方公里）、天山北坡（563人/平方公里）、京津冀城市群（507人/平方公里）。全国人口密度最低的为呼包鄂榆城市群，仅为64人/平方公里。

人均城市道路面积方面，最高的为宁夏沿黄城市群（9.6平方米），珠三角城市群、呼包鄂榆城市群、山东半岛城市群、长三角城市群、辽中南城市群、北部湾城市群也较高，超过6平方米。人均城市道路面积较低的多为我国中南部的城市群，比如黔中城市群等。城市建设用地占市区面积比重最高的为中原城市群（18.2%），远高于京津冀城市群、长三角城市群、山东半岛城市群等用地更为紧张的城市群，由此可反映出该地区用地较为粗放。城市群的人均生活用水、人均生活用电量普遍高于全国平均值，珠三角城市群的人均生活用水和人均生活用电量均远远高于全国平均水平，既与本地区基础设施完善有关，也与气候和生活习惯有一定关系。

在城市交通方面，万人公交车拥有量第一的地区为珠三角城市群（12辆），远远高于随后的京津冀城市群（5.6辆）、辽中南城市群（5.4辆）、宁夏沿黄城市群（5.4辆），而万人公交车拥有量较低的区域为黔中城市群（1.9辆）和环鄱阳湖城市群（1.9辆），其公交系统配备还有待完善。

城市绿化方面，宁夏沿黄城市群、京津冀城市群、环鄱阳湖城市群、珠三角城市群等建成区的绿化覆盖率较高，分别达到45.9%、45.5%、44.1%、44.0%，较差的是太原城市群、哈长城市群、藏中南城市群、黔中城市群等，建成区绿化率仅为29.5%、28.8%、26.6%、17.8%，这些城市群建设步伐较快，而忽视了环境质量的改善。城市生活污水和生活垃圾处理率反映出对环境的重视，做得较好的是东陇海城市群、山东半岛城市群、中原城市群等，而太原城市群、兰州—西宁城市群、黔中城市群等生活污水、生活垃圾的处理率较低。

10.2.8 交通运输设施比较分析

交通运输设施的建设是基础设施的重要方面，我们用公路、水运、民航等方式运送的客运量和货运量来表示，见表 10-12。

可以看到，全国范围内客运总量较高的城市群包括成渝城市群、长三角城市群、黔中城市群、珠三角城市群、京津冀城市群，各自客运总量均超过 10 亿人，其中长三角城市群、珠三角城市群和京津冀城市群在各类客运量中均排名前列，由此可见，三处均为全国较为重要的交通枢纽地区。长三角城市群、珠三角城市群、京津冀城市群、成渝城市群是我国货运量最大的区域，2016 年四地加总运货量超过 1800 亿吨。具体来看，民航货运量超过公路和水运货运量总和，民航货运逐步成为一种主要的货物运输方式。

表 10-12　2016 年中国城市群交通设施状况

城市群	客运总量（万人）	公路客运量（万人）	水运客运量（万人）	民航客运量（万人）	货运总量（万吨）	公路货运量（万吨）	水运货运量（万吨）	民航货运量（万吨）
京津冀	110920	101270	5	9645	1952252	242089	12306	1697857
辽中南	50553	48629	479	1445	295313	140292	13281	141740
山东半岛	29697	24995	1462	3240	460888	119823	10631	330434
长三角	217673	194836	6621	16216	3152876	290218	202646	2660012
珠三角	144302	130533	1799	11970	2649988	186441	70680	2392867
太原	7912	6889	6	1017	95503	46371	0	49132
呼包鄂榆	5899	4640	19	1240	146304	88814	0	57490
哈长	37773	36286	125	1362	195039	62215	857	131967
东陇海	20643	20285	83	275	52881	33566	8525	10790
江淮	43460	42294	698	468	245404	116541	68999	59864
海峡西岸	45020	39138	2017	3865	619324	85763	31665	501896
环鄱阳湖	39362	38243	178	941	174178	110304	8178	55696
中原	49325	48693	61	571	284536	92340	710	191486
武汉	41427	39964	163	1300	214665	56373	19992	138300
环长株潭	61666	60505	124	1037	205985	120770	21560	63655
北部湾	11239	10212	301	726	115426	48225	7949	59252
成渝	293368	285470	2974	4924	1368439	492967	23165	852307
黔中	163625	161526	376	1723	192569	93600	705	98264

续表

城市群	客运总量（万人）	公路客运量（万人）	水运客运量（万人）	民航客运量（万人）	货运总量（万吨）	公路货运量（万吨）	水运货运量（万吨）	民航货运量（万吨）
滇中	20964	14726	2040	4198	501531	108540	10091	382900
藏中南	323	323	0	0	793	793	0	0
关中—天水	54549	50824	15	3710	312247	78324	85	233838
兰州—西宁	12697	11026	70	1601	115523	31063	5	84455
宁夏沿黄	7141	6739	94	308	46230	31210	31	14989
天山北坡	2967	1898	0	1069	90223	18412	0	71811

资料来源：《中国城市统计年鉴（2017）》。

10.2.9 信息化水平比较分析

随着信息技术的飞速发展，世界变得越来越小，信息化水平成为决定国家、地区、企业竞争力的决定因素之一。表 10-13 中，我们选取邮电业务收入、电信业务收入、固定电话、移动电话和互联网宽带接入用户总数和人均用户量来表示信息化水平。

邮电业由邮政和电信两部分组成，城市群的电信业务发达而邮政业务比重较小，表明了城市群的通信方式更为先进，信息化质量更高。长三角城市群、京津冀城市群和珠三角城市群的电信业务收入较高，可以从侧面反映出这些地区的信息交流更为频繁，信息化程度更高。从邮电业务总量来分析，长三角城市群、珠三角城市群、京津冀城市群、成渝城市群体量较大，这与这些地区快递业的迅猛发展息息相关。同时，长三角城市群的固定电话、移动电话和互联网用户数最高。

表 10-13　2016 年中国城市群信息化水平

城市群	邮政业务收入（万元）	电信业务收入（万元）	固定电话		移动电话		互联网宽带接入	
			用户数（万户）	人均用户量	用户数（万户）	人均用户量	用户数（万户）	人均用户量
京津冀	2657746	22393354	1861	0.2	12694	1.2	2339	0.2

续表

城市群	邮政业务收入（万元）	电信业务收入（万元）	固定电话		移动电话		互联网宽带接入	
			用户数（万户）	人均用户量	用户数（万户）	人均用户量	用户数（万户）	人均用户量
辽中南	836778	3328622	711	0.2	3667	1.1	778	0.2
山东半岛	1044097	4291702	666	0.1	5636	1.3	1270	0.3
长三角	9192244	22397619	3733	0.2	19671	1.2	5437	0.3
珠三角	5670551	9352106	2052	0.4	10667	1.9	2186	0.4
太原	168784	1761954	209	0.1	1705	1.1	471	0.3
呼包鄂榆	173328	1501355	147	0.1	1270	1.1	181	0.2
哈长	669431	3768924	611	0.1	4845	1.0	646	0.1
东陇海	386813	1148628	210	0.1	1422	0.9	403	0.3
江淮	739365	2842226	406	0.1	2633	0.8	665	0.2
海峡西岸	1757492	6196849	860	0.2	4137	1.1	1327	0.4
环鄱阳湖	620103	2345585	399	0.1	2777	0.8	635	0.2
中原	987996	3830675	512	0.1	4201	1.0	896	0.2
武汉	974331	2457188	433	0.1	2756	0.9	770	0.3
环长株潭	680800	3200198	514	0.1	3562	0.9	735	0.2
北部湾	126701	1223735	129	0.1	1257	1.0	294	0.2
成渝	2164076	7304565	1836	0.2	9841	1.0	2436	0.3
黔中	184817	1523962	178	0.1	1898	0.7	555	0.2
滇中	287371	1906783	150	0.1	1626	0.9	348	0.2
藏中南	8696	322556	22	0.1	96	0.4	0	0.0
关中—天水	631892	2575504	529	0.2	3641	1.3	685	0.2
兰州—西宁	93641	1467624	137	0.1	1218	1.0	204	0.2
宁夏沿黄	36426	631526	66	0.1	686	1.3	109	0.2
天山北坡	55228	678257	139	0.1	562	0.5	147	0.1

资料来源：《中国城市统计年鉴（2017）》。

10.2.10 科教文卫事业比较分析

科教文卫事业是基础的公共服务，最能够体现一个地区现代化程度和软实力，我们选取了人均地方财政科学支出、人均地方财政教育支出、普通小学师生比、普通中学师生比、百人图书馆图书藏量、百万人剧场影院数、万人卫生机构床位数、万人医生数来表示科教文卫事业的发展情况，见表 10-14。

长三角和珠三角两大城市群的人均地方财政科学、教育支出综合水平最高；人均财政科学支出较高的还有江淮、京津冀、武汉、山东半岛和东陇海城市群，均超过 200 元/人；人均地方财政教育支出较高的还有呼包鄂榆城市群、京津冀城市群和山东半岛城市群，均超过 2000 元/人。

师生比方面，普通小学师生比最高的是藏中南城市群、哈长城市群、兰州—西宁城市群、辽中南城市群等，而珠三角城市群、长三角城市群的普通小学师生比却偏低，这种情况一方面源自各城市群对教育的重视程度不同，另外也与近年来人口大规模流动和新生代的增加有很大关系。普通中学师生比辽中南城市群为最高，北部湾城市群最低。人均公共图书馆藏书量最高的为呼包鄂榆城市群，每百人藏书量达 300 余册，沿海地区如长三角城市群、珠三角城市群的人均藏书量也有较高水平。

卫生事业方面，辽中南城市群、成渝城市群、环长株潭城市群、中原城市群等人均卫生机构床位数较高，环鄱阳湖城市群、海峡西岸城市群、珠三角城市群、长三角城市群等则比较低；大部分东部城市群万人拥有医生数在 20 人以上，而多数中西部城市群则不足 15 人，医疗资源差异明显。

从科教文卫事业的比较中我们发现人均公共设施配置没有明显的东强西弱的划分，一方面原因是单纯从数据上看不到科教文卫配套设施的质量，另一方面大量的人口迁入也稀释了东部地区的公共服务。

表 10-14　2016 年中国城市群科教文卫事业状况

城市群	人均地方财政科学支出（元）	人均地方财政教育支出（元）	普通小学师生比（人/万人）	普通中学师生比（人/万人）	百万人剧场、影院数（个）	百人图书馆图书藏量（册）	万人医院、卫生院床位数（张）	万人医生数（人）
京津冀	425.9	2206.2	566.4	852.1	3.9	92.3	47.0	27.3
辽中南	147.3	1234.0	691.1	1008.7	2.9	131.7	63.1	25.4

续表

城市群	人均地方财政科学支出（元）	人均地方财政教育支出（元）	普通小学师生比（人/万人）	普通中学师生比（人/万人）	百万人剧场、影院数（个）	百人图书馆图书藏量（册）	万人医院、卫生院床位数（张）	万人医生数（人）
山东半岛	235.3	2127.2	641.8	939.2	4.0	90.8	55.2	30.8
长三角	591.2	2286.6	563.7	903.5	4.3	140.7	51.6	27.8
珠三角	1186.3	2366.0	490.4	735.5	3.0	151.7	43.9	26.5
太原	82.5	1519.3	680.6	949.5	3.7	71.7	52.0	28.1
呼包鄂榆	159.8	2285.2	572.4	938.0	6.5	314.3	57.8	26.0
哈长	49.0	1199.3	734.2	905.5	3.1	52.1	51.5	21.8
东陇海	209.9	1789.8	505.8	898.4	1.6	42.9	51.9	24.3
江淮	613.1	1431.5	613.9	836.7	2.9	52.0	44.4	19.9
海峡西岸	175.8	1894.2	543.8	839.1	3.0	90.2	45.2	21.5
环鄱阳湖	146.3	1592.9	492.0	702.1	3.7	37.0	42.1	18.3
中原	117.3	1269.1	487.9	729.8	1.8	42.1	59.9	24.4
武汉	372.8	1525.9	560.4	919.7	5.1	70.7	54.2	22.9
环长株潭	116.6	1348.5	482.8	798.1	1.8	51.6	60.7	25.6
北部湾	80.3	1489.9	506.9	603.1	2.5	91.7	52.9	25.2
成渝	127.2	1500.8	566.8	755.9	1.4	47.7	61.6	22.2
黔中	108.7	1474.0	523.8	658.2	1.0	42.7	43.2	15.4
滇中	118.2	1391.3	591.9	682.0	2.1	49.6	54.0	22.8
藏中南	38.0	1486.5	781.4	897.3	1.7	0.0	15.9	10.2
关中—天水	131.6	1482.1	615.4	875.5	3.8	63.2	52.9	22.1
兰州—西宁	62.4	1560.5	713.7	884.1	3.1	35.0	51.1	23.0
宁夏沿黄	150.0	1734.4	544.8	731.2	4.2	115.3	56.8	28.0
天山北坡	89.8	768.1	557.5	744.7	0.7	44.3	23.4	13.6

资料来源：《中国城市统计年鉴（2017）》。

10.2.11 环境污染程度比较分析

在表 10-15 中，我们选取工业废水排放量、工业二氧化硫排放量、工业烟（粉）尘排放量、城镇生活污水处理率、生活垃圾无害化处理率来表示环境污染情况。

从排放量角度来看，太原城市群的工业废水排放量和工业二氧化硫排放量非常惊人，均为全国最高。总体来看，经济体量越大、工业比重越高的城市群排污量越多，长三角城市群、京津冀城市群、珠三角城市群的废水、废气排放量都是巨大的，这提醒我们在发展经济的同时，应当注重环境保护和污染治理，走出“先污染，后治理”的困境。

从生活污水垃圾治理角度来讲，山东半岛城市群城镇生活污水处理率和生活垃圾无害化处理率两项指标均为全国最高，具有较强的污染治理意识。但长三角城市群和珠三角城市群等更为发达的地区，两项指标排名却相对靠后，污染防护和治理体系建设方面还应进一步加强。

表 10-15　2016 年中国城市群环境污染程度比较

城市群	工业废水排放量（万吨）	工业二氧化硫排放量（吨）	工业烟（粉）尘排放量（吨）	城镇生活污水处理率（%）	生活垃圾无害化处理率（%）
京津冀	94327	583750	948671	97.5	64.6
辽中南	52435	307424	426098	92.0	60.0
山东半岛	77079	361634	311257	100.0	97.1
长三角	348570	835842	665042	99.6	74.9
珠三角	78652	168319	97798	82.4	82.2
太原	651063	2256969	274610	92.8	56.6
呼包鄂榆	16079	230341	248393	96.3	92.8
哈长	33126	143468	155086	85.6	85.6
东陇海	21990	145347	178270	100.0	89.8
江淮	31308	110002	203498	98.3	92.7
海峡西岸	68793	167815	218831	98.4	89.9
环鄱阳湖	42826	177079	307173	87.0	63.9
中原	41660	132616	130801	98.3	96.0
武汉	25501	88507	149064	99.2	90.6
环长株潭	36753	208741	171590	99.4	92.1

续表

城市群	工业废水排放量（万吨）	工业二氧化硫排放量（吨）	工业烟（粉）尘排放量（吨）	城镇生活污水处理率（%）	生活垃圾无害化处理率（%）
北部湾	8183	43893	47768	99.1	80.4
成渝	56779	387184	192622	73.8	68.4
黔中	5658	103879	25172	90.3	54.8
滇中	13478	258799	89354	73.4	71.1
藏中南	198	519	131	0.0	0.0
关中—天水	18125	171089	52589	95.4	92.7
兰州—西宁	3941	63767	25089	35.2	59.8
宁夏沿黄	8967	128956	132428	97.3	70.7
天山北坡	6018	56388	40143	97.2	89.1

资料来源：《中国城市统计年鉴（2017）》。

10.3 各城市群基本统计要素省域比重分析

主体功能区规划的城市群覆盖了我国22个省、5个自治区和4个直辖市。接下来介绍一下各城市群在人口、经济、城镇化和产业结构等方面在其所属的省、自治区或直辖市中的地位。

表10-16中，从土地面积来看，各城市群占所在省的比重从9.3%到100%不等，其中长三角城市群为上海市、江苏省、浙江省的全部地区，海峡西岸城市群为福建省全部地区，而东陇海城市群面积仅为山东省和江苏省的9.3%。常住人口方面，西部城市群的人口占所在省份的比重较土地面积比重大得多，人口集聚更为显著，特别是藏中南城市群、成渝城市群等；相反，东部城市群如山东半岛城市群常住人口占所在省份比重反而低

于土地面积比重。其原因在于西部地区土地广袤，而适宜居住的、基础设施较完善的地区则较为集中。在经济发展方面，除藏中南城市群、黔中城市群、武汉城市群、东陇海城市群外，其他各城市群的 GDP 占所在省份的比重均高于人口和土地所占的比重。东陇海城市群、黔中城市群的城市建设与经济发展起步晚，相比所在省份的其他城市，其竞争力和发展速度也不具备明显的优势。

表 10-16　2016 年中国各城市群土地面积、人口、GDP 占所在省、自治区或直辖市的比重

城市群	土地面积（%）	常住人口（%）	GDP（%）	人均 GDP		地均 GDP	
				绝对值（元）	与所在省份相比	绝对值（万元/平方公里）	与所在省份相比
京津冀	100.0	100.0	100.0	70319.1	1.00	3562.8	1.00
辽中南	65.6	75.9	87.5	58607.8	1.15	2033.5	1.33
山东半岛	47.0	46.1	62.1	93345.5	1.35	5566.7	1.32
长三角	100.0	100.0	100.0	97005.5	1.00	7087.0	1.00
珠三角	30.6	54.3	79.3	118702.2	1.46	12345.9	2.59
太原	47.4	44.1	48.8	40192.8	1.11	857.7	1.03
呼包鄂榆	20.3	18.7	37.1	127585.9	1.98	813.8	1.83
哈长	51.8	77.7	82.2	50610.2	1.06	886.5	1.59
东陇海	9.3	9.0	6.9	62933.1	0.76	4037.1	0.74
江淮	62.6	55.3	69.5	51723.3	1.26	1953.1	1.11
海峡西岸	100.0	100.0	100.0	75290.5	1.00	2296.0	1.00
环鄱阳湖	74.3	78.8	82.7	43875.0	0.83	1225.2	1.11
中原	34.4	44.9	57.8	55081.2	1.29	4051.0	1.68
武汉	33.6	60.3	58.8	59947.8	0.97	3614.9	1.75
环长株潭	49.2	63.9	78.0	62567.6	1.22	2632.6	1.59
北部湾	18.5	27.0	35.4	51896.2	1.31	1474.4	1.92
成渝	86.9	93.3	95.6	49834.1	1.02	2018.7	1.10
黔中	72.9	83.1	78.4	30084.6	0.78	1052.9	1.08
滇中	33.1	61.1	72.5	41931.5	1.19	1133.6	2.19

续表

城市群	土地面积（%）	常住人口（%）	GDP（%）	人均 GDP		地均 GDP	
				绝对值（元）	与所在省份相比	绝对值（万元/平方公里）	与所在省份相比
藏中南	14.0	93.7	69.4	18293.2	0.74	144.0	4.97
关中—天水	14.3	46.5	53.3	46994.8	1.15	1536.0	3.71
兰州—西宁	14.1	43.0	51.0	34612.2	1.19	696.7	3.61
宁夏沿黄	78.8	81.2	92.4	54980.0	1.14	600.1	1.17

资料来源：《中国城市统计年鉴（2017）》。

从产业结构方面来看（见表 10-2、表 10-17），我国城市群第二产业产值在全国所占比重（93.9%）明显高于 GDP 所占比重（85.6%），城市群第三产业在全国所占比重略低于 GDP 所占比重，而第一产业在全国所占比重远低于 GDP 所占比重。第一产业方面，东陇海城市群的第一产业占所在省份的比重（11.7%）高于 GDP 占所在省份的比重（6.9%），其他城市群则相反。第二产业方面，城市群的第二产业占所在省份的比重与 GDP 所占比重相差不大，也说明了第二产业是经济的主要组成部分。大部分城市群的第三产业占所在省份的比重高于其 GDP 所占的比重。我国城市群工业总产值占全国的比重不仅高于 GDP 所占的比重，而且大部分城市群工业总产值占全国的比重高于第三产业所占的比重，表明工业在城市群地区更加集聚。很明显地，我们能够从表 10-17 中看出城市群吸纳了更多的第二、第三产业，而相应减少了第一产业的比重，第二、第三产业能够产生集聚效益，而城市群则促成了集聚效应的发挥。

表 10-17　2016 年中国各城市群三次产业产值占所在省、自治区或直辖市比重

城市群	GDP 占所在省份比重（%）	第一产业占所在省份比重（%）	第二产业占所在省份比重（%）	第三产业占所在省份比重（%）	工业总产值占所在省份比重（%）
京津冀	100.0	100.0	100.0	100.0	100.0
辽中南	87.5	72.1	90.1	88.3	91.0
山东半岛	62.1	47.6	61.8	64.7	58.2

续表

城市群	GDP 占所在省份比重（%）	第一产业占所在省份比重（%）	第二产业占所在省份比重（%）	第三产业占所在省份比重（%）	工业总产值占所在省份比重（%）
长三角	100.0	100.0	100.0	100.0	100.0
珠三角	79.3	32.6	78.9	83.4	81.6
太原	48.8	34.3	47.6	51.6	48.0
呼包鄂榆	37.1	15.5	37.5	40.7	32.4
哈长	82.2	70.4	84.8	83.8	82.1
东陇海	6.9	11.7	6.6	6.6	7.3
江淮	69.5	52.8	73.2	69.3	73.2
海峡西岸	100.0	100.0	100.0	100.0	100.0
环鄱阳湖	82.7	78.8	84.1	81.9	84.4
中原	57.8	34.9	59.7	61.5	59.4
武汉	58.8	45.7	55.1	66.2	51.3
环长株潭	78.0	67.7	80.6	77.8	80.6
北部湾	35.4	31.5	33.6	38.9	35.5
成渝	95.6	95.2	94.7	96.7	95.2
黔中	78.4	74.8	77.6	80.1	75.1
滇中	72.5	50.6	75.7	75.8	80.7
藏中南	69.4	32.9	70.9	73.3	87.4
关中—天水	53.3	46.5	53.8	54.2	55.1
兰州—西宁	51.0	24.5	52.2	56.2	52.1
宁夏沿黄	92.4	79.7	96.2	90.0	98.9

资料来源：《中国城市统计年鉴（2017）》。

10.4　2016 年中国城市群发育水平

前面三节简单描述了城市群的基本情况，本节用更加合理的综合指标来刻画城市群的发育水平，各指标的名称及计算方法见表10-18。

表10-18 城市群发育程度衡量指标

符号	指标名称	计算方法
CFD1	城市群经济发展总体水平指数	该城市群人均GDP占所有城市群人均GDP比例与该城市群经济密度占所有城市群经济密度比例之积的平方根
CFD2	城市群交通运输条件指数	该城市群货运量占所有城市群货运量比例、客运量比例、人均客运量比例和人均货运量比例之积的四次方根
CFD3	城市群邮电通信指数	每10万人的邮电局拥有量、万人电话机拥有量、邮电业务总量、电信业务总量占所有城市群的比例之积的四次方根
CFD4	城市群内部建成区面积指数	该城市群建成区面积占城市群总面积的比例
CFD5	城市群内部商品流通量指数	该城市群人均批发零售贸易业商品销售额占所有城市群的比例与社会消费品总额所占比例之积的平方根
CFD6	城市群的产业熵指数	第一、第二、第三产业的区位熵之积的立方根

资料来源：方创林、姚士谋等：《2010中国城市群发展报告》，科学出版社2011年版。

（1）城市群经济发展总体水平指数。珠三角城市群和长三角城市群在经济发展总体水平上远远高出其他城市群，排在第二梯队的是山东半岛城市群，再次是东陇海城市群、京津冀城市群、中原城市群，武汉城市群、海峡西岸城市群和环长株潭等城市群排在下一梯队，排在末位的三个城市群是黔中城市群、兰州—西宁城市群、藏中南城市群。

（2）城市群交通运输条件指数。排在第一梯队的是珠三角城市群和长三角城市群，排在第二梯队的是成渝城市群、京津冀城市群、黔中城市群、海峡西岸城市群，排在第三梯队的有滇中城市群、关中—天水城市群、辽中南城市群和中原城市群。本指数排在后五位的城市群为东陇海城市群、宁夏沿黄城市群、太原城市群、天山北坡城市群、藏中南城市群。

（3）城市群邮电通信指数。长三角城市群和珠三角城市群在这一方面表现最佳，京津冀城市群和成渝城市群紧随其后，海峡西岸城市群、山东半岛城市群和辽中南城市群排在第三梯队。表现最差的是天山北坡城市群、藏中南城市群、宁夏沿黄城市群、北部湾城市群、兰州—西宁城市群。

（4）城市群内部建成区面积指数。珠三角城市群的建成区面积指数最高，山东半岛城市群超越长三角城市群，排在第二。值得注意的是，东陇海城市群、中原城市群和天山北坡城市群的建成区面积指数高于京津冀城市群和辽中南城市群，建成区扩展速度有些过快。

（5）城市群内部商品流通量指数。这个指标反映了城市群的商品供需规模。排在最前面的是长三角城市群、珠三角城市群和京津冀城市群，排在第二梯队的是山东半岛城市群、海峡西岸城市群、成渝城市群、辽中南城市群和武汉城市群。黔中城市群、宁夏沿黄城市群、环鄱阳湖城市群、天山北坡城市群、藏中南城市群等本指数得分最低。

（6）城市群的产业熵指数。一般来说，三次产业比重差异越大，本指数得分也就越小。可以看到京津冀城市群、山东半岛城市群、长三角城市群、珠三角城市群以及太原城市群、呼包鄂榆城市群的产业熵指数低于 1，这些城市群的第一产业比重非常低，而第二、三产业比重则较高。黔中城市群、北部湾城市群、哈长城市群本指数较高，表明第一产业的比重相对较高，三次产业分布较为均衡。

表 10-19　2016 年中国城市群发育水平比较

城市群	CFD1	CFD2	CFD3	CFD4	CFD5	CFD6
京津冀	1. 179	0. 305	0. 296	0. 019	0. 445	0. 857
辽中南	0. 813	0. 144	0. 146	0. 013	0. 176	0. 975
山东半岛	1. 698	0. 120	0. 146	0. 030	0. 240	0. 884
长三角	1. 953	0. 450	0. 421	0. 029	0. 656	0. 787
珠三角	2. 851	0. 559	0. 386	0. 075	0. 467	0. 620
太原	0. 437	0. 047	0. 080	0. 003	0. 089	0. 821
呼包鄂榆	0. 759	0. 060	0. 079	0. 004	0. 098	0. 764
哈长	0. 499	0. 084	0. 126	0. 006	0. 114	1. 108
东陇海	1. 187	0. 057	0. 077	0. 023	0. 089	1. 046
江淮	0. 749	0. 123	0. 117	0. 013	0. 100	0. 979

续表

城市群	CFD1	CFD2	CFD3	CFD4	CFD5	CFD6
海峡西岸	0. 979	0. 186	0. 211	0. 009	0. 219	0. 997
环鄱阳湖	0. 546	0. 096	0. 110	0. 007	0. 066	1. 030
中原	1. 113	0. 125	0. 128	0. 022	0. 132	0. 926
武汉	1. 096	0. 116	0. 115	0. 016	0. 159	0. 985
环长株潭	0. 956	0. 121	0. 117	0. 011	0. 114	1. 026
北部湾	0. 652	0. 070	0. 055	0. 012	0. 075	1. 128
成渝	0. 747	0. 440	0. 251	0. 014	0. 191	1. 032
黔中	0. 419	0. 237	0. 061	0. 007	0. 050	1. 102
滇中	0. 514	0. 167	0. 073	0. 008	0. 084	1. 021
藏中南	0. 121	0. 002	0. 018	0. 002	0. 010	0. 767
关中—天水	0. 633	0. 165	0. 125	0. 010	0. 113	1. 011
兰州—西宁	0. 366	0. 074	0. 060	0. 007	0. 074	0. 881
宁夏沿黄	0. 428	0. 054	0. 041	0. 008	0. 033	0. 930
天山北坡	0. 449	0. 032	0. 035	0. 024	0. 056	0. 520

图 表 索 引

第一章

第二章

第三章

第四章

第五章

第六章

第七章

第八章

第十章

责任编辑:陈　登
封面设计:林芝玉
责任校对:吕　飞

图书在版编目(CIP)数据

2018—2019 中国区域经济发展报告:长三角高质量一体化发展/许涛,张学良,刘乃全 主编. —北京:人民出版社,2019.9
ISBN 978 - 7 - 01 - 021187 - 9

Ⅰ.①2…　Ⅱ.①许…②张…③刘…　Ⅲ.①长江三角洲-区域经济发展-研究报告-2018-2019　Ⅳ.①F127.5

中国版本图书馆 CIP 数据核字(2019)第 185864 号

2018—2019 中国区域经济发展报告
2018-2019 ZHONGGUO QUYU JINGJI FAZHAN BAOGAO
——长三角高质量一体化发展

许涛　张学良　刘乃全　主编

人民出版社 出版发行
(100706　北京市东城区隆福寺街 99 号)

北京汇林印务有限公司印刷　新华书店经销

2019 年 9 月第 1 版　2019 年 9 月北京第 1 次印刷
开本:710 毫米×1000 毫米 1/16　印张:29.75
字数:456 千字

ISBN 978 - 7 - 01 - 021187 - 9　定价:90.00 元

邮购地址 100706　北京市东城区隆福寺街 99 号
人民东方图书销售中心　电话 (010)65250042　65289539